W0065614

Norman L. Geisler / Ron M. Brooks

WENN SKEPTIKER FRAGEN

■■■

„Wir alle stehen in Dr. Geislers Schuld.
Er hat die hartnäckigen Anfragen an die Christenheit zusammengefaßt und glaubwürdige Antworten gegeben. Ernsthafte Christen
tun gut daran, aufmerksam zu betrachten, was er zu sagen hat."

Paul Feinberg

■■■

NORMAN L. GEISLER
RON M. BROOKS

WENN SKEPTIKER FRAGEN

Fragen an den christlichen Glauben

Wenn nicht anders angegeben, sind Bibeltexte nach der nicht revidierten Elberfelder Übersetzung zitiert.

Quellennachweis
Zeichnung Seite 66: Mit Genehmigung von M. C. Escher Erben/Cordon-Art, Baarn, Holland.
Zeichnungen Seiten 160: W. D. Edwards, W. J. Gabel, F. E. Hosmer: „On the physical death of Christ", Journal of the American Medical Association 255: 1454-1463 (21. März 1986). Mit Genehmigung der Mayo Foundation.
Tabelle Seite 205-206: Norman L. Geisler und William E. Nix: „General Introduction to the Bible" (Chicago, Moody Press 1981), Seite 169.
Tabelle Seite 297: Norman L. Geisler and J. Kerby Anderson: „Origin Science: A proposal for the Creation Evolution Controversy" (Grand Rapids, Baker 1987).
Diagramme Seiten 310, 312: Norman L. Geisler: „The Re-Incarnation Sensation" (Wheaton, III: Tyndale House Publishers 1986).

Titel der englischen Originalausgabe:
When Skeptics Ask - A Handbook on Christian Evidences
© 1990 by SP Publications (Victor Books)

ISBN 3-89436-114-X

© Copyright der deutschen Ausgabe 1996:
Christliche Verlagsgesellschaft, Dillenburg
Übersetzung: Peter Schäfer von Reetnitz
Satz: rk-design, Bergisch Gladbach
Umschlaggestaltung: Eberhard Platte, Wuppertal
Druck: Ebner Ulm
Printed in Germany

Dieses Buch ist all jenen gewidmet,
die nach dem Grund der Hoffnung suchen, die in ihnen ist.

INHALT

Vorwort

Wir sind dankbar, ein Buch herausgeben zu können, das dem akademisch gebildeten Leser wie auch dem interessierten Laien ein Rüstzeug von immenser apologetischer Schlagkraft bietet und das ihm in der Auseinandersetzung mit den Denkmodellen unserer Zeit eine wertvolle Hilfe sein wird.

Die Philosophien und Ideologien unserer Tage gründen auf Denkprozessen, die im Zuge der Aufklärung zu mächtigen Modellen und Theorien entwickelt wurden. Sie stellen den Anspruch, der Menschheit eine feste, auf der Vernunft bestehende Grundlage zu geben, die ihre Fortexistenz nicht nur zu sichern, sondern auch zu einer besseren Daseinsmöglichkeit zu führen vermag. Einen ähnlichen Anspruch stellen eine Vielzahl von Religionen und Kulten, die sich vermehrt auch in unserem Umfeld als Alternativen zum christlichen Glauben anbieten wollen.

Der moderne und vor allem der in den „Denkzentralen" unserer Gesellschaft verwurzelte Mensch ist auf breiter Basis von einem veränderten Denken beeinflußt. Er hat sich weitgehend von einer durch die Bibel und durch den christlichen Glauben geprägten Weltsicht entfernt und begegnet einer bekennenden Christenheit von einem Standpunkt subjektiver intellektueller Überlegenheit aus. Der christliche Glaube gilt ihm als rückständig, überholt und intellektfeindlich.

Daß dem nicht so ist, stellen Norman Geisler und Ron Brooks mit ihrem Buch eindrucksvoll unter Beweis. Sie zeigen, daß Glaube und Verstand keinen Gegensatz bilden, sondern daß auch Christen gegenüber populären Weltanschauungen mit einem scharfen Verstand gewichtige Argumente ins Feld führen können, die so manche heute scheinbar selbstverständliche Übereinkunft ins Wanken bringen und wieder zurückweisen auf ein begründetes Vertrauen gegenüber dem Zeugnis der Bibel und ihrer Botschaft über Gott, Jesus Christus und anderen Kernpunkten des christlichen Glaubens, die heute im Kreuzfeuer der Angriffe und Kritik stehen.

Doch den Autoren geht es nicht nur darum, sich gegenüber anderen Weltsichten zu behaupten, sondern sie beabsichtigen, die Bollwerke eines von Gott abgewendeten Verstandes zu beseitigen, um den Weg freizumachen für die Auf- und Annahme des Evangeliums. Sie schreiben dazu folgendes: „Bevor wir das Evangelium austeilen können, müssen wir oftmals vorher den Weg ebnen, Hindernisse beseitigen und Fragen beantworten, die eine bestimmte Person davon abhält, den HERRN anzunehmen." Diese „Vor-Evangelisation" sehen wir mit den Autoren als einen Dienst an, der heute mehr denn je von Nöten ist und zu dem jeder bereit sein sollte, der auf gute Fragen gute Antworten geben möchte.

Christen sollen nicht kampflos Felder preisgeben, welche durch die Kraft der biblischen Informationen in Besitz genommen werden können. Sie sollen auch nicht die Mühe scheuen, die nötig ist, wenn man Menschen in Liebe und Geduld von der Wahrheit des Evangeliums überzeugen will. Mühe, die auch beinhaltet, daß man sich mit den Argumenten des Gegenübers auseinandersetzt.

Es ist faszinierend, in die Welt des menschlichen Denkens einzutauchen und dabei zu elementaren Erkenntnissen vorzustoßen, die den Sinn schärfen für die Genialität und Größe eines Gottes, der - für den menschlichen Verstand oft unbegreiflich - in unendlicher Weisheit all unser Denken überragt. Und doch kann unser Denken nur Annäherung an die Weisheit des Schöpfers sein. Es steht immer da in Gefahr, sich von Gott zu lösen und zum irregeleiteten Denken zu werden, wo nicht an dem Glauben an diese höchste Person festgehalten wird und wo die Basis der göttlichen Offenbarung, die Bibel, aufgegeben oder in Frage gestellt wird.

Manch einer sieht die Annäherung an fremdes weltanschauliches Gedankengut als gefährlich an. Sie ist es zweifellos, denn jedes Gedankengebäude, sei es philosophischer, religiöser oder säkularer Art übt eine Anziehungskraft aus, der nicht ohne weiteres jeder stand-halten kann. Um so wichtiger sind Werke wie das von Norman Geisler und Ron Brooks, in denen diese Annäherung geschieht, jedoch auch gleichzeitig eine nach den Gesetzen der Logik begründete und fundierte Gegenposition entwickelt wird, die den Leser in der Auseinandersetzung mit dem Gedankengut nicht alleine läßt.

Natürlich müssen sich auch die Autoren fragen lassen, ob es ihnen an jeder Stelle gelungen ist, die notwendige und richtige Linie der Abgrenzung zu finden. Besonders schwierig ist dies heute sicherlich in der Frage von Schöpfung und Evolution, vom Anfang unserer Welt und vom Beginn des Lebens. Wir meinen, daß sich die Autoren hier noch konsequenter von den Vorgaben der wissenschaftlichen Forschung hätten lösen sollen, etwa wenn es darum geht, in der Frage nach der Dauer der biblischen Schöpfungstage die Tatsache herauszustellen, daß es sich um 24-Stunden-Tage handelt (siehe Kapitel 10). Hier hätten wir uns eine gründlichere Analyse des biblischen Befundes gewünscht, was allerdings in anderen Büchern bereits geleistet wurde, auf die wir an dieser Stelle verweisen können (vgl. u. a.: Wiskin, R., Das biblische Alter der Erde, Hänssler 1994). Andererseits ist die Frage der Zeiträume bei der Schöpfung auch unter bibeltreuen Christen schon immer kontrovers gesehen worden. Dem intellektuell redlichen Leser bleibt ein kritisches Lesen nie erspart, er kann aber bei diesem Werk von Geisler und Brooks davon ausgehen, daß ihm wertvolle, zuverlässige und biblisch begründete Hilfen und scharfsinnige Argumente für die Auseinandersetzung mit dem Denken unserer Zeit gegeben werden.

Wir wünschen jedem, der dieses Buch liest, daß er gestärkt und mit neuem Vertrauen in die Wahrheit des Wortes Gottes hinausgeht auf das Kampffeld des Glaubens und mutig voranschreitet bei der Weitergabe des kostbarsten Gedankenguts, das jemals diese Welt berührt hat: das Evangelium von Jesus Christus, dem Heiland und Retter verlorener Sünder.

Dillenburg, im September 1996 *Der Herausgeber*

Kapitel 1

DIE NOTWENDIGKEIT, JEDERMANN REDE UND ANTWORT ZU STEHEN

„Wissen Sie, all diese Diskussionen über Beweise für die Existenz Gottes und über Beweise für die Auferstehung sind ja ganz interessant, und ich weiß, daß sie irgendwo ihre Berechtigung haben, aber - ich habe sie niemals gebraucht." Der Pastor schaute in den Rückspiegel und wechselte die Fahrspur. Der junge Mann auf dem Beifahrersitz blieb - erschrocken über die Feststellung - für den Augenblick stumm. Der Pastor fuhr fort: „Die Menschen, denen ich das Evangelium verkündige, stellen einfach nicht solche Fragen. Sie sind nicht daran interessiert, ob Wahrheit objektiv ist oder was antike Geschichtsschreiber über Jesus und die Auferstehung gesagt haben; sie suchen nicht nach Lösungen für das Problem des Bösen. Es ist nicht die Art der meisten Menschen, philosophisch über das nachzusinnen, was sie glauben."

Schließlich rief der junge Mann aus: „Tatsächlich? Dabei ist es genau die Art von Fragen, die mir immer gestellt werden!" Er kam aus einer Familie, die nur dem Namen nach christlich war und wuchs in einer Gegend auf, in der Religion für gewöhnlich verspottet wurde. Als er schließlich auf dem College Christ wurde, sah er sich einer Flut schwer zu beantwortender Fragen über seinen Glauben gegenüber - die Ungläubigen, mit denen er Kontakt hatte, waren gründlich geübte Skeptiker und Agnostiker. Sein ganzes Leben hindurch war er sich klar der

Tatsache bewußt gewesen, daß die intellektuelle Welt im Widerspruch zum Christentum steht. Wann immer er mit jemandem über Christus sprach - er oder sie würde unvermeidlich den einen oder anderen Einspruch vorbringen, wie er es selbst einst getan hatte. Aus dieser Erfahrung heraus schien es ihm geradezu unfaßbar, daß ein Pastor seinen Dienst tun könnte, ohne sich jemals der gleichen Art des Widerstands ausgesetzt zu sehen.

Diese beiden Männer waren in zwei unterschiedlichen Diensten engagiert. Beide sind zulässig, und beide sind notwendig. Des Pastors Tätigkeit konzentrierte sich auf Evangelisation; den jungen Mann aber gebrauchte Gott in einem eigenen, davon zu unterscheidenden vorevangelistischen Dienst. Er versuchte nicht zuerst, Menschen zu Christus zu führen, sondern die Hindernisse für den Glauben in ihnen zu beseitigen. Anstatt einfach das Wort zu predigen, wandte er mehr Zeit dafür auf, vernünftig zu erläutern, weshalb Einsprüche unbegründet sind. Anstatt gleich volle geistliche Zustimmung zu fordern, suchte er zunächst intellektuelle Übereinstimmung in jenen Punkten herbeizuführen, die verstanden sein müssen, bevor das Evangelium angenommen werden kann. Wenn jemand zum Beispiel nicht glaubt, daß Gott existiert und Wunder wirken kann, dann hat es keinen Sinn, ihm zu sagen: „Gott erweckte Jesus aus den Toten", denn das ist ein Wunder - ein großes Wunder! Nicht alle Menschen haben Fragen dieser Art. Wenn sich ihnen jedoch solche Fragen stellen, dann brauchen sie Antworten, bevor sie glauben können. Ehe wir das Evangelium mitteilen können, müssen wir ihm manchmal den Weg ebnen, Hindernisse beseitigen und die Fragen beantworten, die den Angesprochenen von der Annahme des Herrn Jesus abhalten. Die folgende Tabelle erläutert den Unterschied zwischen Evangelisation und Vor-Evangelisation.

Evangelisation	Vor-Evangelisation
Aufgabe aller Christen	Aufgabe einiger Christen, wenn erforderlich
Überall und jederzeit	Nur, wenn Einsprüche vorgebracht werden
Inhalt ist das Evangelium	Inhalt ist die ganze christliche Lehre
Basiert auf Offenbarung	Basiert auf Vernunft
Predigt das Evangelium	Erklärt die christliche Lehre
Ziel ist Glaube	Ziel ist Verstehen

So sind Evangelisation und Vor-Evangelisation unterschiedliche Dienste. Wir wissen, daß die Bibel uns alle auffordert zu evangelisieren, aber wie steht es mit der Vor-Evangelisation? Ist das eine Aufgabe nur für einige wenige Genies und besonders Begabte, oder sollten wir uns alle hier mit hineingenommen wissen? Müssen wir wirklich jedermann Antwort geben? Es gibt drei einfache Gründe, weshalb Vor-Evangelisation auch unsere Aufgabe ist.

Ungläubige haben gute Fragen

Die Einsprüche der Ungläubigen sind normalerweise nicht oberflächlich. Sie schneiden oft tief ins Herz christlichen Glaubens und zweifeln seine Grundlagen an. Wenn Wunder nicht möglich sind - warum sollten wir dann glauben, daß Christus Gott ist? Wenn Gott das Böse nicht unter Kontrolle hat - ist er dann wirklich würdig, angebetet zu werden? Blicken wir der Tatsache ins Auge: Wenn diese Fragen nicht zu beantworten sind, dann können wir ebensogut an Märchen glauben. Es sind berechtigte Fragen, die angemessene Antworten verdienen.

Wir haben gute Antworten

Die meisten Skeptiker haben nur die Fragen gehört und glauben, es gäbe keine Antworten. Aber wir haben umfassende Antworten auf ihre Fragen. Das Christentum ist wahr. Das bedeutet, daß die Wirklichkeit immer auf unserer Seite sein wird, und wir brauchen nur die geeigneten Beweismittel zu finden, um Antworten zu geben, welche Frage auch immer gestellt wird. Glücklicherweise sind christliche Denker seit der Zeit des Paulus dabei, diese Fragen zu beantworten. Wir dürfen uns ihre Kenntnis zunutze machen; sie hilft uns, die benötigten Antworten zu finden.

Gott beauftragt uns, ihnen Antworten zu geben

Dies ist die wichtigste Begründung: Gott befahl uns, es zu tun. In 1. Petrus 3,15 lesen wir: „... sondern heiliget Christus, den Herrn, in euren Herzen. Seid aber jederzeit bereit zur Verantwortung gegen jeden, der Rechenschaft von euch fordert wegen der Hoffnung, die in euch ist, aber mit Sanftmut und Furcht." Dieser Vers beinhaltet einige wichtige Dinge. Zuerst mahnt er uns, bereit zu sein. Es kann sein, daß wir niemals jemandem begegnen, der uns solch schwierige Fragen über unseren Glauben stellt. Wir sollten aber dennoch für den Fall bereit sein, daß es doch geschieht. Dabei bedeutet „bereit sein" nicht einfach, die richtige Information verfügbar zu haben; es ist auch eine Haltung der Bereitschaft und des Eifers, anderen die Wahrheit über unseren Glauben mitzuteilen. Zweitens sollen wir den Fragestellern mit Vernunft begegnen. Es ist nicht zu erwarten, daß jedermann diese Vor-Evangelisation benötigt, aber sobald Menschen sie brauchen, müssen wir bereit und imstande sein, ihnen zu antworten. Schließlich macht unser Antworten im Dienst der Vor-Evangelisation Christus zum Herrn in unseren Herzen. Wenn er tatsächlich unser Herr ist, dann sollten wir ihm folgsam sein, „indem wir Vernunftschlüsse zerstören und jede Höhe, die sich erhebt wider die Erkenntnis Gottes, und jeden Gedanken gefangennehmen unter den Gehorsam des Christus" (2Kor 10,5). Mit anderen Worten: Wir sollen strittigen Fragen in unserem eigenen Überlegen mutig entgegentreten, wie auch den von anderen zum Ausdruck gebrachten Gedanken, die sie hindern, Gott kennenzulernen. Dies umschreibt so ungefähr den Begriff Vor-Evangelisation.

Das ist aber nicht der einzige Befehl zur Vor-Evangelisation. Da ist auch noch Judas 3: „Geliebte, indem ich allen Fleiß anwandte, euch über unser gemeinsames Heil zu schreiben, war ich genötigt, euch zu schreiben und zu ermahnen, für den einmal den Heiligen überlieferten Glauben zu kämpfen." Die Christen, denen Judas schrieb, waren von Irrlehrern bestürmt worden. Er erachtete es für nötig, sie zur Verteidigung des Glaubens zu ermutigen, wie er durch Jesus Christus offenbart worden war. Dabei macht Judas in Vers 22 eine bedeutsame Aussage über unsere Haltung, wie wir dies tun sollen, wenn er sagt: „Die einen, welche streiten, weiset zurecht." Da ist ferner Titus 1,9, das die Kenntnis christlicher Beweisführung zur Bedingung für ein Führungsamt in der Gemeinde erklärt. Ein Ältester in der Gemeinde soll so sein: „... anhangend dem zuverlässigen Wort nach der Lehre, auf daß er fähig sei, sowohl mit der gesunden Lehre zu ermahnen als auch die Widersprechenden zu überführen." Auch Paulus gibt uns einen Hinweis auf unsere Haltung in dieser Sache in 2. Timotheus 2,24-25: „Ein Knecht des Herrn aber soll nicht streiten, sondern gegen alle milde sein, lehrfähig, duldsam, der in Sanftmut die Widersacher zurechtweist, ob ihnen Gott nicht etwa Buße gebe zur Erkenntnis der Wahrheit." Wer es unternimmt, die Fragen Ungläubiger zu beantworten, wird sicherlich auch Fehler machen und versucht sein, die Geduld zu verlieren, aber unser grundsätzliches Ziel ist es, daß sie zur Erkenntnis der Wahrheit kommen und zur Erkenntnis, daß Jesus für ihre Sünden gestorben ist. Wenn uns eine so wichtige Aufgabe an die Hand gegeben ist, dürfen wir ihre Ausführung nicht vernachlässigen.

Aber wie steht es mit ...?

Kein Zweifel, einige von uns haben schon Gründe gefunden, weshalb wir uns nicht mit Vor-Evangelisation beschäftigen müssen.

Manche davon scheinen sogar „biblisch" zu sein. Es ist nicht
möglich, alle diese Einsprüche zu diskutieren, aber es gibt ein paar
allgemeiner Art, für deren Betrachtung wir uns ein wenig Zeit
nehmen sollten.

„Die Bibel sagt: Antworte dem Toren nicht nach seiner Narrheit."

Wir sind einig über Sprüche 26,4. Ebenso stimmen wir dem Vers
5 zu, der sagt: „Antworte dem Toren nach seiner Narrheit, damit
er nicht weise sei in seinen Augen." Entweder wurde das Buch der
Sprüche unüberlegt zusammengestellt, oder wir müssen aus diesem Abschnitt lernen, vorsichtig zu sein, wenn wir falschen Lehren oder Gedanken entgegentreten. Streite nicht einfach mit jemand, der auf die Stimme der Vernunft nicht hören will, oder du
wirst ebenso albern sein wie er. Wenn du aber imstande bist, einem Menschen die Fehler in seiner Gedankenwelt aufzuzeigen
und so plausibel zu machen, daß er es verstehen kann, dann wird
er vielleicht eher Gottes Weisheit suchen, als auf seine eigene zu
vertrauen.

„Logik ist nicht zulässig. Sie kann uns nichts über Gott sagen."

Betrachte dieses Wort mit Vorsicht. Es behauptet, daß Logik auf
die göttlichen Dinge nicht anwendbar sei. Aber die Feststellung
über diesen Themenbereich ist logisch. Sie ist deshalb logisch,
weil sie beansprucht, wahr zu sein, während ihr Gegenteil falsch
ist. Dieser Anspruch, genannt das „Gesetz der Widerspruchslosigkeit", ist die Grundlage aller Logik.

Um festzustellen, daß Logik auf Gott nicht anwendbar sei, muß
man Logik mit eben dieser Behauptung zu Gott in Beziehung setzen. Dann ist Logik unausweichlich. Man kann nicht mit seinen
Worten Logik leugnen, es sei denn, man bestätigt sie mit genau
denselben Worten. Sie ist unleugbar. Wenn eine Wahrheit nicht
bestritten werden kann, muß sie wahr sein. Daher ist dieser Ein-

spruch falsch. Logik kann uns manches über Gott sagen. Zum Beispiel: Gott ist Wahrheit, also kann er nicht lügen (Hebr 6,18). Logik ist ein zulässiges Werkzeug zur Aufdeckung der Wahrheit. Sie kann sehr wirkungsvoll im Umgang mit Nichtchristen angewandt werden, die nicht glauben, daß die Bibel eine Offenbarung Gottes ist.

„Wenn Vor-Evangelisation biblisch ist, weshalb kommt sie dann nicht in der Bibel vor?"

Das ist eine gute Frage. Mag sein, daß wir nicht danach ausschauen oder es nicht erkennen, wenn wir sie sehen. Mose trieb Vor-Evangelisation. Das erste Kapitel der Genesis nimmt klar Stellung gegen die mythischen Berichte der Schöpfung, die in seinen Tagen bekannt waren. Elia tat es. Die ganze Szene auf dem Karmel mit den Baalspriestern ist davon gekennzeichnet, die Überlegenheit Jahwes zu beweisen. Jesus tat es. Seine Begegnung mit der Frau am Jakobsbrunnen ist ein gutes Beispiel dafür, wie sozialen, religiösen und moralischen Barrieren zugunsten des Glaubens entgegenzutreten ist.

Paulus tat es häufig. Bei wenigstens vier Gelegenheiten (Apg 14,8-18; 17,16-32; 24,5-21; 26,1-29) sehen wir, daß Paulus seine Argumente für den Glauben gegenüber Ungläubigen mit unterschiedlichen religiösen Wurzeln vorbringt. Darüber hinaus gibt es die bereits diskutierten Befehle und die vielen Beispiele, wo neutestamentliche Autoren in ihren Schriften gegen falsche Lehren vorgehen. Es gibt viele Beispiele von Vor-Evangelisation in den heiligen Schriften, durch die Gott die Welt mit der Botschaft seiner Liebe erreicht hat.

Ungläubige haben gute Fragen. Das Christentum hat gute Antworten. Und Gott hat uns beauftragt, ihnen die Antworten zu geben, die sie suchen. Nicht jeder hat tiefgehende philosophische Fragen, und Gott garantiert nicht uns den Erfolg; der Erfolg ist seine Sache. Aber er hat uns beauftragt, bereit zu sein. Zur Vorbereitung darauf soll dieses Buch dienen.

Kapitel 2

DIE EXISTENZ GOTTES

Die Existenz eines persönlichen, „moralisch guten" Gottes ist eine grundlegende Voraussetzung für alles, was Christen glauben. Gibt es keinen moralisch guten Gott, dann gibt es kein moralisches Wesen, gegen das wir gesündigt haben; in diesem Fall bedürfen wir auch keiner besonderen Errettung. Und weiter: Wenn es keinen Gott gibt, kann es auch keine Werke Gottes - etwa Wunder - geben, und die Geschichten von Jesus können nur als Dichtung oder Mythos verstanden werden. So muß also die erste Frage im Rahmen der Vor-Evangelisation lauten: „Existiert Gott?" Eine zweite ist mit der ersten sehr nahe verwandt: „Wenn Gott existiert, was für ein Gott ist er?" Beide Fragen sollen in diesem Kapitel eine Antwort finden, und im dritten Kapitel wollen wir auf Fragen eingehen, die sich mit anderen Göttern beschäftigen.

EXISTIERT GOTT?

Argumente für die Existenz Gottes

Traditionell werden vier grundlegende Beweisführungen für die Existenz Gottes herangezogen. Die Theologen nennen sie den kosmologischen, den teleogischen, den axiologischen und den ontologischen Gottesbeweis. Aber das sind termini technici, Fachausdrücke. Wir wollen ihnen für unsere Betrachtung allgemeinverständliche Namen geben und nennen sie den Beweis in der Schöpfung (*cosmos* bedeutet Schöpfung), den Beweis im Plan (*telos* bedeutet Zweck), den Beweis in der Moral (*axios* bedeutet Gericht) und den Beweis im Wesen (*ontos* bedeutet Sein).

Der kosmologische Gottesbeweis: Gott erweist sich in der Schöpfung

Die grundlegende Vorstellung dieser Beweisführung ist folgende: Da es ein Universum gibt, muß es von etwas verursacht worden sein, das außerhalb von ihm selbst existiert. Der Beweis der Schöpfung beruht auf dem Gesetz der Kausalität. Es besagt, daß alles Endliche von etwas außerhalb seiner selbst verursacht ist. Es gibt zwei verschiedene Richtungen dieser Beweisführung; wir wollen sie einzeln untersuchen. Die erste vertritt die These, daß das Universum eine Ursache für seinen Ursprung benötigt, die zweite argumentiert, es benötige auch jetzt fortdauernd einen Grund für seine Fortexistenz.

 *Geschichte des kosmologischen Gottesbeweises*

Paulus sagte, daß alle Menschen von Gott wissen, „... weil das von Gott Erkennbare unter ihnen offenbar ist, denn Gott hat es ihnen geoffenbart, - denn das Unsichtbare von ihm, sowohl seine ewige Kraft als auch seine Göttlichkeit, die von Erschaffung der Welt an in dem Gemachten wahrgenommen werden, wird geschaut, - damit sie ohne Entschuldigung seien" (Röm 1,19-20). Plato ist der erste Denker, der eine Beweisführung entwickelte, die auf das Prinzip von Ursache und Wirkung gegründet war. Ihm folgte Aristoteles. Auch die moslemischen Philosophen Al-Farabi und Avicenna benutzten diese Form der Argumentation, ebenso der jüdische Denker Moses Maimonides. Im christlichen Denken haben Augustinus, Thomas von Aquin, Anselm, Descartes, Leibniz und auch Gelehrte unserer Tage dieses Prinzip für wert erachtet, es zur meistbeachteten Beweisführung für die Existenz Gottes zu erheben.

Am Beginn des Universums stand eine Ursache

Diese Beweisführung geht davon aus, daß das Universum begrenzt ist, denn es hatte einen Anfang. Und dieser Beginn wurde
von etwas außerhalb des Universums verursacht. Man kann diesen
Gedankengang auf folgende Art darstellen:

1. Das Universum hatte einen Anfang.
2. Alles, was einen Anfang hat, muß von etwas anderem verursacht worden sein.
3. Folglich wurde das Universum von etwas anderem verursacht.
   Diese Ursache war Gott.

Um dieser Schlußfolgerung auszuweichen, sagen manche, das
Universum sei ewig; es habe niemals einen Anfang gegeben - es
habe einfach immer existiert. Carl Sagan behauptete: „Der Kosmos ist alles, was ist oder was jemals war oder was jemals sein
wird."[1] Wir haben aber zwei Möglichkeiten, dieser Behauptung zu
begegnen. Erstens wird die Vorstellung, das Universum habe einen Anfang gehabt, sehr stark von der wissenschaftlichen Forschung unterstützt. Die Vorstellung von einem ewigen Universum,
von ihren Verfechtern als die „Steady-State-" oder Dauerzu-
stands-Theorie bezeichnet, bringt manche zu der Meinung, das
Universum produziere fortlaufend Wasserstoffatome aus dem
Nichts.[2] Es wäre einfacher zu glauben, daß Gott das Universum
aus dem Nichts erschuf. Außerdem besteht unter den Wissen-
schaftlern, die den Ursprung des Universums erforschen, Übereinstimmung darüber, daß es plötzlich zu existieren begann, be-
gleitet von Geburtswehen ähnlichen Katastrophen. Die Vorstellung dieses plötzlichen Ursprungs trägt die Bezeichnung „Urknall-
theorie". Das naturwissenschaftliche Hauptbeweismittel für einen
Beginn des Universums ist der „Zweite Hauptsatz der Themody-
namik". Er besagt, daß das Universum ständig nutzbare Energie
verliert. Wenn es aber ständig verliert, dann kann es nicht ewig
sein. Wo ein Faden abgespult wird, muß er zuerst aufgewickelt
worden sein. Noch weitere Argumente für einen Urknall werden

angeführt: Eine Strahlung, die von ihm ausgegangen sein soll, und die Bewegung, die er verursacht haben mag (vgl. zu Einzelheiten Kapitel 10). Robert Jastrow, Gründungsdirektor des Goddard-Instituts für Weltraumstudien der NASA, hat erklärt: „Es mag eine vernünftige Erklärung für eine explosive Geburt unseres Universums geben. Aber wenn es sie gibt, kann die Wissenschaft sie nicht herausfinden. Die Erforschung der Vergangenheit durch den Wissenschaftler endet im Augenblick der Schöpfung."[3]

Über die wissenschaftliche Beweisführung hinaus, die für einen Beginn des Universums spricht, gibt es einen philosophischen Grund anzunehmen, daß die Welt einen Startpunkt gehabt hat. Dieses Argument zeigt, daß die Zeit nicht endlos in die Vergangenheit zurückreichen kann. Es ist nicht möglich, eine unendliche Zahl von Augenblicken zu durchleben. Man könnte sich vielleicht mit viel Mühe vorstellen, mit dem Finger in einem Feld unendlich vieler dimensionsloser Punkte eine ebenso dimensionslose Linie von einem Ende zum anderen zu verfolgen. Aber Zeit ist nicht ohne Dimension oder nur in der Vorstellung vorhanden. Sie ist wirklich, und jeder Augenblick, der vergeht, verbraucht wirkliche Zeit, die wir nicht zurückholen können. Es ist eher so, als ob man seinen Finger mitten durch eine endlose Zahl von Büchern in einer Bibliothek wandern ließe. Man würde niemals zum letzten Buch gelangen. Selbst wenn man dächte, das letzte Buch erreicht zu haben, könnte immer noch ein weiteres hinzugefügt werden, dann noch ein weiteres und noch eines ... Man kann eine unendliche Reihe wirklicher Gegenstände nie beenden. Wenn die Vergangenheit unendlich ist (so wird nur auf eine andere Art die Behauptung ausgedrückt: „Das Universum existierte immer ohne einen Anfang"), dann hätten wir niemals durch Zeit bis zu unserem „Heute" gelangen können. Wenn die Vergangenheit eine unendliche Reihe von Momenten wäre und dieser Augenblick wäre der Punkt, an dem die Reihe anhält, dann würden wir eine unendliche Reihe durchschritten haben, und das ist unmöglich. Wenn die Welt niemals einen Beginn hatte, dann könnten wir das Heute nicht erreicht haben. Da es aber wirklich ein Heute gibt, muß die

Zeit an einem besonderen Punkt in der Vergangenheit begonnen haben, und dieses Heute wurde nach einer bestimmten Zeit seit diesem Punkt erreicht. Daher ist die Welt ein endliches Ereignis und bedarf einer Ursache für ihren Anfang.

 *Zwei Arten unendlicher Reihen*

Es gibt zwei Arten unendlicher Reihen, eine ist abstrakt, die andere konkret. Eine abstrakte unendlich Reihe ist mathematisch unendlich. Wie beispielsweise jeder Mathematiker weiß, gibt es eine unendliche Zahl von Punkten auf einer Linie zwischen Punkt A und Punkt B, ganz gleich, wie kurz oder wie lang die Linie auch sein mag. Nehmen wir an, die Punkte sind zwei Bücherstützen im Abstand von etwa einem Meter. Nun ist aber jedermann klar: Während zwischen den beiden Bücherstützen tatsächlich eine unendliche Zahl abstrakter mathematischer Punkte existiert, können wir dennoch nichtsdestoweniger nicht eine unendliche Zahl tatsächlicher Bücher zwischen die beiden Buchstützen packen - ganz gleich, wie dünn die Seiten sind! Ebensowenig ist es von Bedeutung, wieviel Meter Abstand wir zwischen die Bücherstützen legen. Auch der größtmögliche Abstand gibt uns keine Möglichkeit dazu. Das Fazit: Abstrakte, mathematisch unendliche Reihen sind möglich, konkrete unendliche Reihen sind es nicht.

Nun, da klar geworden ist, daß das Universum für seinen *Beginn* eine Ursache benötigt, wollen wir zu der zweiten Form des kosmologischen Gottesbeweises kommen. Es soll gezeigt werden, daß das Universum eine Ursache für die Fortdauer seiner Existenz *in diesem Augenblick* benötigt.

Das Universum braucht eine Ursache für das Fortbestehen seiner Existenz

Irgend etwas hält uns in diesem Augenblick in unserer Existenz, so daß wir nicht einfach von der Bildfläche verschwinden. Irgendetwas hat nicht nur die Welt ins Dasein gerufen (1Mo 1,1), sondern ist außerdem fortgesetzt damit beschäftigt, ihre Existenz in der Gegenwart zu erhalten (Kol 1,17). Die Welt braucht beides: Sie braucht eine Ursache für ihre Entstehung und eine für ihre Erhaltung. In gewisser Hinsicht ist diese Frage die tiefgründigste, die überhaupt gefragt werden kann: „Warum gibt es eher 'etwas' als 'nichts'?" Man kann es auf diese Weise darstellen:

1. *Endliche, dem Wandel unterworfene Dinge existieren.* Zum Beispiel: ich. Um leugnen zu können, daß ich existiere, muß ich zuerst einmal existieren. So ist unabdingbar: Ich muß wirklich existieren.

2. *Jedes endliche, sich verändernde Ding muß von etwas außerhalb seiner selbst verursacht sein.* Denn es ist endlich, und es verändert sich, und so kann es nicht unabhängig existieren. Würde es unabhängig oder notwendigerweise existieren, dann würde es immer und ohne irgendeine Art der Veränderung existiert haben.

3. *Es kann keine unendliche Rückverfolgung jener Ursachen geben.* Mit anderen Worten, man kann nicht endlos damit fortfahren zu erklären, wie ein endliches Ding ein zweites endliches Ding verursacht hat, welches wiederum jenes endliche Ding verursacht hat, und so fort. Damit schiebt man die Erklärung nur unendlich vor sich her, und es erklärt wirklich nichts. Außerdem: Wenn wir darüber reden, warum ein endliches Ding in diesem Augenblick existiert, dann ist es ganz gleich, wie viele aufeinanderfolgende endliche Ursachen man aufreiht - schließlich würde man auf eine stoßen, die beides wäre: Ursache der eigenen Existenz und Wirkung dieser Ursache zugleich. Das

ist Unsinn. Daher kann keine unendliche Rückverfolgung erklären, warum ich in diesem Augenblick existiere.

4. *Folglich muß es eine erste, selbst nicht verursachte Ursache für jedes endliche, sich verändernde Ding geben, das existiert.*

Diese Diskussion zeigt, warum es eine gegenwärtige Erhaltungsursache der Welt geben muß. Sie sagt uns aber nicht sehr viel darüber, was für ein Gott existiert. Wie können wir wissen, daß dies wirklich der Gott der Bibel ist?

Zwei Aspekte der Schöpfung	
Entstehungsursache	Erhaltungsursache
Im Anfang schuf Gott die Himmel und die Erde. (1Mo 1,1)	Denn durch ihn sind alle Dinge erschaffen worden, ... alle Dinge sind durch ihn und für ihn geschaffen. Und er ist vor allen, und alle Dinge bestehen zusammen durch ihn. (Kol 1,16-17)
Gott ↓ Zeit	Gott → Zeit

Der teleologische Gottesbeweis:
Gott erweist sich im planvollen, zweckmäßigen Entwurf der Welt

Diese Beweisführung schließt wie auch andere, die in Kürze erwähnt werden, aus einigen spezifischen Gesichtspunkten der Schöpfung auf einen Schöpfer, der sie dahingestellt hat. Sie argumentiert vom Plan auf einen intelligenten Schöpfer:

1. Alle Pläne setzen einen Planer voraus.
2. Das Universum ist offensichtlich planvoll angelegt.
3. Daher muß es einen großen Planer des Universums geben.

Die erste Voraussetzung kennen wir aus Erfahrung. Wann immer wir eine komplexe Konstruktion sehen, wissen wir durch vorhergehende Erfahrung, daß sie dem Verstand eines Planers entsprungen ist: Keine Armbanduhr ohne Uhrmacher; kein Gebäude ohne Architekt; kein Gemälde ohne Künstler; keine verschlüsselte Botschaft ohne intelligenten Absender. Dies bleibt immer unsere Erwartung, weil es unserer Erfahrung entspricht. Dies ist eine andere Art, das Gesetz der Kausalität darzustellen.

Des weiteren: Je größer der Entwurf, desto größer der Planer. Biber machen lange Dämme, aber noch nie bauten sie so etwas wie den Hoover-Staudamm. Auch tausend Affen an Schreibmaschinen würden niemals einen Hamlet schreiben; Shakespeare jedoch tat es beim ersten Versuch. Je komplexer der Entwurf, desto größerer Intelligenz bedurfte es, ihn zu verwirklichen.

 Geschichte des teleologischen Gottesbeweises

„Denn du besaßest meine Nieren, du wobest mich in meiner Mutter Leibe. Ich preise dich darüber, daß ich auf eine erstaunliche, ausgezeichnete Weise gemacht bin. Wunderbar sind deine Werke, und meine Seele weiß es sehr wohl" (Ps 139,13-14). Zu Beginn des Zeitalters der Aufklärung und der Anwendung der wissenschaftlichen Methode bestand William Paley (1743-1805) darauf: Wenn jemand eine Uhr auf einem leeren Feld fände, würde er wegen des offenbar vorliegenden Planes zu recht schließen, daß dort ein Uhrmacher gewesen sei. Das gleiche muß von dem Plan gesagt werden, der in der Natur gefunden wird. Der Skeptiker David Hume übernahm - wie auch mehrere andere Denker - dieses Argument sogar in seine *„Dialogues Concerning Natural Religion".* Dennoch fand es mindestens ebensoviele Gegner wie Befürworter. Als klassischer Vertreter gilt William Paley, der meistbeachtete Gegner war David Hume.

An dieser Stelle sollte erwähnt werden, daß zwischen einem einfachen Muster und einem komplexen Entwurf ein Unterschied besteht. Schneeflocken oder Quarzkristalle haben einfache Muster, die sich immer wiederholen, aber völlig natürliche Ursachen haben. Andererseits finden wir keine in Stein geschriebenen Sätze, es sei denn, irgendein intelligentes Wesen habe sie geschrieben - sie ergeben sich nicht auf natürliche Weise. Der Unterschied besteht darin, daß Schneeflocken und Kristalle einem einfachen, sich wiederholenden Muster folgen. Sprache aber transportiert komplexe Information, nicht einfache Wiederholung. Komplexe Information ereignet sich, sobald den natürlichen Elementen Rahmenbedingungen gesetzt werden. Findet ein Pfadfinder kleine runde Kieselsteine in einem Bachbett, so kann er nicht überrascht sein, denn natürliche Erosion formt sie in dieser Weise. Wenn er jedoch eine Pfeilspitze findet, erkennt er, daß irgendein intelligentes Wesen die natürliche Form des Steins absichtlich verändert hat. Er sieht hier eine Komplexität, die nicht mit natürlichen Kräften erklärt werden kann. Der Plan oder Entwurf, von dem in unserer Beweisführung die Rede ist, ist ein komplexer Entwurf, nicht einfach ein Muster; je komplexer dieser Entwurf ist, desto größer muß die Intelligenz sein, die benötigt wird, ihn zu erschaffen.

Jetzt kommt die nächste Voraussetzung hinzu. Der Plan, den wir im Universum erkennen, ist komplex. Das Universum ist ein sehr kompliziertes System von Kräften, die zum gegenseitigen Nutzen des Ganzen zusammenwirken. Leben ist eine äußerst komplizierte Entwicklung. Ein einzelnes DNS-Molekül, der alles Leben bildende Baustein, trägt die gleiche Informationsmenge wie ein Band einer Enzyklopädie. Niemand, der eine Enzyklopädie im Wald liegen sähe, würde zögern, ein intelligentes Wesen als Ursache anzunehmen. Fänden wir also dort ein lebendes Wesen, gebildet aus Millionen Zellen auf DNS-Basis, so müßten wir doch ebenfalls annehmen, daß es eine intelligente Ursache habe. Noch klarer wird dies durch die Tatsache, daß einige dieser lebendigen Lebewesen ihrerseits selbst intelligent sind. Sogar Carl Sagan gibt zu:

„Das Informationsvolumen des menschlichen Gehirns, ausgedrückt in Bits, ist wahrscheinlich vergleichbar mit der vollständigen Zahl von Verbindungen zwischen Neuronen - etwa ein hundert Billiarden, 10^{14} Bits. Diese Information würde einige zwanzig Millionen Bände füllen, nicht weniger als der Buchbestand der größten Bibliotheken der Welt. Die Entsprechung dieser zwanzig Millionen Bücher ist im Kopf eines jeden von uns. Das Gehirn ist ein sehr großes Volumen auf sehr kleinem Raum ... Die Neurochemie des Gehirns ist überraschend eifrig, die Schaltungstechnik einer Maschine, wunderbarer als irgendeine von Menschen konstruierte."[4]

Manche haben dieser Beweisführung auf der Grundlage des Zufalls widersprochen. Wenn die Würfel gefallen sind - so folgern sie -, könne sich irgendeine x-beliebige Kombination ereignen. Dies ist jedoch aus verschiedenen Gründen nicht sehr überzeugend. Zum ersten berücksichtigt die Beweisführung mittels Plan nicht wirklich den Zufall, sondern sie bezieht sich nur auf den zugrundeliegenden Plan an sich. Wir wissen: Daß für ein Ereignis eine intelligente Ursache vorliegt, beruht auf wiederholter Beobachtung, nicht auf Zufall. Folglich ist dieser Einspruch gegen die Beweisführung nach Plan nicht wissenschaftlich. Außerdem - auch wenn es eine Beweisführung auf Basis der Möglichkeit wäre, so würden damit die Chancen noch wesentlich steigen, daß es einen Schöpfer gibt. Ein Wissenschaftler hat kürzlich herausgefunden, daß die Chancen eines einzelligen Lebewesens, durch reinen Zufall zu entstehen, nur bei etwa 1 zu 10^{40000} liegen. Die Chancen

dafür, daß ein doch noch ungeheuer komplizierterer Mensch zufällig entsteht, sind allzu niedrig, um sie überhaupt berechnen zu
können! Die einzige vernünftige Schlußfolgerung lautet: Es gibt
einen großen Planer hinter dem Plan in der Welt.

Der axiologische Gottesbeweis:
Gott erweist sich im Moralgesetz

Eine ähnliche Beweisführung wie die auf der Grundlage der physikalischen Ordnung des Universums beruht auf seiner ethischen
Ordnung. Sie geht davon aus, daß die Ursache für die Entstehung
des Universums nicht nur mächtig und intelligent, sondern auch
ethisch sein muß:

1. Alle Menschen sind sich eines allgemeingültigen Moralgesetzes bewußt.
2. Moralgesetze erfordern einen moralischen Gesetzgeber.
3. Folglich muß ein höchster moralischer Gesetzgeber existieren.

 **Geschichte des axiologischen Gottesbeweises**

Diese Beweisführung gewann erst an Bedeutung im frühen
neunzehnten Jahrhundert, nachdem Immanuel Kant seine
Schriften veröffentlicht hatte. Kant bestand darauf, daß es
keine Möglichkeit gab, absolutes Wissen über Gott zu gewinnen, und verwarf alle herkömmlichen Argumente für
Gottes Existenz. Er billigte jedoch die ethische Annäherung,
nicht als Beweis für Gottes Existenz, sondern als eine Möglichkeit zu zeigen, daß Gott eine notwendige Voraussetzung
dafür ist, moralisch zu leben. Das bedeutet mit anderen
Worten: Man kann nicht wissen, ob Gott existiert, aber man
muß so handeln, als ob er existiere, wenn Moral einen Sinn

haben soll. Spätere Denker haben diese Argumentation verfei-
nert, um zu zeigen, daß es eine vernünftige Grundlage dafür gibt,
Gottes Existenz in der Ethik zu entdecken. Auch gab es Versuche, Gottes Existenz auf ethischem Boden zu widerlegen. Sie be-
ruhten auf Ideen von Pierre Bayle und Albert Camus.

In gewisser Hinsicht folgt auch diese Beweisführung dem Grundsatz der Kausalität. Aber ethische Gesetze unterscheiden sich von
den Naturgesetzen, mit denen wir es zuvor zu tun hatten. Ethische
Gesetze *beschreiben nicht was ist, sie schreiben vor, was sein
sollte*. Sie sind keine bloße Beschreibung der Art und Weise
menschlichen Verhaltens und sind nicht bekannte Beobachtungen
dessen, was Menschen tun. Wären sie es - unsere Vorstellung von
Moral würde sicherlich sehr unterschiedlich sein. Stattdessen sagen sie uns, was Menschen tun sollten, ob sie es tun oder nicht. So
kommt ein moralisches „Du sollst" von außerhalb des natürlichen
Universums. Man kann es nicht mit irgendetwas anderem erklären, das im Universum geschieht, und es kann nicht reduziert werden auf die Dinge, die Menschen im Universum tun. Es über-
schreitet die natürliche Ordnung und erfordert eine transzendente,
überweltliche Ursache.

Nun könnten ja manche sagen, dieses Moralgesetz ist nicht wirklich allgemeingültig; es ist nichts weiter als eine subjektive Beur-
teilung, die aus sozialen Konventionen kommt. Jedoch diese Ansicht scheitert an der Tatsache, daß alle Menschen die gleichen
Dinge für falsch halten (wie Mord, Vergewaltigung, Diebstahl und
Lüge). Darüber hinaus klingt diese Kritik sehr subjektiv, weil sie
sagen, daß unsere Werturteile falsch seien. Nun - wenn es kein all-
gemeingültiges Moralgesetz gibt, dann kann es auch keine richtigen oder falschen Werturteile geben. Wenn unsere Ansichten von
Moral subjektiv sind, dann sind es die ihren auch. Wenn sie jedoch behaupten, eine vorurteilslose Aussage über ein Moralgesetz
zu treffen, dann setzen sie voraus, daß es ein Moralgesetz gibt, das
sie gleichzeitig zu leugnen versuchen. So oder so sind sie sich

selbst auf den Leim gegangen. Gerade ihre Behauptung „es ist nicht weiter als ..." verlangt klar eine Kenntnis. Sie zeigt, daß sie heimlich an irgendeinem absoluten Maßstab festhalten, der jenseits subjektiver Urteile liegt. Und schließlich stellt sich immer wieder heraus: Gerade jene, die eine allgemeingültige sittliche Ordnung verleugnen, bestehen darauf, mit Fairneß, Höflichkeit und Würde behandelt zu werden. Wenn einer von ihnen diesen Einspruch erhöbe und wir antworteten mit „Ach, schweig doch! Wen kümmert, was du denkst?", so würden wir finden, daß er doch daran glaubt, daß einige moralische „Pflichten" bestehen. Jedermann erwartet von anderen, daß sie gewissen moralischen Grundsätzen folgen, besonders jene, die diese Grundsätze zu leugnen versuchen. Aber das Bestehen eines allgemeingültigen Moralgesetzes ist eine unleugbare Tatsache.

 Gleich? Verschieden? Ähnlich?

Wie ähnlich sind wir Gott? Wieviel kann eine Wirkung über ihre Ursache aussagen? Einige haben erklärt, daß eine Wirkung genau das gleiche sein muß wie ihre Ursache. Eigenschaften wie Existenz oder Tugend müssen in der Wirkung die gleichen wie in der Ursache sein. Wenn das stimmte, dann sollten alle Menschen Pantheisten sein, denn sie wären alle Gott, ewig und göttlich. In der Reaktion darauf haben einige erklärt, daß wir völlig verschieden von Gott seien - es gebe keinerlei Ähnlichkeit zwischen dem, was wir sind, und dem, was er ist. Dies würde jedoch bedeuten, daß wir keine positive Kenntnis von Gott hätten. Wir könnten lediglich sagen: Gott ist „nicht dies" und „nicht das", aber wir könnten niemals sagen, was er ist. Der Mittelweg liegt darin, zu sagen, daß wir Gott ähnlich sind - gleich, aber von unterschiedlicher Art. Existenz, Tugend, Liebe - sie alle bedeuten für uns und für Gott das gleiche. Uns sind sie in einer begrenzten Weise zu eigen, er hingegen ist unbegrenzt. So gelingt es uns zu sagen, was Gott ist. Aber in mancher Hinsicht müssen wir ebenso sagen, daß er nicht begrenzt und endlich ist wie wir - „ewig", „unveränderlich", „nicht räumlich" usw.

Der ontologische Gottesbeweis: Gott erweist sich in seinem Wesen

Eine vierte Beweisführung versucht durch Definition zu beweisen, daß Gott existieren muß. Sie beruht auf folgendem Gedankengang: Wenn man einmal eine Vorstellung davon bekommen hat, was Gott ist, so beinhaltet diese Vorstellung notwendigerweise die Existenz des Vorgestellten. Es gibt verschiedene Formen dieser Argumentation. Wir wollen uns aber auf die Betrachtung von Gott als einem vollkommenen Wesen beschränken.

1. Alle Vollkommenheit, die man dem vollkommensten Wesen zuschreiben kann, das möglich (vorstellbar) ist - sie muß ihm auch zugeschrieben werden (sonst wäre es ja nicht das vollkommenste Wesen, das möglich ist).
2. Man kann dem vollkommensten Wesen zuschreiben, daß es notwendigerweise existieren muß.
3. Folglich muß man dem vollkommensten Wesen zuschreiben, daß es notwendigerweise existiert.

 **Geschichte des ontologischen Gottesbeweises**

Als Gott Mose seinen Namen offenbarte, sagte er: „Ich bin, der ich bin". So machte er deutlich, daß Existenz sein

Haupt-Merkmal ist (2Mo 3,14). Anselm von Canterbury, ein Mönch des 11. Jahrhunderts, gebraucht diese Aussage, um aus der Vorstellung von Gott einen Beweis für Gottes Existenz zu formulieren, ohne dabei die Beweise in der Schöpfung zu betrachten. Anselm sprach davon als einem „Beweis aus Gebet", denn er fiel ihm ein, während er über die Vorstellung von dem vollkommenen Wesen meditierte. Infolgedessen lautet der Titel seiner Abhandlung darüber *„Monologion"*, was soviel bedeuten soll wie „Einweg-Gebet". In einer anderen Schrift mit dem Titel *„Proslogion"* berichtet er von Dialogen mit Gott über die Natur und entwickelt daraus zusätzlich einen Beweis in der Schöpfung. In der modernen Philosophie findet man die ontologische Beweisführung in den Schriften von Descartes, Spinoza, Leibniz und Hartshorne.

Zum ersten: Notwendigerweise zu existieren, bedeutet, daß etwas existiert und unmöglich nicht existieren kann. Wenn man das von Gott sagt, so bedeutet es, daß es ihm unmöglich ist, nicht zu existieren. Das ist die vollkommenste Art der Existenz, denn sie kann nicht vergehen.

Diese Beweisführung ist insofern erfolgreich, als sie zeigt: Unsere Vorstellung von Gott muß beinhalten, daß er notwendigerweise existiert. Sie scheitert aber, wenn bewiesen werden soll, daß Gott tatsächlich existiert. Sie zeigt, daß wir an Gott als notwendigerweise existierend denken müssen, aber sie beweist nicht, daß er notwendigerweise existieren muß. Diese Zweideutigkeit hat sehr viele Leute verwirrt; man braucht sich also nicht dumm zu fühlen, wenn sie einem Schwierigkeiten bereitet. Das Problem liegt darin, daß diese Beweisführung nur über die Art spricht, wie man an Gott denkt, nicht aber darüber, ob er nun wirklich existiert oder nicht. Man könnte den Gedankengang in neuer Form etwa so formulieren:

1. Wenn Gott existiert, begreifen wir ihn als ein notwendiges Wesen.
2. Ein notwendiges Wesen muß per definitionem existieren und kann nicht nicht existieren.
3. Daraus folgt: Wenn Gott existiert, dann muß er existieren und kann nicht nicht existieren.

Es ist, als ob man sagt: „*Wenn* es Dreiecke gibt, dann müssen sie drei Seiten haben"; was natürlich bedeutet, daß es nicht notwendigerweise Dreiecke geben muß. Man sieht, diese Beweisführung kommt nie wirklich über das einführende „Wenn" hinaus. Sie kommt niemals darum herum, die wichtige Frage wirklich zu beantworten, die sie beantwortet zu haben behauptet. Der einzige Weg zu beweisen, daß Gott existiert, erfordert, daß man den Schöpfungsbeweis hineinschmuggelt. Dennoch kann die ontologische Beweisführung nützlich sein, denn sie zeigt: Wenn es einen Gott gibt, so existiert er notwendigerweise. Das unterscheidet diese Vorstellung von Gott von jeder anderen Art, ihn zu begreifen. Wir werden dies später sehen.

 **Alle Wege führen zu einer Ursache**

Wir haben gesehen, daß alle herkömmliche Beweisführung schließlich auf der Vorstellung der Kausalität beruht. Die ontologische Beweisführung bedarf der Bestätigung, daß etwas existiert, worin Vollkommenheit und Sein gefunden wird. Die teleologische Beweisführung setzt voraus, daß der Plan einen Verursacher hat. In gleicher Weise erfordern Moral, Gerechtigkeit und Wahrheit als Prinzipien einer Beweisführung eine Ursache für ihre Existenz. Dies führt uns zurück zur Schöpfung als grundlegendes Beweismittel für die Existenz Gottes. Wie ein Student sagte: Es ist der „kausamologische" Beweis, das „den Grund der Ordnung betreffende" Argument.

Jetzt die 100.000 Mark-Frage: Wenn all diese Beweisführungen teilweise Richtiges enthalten, sich aber alle auf den Grundsatz der Kausalität stützen - wie beweist man dann am besten, daß Gott existiert? Die Antwort: Mit der Beweisführung aus der Schöpfung ist man auf der rechten Spur. Was aber wäre, wenn wir alle vier Beweisführungen in einer zusammenfassen könnten? Eine, die sowohl zeigt, was für ein Wesen Gott ist, als auch, wie seine Existenz ist? Das soll auf den folgenden Seiten versucht werden.

WAS FÜR EINEN GOTT GIBT ES?

Wenn wir zeigen wollen, daß Gott existiert und daß er der Gott der Bibel ist, dann müssen wir zeigen, daß alle in den Beweisführungen erwähnten Eigenschaften wahr sind. Jede steuert ein wenig zu unserem Wissen über Gott bei, und zusammengefaßt formen sie ein Bild des einen, wahren Gottes.

Gott ist mächtig

Die kosmologische Beweisführung aus der Schöpfung beweist nicht nur, daß Gott existiert, sondern auch, daß er Macht hat. Nur ein unglaublich mächtiger Gott konnte dieses ganze Universum schaffen und tragen. Seine Energie muß größer sein als alle Energie, die jemals in der ganzen Schöpfung verfügbar war. Denn er hat nicht nur alle Dinge geschaffen, er hält sie zusammen und trägt sie und erhält bis jetzt auch seine eigene Existenz aufrecht. Das ist mehr Macht, als wir uns vorstellen können.

Gott ist intelligent

Sogar Carl Sagan gibt zu, daß der Entwurf des Universums weit jenseits allem liegt, was Menschen ersinnen könnten. Die teleologische Beweisführung nach dem Plan zeigt uns: Was auch immer die Ursache dieses Universums war - es hatte nicht nur große Macht, sondern auch große Intelligenz. Gott hat Kenntnis von

Dingen, die wir nicht verstehen können. Dies macht es Gott möglich, alle Arten anderer Dinge zu kennen, aber davon später mehr. Jetzt genügt es zu sagen, daß Gott mindestens alles weiß, was es über unsere Art zu denken, zu wissen gibt. Er hat unsere Gehirne entworfen.

Gott ist moralisch

Die Existenz eines Moralgesetzes im Sinne eines moralischen Gesetzgebers zeigt, daß Gott ein moralisches Wesen ist. Er steht weder über der Moral (wie manche Könige meinen, daß es ihnen zustände), noch unter der Moral (wie ein Stein). Er ist in seinem Wesen moralisch. Das bedeutet, daß ein Teil seines Wissens der Unterschied zwischen richtig und falsch ist. Wir können aber noch einen Schritt weitergehen: Er ist nicht nur moralisch - er ist gut. Wir wissen, daß ein Teil seiner Schöpfung Menschen waren, und diese Personen sind gut in und aus sich selbst. Dies zeigt auch die Tatsache, daß Personen stets erwarten, besser als Gegenstände behandelt zu werden. Selbst wer den Wert eines Menschen leugnet, erwartet, daß seine Meinung als die einer Person gewürdigt wird. Aber: Was auch immer Gutes schafft, muß selbst gut sein (ein Verursacher kann nicht geben, was er nicht besitzt). Folglich ist Gott nicht nur moralisch, er ist gut.

Gott ist notwendig

Die ontologische Beweisführung von der Vorstellung eines notwendigen Wesens kann nicht beweisen, daß Gott existiert. Aber sicherlich sagt sie uns eine Menge über Gott, sobald wir (durch den kosmologischen Beweis aus der Schöpfung) wissen, daß er existiert. Wir sagten es bereits: Notwendige Existenz bedeutet, daß er nicht nicht existieren kann - also hatte er keinen Anfang und wird kein Ende haben. Es bedeutet aber auch, daß er nicht anders werden kann, als er ist: Er muß *so* sein, *wie* er notwendigerweise ist. Er kann nicht irgend etwas Neues, anderes werden. Das entfernt jede Möglichkeit zur Veränderung seines Wesen - er ist unveränderlich. Und wo keine Veränderung ist, kann es auch keine Zeit geben, denn Zeit ist ja die Art, Veränderung zu messen. Also ist er ewig. Da tatsächlich ein notwendiges Wesen nicht nicht sein kann, gibt es für ihn keine Begrenzungen. Eine Begrenzung bedeutet, in irgendeiner Hinsicht (irgendwann, irgendwo, etc.) nicht zu sein, und das ist unmöglich; folglich ist er unendlich. Auch kann er nicht begrenzt sein auf Kategorien wie „hier" oder „da", denn ein unendliches Wesen muß zu allen Zeiten an allen Orten sein; deshalb ist er allgegenwärtig. All diese Merkmale folgen allein aus dem Wissen: Er existiert notwendigerweise.

Veränderung kann nur wesentlich sein, wie die Veränderung von einem Hund zu einem Pferd, oder unwesentlich, wie die Veränderung von brünett zu blond. Wesentliche Veränderungen verändern die Sache an sich, unwesentliche verändern nur kleine Einzelheiten. Gott kann nicht sein Wesen verändern, denn das würde bedeuten, daß er nicht existiert (erinnern wir uns: sein Wesen ist, zu existieren). Er kann nicht irgendeine Einzelheit an sich verändern, weil alles, was ihm zu eigen ist, in seine Existenz eingehüllt ist. Deshalb ist Gott unveränderlich.

Aber seine Notwendigkeit sagt uns auch etwas über seine anderen Merkmale. Weil er notwendigerweise existiert, kann ihm alles, was auch immer er hat, nur notwendigerweise zu eigen sein. Das bedeutet, wie wir gesehen haben: Er hat alles ohne Anfang, ohne Veränderung und ohne Begrenzung. Während uns der kosmologische Beweis aus der Schöpfung zeigt, daß Gott Macht hat, bringt uns der ontologische Beweis aus der Vorstellung eines vollkommenen Wesens zu der Erkenntnis, daß es vollkommene, unbegrenzte Macht ist. Der teleologische Beweis nach dem Plan erzählt uns, daß er intelligent ist, und seine Notwendigkeit informiert uns darüber, daß sein Wissen nicht erschaffen, sondern unveränderlich und unendlich ist. Die sittliche Ordnung legt nahe, daß Gott gut ist, aber die Vollkommenheit seines Wesens bedeutet, daß er alles Gute in einer vollkommenen, unbegrenzten Weise in sich vereinen muß. Alles, was Gott ist, muß mit seinem Wesen übereinstimmen; daher sind seine Macht, sein Wissen und seine Tugend so vollkommen wie sein Wesen.

Gott ist einzigartig

Wir haben gesagt, Gott ist allmächtig, allwissend, allgut, unendlich, ungeschaffen, unveränderlich, ewig und allgegenwärtig. Aber wieviele solche Wesen kann es geben? Er ist per definitionem eine Klasse, die aus *einem* Wesen besteht. Wenn es zwei unendliche Wesen gäbe - wie könnte man sie auseinanderhalten? Sie haben keine Begrenzungen, anhand derer man definieren könnte, wo das eine anfängt und das andere aufhört - aber es könnte ja sowieso keins der beiden „anfangen" oder „aufhören". Es kann nur ein einziges unendliches Wesen geben und kein anderes.

Gott ist Herr über die Schöpfung

Der kosmologische Beweis aus der Schöpfung zeigt nicht nur, daß Gott existiert, sondern auch, daß er der Schöpfer ist. Zwar gibt es keine Möglichkeit, zwei unendliche Lebewesen zu unterscheiden, aber Gott unterscheidet sich von der endlichen Welt, die er gemacht hat. Der Knackpunkt der Beweisführung aus der Schöpfung ist, daß das Universum seine eigene Existenz nicht erklären kann - daß es eben nicht Gott ist. Genauso können wir ein Individuum betrachten. Ich existiere, aber ich kann keinerlei Rechenschaft über den Grund meiner Existenz aus mir selbst ablegen. Es ist schmerzlich klar: Meine Existenz ist nicht notwendig. Ich könnte jeden Augenblick aufhören zu existieren, und doch würde die Welt ohne mich problemlos weitergehen. Nur die Erkenntnis eines unendlichen Wesens als notwendige Ursache für mein eigenes Sein - eines, das mir Dasein gibt - kann meiner Existenz einen

Sinn geben. Als der allmächtige, allwissende Schöpfer hat er Kontrolle über die Schöpfung. Nicht nur Gott existiert, sondern auch seine Schöpfung existiert, unterschieden von ihm.

Gott ist Jahwe

Ist dies der Gott der Bibel? Bei dem brennenden Busch nannte Gott Mose seinen Namen, indem er sagte: „Ich bin, der ich bin" (2Mo 3,14). Dies bedeutet, daß das zentrale Wesen des Gottes der Bibel „Existenz" ist. Existenz ist seine Natur. Popeye kann sagen: „Ich bin, was ich bin." Aber nur Gott kann sagen: „Ich bin, der ich bin." Er ist der „Ich bin". Die Bibel nennt Gott auch ewig (Kol 1,17; Hebr 1,2), unveränderlich (Mal 3,6; Hebr 6,18), unendlich (1Kö 8,27; Jes 66,1), allgut (Ps 86,5; Lk 18,19) und allmächtig (Hebr 1,3; Mt 19,26). Da diese Seinsmerkmale in allen Hinsichten gleich sind und nicht zwei unendliche Wesen sein können, ist dieser Gott, den uns diese Beweisführungen gezeigt haben, der Gott der Bibel.

EINIGE EINWÄNDE

Wenn alles einer Ursache bedarf, was verursachte dann Gott?

Diese Frage kommt häufig auf. Das Problem ist, daß die Leute nicht gut zuhören, was wir zu sagen haben. Wir sagten ja gar nicht, daß alles einer Ursache bedarf. Wir sagten, *alles, was einen Anfang hat*, bedarf einer Ursache. Nur endliche, von anderen abhängige Dinge benötigen eine Ursache. Gott hat keinen Anfang, er ist unendlich und existiert notwendigerweise. Er ist die nicht verursachte Ursache aller endlichen Dinge. Wenn Gott für seine Existenz eine Ursache benötigte, begännen wir eine unendliche Rückverfolgung von Gründen, die die Frage niemals beantworten würde. Wie die Dinge liegen, können wir nicht fragen: „Was verursachte Gott?", weil Gott die erste Ursache ist. Man kann nicht weiter zurückgehen als zum ersten.

Wenn Gott alles erschuf, wie erschuf er sich dann selbst?

Noch einmal: Nur endliche, von anderen abhängige Wesen bedürfen einer Ursache, notwendigerweise existierende Wesen aber nicht. Wir haben nie gesagt, Gott sei ein selbstverursachendes Wesen. Das wäre eine Unmöglichkeit. Wir können diesen Einspruch jedoch in ein Argument für die Existenz Gottes verwandeln. Es gibt nur drei mögliche Arten des Seins: selbstverursacht, verursacht durch einen anderen und nicht verursacht. Von welcher Art sind wir? Sich selbst zu verursachen, ist uns hinsichtlich unserer Existenz unmöglich: Wir können uns nicht selbst zur Existenz bringen. Nicht verursacht zu sein, würde bedeuten, daß wir notwendigerweise existierende, ewige, unendliche Wesen wären, was wir nicht sind. Folglich müssen wir durch einen anderen verursacht worden sein. Wenn wir durch einen anderen verursacht sind, was für ein Wesen ist dann Gott? Wiederum: Da es unmöglich ist, daß er sich selbst verursacht hat, und da es zu einer unendlichen Rückverfolgung führte, wenn er von einem anderen verursacht wäre, kann er nur nicht verursacht sein.

Aussagen über Existenz sind nicht nötig

Einige Kritiker haben versucht, die Existenz Gottes ontologisch zu widerlegen. Sie sagen, wir könnten nicht einfach in Begriffen notwendiger Wahrheiten über Gott reden. Diese Behauptung scheint jedoch selbst eine notwendige Aussage über Gott zu sein, indem sie ausdrückt, daß solche Feststellungen nicht getroffen werden könnten. Nun, das ist entweder eine notwendigerweise richtige Aussage oder nicht. Ist sie richtig, dann erweist sich der Versuch, sie zu treffen, als falsch. Denn sie sagt, daß solche Feststellungen unmöglich seien. Ist die Behauptung aber nicht notwendigerweise wahr, dann sind einige notwendige Feststellungen möglich, und der Einspruch löst sich auf. Laßt uns doch einfach fair sein: Wenn andere negative Behauptungen über Existenz (Gott existiert nicht) aufstellen können - warum sollten wir dann keine positiven aufstellen?

Das Moralgesetz ist entweder jenseits von Gott oder willkürlich

Bertrand Russell fragte, woher Gott das Moralgesetz genommen habe. Er sagte, es sei entweder außerhalb von Gott und er sei ihm verpflichtet (und könne infolgedessen nicht das grundlegend Gute sein), oder es sei eine willkürliche Auswahl von Codes, die in Gottes Willen entstanden seien. So sei Gott entweder nicht grundlegend oder willkürlich, in beiden Fällen gebe es keinen Grund zur Verehrung. Russell schöpft nicht alle Möglichkeiten aus, und wir können der von ihm dargestellten Zwangslage entgehen. Wir behaupten, daß das Moralgesetz in Gottes gutem, liebendem Wesen verankert ist. Dies ist keine ultimative Instanz außerhalb Gottes, sondern in ihm. Und es ist für Gott unmöglich, etwas zu wollen, das nicht in Übereinstimmung mit seinem Wesen ist. Gott ist gut und kann nicht willkürlich etwas Böses wollen. Also gibt es gar kein Dilemma.

Kann Gott einen Berg so groß machen, daß er ihn nicht bewegen kann?

Dies ist eine weitere sinnlose Frage. Sie lautet: „Gibt es etwas, das mehr ist als unendlich?" Es ist für nichts und niemand logisch möglich, mehr als unendlich zu sein, weil das Unendliche kein Ende hat. Das gleiche gilt für Fragen wie: „Kann Gott einen quadratischen Kreis machen?" Das ist geradeso als frage man: „Wie ist der Geruch von blau?" Ein Kategorie-Fehler - Farben riechen nicht und Kreise können nicht quadratisch sein. Dies sind logische Unmöglichkeiten. Sie widersprechen sich selbst, sobald wir beginnen, darüber nachzudenken. Gottes Allmacht bedeutet nicht, daß er das Unmögliche tun kann, sondern daß er die Macht hat, alles zu tun, was tatsächlich möglich ist - auch, wenn es für uns unmöglich ist. Wenn Gott einen Berg macht, dann kann er ihn auch steuern, hinsetzen, wo er will, und vernichten, wenn er mag. Man kann nicht nach größerer Macht fragen als dieser.

Wenn Gott keine Grenzen hat, dann muß er beides sein, gut und böse, Existenz und Nichtexistenz, stark und schwach

Wenn wir sagen, Gott sei unbegrenzt, dann meinen wir, er ist unbegrenzt in seinen Vollkommenheiten. Nun, das Böse ist keine Vollkommenheit - es ist eine Unvollkommenheit. Das gleiche gilt für Nichtexistenz, Schwäche, Ignoranz, Endlichkeit, Zeitlichkeit und irgendwelche anderen Charakteristika, die Einschränkung oder Unvollkommenheit voraussetzen. Wir könnten sagen, Gott sei dadurch begrenzt, daß er nicht in Begrenzungen wie Zeit, Raum, Schwäche, Übel eintreten kann - wenigstens nicht als Gott. Er ist nur „begrenzt" von seiner unbegrenzten Vollkommenheit.

Wenn Gott ein notwendiges Wesen ist, dann ist es auch die Welt

Dies setzt voraus, daß ein notwendiges Wesen notwendigerweise alles tun muß, was es tut. Unsere Definition lautete jedoch nur, daß es alles sein muß, was es ist. Es ist alles, was in Gottes Wesen liegt, notwendig. Was er aber irgend tut, geht über seine Natur hinaus und wurde durch seinen freien Willen getan. Man kann nicht gerade sage, es sei notwendig für ihn, zu erschaffen. Seine Liebe mag ihm den Wunsch dazu gegeben haben, aber sie forderte nicht, daß er es tun müsse. Er muß sein, wie er ist, aber er kann tun, was ihn erfreut, solange es nicht seinem Wesen widerspricht.

Wenn Gott ewig ist, wann erschuf er die Welt?

Dies ist eine konfuse Frage. Wenn wir in der Zeit sind, können wir uns einen Augenblick vor dem Beginn der Zeit vorstellen, obwohl es keinen solchen Augenblick gegeben hat. Gott erschuf die Welt nicht in der Zeit, er ist verantwortlich für die Erschaffung der Zeit. Es gab keine Zeit „vor" der Zeit. Es gab ausschließlich Ewigkeit. Das Wort „wann" in unserem Einspruch setzt eine Zeit vor der Zeit voraus. Dies ist, als frage man: „Wo war der Mann, als er von der Brücke sprang?" Auf der Brücke? Das war, bevor er sprang. In der Luft? Das war nachher. „Wann" fragt nach einem bestimmten

Punkt im Prozeß eines Handlungsablaufs. Springen ist der Übergang von der Brücke in die Luft. Die Frage auf die Schöpfung anzuwenden, bedeutet, Gott der Zeit zu unterwerfen, anstatt sich zu erinnern, daß er sie in Gang setzte. Wir können von einer Erschaffung *von der Zeit* sprechen, nicht aber von einer Erschaffung *in der Zeit*.

Wenn Gott alles weiß und sein Wissen nicht verändern kann, dann ist alles vorherbestimmt, und es gibt keinen freien Willen!

Wissen, was Menschen mit ihrer Freiheit tun *wollen*, ist nicht das gleiche, wie zu bestimmen, was sie gegen ihre freie Wahl tun *müssen*. Gottes Wissen ist nicht notwendigerweise unverträglich mit freiem Willen. Es gibt kein Problem darin, daß Gott Menschen mit freiem Willen schuf, so daß sie zu seiner Liebe umkehren könnten. Auch wenn er weiß, daß manche diese Entscheidung nicht treffen wollen. Gott ist verantwortlich für die Tatsache der Freiheit. Menschen aber sind verantwortlich für die Handlungen in Freiheit. Infolge seines Wissens könnte Gott Menschen sogar zu gewissen Entscheidungen überreden. Es gibt aber keinen Grund anzunehmen, daß er irgendeine Entscheidung herbeinötigt, um so die Freiheit zu zerstören. Er arbeitet überzeugend, aber nicht zwingend.

Gott ist nichts als eine psychologische Krücke, eine Wunschvorstellung, eine Projektion, daß das wahr sei, was wir hoffen.

Diese Art der Argumentation unterliegt einem schweren Fehler. Wie können Menschen wissen, daß Gott „nichts als" eine Projektion ist, es sei denn, sie haben „mehr als" Wissen über ihn? Um gewiß zu sein, daß menschliches Bewußtsein die Obergrenze der Realität ist und daß es darüber hinaus nichts gibt, muß man über die Grenzen menschlichen Bewußtseins hinausgehen. Kann man aber darüber hinausgehen, gibt es keine Grenzen. Der Einspruch behauptet, daß außerhalb unserer Sinne nichts existiere. Aber eine Person muß die Grenzen des eigenen Verstandes überschreiten, um die Behauptung aufstellen zu können. Wenn der Einspruch wahr ist, muß er falsch sein. Er widerspricht sich selbst.

Es war ein langer, harter Weg, aber wir haben einen soliden Beweis dafür, daß *der* Gott, nicht einfach *ein* Gott, existiert. An diesem Punkt sind wir versucht, unsere Hände zu falten und uns zurückzulehnen, als ob es keine weiteren Fragen mehr gäbe, die uns vielleicht gestellt werden könnten. Wir haben jedoch bisher nur ergründet, daß dieser Gott existiert. Wir haben nicht gezeigt, daß das, was die Bibel über sein Tun oder Reden sagt, wahr ist. Damit beschäftigt sich der Rest des Buches. Darüber hinaus haben wir nichts unternommen, um diesen Begriff von Gott von irgendeinem anderen Begriff von Gott zu unterscheiden. Dieser Aufgabe werden wir uns im nächsten Kapitel stellen.

Anmerkungen

1 Carl Sagan: *Cosmos* (New York; Random House 1980), S. 4.
2 Robert Jastrow: *God and the Astronomers* (New York; Warner Books 1978), S. 99.
3 Ebd., S. 105.
4 Sagan, a.a.O., S. 278.

Kapitel 3

DIE ANDEREN GÖTTER

Es gibt heute viele verschiedene „Götter", die um die Herzen und Gemüter der Menschen konkurrieren. Die Art und Weise, wie wir über Gott und seine Beziehung zur Welt nachdenken, bestimmt weitgehend auch die Art, wie wir andere Dinge in unserem alltäglichen Leben betrachten. Beispielsweise werden Menschen mit verschiedenartigem Gottesglauben auf ganz verschiedene Weise die Probleme der sie umgebenden Welt angehen - das Problem des Hungers etwa oder die Frage nach den Bürgerrechten. Wer wie die fernöstlichen Pantheisten glaubt, daß jedes Ding ein Teil Gottes ist, wird allen Schmerz und alles Übel als unwirklich abtun. Vielleicht wird er den betroffenen Opfern in Meditationsseminaren verdeutlichen wollen, daß ihre Probleme nur Illusionen sind. Wer meint, Gott und die Welt entwickelten sich in einem gemeinsamen Entwicklungsprozeß weiter, wird sich aller Wahrscheinlichkeit nach stark in Ernährungshilfeprogrammen und Institutionen wie Amnesty International engagieren: in dem festen Glauben, so trage er dazu bei, Gott besser zu machen. Wer an den Gott der Bibel glaubt, wird sich der Notleidenden erbarmen und sie mit Nahrung, Kleidung und Unterkunft versorgen.

Diese Personen gehen unterschiedliche Wege, das Problem zu betrachten, und haben unterschiedliche Beweggründe, es zu lösen - wegen ihrer unterschiedlichen Ansichten von Gott. Wie jemand Gott versteht, entscheidet darüber, wie er die Welt betrachtet. Man nennt deshalb die unterschiedlichen Vorstellungen von Gott „Weltanschauungen". Wir möchten sechs Weltanschauungen diskutieren, die im Gegensatz zum Christentum stehen:

1. Atheismus: der Glaube, es gibt keinen Gott.
2. Deismus: der Glaube, Gott existiert, aber er wirkt keine Wunder.
3. Pantheismus: der Glaube, alles ist Gott.
4. Panentheismus: der Glaube, Gott entwickelt sich gemeinsam mit der Welt.
5. Glaube an einen endlichen Gott: der Glaube, daß Gott existiert - aber endlich und/oder unvollkommen.
6. Polytheismus: der Glaube, daß es viele Götter gibt.

Wir werden bei jeder dieser sechs Weltanschauungen ihre verschiedenartigen Ansichten untersuchen: über Gott, über die Welt, über das Böse, über Wunder und über moralische Werte oder ethische Normen. Die folgende Tabelle stellt die verschiedenartigen Weltanschauungen im Verhältnis ihrer logisch möglichen Beziehungen zu Gott dar. Jede Ebene der Aufstellung stellt eine der vier grundlegenden Fragen über Gott: Wie viele Götter gibt es? Sind sie endlich oder unendlich? Sind sie identisch mit der Welt oder nicht? Sind Wunder möglich? Die Bezeichnung der jeweiligen Weltanschauung ist in *Kursivschrift* wiedergegeben, der Weg, der zur christlichen Schlußfolgerung führt, in **Fettschrift**.

SIEBEN HAUPT-WELTANSCHAUUNGEN

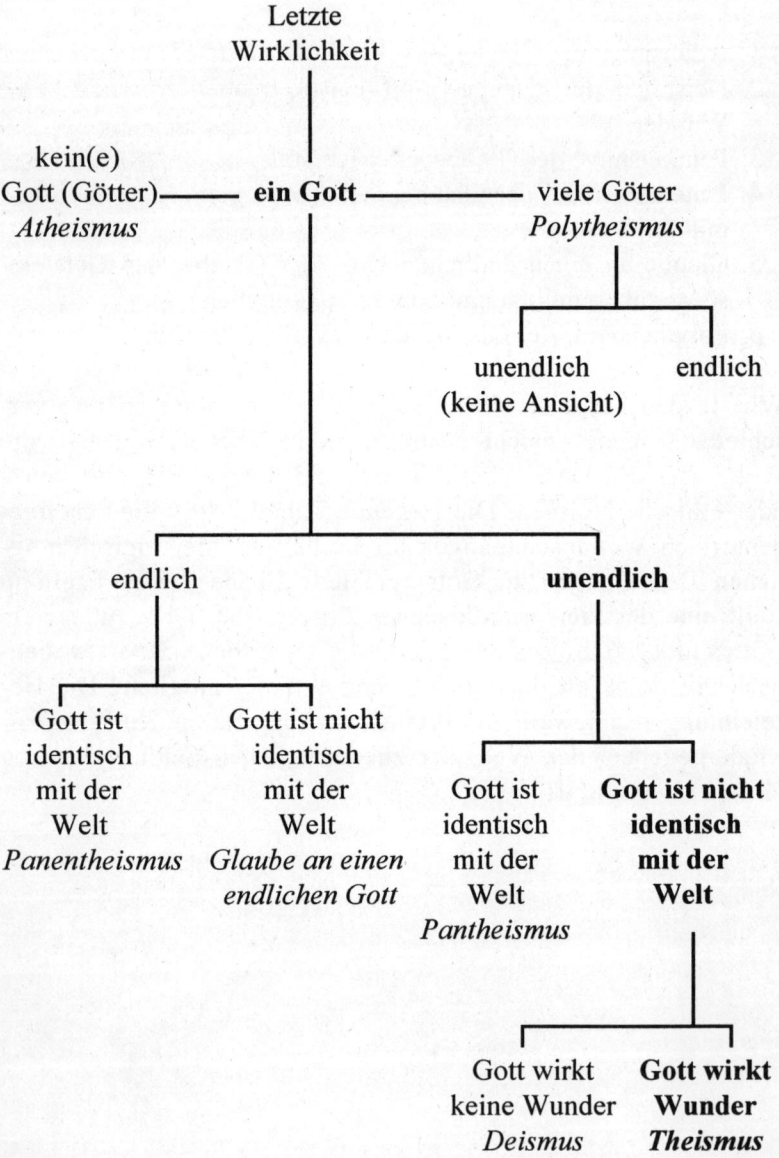

Letzte
Wirklichkeit

kein(e)
Gott (Götter)——— **ein Gott** ——————— viele Götter
Atheismus   *Polytheismus*

unendlich   endlich
(keine Ansicht)

endlich   **unendlich**

Gott ist   Gott ist nicht
identisch   identisch
mit der   mit der   Gott ist   **Gott ist nicht**
Welt   Welt   identisch   **identisch**
Panentheismus   *Glaube an einen* mit der   **mit der**
                  endlichen Gott Welt   **Welt**
                                    Pantheismus

Gott wirkt   **Gott wirkt**
keine Wunder   **Wunder**
Deismus   *Theismus*

ATHEISMUS -
WAS, WENN ES KEINEN GOTT GIBT?

Eine kürzliche Umfrage zeigt, daß nur etwa fünf Prozent der Amerikaner nicht an Gott glauben. Dennoch ist der Einfluß atheistischer Denker in unseren Tagen gewiß weit verbreitet. Die weitaus meisten Studenten waren den Schriften und damit auch den Gedanken berühmter Atheisten ausgesetzt: den Ideen des Existentialisten Jean-Paul Sarte, des Kommunisten Karl Marx, des Kapitalisten Ayn Rand oder der Psychologen Sigmund Freud und B.F. Skinner. In den sechziger Jahren wurde die folgende Passage zum Wahlspruch der „Gott-ist-tot"-Bewegung:

„Wohin ist Gott gegangen?", rief er aus. „Ich will es dir sagen! *Wir haben ihn getötet* - du und ich! Wir alle sind seine Mörder! ... Hören wir nicht die Schaufeln der Totengräber, die Gott begraben? ... Gott ist tot! Gott bleibt tot!"[1]

 Religion ohne Gott?

Im Jahr 1961 legte der *Supreme Court* (das oberste Gericht der USA) fest, daß es einige atheistische Religionen gebe. Ihnen zugehörig seien der Hinayana-Buddhismus, der Taoismus und der säkulare (diesseitige) Humanismus. Einige Ansichten des säkularen Humanismus lauten:
1. „Religiöse Humanisten betrachten das Universum als aus sich selbst heraus existierend und nicht erschaffen."
2. „Humanisten glauben, daß der Mensch ein Teil des Universum ist und daß er als Ergebnis eines fortlaufenden Prozesses ins Dasein kam."
3. „Wir können keinen göttlichen Zweck, keine Vorsehung für die menschliche Art entdecken ... Keine Gottheit wird uns retten; wir müssen uns selbst retten."
4. „Wir stimmen überein, daß moralische Werte ihren Ur-

sprung aus der menschlichen Erfahrung herleiten. Moral ist autonom und situationsbedingt. Sie bedarf keiner theologischen oder ideologischen Billigung."

5. „Moralische Erziehung von Kindern und Erwachsenen ist wichtig für die Entwicklung des Bewußtseins und der sexuellen Reife."

6. „Um Freiheit und Würde zu stärken, muß der einzelne den vollen Umfang öffentlicher Freiheiten in allen Gesellschaften erleben. Das schließt ein ... das Recht des einzelnen, in Würde zu sterben, das Recht auf Euthanasie und auf Selbstmord."

[Alle Zitate aus *Humanistische Manifeste I und II*, hrsg. von Paul Kurtz (Buffalo: Prometheus Books, 1973).]

Es sind jedoch nicht alle Atheisten ganz so militant. Karl Marx gab die Gefühle vieler moderner Atheisten wieder, als er schrieb: „Heutzutage, in unserem evolutionären Konzept des Universums, gibt es weder für einen Schöpfer noch für einen Lenker absolut keinen Raum."[2]

Während der *Skeptiker* die Existenz Gottes bezweifelt und der *Agnostiker* sagt, er wisse nicht, ob es einen Gott gebe, behauptet der *Atheist* zu wissen, daß es keinen Gott gibt: Es gibt nur die Welt und die Kräfte der Natur, die sie in Gang halten.

Was glauben Atheisten über Gott?

Es gibt verschiedene Arten von Atheismus. Einige glauben, daß Gott einst existierte, dann aber in dem Leib Jesu Christi starb. Andere halten es für unmöglich, über Gott zu sprechen, weil es nicht möglich sei, irgend etwas über ihn zu wissen - folglich könne er ebensogut nicht existieren. Wieder andere sagen, es gebe keine Notwendigkeit mehr für den Mythos von Gott, der einst unter den Menschen blühte. Der klassische Atheismus besteht jedoch darauf: Ein Gott ist nicht, war nicht und wird niemals sein - weder in

der Welt, noch außerhalb von ihr. Wer diesen Standpunkt ein-
nimmt, besteht darauf: Die Argumente, mit denen die Existenz
Gotten bewiesen werden soll, sind fehlerhaft. Gott ist nur eine
Schöpfung der menschlichen Phantasie.

Was glauben Atheisten über die Welt?

Viele glauben, die Welt ist ewig und nicht geschaffen. Andere sagen, sie sei „aus nichts und durch nichts" ins Dasein gekommen.
Sie sei selbsterhaltend und selbstbewegend. Sie argumentieren so:
Wenn alle Dinge einer Ursache bedürfen, dann kann man fragen:
„Was verursachte die erste Ursache?" Sie behaupten, daß es eine
aufeinanderfolgende Reihe von Ursachen gegeben haben muß, die
immer weiter in die Vergangenheit zurückreiche. Einige behaupten auch einfach, das Universum sei nicht verursacht; es sei einfach da.

Was glauben Atheisten über das Böse?

Während Atheisten einerseits Gottes Existenz leugnen, bestätigen
sie andererseits die Realität des Bösen. Sie denken, die Existenz des
Bösen sei einer der Hauptbeweise, daß es keinen Gott gebe. Ein
atheistischer Philosoph wundert sich gar, daß ein Christ nicht dazu
zu bringen sei, zuzugeben, daß sein Glaube falsch ist - daß er noch
immer an die Existenz Gottes glauben kann, während doch das Böse
in der Welt gegenwärtig ist. Manche argumentieren auch, es sei absurd, an Gott zu glauben: Gott hat alles gemacht; auch das Böse ist
etwas; also müßte Gott auch das Böse gemacht haben.

Was glauben Atheisten über moralisch-ethische Werte?

Wenn es keinen Gott gibt und der Mensch lediglich eine Kombination von Chemikalien ist, dann gibt es keinen Grund zu glauben,
daß irgend etwas ewigen Wert hat. Atheisten glauben, Moral sei
relativ und situationsabhängig. Es mag wohl einige fortdauernde
moralische Grundsätze geben, aber sie wurden nicht von Gott ge-

offenbart, sondern von Menschen aufgestellt. Tugend ist, was immer funktioniert, um die gewünschten Ergebnisse zu erzielen.

Atheistische Philosophen haben einige Fragen gestellt, die uns herausfordern, über unseren Glauben nachzudenken. Die Einsprüche gegen Gottes Existenz haben wir jedoch bereits in unserer Beweisführung im zweiten Kapitel behandelt. Noch einmal kurz zusammengefaßt: Eine unendliche Reihe von Ursachen ist unmöglich und unnötig, weil Christen niemals behauptet haben, daß *alles* einer Ursache bedürfe - nur *Ereignisse* oder Dinge die sich verändern, benötigen Ursachen. Zu fragen: „Was verursachte die erste Ursache?" ist, wie wenn man fragt: „Wie sieht ein viereckiges Dreieck aus?" oder: „Was ist der Geruch von blau?". Es ist eine unsinnige Frage. Dreiecke können nicht vier Ecken haben; Farben pflegen nicht zu duften, und erste Ursachen haben keine Ursachen, weil sie ihrerseits die ersten sind. (Siehe Kapitel 4 betreffs der Fragen über das Böse.)

DEISMUS - WAS, WENN GOTT DIE WELT GESCHAFFEN UND DANN ALLEINGELASSEN HAT?

Die Ansicht der Deisten von Gott ist der christlichen sehr ähnlich. Nur glauben sie nicht, daß Gott jemals Wunder wirkt. Sie stimmen zu, daß Gott die Welt gemacht hat, aber jetzt läßt er sie einfach nach natürlichen Prinzipien ablaufen. Er überwacht die menschliche Geschichte, aber er greift nicht ein. Sie könnten Gott mit einem Uhrmacher vergleichen, der eine Uhr gemacht und aufgezogen hat; dann aber ließ er sie allein ablaufen.

Entsprechend der Aufklärung des 18. Jahrhunderts, setzen Deisten Vernunft über Offenbarung (die ein Wunder ist). Zu den berühmten Deisten gehören Thomas Hobbes, Thomas Paine und Benjamin Franklin. Thomas Jefferson benutzte seine deistischen Ansichten, alle Wunder aus der Bibel zu entfernen. Bei ihm endet das Johannes-Evangelium in Kapitel 19 mit den Worten: „Es war aber an dem Orte, wo er gekreuzigt wurde, ein Garten, und in dem Garten eine neue Gruft, in welche noch nie jemand gelegt worden war. Dorthin nun, wegen des Rüsttags der Juden, weil die Gruft nahe war, legten sie Jesum, und rollten einen großen Stein an die Tür der Grabstelle, und gingen weg."[3] Alles danach (Joh 20-21) betrifft die Auferstehung (ein Wunder).

Thomas Paine (1737-1809) war einer der militantesten Deisten, wie er in *The Age of Reason* („Zeitalter der Vernunft", 1794-95) zeigte. Er behauptete, die Aufklärung habe die Notwendigkeit einer offenbarten Religion beendet und das Zeitalter der Wissenschaft sei gekommen: *„Das Wort Gottes ist die Schöpfung, die wir erblicken."* Das Universum „offenbart dem Menschen alles, was über Gott zu wissen dem Menschen notwendig ist. Paine verachtete besonders den christlichen Glauben. Er befürchtete, dieser sei eine Bedrohung für eine republikanische Regierung.

„Von allen religiösen Systemen, die jemals erfunden wurden, gibt es kein nachteiligeres für den Allmächtigen, weniger erbauliches für den Menschen, widerlicheres für die Vernunft oder widersprüchlicheres in sich selbst als diese Christentum genannte Angelegenheit. Allzu absurd, um es zu glauben, allzu unmöglich, um zu überzeugen, und allzusehr entgegen jeder Praxis betäubt es das Herz und produziert nur Atheisten oder Fanatiker. Als mächtiger Antrieb dient es den Zielen des Despotismus, und als Mittel zur Erlangung von Reichtum dient es der Habgier der Priester. Aber in Hinsicht auf das Gute im Menschen führt es zu nichts - weder hier noch hiernach."
[Alles zitiert aus *The Complete Works of Thomas Paine*, hrsg. von Calvin Blanchard (Chicago: Belford, Clark & Co., 1885).]

Was glauben Deisten über Gott?

Deisten betrachten Gott beinahe genauso wie ein Theist, abgesehen davon, daß sie keine Wunder akzeptieren. Sie glauben, er ist außerhalb der Welt, persönlich, allgut, alliebend, allmächtig und allwissend. Sie beten sogar zu ihm, obwohl sie annehmen, daß Gott niemals besonders handelnd in die Welt eingreift, um der Menschheit zu helfen. Da dies auch bedeutet, daß Jesus nicht Gott ist (das wäre ein Wunder), gibt es keinen Grund für sie zu glauben, daß Gott eine Dreieinigkeit ist. Die Vorstellung von drei Personen in einem Wesen (die Dreieinigkeit) ist in ihren Augen nicht mehr als schlechte Mathematik. Weil Gericht ein Eingriff Gottes in menschliche Angelegenheiten wäre, sind manche Deisten Allversöhner. Sie behaupten, daß niemand gerichtet werden wird.

Was glauben Deisten über die Welt?

Wie die Theisten denken auch die Deisten, daß die Welt von Gott erschaffen wurde und daß wir durch ihre Betrachtung etwas über Gott erfahren können. Tatsächlich behaupten sie, die Welt sei Gottes einzige Offenbarung. Er habe uns Verstand gegeben, so daß wir ihn durch die Dinge, die er gemacht hat, verstehen können.

Was glauben Deisten über das Böse?

Deisten stimmen zu, daß die Handlungen des Menschen die Quelle des Bösen sind. Die meisten Deisten erkennen an, daß im Menschen ein böses Prinzip am Werk ist. Einige tadeln als böse den Mißbrauch oder die Vernachlässigung des Verstandes bei der Gestaltung des Lebens einer Person. In den Augen der meisten Deisten wird der Mensch in dem Leben nach dem Tode entweder mit Belohnung oder mit Gericht zu rechnen haben.

Was glauben Deisten über moralisch-ethische Werte?

Sie meinen, daß alle moralischen Gesetze in der Natur begründet sind. Da allerdings die Vernunft das einzige menschliche Hilfsmittel ist, das moralische Gesetzte erkennt, gibt es Unstimmigkeit darüber, wozu Gesetze verpflichten und wie allgemeingültig sie sind. Manche erkennen das menschliche Begehren nach Glück als einzigen moralischen Grundsatz an, der alle Handlungen bestimmt. Alle besonderen moralischen Gesetze würden dann unter den jeweiligen Umständen unterschiedlich angewandt - wie es die Vernunft diktiert.

Wie können wir dem Deismus begegnen?

Deismus widerspricht sich selbst in den meisten grundlegenden Voraussetzungen. Deisten glauben an das größte Wunder von allen (die Schöpfung), verwerfen aber alles, was sie für die kleinen Wunder halten. Wenn Gott gut und mächtig genug war, die Welt zu erschaffen - ist es dann nicht vernünftig anzunehmen, daß er auch auf sie achtgeben könnte und würde? Wenn er aus nichts etwas machen kann, dann kann er gewiß etwas aus etwas anderem machen: Jesus beispielsweise machte Wein aus Wasser. Anders als die Denker der Aufklärung des 17. Jahrhunderts erwägen heutige Wissenschaftler nicht, ob Naturgesetze universal oder absolut sind. Sie *beschreiben*, was sie in der Natur sehen, aber sie *diktieren* nicht, was sein müßte.

PANTHEISMUS -
WAS, WENN DIE WELT GOTT IST?

Östliche Religionen waren lange der Hort des pantheistischen Denkens. Diese Philosophie kommt jetzt durch die New Age-Bewegung nach dem Westen: in Form von Yoga, Meditation, makrobiotischer Ernährung und Channeling. Der zentrale Brennpunkt des Pantheismus besteht darin, daß alles Gott ist und daß Gott alles ist. Außer im Hinduismus, Taoismus und einigen Formen des Buddhismus ist Pantheismus der Kerngedanke von west-

lichen Religionen wie der Christlichen Wissenschaft, der Unitari-
er, Scientology und der Theosophie. Auch einige frühgriechische
Philosophen waren pantheistisch, ebenso spätere europäische
Denker wie G.W.F. Hegel und Benedikt de Spinoza. Diese Weltanschauung ist auch in den *„Star Wars"*-Filmen *(„Krieg der Sterne")* populär thematisiert worden.

 Pantheismus in der Darstellung Hollywoods

„Ich möchte hier etwas Zen einführen", sagt Irvin Kershner,
Direktor der Arbeiten an dem Film *„Das Imperium schlägt
zurück"*. Er weist auf die Filmfigur Yoda als „eines
Zen-Meisters" hin. Filmproduzent George Lukas bekannte:
„Ich versuchte auf ganz einfache Weise zu sagen ..., daß es
einen Gott gibt und daß es eine gute und eine böse Seite gibt.
Man kann zwischen beiden wählen, aber die Welt funktioniert besser, wenn man auf der guten Seite steht." Die Filme
der *Krieg-der-Sterne*-Trilogie lehren bewußt eine religiöse
Botschaft: Gott ist „eine Kraft". Wir kennen sie durchs
Empfinden. Materie ist nichts. Wir können die Kraft benut-
zen, um uns selbst von Zorn, Furcht und Aggressivität zu be-
freien. Und wir können Unsterblichkeit erlangen, indem wir
in ihr aufgehen (wie es im Film *Obe Wan Kenobe* erlebte).
„Die Menschen können quaken: 'Unterhaltung! Unterhaltung!', bis sie blau im Gesicht werden. Bestehen bleibt die
Tatsache, daß Filme wie *Krieg der Sterne* ein unsolide ge-
bauter Ersatz für die großen Mythen und Rituale von Glaube,
Hoffnung und Erlösung geworden sind. Sie waren nötig,
Kulturen zu formen, bevor die breite Masse der säkularen
Gesellschaft die Überhand gewann."
[Zitiert aus *Rolling Stone* (24. Juli 1980, S.37), *Time* (25. Mai
1983, S.68), und *Newsweek* (1. Januar 1979, S.50).]

Was glauben Pantheisten über Gott?

Für einen Pantheisten ist Gott das absolute Sein, das alle Dinge in sich vereinigt. Manche sagen, Gott sei „einfach in der Vielheit"; andere wiederum, er bekunde sich selbst in vielen Formen; und noch andere, er sei eine Kraft, die alle Dinge durchdringe. Aber sie stimmen darin überein, daß er ein „Es" sei, nicht eine Person. Darüber hinaus sei dieses „Es" so völlig verschieden von allem, was wir kennen, daß es uns unmöglich ist, irgend etwas darüber zu wissen. So ist der Verstand von keinem Nutzen bei dem Versuch, die allerletzte Wirklichkeit zu verstehen. Eine Hindu-Schrift sagt:

> „Das Auge kann ihn (Brahman) nicht sehen, noch die Zunge ausdrücken, noch der Verstand begreifen. Weder kennen wir ihn, noch sind wir imstande ihn zu lehren. Verschieden ist er von dem Bekannten und ... von dem Unbekannten.
>
> Der kennt Brahman wahrhaftig, der ihn kennt als jenseits der Kenntnis; er, der meint zu wissen, weiß nicht. Der Ignorant meint, daß Brahman bekannt ist, aber der Weise weiß ihn jenseits des Wissens."[4]

Die Bedingung, zu irgendeinem Wissen über Gott (oder das Tao) zu kommen, ist die Erkenntnis, daß die Wahrheit in den Widersprüchen gefunden wird (der Taoismus nennt dies das *Tao*). So muß man meditieren, um den Geist von der Vernunft zu leeren und dann Fragen zu betrachten wie: „Was ist der Klang einer einzigen klatschenden Hand?" Diese Fragen, die außer der Frage selbst keine Antwort haben, wurden konzipiert, um den Geist der Vergegenwärtigung zu öffnen, dieses *Atman* (die Welt, die Vielheit, das Böse, die Illusion) sei das *Brahman* (Gott, die Einheit, das Gute, die Wirklichkeit). Infolgedessen ist Gott alles, und alles ist Gott. Der Mensch existiert, um zu erkennen, daß auch er Gott ist.

Obwohl es nicht durch Vernunft bekannt ist, ist die Essenz Gottes, daß er Geist ist. Daher kann es keine materielle Existenz geben, weil alles Geist ist (Was ist Geist? Keine Materie. Was ist Materie? Niemals Geist.) Wie es D.T. Suzuki ausdrückt: „Diese Natur [z.B. die geistliche Natur des Menschen] ist der Geist, und der Geist ist der Buddha, und der Buddha ist der Weg, und der Weg ist Zen."[5] Auch Plotin, ein Philosoph des 3. Jahrhunderts n. Chr., sagte, die erste Ausstrahlung des absolut Einen sei *nous* (griechisch: Sinn, Verstand, Denken) gewesen, worin Gott über sich selbst denke; von dort fließe alle Vielheit.

Was glauben Pantheisten über die Welt?

Die Welt wurde nicht von Gott erschaffen, sondern sie strömt ewig von ihm aus. Theisten sagen, Gott erschuf aus dem Nichts (ex nihilo). Pantheisten sagen, daß Gott die Welt aus sich selbst hervorbringe (ex deo). Natürlich sagen manche Pantheisten (solche wie die meisten Hindus und Mary Baker Eddy), daß die Welt in Wirklichkeit überhaupt nicht existiere. Sie ist Illusion (*maya*). Um die Illusion von Materie, Schmerz und dem Bösen zu überwinden, müssen wir lernen zu glauben, daß alles Gott ist, einschließlich uns selbst, und die Illusion wird keine Macht über uns haben.

Weil Gott nicht außerhalb der Welt ist, sondern in ihr, kann es kein Wunder im Sinn *übernatürlicher* Ereignisse geben. Es kann *außergewöhnliche* Ereignisse geben, wie Levitation (Aufhebung der Schwerkraft), Weissagung durch Channeling („Durchströmen"), Heilungen und die Fähigkeit, Schmerz entgegenzuwirken (etwa das Laufen auf glühenden Kohlen mit nackten Füßen). Diese Dinge werden nicht durch irgendeine Kraft außerhalb des Universums getan. Sie werden vollbracht von Menschen, die ihr göttliches Potential ausschöpfen und die göttliche Kraft überall um sich her benutzen.

Was glauben Pantheisten über das Böse?

„Hier findet man außerdem ... den Kardinalpunkt der Christlichen Wissenschaft, daß die Materie und das Böse (einschließlich Sünde, Krankheit und Tod) *nicht wirklich* sind."[6] Das ist die Übereinstimmung des Pantheismus. Wenn Gott alles ist, und Gott ist gut, dann kann alles Boshafte nicht wirklich bestehen. Entsprechend dem zuvor Gesagten: Wenn es existierte, wäre es Gott. Auf einer höheren Stufe aber ist Gott jenseits von gut und böse. Jene sind sinngemäß Gegenteile, die in dem absolut Einen für sich nicht existieren können. Viele der hinduistischen Bilder für Gott sind häßlich und böse, um diese Wahrheit zu demonstrieren. Die Göttin Kali, die Zerstörerin, ist auch das Symbol der Mutterschaft. Die Wahrheit ihres Wesens ist, daß sie freundlich und grausam zugleich ist und, zur gleichen Zeit, weder freundlich noch grausam. Gott ist jenseits von Gut und Böse.

 *Kein Unterschied?*

Der späte Francis Schaeffer erzählt von seiner Erfahrung mit einem Pantheisten: „Eines Tages sprach ich zu einer Gruppe von Leuten in der Studentenbude eines jungen Südafrikaners in Cambridge. Unter den Anwesenden war ein junger Inder mit einem familiären Sikh-Hintergrund, aber er war ein religiöser Hindu. Er hob an, energisch gegen das Christentum zu reden, aber er verstand nicht die Probleme seines eigenen Glaubens. Daher sagte ich: 'Gehe ich recht in der Annahme, daß - auf der Grundlage Ihres Systems - Grausamkeit und Nichtgrausamkeit schließlich gleich sind, daß es keinen eigentlichen Unterschied zwischen ihnen gibt?' Er stimmte zu. ... Der Student, in dessen Zimmer wir uns getroffen hatten, erkannte klar die Probleme dessen, was der Sikh zugegeben hatte. Er hob den Kessel mit kochendem Wasser, womit ein Tee aufgebrüht werden sollte, hoch und hielt ihn über den Kopf des Inders. Der schaute auf und fragte, was er vorhabe. Der Südafrikaner erklärte mit kalter, aber sanfter Endgültigkeit: 'Es gibt keinen Unterschied zwischen Grausamkeit und

Nichtgrausamkeit.' Daraufhin stürmte der Hindu hinaus in die Nacht." [Francis Schaeffer, *„The God Who Is There"* (Downers Grove: Ill.: InterVarsity Press, 1968), S. 101.]

Was glauben Pantheisten über moralisch-ethische Werte?

Pantheistische Schriften sind angefüllt mit moralischen Appellen zu Tugend und Selbstaufgabe. Sie gelten aber nur für die niedrigeren Stufen geistlichen Standes. Sobald ein Eingeweihter sich über diese Ebenen hinausbewegt hat, ist sein Ziel, Einheit mit Gott zu erreichen. „Er hat keine weitere Besorgnis um die Einhaltung ethischer Gesetze."[7] Wenn er werden soll wie Gott, dann muß auch er jenseits von Gut und Böse sein. Moralische Führung ist ein Hilfsmittel für geistliches Wachstum. Es gibt keine absolute Grundlage für Moral.

 **New Age Ethik**

Gemäß der Vorstellung, daß es absolut keine Gegenteile gebe, stimmen die meisten New-Age-Anhänger zu, daß „richtig" und „falsch" für sie keine Bedeutung haben, aber sie sind nicht amoralisch. Sie haben viele moralische Grundsätze. Mark Satin empfiehlt vier ethische Leitlinien:
1. Entwickle dich selbst.
2. Arbeite mit den Schätzen der Natur.
3. Habe Selbstvertrauen, aber sei kooperativ.
4. Sei gewaltlos.
Dennoch sind diese Leitlinien nicht als absolut zu werten. Sie werden situationsabhängig angewandt und nur wegen ihrer Zweckmäßigkeit. Sie tun Gutes, weil sie helfen sollen, schlechtes Karma oder unerwünschte Strafe zu vermeiden. Schließlich gibt es kein „Gut" und kein „Böse". „In einem

geistlichen Zustand ist Moral unmöglich: Wenn man für sich selbst etwas wünscht, seien es auch Leitlinien oder Prinzipien, hat man sich bereits von dem Einen getrennt (und außerdem ist alles so, wie es sein sollte)." Alle Urteile von Richtig und Falsch oder Gut und Böse gehören zu einer niedrigeren Bewußtseinsstufe. Sie verschwinden, sobald wir eins werden mit dem Einen und ganz mit dem All verschmelzen. [Alles zitiert aus Mark Satin: *„New Age Politics"* (New York: A Delta Book, 1979), S.103-104, 98.]

Das Folgende ist eine typische Aussage über pantheistische Werte:
„... Jede Handlung [was soviel bedeutet wie irgendeine Art, zu handeln] kann unter gewissen Umständen und für gewisse Menschen ein Sprungbrett zu geistlichem Wachstum sein, wenn sie in einem Geist der Loslösung vollzogen wird. Alles Gute und Böse steht in Relation zu dem individuellen Grad von Wachstum, ... aber im höchsten Sinn kann es weder Gut noch Böse geben."[8]

Wie können wir dem Pantheismus begegnen?

Der Pantheismus verlangt die uneingeschränkte Ergebenheit seiner Anhänger und sorgt für eine allumfassende Sicht über alle Wirklichkeit. Außerdem wird zu Recht die Tatsache betont, daß wir Gott nicht die Einschränkungen unserer begrenzten Sprache auferlegen können. Dennoch ist der grundlegende Anspruch des Pantheismus sinn- und zwecklos.

Die Forderung beispielsweise, daß der Verstand bei der Betrachtung allerletzter Wirklichkeiten nicht anwendbar sei, hat keinen Sinn. Die Behauptung: „Der Verstand kann uns nichts über Gott sagen", ist entweder eine vernünftige Aussage (was bedeutet, sie ist entweder wahr oder falsch, denn dies ist das Wesen aller Logik), oder sie ist es nicht. Dies ins Auge fassend, erscheint es eine vernünftige Aussage zu sein, daß die Vernunft uns keine Information über Gott geben kann - *ausgenommen, daß sie es soeben getan hat.*

Denn sie erklärte uns gerade, daß wir unseren Verstand nicht benutzen können. Folglich müssen wir unseren Verstand dazu benutzen, seinen Gebrauch zu leugnen - nach der Logik eine unausweichliche Realität. Sucht der Pantheist dies zu vermeiden, indem er sagt, es sei keine vernünftige Aussage, dann haben wir keinen Grund, sie zu glauben. Dann ist es bloß Kauderwelsch entsprechend dem Singsang eines Zweijährigen.

Des weiteren glauben Pantheisten, es gebe eine uneingeschränkte, unveränderliche Realität (Gott). Gleichzeitig glauben sie, Menschen könnten zu der Erkenntnis kommen, sie seien Gott. Jedoch - *wenn ich zu einer Erkenntnis komme*, dann habe ich mich verändert (meinen Wissensstand zum Beispiel und damit meinen Standpunkt gegenüber diesem oder jenem). Aber Gott kann sich nicht verändern. Folglich: Wenn irgend jemand zu der Erkenntnis kommt, er ist Gott, dann ist er es nicht! Denn der unveränderliche Gott wußte immer, daß er Gott ist.

Ferner müssen wir uns fragen, warum die Illusion von Materie uns so wirklich erscheint. Wenn Leben in der materiellen Welt ein Traum unserer eigenen Schöpfung ist, warum haben wir alle so einen schlechten Traum? Warum werden noch physikalische Beziehungen gebraucht, um Kinder zu zeugen? Warum leiden tiefreligiöse Christliche Wissenschaftler, die die Wirklichkeit der Materie ebenso verleugnen wie allen Schmerz, noch immer und sterben bei Entbindungen? (Das Entbindungssanatorium in Los Angeles wurde vom Gesundheitsministerium geschlossen - wegen der hohen Zahl an Todesfällen, die sich hier ereignete.) Sogar andächtige Pantheisten, die angeblich das Leben in der Welt gemeistert haben, leben noch immer unter physikalischen Beschränkungen wie Essen oder der Bewegung von hier nach da. Mark Twain hat in seiner Abhandlung über Christliche Wissenschaft auf diesen Mißklang von Anspruch und Wirklichkeit hingewiesen:

„Nichts existiert außer dem Geist?"
„Nichts", erwiderte sie. „Alles sonst ist substanzlos, alles sonst

ist nur in der Vorstellung vorhanden."
Ich gab ihr einen nur in der Vorstellung vorhandenen Scheck,
und nun verklagt sie mich auf wirkliche Dollars. Das erscheint
widersprüchlich.[9]

Der Mangel an moralischen Grundlagen im Pantheismus ist völlig
unbefriedigend. Er läßt einen nicht nur ohne alle Richtlinien zur
Bestimmung seiner Handlungen, sondern fördert auch die Grausamkeit im Namen geistlichen Wachstums. Dies zeigt sich deutlich am herkömmlichen Mangel sozialer Dienste in Indien.
„*Karma*" ist das Gesetz von Ursache und Wirkung, das das
Schicksal eines Menschen entscheidet; es darf nicht mit moralischer Schuld verwechselt werden. Wer Menschen hilft, die aufgrund ihres Karmas leiden, der arbeitet mit dieser Hilfe für die
Einzelperson gegen Gott. Die Hilfe würde sie abhalten, ihre eigene Karmaschuld abzuarbeiten, und würde gleichzeitig zeigen, daß
der Helfer noch immer an die Welt gebunden ist, anstatt ihr gegenüber gleichgültig geworden zu sein. Infolgedessen ist es besser, alles Leiden zu ignorieren, als irgend etwas zu seiner Linde-
rung zu unternehmen. Handeln jenseits von Gut und Böse stellt
Boshaftigkeit gleich mit Güte.

PANENTHEISMUS -
WAS, WENN DIE WELT GOTTES LEIB IST?

Eine Weltanschauung, die auf halbem Weg zwischen Pantheismus
und Theismus steht, ist der Panentheismus, auch bekannt unter der
Bezeichnung „Prozeßtheologie". Das Grundprinzip lautet: Gott
verhält sich zur Welt wie die Seele zum Leib. Wie im Theismus
braucht die Welt Gott, um zu existieren, aber wie im Pantheismus
braucht Gott ebenso die Welt, um sich selbst auszudrücken. Während Gott in einer Hinsicht außerhalb der Welt ist, so ist er in einer
anderen Hinsicht selbst die Welt. Was außerhalb der Welt ist,
verwirklicht sich selbst (macht sich selbst wirklich) in der Welt.
So verändert sich Gott immer, sobald sich die Welt verändert. Er

ist dem *Prozeß* unterworfen, alles das zu werden, was er sein
kann. Dies ist eine neue Weltanschauung, die in unserem Jahrhundert von den Philosophen Alfred North Whitehead, Charles Hartshorne, Schubert Ogden und anderen entwickelt wurde, aber sie
gründet sich auf Vorstellungen, die wir bei Plato finden. Keine der
Hauptreligionen geht mit der Prozeßtheologie konform, aber sie
wird an einigen christlichen Bildungsanstalten gelehrt. Der femi-
nistischen Bewegung hat sie einige Unterstützung gegeben, und
auch die Befreiungstheologie der Marxisten in Südamerika und
Südafrika kann nicht auf sie verzichten.

Pantheismus	Panentheismus
Gott ist das Universum	Gott ist im Universum
Gott ist nicht persönlich	Gott ist persönlich
Gott ist unendlich	Gott ist eigentlich endlich
Gott ist ewig	Gott ist eigentlich zeitlich
Gott ist unveränderlich	Gott ist eigentlich veränderlich
Gott und Geschöpfe sind identisch	Gott und Geschöpfe sind nicht identisch

Was glauben Panentheisten über Gott und die Welt?

Gott hat zwei Pole: Einen *ursprünglichen*, der ewig, unveränderlich, vollkommen und außerhalb der Welt ist, und einen *daraus
folgenden*, der zeitlich, veränderlich, wirklich und identisch mit
der Welt ist. Die ursprüngliche Natur Gottes ist sein *potentieller*
Pol - was er sein kann; die daraus folgende Natur ist, was er *im
Augenblick tatsächlich* ist. So ist die Welt nicht verschieden von
Gott; sie ist einer von Gottes Polen. Sein potentieller Pol bewohnt
die Welt einfach, wie eine Seele einen Leib bewohnt. Dort wird es
verwirklicht oder real. So ist die Welt das, was Gott geworden ist.
So ist Gott wirklich niemals vollkommen; er strebt nur nach Voll-

kommenheit. Um vollkommener zu werden, braucht Gott unsere Hilfe. So schrieb Hartshorne:

„Gott in seinem letzten konkreten Zustand ist gemeinschaftlich 'gemacht' oder erzeugt von Gott und der Welt in früheren Zuständen von beiden. Wir sind nicht bloß Mitschöpfer der Welt mit Gott, sondern letzten Endes Mitschöpfer mit ihm und seiner selbst."[10]

Etwa so, wie es die Lithographie von Maxwell Escher zeigt - zwei Hände, die sich gegenseitig zeichnen - erschafft die Welt Gott gerade so, wie Gott die Welt erschafft. Es sind zwei Pole des gleichen Wesens. Diese Situation bleibt ewig bestehen. Denn keiner der beiden Pole könnte irgendwann ohne den anderen existieren, und der potentielle, unendliche Pol kann niemals vollständig verwirklicht werden in einem endlichen Reich. So ist Gott, „wie er war im Anfang, jetzt ist und immer sein wird, Welt ohne Ende".

 **Der Prozeßgedanke und die Evangelikalen**

Panentheismus ist nicht bloß eine gelehrte Diskussion ohne Wirkung auf normale Menschen. Seine Wirkung hat bereits die christliche Gemeinde erreicht. Die *Perkins School of Theology* bei der *Southern Methodist University*, wo Professor Schubert Ogden lehrt, ist der Prozeßtheologie gewidmet, wie auch die *Clairmont School of Theology*, wo John Cobb und David Griffin lehren. Einige bedeutende Denker der evangelikalen Szene haben beschlossen, daß Gott nicht zeitlos und ewig ist, sondern immerwährend in der Zeit. Diese Ansicht wurde publiziert von Nicholas Wolterstorff, Clark Pinnock und J. Oliver Buswell. Diese Autoren haben zwar eine vollständige panentheistische Weltanschauung nicht anerkannt, aber sie machten ihr ein wichtiges Zugeständnis: Sie erklärten Gott für veränderlich. Denn wenn es ihm möglich ist, sich zu verändern, dann kann er nicht das notwendigerweise existierende Wesen sein, über das wir im zweiten Kapitel gesprochen haben.

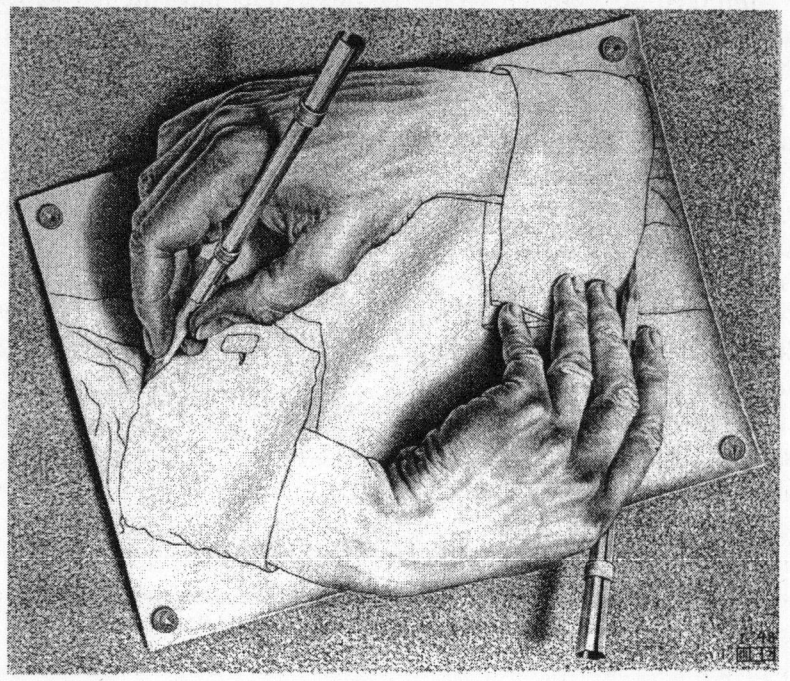

Was glauben Panentheisten über das Böse?

Da Gott in seinem realen Pol eingeschränkt ist, kann er nicht allmächtig sein. Er lenkt die Welt nur durch Einfluß. Aber nicht die ganze Welt erkennt seinen Einfluß oder wird durch ihn kontrolliert, und so existiert das Böse. Gott kann es einfach nicht kontrollieren, noch kann er garantieren, daß es jemals eliminiert sein wird. Panentheisten glauben aber, daß das Böse neue Möglichkeiten für die Selbsterkenntnis Gottes eröffnet und neue Ge-

legenheiten für Wachstum zu größerer Vollkommenheit gibt;
deshalb ist es nicht notwendigerweise unerwünscht. In einigen
Hinsichten möchte Gott das Böse nicht beseitigen.

Was glauben Panentheisten über moralisch-ethische Werte?

Prozeßtheologen glauben wie Theisten, daß moralische Werte
im Wesen Gottes verwurzelt sind. Aber geradeso, wie Gottes
Natur in zwei Ansichten verschieden ist, so auch die Natur ihrer
Werte. Da sich Gott stetig verändert, ändern sich auch die Werte
ständig. Es mag irgendein vollkommen Gutes in der ursprünglichen Natur Gottes geben. Was aber uns betrifft, so müssen wir
in unserem Leben in der wirklichen Welt Schönheit schaffen -
ohne Rückgriff auf irgendeinen phantasierten zukünftigen Zustand der Dinge. Wir können niemals erwarten, Vollkommenes
zu schaffen, sondern nur danach eifern, mehr Gutes zu tun. So
können Werte nur in allgemeinen Begriffen festgelegt werden,
und der meistgebrauchte von ihnen ist „Schönheit" oder
„Ästhetik". Hartshorne schreibt: „Das einzig Gute, das wirklich
gut ist, gut in sich selbst, ist gute Erfahrung, und die Kriterien
dafür sind ästhetisch. Harmonie und Intensität kommen sich nahe; das heißt zusammenfassend ... *moralisch zu sein heißt, für
das Gemeinwesen ästhetische Optimierung von Erfahrungen zu
suchen.*"[11] Angesichts dieses Standards müssen wir Streitge-
spräche und Stumpfsinn in der Gemeinschaft ebenso vermeiden
wie für uns selbst. Liebenswürdigkeit führt zu Schönheit und
Harmonie, Grausamkeit zu Häßlichkeit und Uneinigkeit. Interesse bringt Intensität hervor, Teilnahmslosigkeit führt zum Gegenteil. Alle moralischen Standards müssen aus diesen Grundsätzen
abgeleitet sein und an den Einfluß der gegenwärtigen Erfahrung
des Besseren angepaßt werden.

Theismus	Panentheismus
Gott ist Schöpfer der Welt	Gott ist Direktor der Welt
Welt ist verschieden von Gott	Welt ist das gleiche wie Gottes Leib
Gott kontrolliert die Welt	Gott arbeitet mit der Welt zusammen
Gott ist unabhängig von der Welt	Gott und Welt sind voneinander abhängig
Gott ist unveränderlich	Gott verändert sich ständig
Gott ist völlig vollkommen	Gott wird zunehmend vollkommener
Gott ist unendlich und ewig	Gott ist eigentlich endlich und zeitlich
Gott ist absolut Einer	Gott hat zwei Pole

Wie können wir dem Panentheismus begegnen?

Der Panentheismus sieht Gott so, als habe er eine vertraute Beziehung zu der Welt. So ist er leicht imstande, moderne wissenschaftliche Gedanken in sein System zu integrieren. Aber man muß ganz einfach fragen, wie denn das ganze System in Gang gebracht wurde. Es ist so, als frage man: „Was war zuerst da - das Huhn oder das Ei?" Käme der potentielle Pol vor dem realen, wie wurde dann jemals irgend etwas verwirklicht? Der reale Pol aber konnte nicht zuerst da sein, denn er hatte kein Potential zum Beginnen. Panentheisten könnten sagen, daß beide immer zusammen existierten. Andererseits müssen wir der Tatsache ins Auge blikken, daß die Zeit nicht immer weiter in die Vergangenheit zurückgehen kann. Die einzige Antwort: Irgend etwas sonst erschuf den ganzen Ball aus Wachs. Es bedarf eines Schöpfers außerhalb des Prozesses wie z. B. eines Maxwell Escher, um die Hände zu zeichnen, die sich ewig gegenseitig weiter zeichnen. Es erfordert einen überweltlichen Gott, ein Huhn zu erschaffen, das dann Eier legen würde.

Außerdem - wie kann man wissen, daß alles veränderlich ist, wenn es nicht irgendeinen unveränderlichen Standard gibt, an dem man die Veränderung messen kann? Weil wir uns gemeinsam mit ihr bewegen, bemerken wir nicht, daß die Welt um ihre Achse rotiert und sich um die Sonne dreht. Wir empfinden, als stünden wir reglos im All. Das gleiche passiert, wenn wir in einem Flugzeug einen Ball hoch in die Luft schleudern. Wir erkennen nicht, daß sich der Ball tatsächlich mit 750 Stundenkilometern bewegt, weil wir uns mit der gleichen Geschwindigkeit bewegen. Wir können nur sicher sein, daß sich etwas bewegt, wenn wir seine Bewegung an etwas messen, das sich nicht bewegt. Wie können wir also wissen, daß sich etwas verändert, wenn wir nicht auf etwas schauen können, daß sich nicht verändert? Der Panentheismus hat keine Lösung für dieses Dilemma, weil er lehrt, daß sogar Gott sich stetig verändert.

GLAUBE AN EINEN ENDLICHEN GOTT - WAS, WENN GOTT NICHT ALLMÄCHTIG IST?

Panentheismus ist nicht die einzige Weltanschauung, die vertritt, daß Gott Einschränkungen unterworfen ist. Auch die Vertreter des Glaubens an einen endlichen Gott stellen große Ähnlichkeiten zum Gott der Christen fest, aber sie gestehen ihm keine Vollkommenheit zu: Ihr Gott ist eingeschränkt in Macht und Wesen. Dieses Gottesbild hat durch die Zeiten hindurch von Plato bis in unsere Tage viele Einzelanhänger gehabt. Es wurde aber nie von einer bestimmten Religion vereinnahmt. Kürzlich erst wurde es einer breiteren Öffentlichkeit bekanntgemacht - in Rabbi Kushners Buch *„When Bad Things Happen to Good People"* („Wenn guten Menschen schlimme Dinge passieren"). Im seelischen Kampf um den allzu frühen Tod seines Sohnes kam Rabbi Kushner zu dem Schluß: „Gott will, daß die Rechtschaffenen ein friedliches, glückliches Leben führen, aber manchmal kann er das nicht zustandebringen ... Es gibt einiges, das Gott nicht steuert."[12]

Wie sehen jene, die an einen endlichen Gott glauben, ihren Gott?

Im wesentlichen stimmen sie mit den Theisten darin überein, daß
Gott außerhalb der Welt ist und sie erschaffen hat. Sie können nur
nicht bejahen, daß er vollkommen sei oder uneingeschränkt in seinem Wesen oder in seiner Macht. Die an einen endlichen Gott
Glaubenden argumentieren, daß ein endliches Universum auch nur
einer endlichen Ursache bedarf und daß die Unvollkommenheit
des Universums eine unvollkommene Quelle voraussetzt.

 Antiker Polytheismus

Diese Tabelle zeigt die Ähnlichkeiten zwischen den Göttern
drei verschiedener Kulturen auf. Die Römer paßten einfach die
griechische Mythologie an ihre Bedürfnisse an, aber die nordischen Götter wurden unabhängig davon geschaffen und entsprechen nicht völlig den anderen. Es ist interessant festzustellen, daß jedes Pantheon einen Vater, eine Mutter und einen
Lieblingssohn hat, die alle Ideale ihrer Kultur verkörpern.

Bereich	griechisch	römisch	nordisch
Vater Gott	Zeus	Jupiter	Odin
Mutter	Hera	Juno	Frigga
Licht, Wahrheit	Apollo	Apollo	Baldur
Jagd, Feldfrüchte	Artemis	Diana	Freyer
Schönheit, Liebe	Aphrodite	Venus	Freya
Bote	Hermes	Merkur	Heimdall
Meer	Poseidon	Neptun	---
Krieg	Ares	Mars	Tyr

Wie sehen jene, die an einen endlichen Gott glauben, die Welt?

Sie glauben, daß Gott die Welt entweder aus dem Nichts oder aus irgendeiner schon vorher existierenden Materie erschaffen hat. Sie glauben aber nicht, daß der Welt ein vollkommener Plan zugrunde liegt. Die Natur scheint ihrer Auffassung nach gewaltige Aufbrüche des Chaos hineinverwoben zu haben. Vulkane, Tornados oder Erdbeben sind natürliche Übel, die Gott scheinbar einfach nicht aus dem System entfernen konnte. Die meisten Verfechter eines endlichen Gottes können nicht glauben, daß Gott Wunder wirkt.

Wie sehen die an einen endlichen Gott Glaubenden das Böse?

Die Existenz des Bösen ist der Hauptgrund für die Entstehung dieser Weltanschauung. Die Leugnung der Realität des Bösen im Pantheismus ist ihnen ein widerlicher Greuel. Leibniz' Erklärung, dies sei die beste aller möglichen Welten, führt sie zu dem Schluß: „Wenn dies das Beste ist, was Gott tun kann, dann muß er einige echte Probleme haben." Peter Bertocci stellte fest:

„Wenn Gott allmächtig und folglich der Schöpfer von so vielen Übeln ist, wie kann er da gut sein? Oder: Wenn er gut ist und das Böse nicht beabsichtigt hat, wie kann er da im Sinne des Begriffs allmächtig sein? Muß es da nicht irgend etwas jenseits der Kontrolle seines guten Willens geben, das die Quelle des Bösen in der Welt ist?"[13]

Dies scheint ihnen der einzige Weg zu sein, das Böse zu verstehen: daß Gott es nicht steuern kann.

Wie stehen die an einen endlichen Gott Glaubenden zu ethisch-moralischen Werten?

Es gibt keine Übereinstimmung über diese Angelegenheit in ihren Schriften. Plato glaubte an allgemeingültige Werte und an absolute Moral. William James wurde der Vater der amerikanischen Pragmatik; für ihn galt: Richtig ist, was zweckmäßig ist. Es gibt keine notwendige Verbindung zwischen moralischen Werten und dieser Weltanschauung, weil Gott eine moralische Ordnung eingeführt oder auch ebensogut nicht eingeführt haben kann. Dies - zum Beispiel die Einführung einer sittlichen Ordnung - hängt möglicherweise mit seinen Einschränkungen zusammen.

Wie können wir dem Glauben an einen endlichen Gott begegnen?

Diese Weltanschauung hat einen realistischen Zugang zur Wirklichkeit des Bösen und stellt die sehr gute Frage: „Wie ist die Realität des Bösen mit der Existenz eines allmächtigen und allliebenden Gottes vereinbar?" Trotz alledem: Ebenso wie irgendeine andere endliche Sache bedürfte ein endlicher Gott einer Ursache. Außerdem scheint es, daß ein unvollkommener Gott nicht würdig wäre, verehrt zu werden. Ein vollkommener, unendlicher Gott jedoch hat keine derartigen Probleme und ist fähig, das Böse zu überwinden, da er sowohl den Wunsch als auch die Fähigkeit dazu hat (im vierten Kapitel wird das Thema ausführlich behandelt).

POLYTHEISMUS - WAS, WENN ES VIELE GÖTTER GIBT?

Der Polytheismus sagt, daß es viele endliche Götter gibt, die über verschiedene Bereiche des Universums regieren. Die Götter des antiken Griechenland, Roms und des europäischen Nordens sind gute Beispiele dafür. Jeder Gott hatte einen bestimmten Funktionsbereich und wurde als Höchster nur in dieser Hinsicht verehrt. So war beispielsweise in Griechenland Poseidon der Gott des Meeres, und um eine sichere Reise mußte man ihn bitten, aber der Sieg im Krieg mußte von Ares erbeten werden. Polytheismus ist nicht auf das Altertum begrenzt. David L. Miller, Religionsprofessor an der *Syracuse University* sagte, der Westen suche nicht mehr nach einem einzigen, alles in sich vereinigenden Prinzip: „Der Tod Gottes hat der Geburt der Götter

Auftrieb gegeben."[14] Er zitiert das wachsende Interesse an antiken polytheistischen Traditionen, das manchmal auch „neues Heidentum" genannt wird. Solch eine Gemeinschaft im texanischen Breckenridge hat ihre Verehrung den nordischen Göttern in Kirk Douglas' Film „*The Vikings*" („Die Wikinger") von 1959 nachgebildet. Die größte und am schnellsten wachsende polytheistische Religion im heutigen Amerika ist die Religion der Mormonen („Kirche Jesu Christi der Heiligen der letzten Tage"). Obwohl ihre Öffentlichkeitsarbeit uns glauben machen soll, sie seien nur eine weitere christliche Konfession, sagt ihre Lehre etwas anderes:

> „Gott selbst war einmal, wie wir jetzt sind, und ist ein verherrlichter Mensch, und sitzt inthronisiert in jenseitigen Himmeln! ... Hier ist nun das ewige Leben - den einzig weisen und wahren Gott zu kennen; und ihr werdet lernen müssen, wie ihr selbst zu Göttern werdet ... Das gleiche, was alle Götter vor euch getan haben."[15]

Was glauben Polytheisten über Gott?

Polytheisten verwerfen die Vorstellung von einem einzelnen Gott, der über alle Dinge herrscht. Statt dessen verweisen sie auf die Vielfalt und das Chaos in der Welt, um zu zeigen, daß es viele Götter gibt - mit manchmal sich widersprechenden Absichten. Manche Polytheisten sagen, die Götter seien aus der Natur entsprungen, während andere behaupten, die Götter seien einst Menschen gewesen. Die Mormonen postulieren eine unendliche Rückverfolgung von götterzeugenden Göttern. So sind alle Götter „geistige Kinder eines ewigen Vaters" und „Nachkommen einer ewigen Mutter".[16] Aber es gab keine erste Ursache für ihre Existenz. Alle Götter haben einen Anfang, aber kein Ende. Das Benehmen der antiken Gottheiten entspricht nicht immer ihrem göttlichen Status: Für gewöhnlich sieht man sie streiten, auf Rache sinnen und Menschen wie Götter täuschen.

Was glauben Polytheisten über die Welt?

Folgt man den Polytheisten, so ist das Universum entweder ewig
oder aus ewiger Materie gemacht. Das „Mormon Book of Abraham" („Mormonenbuch von Abraham") sagt: „Und dann sagte
der Herr: Laßt uns hinabgehen. Und sie gingen hinunter am Anfang, und sie - das sind die Götter - ordneten und formten die
Himmel und die Erde" (4,1). Das Material, das sie benutzten, um
die Erde zu bilden, nennt Joseph Smith Jr. „Element": Chaotische
Materie, „die keinen Anfang hat und kein Ende haben kann."[17]
Der Natur werden gewöhnlich eigene Lebensprinzipien zugeschrieben. Das erklärt, wie es ihr möglich ist, Götter aus sich hervorkommen zu lassen (Aphrodite beispielsweise ersteht aus der
schäumenden See). Aber dieses anregende Prinzip erklärt auch das
chaotische in der Natur - wie verschiedene Kräfte im Krieg miteinander liegen.

Was glauben Polytheisten über das Böse?

Für Polytheisten ist das Böse ein notwendiger Teil der Natur. Die
Griechen sahen das Böse im ersten Machtkampf zwischen den
Göttern. Aus ihm folgte die Schöpfung, so daß die Welt von An-
fang an eine Mischung aus Gut und Böse war. Die Religion der
Mormonen sagt, das Böse sei notwendig für den Fortschritt und
die Existenz aller Dinge, denn ohne Widerstand gebe es keine
Herausforderung, an moralischen Scheidewegen zu überwinden.

Was glauben Polytheisten über ethisch-moralische Werte?

Einige Polytheisten sagen, daß die moralischen Gesetze von den
Göttern gegeben sind und daß die Götter den strafen, der ihre Gesetze bricht. Andere wieder sagen, die Vorstellung von absoluten
Gesetzen komme aus dem Monotheismus und sei dem vielseitig
orientierten System des Polytheismus fremd. Diese geben wie
David Miller einer relativistischen Ethik den Vorzug. Werte können, wie er sagt, nicht absolut sein, weil „Wahrheit und Irrtum,

Leben und Tod, Schönheit und Häßlichkeit, gut und böse für immer und unauflösbar miteinander vermischt sind."[18] In jedem Fall ist Eigennutz die Hauptmotivation, Gutes zu tun.

Wie können wir dem Polytheismus begegnen?

Die Vielfalt der Welt und ihrer Kräfte, die der Polytheismus betont, sind sehr real. Einige wunderbare Phantasien und Darstellungen menschlicher Kämpfe mit diesen Kräften wurden entwickelt. Dennoch strandet der Polytheismus an den Gestaden seiner eigenen Grundsätze. Wenn die Götter nicht ewig sind, sondern aus der Natur kommen, dann sind sie nicht die letzte Wahrheit. Warum etwas verehren, das nicht von absolutem Wert ist? Es wäre besser, die Natur selbst zu verehren, die diese Götter entstehen ließ; das aber wäre ja Pantheismus. (Der Hinduismus ist in der Tat eine polytheistische Religion, die einräumt, daß es jenseits der Götter eine ultimative Einheit geben muß.) Auch der Begriff von einem „ewigen Universum" ist problematisch. Die Beweise für einen Anfang des Universums werden im zweiten und im zehnten Kapitel gegeben. Und endlich ist die anthropomorphe, die menschlich gestaltete Natur der polytheistischen Götter äußerst fragwürdig. Zwar darf man einige Ähnlichkeit zwischen Gott und Mensch erwarten, aber lassen sich menschliche Unvollkommenheiten auch auf Gott übertragen? Dies würde bedeuten, seinen Wert zu senken und ihn für eine wirkliche Verehrung ungeeignet zu machen. Dieser Aspekt läßt die Götter erscheinen, als seien sie im Bilde des Menschen gemacht.

Diese sechs Weltanschauungen stehen für sechs unterschiedliche Arten, die Wirklichkeit zu betrachten. Für ihre Anhänger sind sie ein Raster, durch das alles sie Umgebende ausgelegt oder erklärt wird. Gerade so, wie ein Mensch durch eine rosarote Brille alles rosarot sieht, so ist alles, was wir betrachten, gefärbt von unserer Weltanschauung. Wir haben einige Gründe für die Verwerfung jeder Weltanschauung angeführt, die in diesem Kapitel vorgestellt wurden. Aber dies allein macht noch nicht automatisch das Christentum wahr. Die im zweiten Kapitel dargestellte Beweisführung begründet die Existenz des Gottes der Christen und seiner Schöpfung. (Beide werden gebraucht, diesen Glauben als Theismus einzuführen.) Im fünften Kapitel werden wir eine weitere bezeichnende Position des Theismus darstellen: Gottes wunderbares Eingreifen in die Geschichte. Aber zuerst müssen wir einen der häufigsten Einsprüche gegen den Theismus behandeln - das Problem des Bösen.

Anmerkungen

[1] Friedrich Nietzsche: *Joyful Wisdom* (übers. von Thomas Common (New York: Frederick Unger Publishing Co., 1960), Sektion 125, S. 167-168.

[2] Siehe Marx und Engels über Religion, Hrsg. Reinhold Niebuhr (New York: Schocken, 1964), S. 295.

3 Thomas Jefferson: *Jefferson Bible*, Hrsg. Douglas Lurton (New York: Wilfried Funck, 1943), S. 132.

4 „Kena": *The Upanishads: Breath of Eternal*, übers. von Swami Prabhavananda and Frederick Manchester (New York: Mentor Books, 1957), S. 30-31.

5 D.T. Suzuki: *Zen Buddhism*, Hrsg. William Barrett (Garden City, N.J.: Doubleday Anchor Books, 1956), S. 88.

6 Mary Baker Eddy: *Miscellaneous Writings* (Boston: Trustees under the will of Mary Baker G. Eddy, 1924), S. 27.

7 Swami Prabhavanada: *The Spiritual Heritage of India* (Hollywood: Vedanta Press, 1963), S.65.

8 Swami Prabhavanada und Christopher Isherwood: *Appendix II: The Gita and War*, in: *Bhagavad Gita* (Bergerfield, N.J.: The New American Library Inc., 1972), S. 140.

9 Mark Twain: *Christian Science* (New York: Harper and Brothers Publishers, o.J.), S. 38.

10 Charles Hartshorne: *A Natural Theology of Our Times* (La-Salle, Ill.: The Open Court Publishing Co., 1967), S. 113-114.

11 Charles Hartshorne: *Beyond Enlightened Self-Interest: A Metaphysics of Ethics*, in: ETHICS 84 (April 1974), 214.

12 Harold S. Kushner: *When Bad Things Happen to Good People* (New York: Avon Books, 1981), S. 43, 45.

13 Peter Bertocci: *Introduction to Philosophy of Religion* (New York: Prentice Hall, Inc., 1953), S. 398.

14 David L. Miller: *The New Polytheism: The Rebirth of Gods and Goddesses* (New York: Harper and Row, 1974), S. 4.

15 Joseph Smith, Jr.: *The History of the Church of Jesus Christ of Latter-Day Saints* (Salt Lake City: Deseret Book Co., 1976), 6,305-306.

16 Bruce R. McConkie: *Mormon Doctrine - a Compendium of the Gospel*, rev. Ausg. (Salt Lake City: Bookcraft, 1966), S. 516.

17 Joseph Smith, Jr.: *Teachings of the Prophet Joseph Smith*, Hrsg. Joseph Fielding Smith, 4. Ausg. (Salt Lake City: The Deseret News Press, 1938), S. 345.

18 Miller, a.a.O., S. 29.

Kapitel 4

DAS BÖSE

Früher oder später muß ich mich dieser Frage ohne Umschweife stellen. Welchen Grund gibt es - außer unseren eigenen verzweifelten Wünschen - zu glauben, daß Gott „gut" ist nach irgendeinem Maßstab, den wir uns ausdenken könnten? Zeigt uns nicht *alles, was wir auf den ersten Blick sehen*, genau das Gegenteil? Was können wir dem entgegensetzen?

Wir setzen Christus dagegen. Aber was ist, wenn er geirrt hätte? Die Bedeutung seiner letzten Worte scheint vollkommen klar. Er hatte gemerkt, daß das Wesen, das er Vater nannte, schrecklich war, und unendlich verschieden von dem, was er erwartet hatte. Die lange und sorgfältig vorbereitete, so subtil angelegte Falle war endlich zugeschnappt - am Kreuz. Der gemeine grobe Scherz war geglückt ... Schritt für Schritt wurden wir „auf den Holzweg geführt". Immer wieder, wenn er am gütigsten schien, bereitete er in Wirklichkeit die nächste Folter vor.[1]

Diese Worte stammen nicht von einem Atheisten oder Skeptiker, der versucht, den Glauben anderer Menschen an Gott zu erschüttern. Sie stammen vielmehr von einem der großen Verteidiger des Christentums, C. S. Lewis. Er schrieb sie unter dem Eindruck des ersten, großen Kummers über den Verlust seiner Ehefrau; sie starb an Krebs. Seine Reaktion hebt die Tatsache hervor, daß sich früher oder später jeder von uns dem Problem des Leids stellen muß, das heißt, dem Problem des Bösen.

Wenn Gott nicht beanspruchte, gut zu sein, dann wäre die Sache einfach; aber er tut es. Wenn Gott nicht allmächtig wäre, wie die an einen endlichen Gott Glaubenden behaupten, dann gäbe es überhaupt kein Problem. Wenn das Böse nicht wirklich wäre, könnten wir dem Problem entweichen. Aber solches ist nicht der Fall. Das Problem ist vielmehr sehr real - besonders für jene, die vom Leid betroffen sind. Wenn wir aber auch nicht für jede individuelle Situation eine Antwort haben, so können wir doch allgemeine Prinzipien betreffs des Bösen finden. Zumindest können wir zeigen, daß die Vorstellung von einem guten, mächtigen Gott nicht unvereinbar ist mit der Existenz des Bösen.

WAS IST DAS BÖSE?

Was ist das Wesen des Bösen? Wir sprechen über böse Taten wie Mord, böse Menschen wie Charles Manson, böse Bücher wie Pornographie, böse Ereignisse wie Tornados, böse Krankheiten wie Krebs oder Blindheit, aber was macht all dies böse? Was ist „das Böse" an sich? Einige sagen, das Böse sei eine Substanz, die gewisse Dinge befällt und schlecht macht, wie ein Virus ein Tier infiziert. Andere meinen, das Böse sei eine mit dem Guten konkurrierende Macht im Universum (wie die „dunkle Seite der Macht" im Film *Krieg der Sterne*). Wenn aber Gott alle Dinge gemacht hat, dann macht ihn das verantwortlich auch für das Böse. Ihre Argumente lauten so:

1. Gott ist der Urheber von allem.
2. Das Böse ist etwas.
3. Daher ist Gott der Urheber des Bösen.

 Augustinus oder Manichäus?

Manichäus war ein Dualist im 3. Jahrhundert, der behauptete, die Welt sei aus einer nicht geschaffenen Materie gemacht, die in sich selbst übel sei. Daraus folgt, daß alle physische

Existenz übel ist, nur geistliche Dinge können gut sein. Augustinus bemühte sich energisch zu zeigen, daß alles von Gott Erschaffene gut war; das Übel aber war keine Materie. „Was ist übel? Vielleicht wird man antworten: Verdorbenheit. Unbestreitbar ist dies eine allgemeine Definition des Übels, denn Verdorbenheit setzt den Gegensatz zum Wesen der verdorbenen Sache voraus und ihre Verletztheit. Aber Verdorbenheit existiert nicht in sich selbst, sondern in irgendeiner Substanz, die sie verdirbt - Verdorbenheit selbst aber ist keine Substanz. So ist die Sache, die sie verdirbt, nicht Verdorbenheit, kein Übel. Denn was verdorben ist, leidet Verlust an Integrität und Reinheit. So kann etwas nicht Reines nicht verderben, und etwas Reines ist notwendigerweise gut durch Teilhabe an der Reinheit. Darüber hinaus: Was verdorben ist, ist verkehrt, und was verkehrt ist, mangelt der Ordnung; Ordnung aber ist gut. Verdorben zu werden, setzt nicht die Abwesenheit des Guten voraus, denn in der Verdorbenheit kann es des Guten beraubt sein. Das wäre aber nicht möglich, wenn das Gute nicht zuvor dagewesen wäre."
[*Über die Sitten der Manichäer*, 5.7]

Die erste Voraussetzung ist wahr. So scheint es, daß wir wie die Pantheisten die Wirklichkeit des Bösen verleugnen müssen, um die Schlußfolgerung leugnen zu können. Wir können aber verneinen, daß das Böse, das Übel eine Sache oder Substanz ist, ohne damit zu sagen, es sei nicht wirklich. Es ist vielmehr ein Mangel, den Dinge erleiden. Sobald einer Sache das Gute fehlt, das sie haben sollte, ist sie böse oder übel. Folglich, wenn mir auf meiner Nase eine Warze „fehlt", so ist das nicht übel, denn zuerst einmal sollte die Warze gar nicht dort gewesen sein. Wenn einem Menschen jedoch die Fähigkeit fehlt zu sehen, dann ist das übel. Ebenso: Wenn ein Mensch in seinem Herzen der Liebenswürdigkeit ermangelt und des Repekts vor dem menschlichen Leben, der doch da sein sollte, dann ist er des Mordes fähig. Das Böse ist in Wirklichkeit ein Parasit, der nicht existieren kann, ausgenommen als ein Schlupfloch in etwas, das doch an sich geschlossen sein sollte.

In einigen Fällen läßt sich das Böse jedoch leichter als eine Angelegenheit schlechter Beziehungen erklären. Wenn ich ein gutes Gewehr nehme, eine gute Kugel hineinstecke, es auf meinen guten Kopf richte, meinen guten Finger auf den guten Abzug lege und dann gut abdrücke ... eine schlechte Beziehung ist die Folge. Die beteiligten Dinge sind nicht böse in sich selbst, sondern der Beziehung zwischen den guten Dingen mangelt offensichtlich etwas. In unserem Beispiel kommt der Mangel daher, daß die Dinge nicht so gebraucht werden, wie sie gebraucht werden sollten. Schußwaffen sollten nicht zum wahllosen Töten dienen, sondern sie sind gut zur Erholung bei der Jagd. Mein Kopf ist nicht für Zielübungen bestimmt. Genauso ist nichts Schlechtes an einem kräftigen Wind, der sich im Kreis bewegt, aber schlimm wird es, wenn eine Windhose durch einen Caravan-Park rast. Schlechte Beziehungen sind deshalb schlecht, weil ihnen etwas fehlt; so hält unsere Definition des Bösen nach wie vor Stand: Das Böse, das Übel ist ein Mangel an etwas, das in der Beziehung zwischen guten Dingen vorhanden sein sollte.

WOHER KAM DAS BÖSE?

Im Anfang gab es Gott, und Gott war vollkommen. Dann machte der vollkommene Gott eine vollkommene Welt. Wie kam jetzt das Böse ins Bild? Fassen wir das Problem folgendermaßen zusammen:

1. Jedes von Gott gemachte Lebewesen ist vollkommen.
2. Vollkommene Lebewesen aber können nicht das Unvollkommene tun.
3. So kann kein Lebewesen, das Gott gemacht hat, das Unvollkommene tun.

Wenn aber Adam und Eva vollkommen waren, wie konnten sie fallen? Schelten wir nicht die Schlange dafür, denn das führt die Frage nur auf eine andere Stufe zurück: Hatte Gott nicht auch die

Schlange vollkommen gemacht? Einige haben daraus die Schlußfolgerung gezogen, es müsse irgendeine Kraft geben, die Gott gleich oder außerhalb seiner Kontrolle sei. Oder daß Gott vielleicht schließlich gar nicht gut sei. Möglicherweise liegt die Antwort in der Vorstellung von Vollkommenheit selbst.

1. Gott machte alles vollkommen.
2. Unter denen von Gott gemachten vollkommenen Dingen waren freie Geschöpfe.
3. Freier Wille ist die Ursache des Bösen.
4. So kann Unvollkommenheit (etwa das Böse) aus Vollkommenheit hervorgehen: nicht unmittelbar, aber indirekt durch die Einwirkung der Freiheit.

Eines der Dinge, die Menschen (und Engel) moralisch vollkommen macht, ist die Freiheit. Wir haben eine echte Wahl, was wir tun. Gott machte uns so, damit wir ihm ähnlich sein und in freier Selbstbestimmung lieben könnten. (Erzwungene Liebe ist überhaupt keine Liebe, oder?) Aber indem er uns so machte, ließ er gleichzeitig die Möglichkeit des Bösen zu. Um frei sein zu können, mußten wir nicht nur die Möglichkeit haben, das Gute zu wählen, sondern auch die, das Böse zu tun. Das war das Risiko, das Gott wissentlich einging. Das macht ihn aber nicht verantwortlich für das Böse. Er schuf die Realität der Freiheit; wir führen die Handlungen der Freiheit aus. Er machte das Böse möglich; die Menschen machten das Böse wirklich. Unvollkommenheit kam aus dem Mißbrauch unserer moralischen Vollkommenheit als freie Geschöpfe.

ZWEI ARTEN VON VERDERBTHEIT

metaphysisch	moralisch
in der Materie	in Absicht oder Wille
Mangel an Wesen oder Kräften	Mangel an gutem Zweck
bewirkt, was man ist	bewirkt, was man tut
führt zur Nichtexistenz	führt zu bösen Taten
ein völlig verkommenes Auto ist ein Rostfleck auf der Straße	ein völlig verkommener Mensch ist einer, der nicht beabsichtigt, Gutes zu tun

 **Was ist „freier Wille"?**

Einige Punkte stiften Verwirrung darüber, was mit „freier Wille" gemeint ist. Manche sagen, es sei die Fähigkeit des *Begehrens*. Eine bessere Erklärung lautet, es sei die Fähigkeit, zwischen Alternativen zu *entscheiden*. Begierde ist eine Leidenschaft, eine Empfindung; Wille aber ist eine Wahl zwischen zwei oder mehr Wünschen. Manche meinen auch, frei zu sein, bedeute, daß es keine Begrenzung der Alternativen gebe: Man müsse imstande sein zu tun, was immer man wolle. Aber das Gegenteil von Freiheit bedeutet nicht weniger Alternativen, sondern der Zwang, einen Weg zu wählen und nicht einen anderen. Freiheit besteht nicht in *unbegrenzten Möglichkeiten*, sondern in der *freien Wahl* zwischen allen Möglichkeiten, die es gibt. So lange die Wahl von dem einzelnen getroffen wird und nicht von einer Macht außerhalb seiner selbst, so lange wird frei entschieden. Freier Wille ist die Fähigkeit, *sich ohne Zwang* zwischen zwei oder mehr Alternativen *zu entscheiden*.

Was die Schlange betrifft, so kommt die gleiche Antwort zum Tragen. Gott machte Satan als allerschönstes von allen Geschöpfen mit der Vollkommenheit des freien Willens. Satan rebellierte gegen Gott, und das war die erste Sünde und das Vorbild für alle Sünden, die folgten. Manche Leute fragen: „Was machte Satan sündigen?" Das ist geradeso, wie wenn man fragt: „Was verursachte die erste Ursache?" Nichts außer seinem eigenen freien Willen veranlaßte ihn zu sündigen. Er selbst war die erste Ursache seiner Sünde, und man kann sie nicht weiter zurückverfolgen als bis zu diesem Punkt. Wenn wir also sündigen, sind schließlich wir selbst (durch unseren Willen) die Ursache des Bösen, das wir tun.

WARUM KANN DEM BÖSEN NICHT EINHALT GEBOTEN WERDEN?

Die klassische Form des Arguments hallt seit Jahrhunderten durch die Hörsäle der Universitäten.

1. Wenn Gott allgut wäre, *würde* er das Böse vernichten.
2. Wenn Gott allmächtig wäre, *könnte* er das Böse vernichten.
3. Aber das Böse ist nicht vernichtet.
4. Folglich gibt es keinen solchen Gott.

Warum hat Gott nichts gegen das Böse unternommen? Wenn er etwas dagegen tun könnte und wollte, warum gibt es dann das Böse immer noch? Warum ist es so nachhaltig? Und es scheint nicht gerade nachzulassen!

 Es gibt zwei Antworten auf diese Frage. Zum ersten kann das Böse nicht zerstört werden, ohne auch die Freiheit zu zerstören. Wie schon gesagt, sind freie Wesen die Ursache des Bösen, und die Freiheit wurde uns gegeben, damit wir lieben könnten. Liebe ist das größte Gut für alle freien Geschöpfe (Mt 22,36-37), aber Liebe ist unmöglich ohne Freiheit. Würde also die Freiheit zerstört - der einzige Weg, das Böse zu beenden -, dann wäre das böse in sich selbst: Es würde freie Geschöpfe ihres größten Gutes berauben. Daher wäre es böse, das Böse zu vernichten. Wenn also das Böse überwältigt werden soll, müssen wir davon sprechen, es zu besiegen, nicht davon, es zu zerstören.

Hinter dem Argument des Bösen - gegen Gott verwendet - stehen einige überhebliche Annahmen. Nur weil das Böse bis zu diesem Augenblick noch nicht vernichtet ist, bedeutet das nicht, daß es niemals zerstört werden wird. Die vorgetragene Argumentation geht davon aus, daß irgend etwas, das Gott bis heute nicht getan hat, auch in Zukunft niemals geschehen werde. Das aber setzt bei der argumentierenden Person Einblick in die Zukunft voraus. Wenn wir die „Beweisführung" neu formulieren, um dieses Versehen der zeitlichen Perspektive zu berichtigen, dann wendet sie sich zu einer Argumentation, die Gott verteidigt.

1. Wenn Gott allgut ist, wird er das Böse besiegen.
2. Wenn Gott allmächtig ist, kann er das Böse besiegen.
3. Das Böse ist *bisher* noch nicht besiegt.
4. Daher kann und *wird* Gott das Böse *eines Tages* besiegen.

Pierre Bayle (1647-1706) war einer der einflußreichsten Skeptiker des 17. Jahrhunderts. Seine Schriften und besonders sein „*Dictionary*", das diese Beweisführung enthält, hatten tiefe Wirkung auf die späteren Aufklärer Hume, Voltaire, Berkeley und Diderot. Darin versuchte er, jeden Denkfehler bloßzustellen, der jemals von einem Philosophen gemacht wurde. Damit bereitete er den Boden dafür, praktisch alles und jedes zu bezweifeln. Er wollte zeigen, daß alles menschliche Denken „aufgeblasen ist von Widersprüchen und Albernheiten". In einer anderen Reihe von Aufsätzen zeigt er, daß die Christen die manichäische Lehre von zwei Göttern nicht widerlegen können - einem guten und einem bösen. Trotzdem behauptete Bayle, Christ und ein Verteidiger des Calvinismus

zu sein. In einer seiner letzten Mitteilungen schrieb er: „Ich
sterbe als christlicher Philosoph, überzeugt und durchdrungen
von den Gaben und Gnaden Gottes, und ich wünsche euch ein
vollkommenes Glück." Es ist unklar, wie er diese verschiedenen Ansichten miteinander in Einklang brachte.

Die gegen die Existenz Gottes gerichtete Beweisführung verwandelt sich angesichts des Problems des Bösen zu einer Verteidigung
Gottes. Es ist keine Frage: Wenn es bisher noch nicht geschehen
ist, und Gott ist so, wie wir annehmen, dann haben wir einfach
noch nicht lange genug gewartet. Gott ist noch nicht am Ende. Das
letzte Kapitel ist noch nicht geschrieben. Scheinbar ringt Gott lieber mit unserem aufsässigen Willen, als souverän über Felsen und
Bäume zu regieren. Wer eine schnellere Lösung dieses Konfliktes
wünscht, wird warten müssen.

WAS IST DER ZWECK DES BÖSEN?

Die Frage, die die Gemüter der Leidenden aufwühlt, lautet:
„Warum?" „Warum habe ich mein Bein verloren?" - „Warum
brannte unsere Kirche ab?" - „Warum mußte mein kleines Mädchen sterben?" - *„Warum?"* Unglücklicherweise können wir nicht
immer eine Antwort geben, die die Seelen der Leidenden befriedigt und ihren Schmerzen einen Sinn gibt. Aber wir können jenen
antworten, die Leid und Schmerz zum Anlaß nehmen, Gottes
Existenz oder seine Güte zu leugnen. Sie argumentieren so:

1. Es gibt keinen guten Zweck für viele Leiden.
2. Ein allguter Gott muß für alles einen guten Zweck haben.
3. Also kann es keinen allguten Gott geben.

Wir können mit diesem Problem auf zwei Arten verfahren. Zunächst müssen wir eine Unterscheidung machen. Es ist ein Unterschied, ob wir einen Zweck des Übels erkennen oder ob Gott einen
Zweck für das Übel hat. Selbst wenn wir Gottes Zielvorstellung

nicht kennen, kann er doch immer noch einen guten Grund haben, Übel in unserem Leben zuzulassen. Folglich können wir nicht annehmen, es gäbe für irgend etwas keinen guten Zweck, nur weil wir keine Vorstellung davon haben, wie dieser Zweck aussehen könnte.

Außerdem kennen wir einige der Absichten, die Gott mit dem Übel verfolgt. Zum Beispiel wissen wir, daß Gott manchmal Übel benutzt, um uns vor noch größerem Übel zu bewahren. Jemand, der ein Kind großgezogen hat, hat Monate der Befürchtung durchlitten, das Baby würde erstmals eine heiße Herdplatte berühren. Wir hassen den Gedanken daran, aber wir wissen: Wenn es sie einmal berührt hat, würde es das nicht wieder tun. Das Kind würde augenblicklich ein existenzielles Bewußtsein für die Bedeutung des Wortes „heiß" haben und unserer Warnung bereitwillig gehorchen, sobald wir sie aussprechen. Der erste kleine Schmerz wird zugelassen, um die Gefahr späterer, großer Schmerzen zu vermeiden.

Schmerz beschützt uns auch vor Selbstzerstörung. Weißt du, warum Aussätzige ihre Finger, Zehen und Nasen verlieren? Es hat normalerweise nichts mit der Lepra unmittelbar zu tun. Vielmehr läßt die Krankheit sie das Gefühl in ihren Extremitäten verlieren, und so zerstören sie sich wortwörtlich selbst. Sie können den Schmerz nicht fühlen, wenn sie eine heiße Pfanne berühren, also bleiben sie daran hängen, bis sie sich verbrannt haben. Müssen sie in etwas hineingreifen, so tun sie es ohne Gefühl und ohne die Geschwindigkeit ihres Zugreifens zu vermindern. Ohne die Empfindung von Schmerz verletzen sie sich in hohem Maße selbst und merken es nicht einmal.

 Das Geschenk des Schmerzes

Dr. Paul Brand, ein führender Forscher und Therapeut von „Hansens Syndrom", gab bedeutsame Einblicke in das Problemfeld Schmerz weiter. Einmal untersuchte er drei Patienten: Lou, der durch das Spielen der Harfe seinen Daumen verlieren könnte; Hector, der nicht spürt, wie er sich bei der Arbeit im Wald die Hand verletzt; Jose, der seine besonderen Schuhe nicht tragen will - sie sollen dem Verlust der Klumpen vorbeugen, die einmal seine Füße waren. Dr. Brand sagt dazu:

„Schmerz wird oft als das große Schutzmittel angesehen, das gewisse Handlungen unterbindet. Ich aber sehe ihn als den großen Spender der Freiheit. Seht euch diese drei Männer an! Lou: Wir suchen verzweifelt nach einem Weg, der ihm einfach die Freiheit gewährt, seine Harfe zu spielen. Hector: Er kann nicht einmal einen Fußboden schrubben, ohne sich selbst zu schaden. Jose: Allzu stolz für eine geeignete Behandlung, hat man ihm als Notbehelf einen Spezialschuh gegeben, der ihn davor bewahren soll, noch mehr von seinen Füßen zu verlieren. Er kann sich nicht nett anziehen oder normal gehen; das würde das Geschenk des Schmerzes erfordern." [Aus: „Where Is God When It Hurts?" (Wo ist Gott, wenn es schmerzt?) von Philip Yancey (Grand Rapids: Zondervan, 1977), S. 37.]

Während es einserseits scheint, als werde ein hoher Preis bezahlt, hilft manches Böse, das größere Gute zustande zu bringen. Die Bibel gibt dafür zahlreiche Beispiele bei Menschen wie Josef, Hiob und Simson. Jeder von ihnen ging durch wirkliche Leiden. Wie hätte das Volk Israel die Hungersnot überleben und einen Schutzort finden sollen, an dem es wachsen konnte, wäre Josef nicht von seinen Brüdern in die Sklaverei verkauft und ungerecht eingekerkert worden? Wäre Hiob zu seinem enormen geistlichen Wachstum fähig gewesen, wenn er nicht zuerst gelitten hätte (Hi 23,10)? Was für ein Führer würde der Apostel Paulus gewesen sein, wäre er nicht nach seiner herrlichen Offenbarung von Gott gedemütigt worden (2Kor 12)? Josef brachte die Sache auf den Punkt, als er zu seinen Brüdern sagte: „Ihr hattet Böses wider mich im Sinne; Gott aber hatte im Sinne, es gut zu machen" (1Mo 50,20).

Schließlich: Manches Böse zuzulassen, hilft auch dazu, das Böse zu besiegen. Einer der ersten Schritte bei einigen Rehabilitationsprogrammen nach Drogenmißbrauch (Alkohol, Tabak, Marihuana oder Kokain) besteht darin, dem Patienten die größtmögliche Menge seiner Suchtsubstanz zu verabreichen, die er ertragen kann - so lange, bis er krank davon wird. Es ist leichter aufzugeben, sobald man eine schlechte Erfahrung gehabt hat. Pläne wie das „Scared-Straight"-Programm im Rahway-Gefängnis haben viele junge Leute davon abgehalten, ein verbrecherisches Leben zu führen. Aber die Sträflinge, die ihnen vom Gefängnisleben erzählten, haben Leid verursacht und waren leidend. Und dann ist da noch das allerletzte Beispiel: Das Kreuz. Es scheint daß da ein unendliches Unrecht an einem unschuldigen Mann verübt wurde, damit für alle Gutes kommen könnte. Das Leid, das er als unser Stellvertreter ertrug, brachte uns den freien Zugang zu Gott ohne Furcht, denn unsere Schuld und Strafe wurden weggenommen.

 **Am Kreuz**

Warum sollte Gott seinem eigenen Sohn erlauben, zu leiden und einen grausamen, gewalttätigen Tod als Verbrecher zu sterben, wenn er doch nichts Falsches getan hatte und es von Natur aus keine Notwendigkeit für ihn gab, zu sterben? Dieses Unrecht ist sehr schwer zu verstehen, es sei denn, es gibt irgendein größeres Gut, daß durch Christi Tod vollbracht wurde und das Böse daran überschattet. Jesu selbst erklärte, er sei gekommen, „sein Leben zu geben als ein Lösegeld für viele" (Mk 10,45). Er sagte: „Größere Liebe hat niemand, als diese, daß jemand sein Leben läßt für seine Freunde" (Joh 15,13). Hebräer 12,2 erklärt das Ziel Jesu, der „der Schande nicht achtend, für die vor ihm liegende Freude das Kreuz erduldete"; das bedeutet, die Versöhnung der Sünder war das Leiden wert. Wie Jesaja sagt: „Um unserer Übertretungen

willen war er verwundet, um unserer Missetaten willen zer-
schlagen. Die Strafe zu unserem Frieden lag auf ihm, und
durch seine Striemen ist uns Heilung geworden" (Jes 53,5).
Der höhere Zweck und das größere Gut, die sich von Christi
Tod als unserem Stellvertreter in der Strafe für unsere Sünden herleiten, sind wichtiger als das dem Vorgang seiner Ermordung innewohnende Böse.

C. S. Lewis sagte: „Gott flüstert mit uns in unseren Freuden, er
spricht in unserem Gewissen, aber er schreit in unseren Qualen:
Sie sind sein Megaphon, eine taube Welt wachzurufen."[2] In mancher Hinsicht brauchen wir Schmerz, damit wir nicht durch das
Böse überwältigt werden, das Böse, das wir wählen würden, wenn
es schmerzlos wäre. Der Schmerz alarmiert uns, daß es bessere
Dinge gibt als das Elend.

MUSS ES DENN SO VIEL BÖSES GEBEN?

Das Ausmaß des Bösen wirft ein Problem auf. Sicherlich muß es
nicht so viel davon geben, um Gottes Absichten zu erfüllen.
Könnte es nicht weniger Vergewaltigungen geben, weniger Trun-
kenheit am Steuer? Das würde die Welt besser machen. Und natürlich - die „Eins-weniger-Theorie" kann so weit ausgedehnt
werden, bis es überhaupt nichts Böses mehr gibt. Man kann dies
sogar bis zum Extrem treiben: Was ist mit der Hölle? Wäre es
nicht besser, eine Person weniger in der Hölle zu haben? Da beide
Fragestellungen zur gleichen Antwort führen, wollen wir den Ex-
tremfall betrachten.

1. Das größte Gut ist es, alle Menschen zu retten.
2. Sogar eine Person in der Hölle wäre weniger als das größte Gut.
3. Deshalb kann Gott niemanden in die Hölle schicken.

Um diesen Einspruch zu beantworten, gehen wir zurück zum
Thema „Freier Wille". Es ist wahr: Gott wünscht, daß alle Men-

schen gerettet werden (2Petr 3,9). Das bedeutet aber, daß sie sich entscheiden müssen, ihn zu lieben und auf ihn zu vertrauen. Nun kann Gott niemanden zwingen, ihn zu lieben. Erzwungene Liebe ist ein Widerspruch in sich selbst. Liebe muß frei sein - Liebe ist eine freie Wahl. So gibt es Menschen, die sich trotz Gottes Begehren nicht dafür entscheiden können, ihn zu lieben (Mt 23,37). Alle, die in ewiger Verdammnis verloren sind, sind es aufgrund ihrer freien Wahl. Vielleicht mögen sie es nicht, in die Hölle zu kommen (wer wollte das schon?), aber sie werden dorthin kommen. Sie entscheiden sich, Gott zu verwerfen, obwohl sie keine Strafe wünschen. Menschen kommen nicht in die Hölle, weil Gott sie schickt, sondern weil sie diese Wahl treffen und weil Gott ihre Freiheit respektiert. „Am Ende werden zwei Arten von Menschen vor Gott stehen - jene, *die zu Gott sagen*: 'Dein Wille geschehe', und jene, *zu denen Gott sagt*: 'Dein Wille geschehe'. Alle, die in der Hölle sind, haben sie sich erwählt."[3]

 Menschen wählen die Hölle

Joh 3,18: „Wer an ihn glaubt, wird nicht gerichtet; wer aber nicht glaubt, ist schon gerichtet, weil er nicht geglaubt hat an den Namen des eingeborenen Sohnes Gottes."

Joh 3,36: „Wer an den Sohn glaubt, hat ewiges Leben; wer aber dem Sohne nicht glaubt, wird das Leben nicht sehen, sondern der Zorn Gottes bleibt auf ihm."

Joh 5,39-40: „Ihr erforschet die Schriften, denn ihr meint in ihnen ewiges Leben zu haben, und sie sind es, die von mir zeugen; und ihr wollt nicht zu mir kommen, auf daß ihr Leben habet."

Joh 8,24: „... wenn ihr nicht glauben werdet, daß ich es bin, dann werdet ihr in euren Sünden sterben."

Joh 12,48: „Wer mich verwirft und meine Worte nicht annimmt, hat den, der ihn richtet: das Wort, das ich geredet ha-

be, das wird ihn richten an dem letzten Tage."
Lk 10,16: „Wer euch hört, hört mich; und wer euch verwirft,
verwirft mich; wer aber mich verwirft, verwirft den, der mich
gesandt hat."

Wenn so das ewige Schicksal entschieden wird, dann ist nicht eine
Person in der Hölle, die böse ist; es ist eine mehr, als wirklich nötig ist (z. B. einer, der Gott wählen wollte, dann aber doch irgendwie zur Hölle kam). Zugegeben - eine Welt, in der manche
Menschen in die Hölle kommen, ist nicht die beste aller vorstellbaren Welten. Sie mag aber die beste aller erreichbaren Welten
sein, wenn freier Wille gewahrt bleiben soll. Ebenso würde die
Welt sicher durch ein Verbrechen weniger besser werden, aber es
muß dem möglichen „Verbrecher" überlassen bleiben, diese Wahl
zu treffen. Ob wir über unsere Alltagssünden reden oder über die
größte Sünde von allen (Gott zu verwerfen) - die Antwort auf die
Frage bleibt die gleiche.

KONNTE GOTT NICHT EINE WELT
OHNE DAS BÖSE SCHAFFEN?

Der letzte Einspruch, den wir hier behandeln müssen, lautet:
„Könnte Gott nicht bessere Arbeit geleistet haben, als er die Welt
entwarf?" Er hätte eine Welt erschaffen können, die das Böse, das
Übel nicht kennt. So lautet die Beweisführung:

1. Gott weiß alles.
2. Also wußte Gott: Das Böse würde auftreten, sobald er die
   Welt erschuf.
3. Gott hatte Möglichkeiten ohne das Böse. Er hätte
   a. darauf verzichten können, irgendetwas zu erschaffen;
   b. eine Welt ohne freie Geschöpfe erschaffen können;
   c. freie Geschöpfe erschaffen können, die nicht sündigen
      würden;

d. freie Geschöpfe erschaffen können, die zwar sündigen, am
   Ende aber alle errettet würden.
4. Folglich hätte Gott eine Welt erschaffen können, in der es
   weder das Böse, noch eine Hölle gibt.

Das scheinen kraftvolle Argumente zu sein, da Gott alle diese
Möglichkeiten gehabt hätte. Die Frage ist: „Sind diese Möglichkeiten tatsächlich besser als die Welt, die wir haben?" Wir wollen
sie eine nach der anderen untersuchen.

Gott hätte darauf verzichten können, irgendetwas zu erschaffen

Dieses Argument geht von der falschen Voraussetzung aus,
nichts sei besser als irgend etwas. Es legt den Schluß nahe, es
wäre für nichts besser gewesen, immer zu existieren, als für irgendein Übel, jemals zu existieren. Dabei wird die Tatsache
übersehen, daß die Dinge gut geschaffen waren und daß es gut
für sie war, nur zu existieren. Das Gute hätte nicht sein können,
wenn Gott nichts geschaffen hätte. Darüber hinaus entbehrt der
Einspruch in Wirklichkeit jeden Sinns, denn er sagt eigentlich
aus: „Es wäre für Gott *moralisch* besser gewesen, wenn er eine
nichtmoralische Welt erschaffen hätte." Etwas, dem keine Moral
zugeordnet ist, kann aber nicht besser oder schlechter sein. Es
hat keinen moralischen Wert, es hat sogar keinen Realitätswert.
Es ist noch nicht einmal so, als wolle man Äpfel mit Orangen
vergleichen, denn beide existieren. Hier wird einfach nichts mit
etwas verglichen.

Mögliche Welten

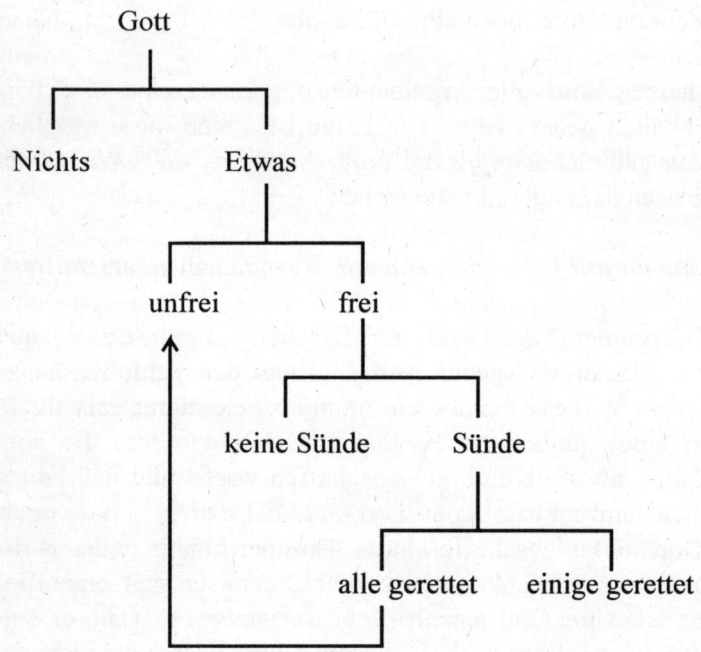

Gott hätte eine Welt ohne freie Geschöpfe erschaffen können

Es ist denkbar, daß Gott die Erde mit Tieren oder Robotern hätte
bevölkern können, die ausschließlich seinen Willen tun würden.
Aber diese Option mündet in das gleiche Problem wie die vorhergehende: Es ist eine nichtethische Option. Das heißt, eine nichtethische Welt kann nicht eine moralisch gute Welt sein. Noch einmal: Wir können nicht etwas, das nicht gut ist (z. B. etwas moralisch Neutrales) mit etwas vergleichen, das böse ist. Es besteht ein
unüberwindlicher Unterschied zwischen dem, was *keinen* moralischen Wert hat, und dem, was *irgendeinen* moralischen Wert hat,
wie klein oder groß er auch immer sein mag. Außerdem: Selbst

wenn es eine solche Welt ohne moralische Verderbnis gäbe, wäre
damit doch nicht die physische Verderbnis ausgeschaltet. Tiere
würden noch immer physisch degenerieren und verfallen. Daß es
in dieser Welt keine freien Geschöpfe gäbe, bedeutet nicht, daß es
darin kein physisches Übel geben könne. Folglich würde einfach
eine Form des Übels gegen eine andere ausgetauscht.

*Gott hätte freie Geschöpfe erschaffen können, die nicht sündi-
gen würden*

Es ist logisch möglich, einen freien Willen zu haben und nicht zu
sündigen. Adam lebte so vor dem Sündenfall. Jesus tat es sein
ganzes Leben lang (Hebr 4,15). Die Bibel sagt, daß es eines Tages
eine Welt im Himmel geben werde, in der jedermann den freien
Willen habe, wo aber dennoch nicht irgendeine Sünde sein werde
(Offb 21,8.27). Es bereitet keine Probleme, sich solch eine Welt
vorzustellen, aber nicht alles, was logisch möglich ist, wird auch
tatsächlich wirklich. Es ist logisch möglich, daß die Vereinigten
Staaten den Sezessionskrieg hätten verlieren können, aber es ist
nicht das, was wirklich geschah. Gleicherweise sind freie Geschöpfe vorstellbar, die niemals sündigen würden, aber dieses Tatsache werden zu lassen, ist eine andere Sache. Wie hätte Gott garantieren können, daß sie niemals sündigen würden? Es hätte bedeutet, in ihre Freiheit einzugreifen. Er hätte irgendeinen Mechanismus einrichten können, der sie in dem Augenblick der Entscheidung zugunsten von irgend etwas Bösem in die Richtung
zum Guten hin ablenken würde. Vielleicht hätte er Geschöpfe
programmieren können, die ausschließlich Gutes tun könnten.
Aber - sind solche Geschöpfe wirklich frei? Es ist problematisch,
eine Wahl frei zu nennen, wenn sie so programmiert wurde, daß es
keine Alternative gab. Und wenn unsere Handlungen lediglich
vom Bösen abgelenkt werden, sind da nicht bereits die Motive der
Entscheidung böse, die wir im Begriff waren zu treffen? Daher ist
eine Welt, in der niemand sündigt, zwar vorstellbar, aber nicht
wirklich erreichbar.

Es gibt eine alte Geschichte über einen irischen Prie-
ster, der gerade eine kräftige Predigt gehalten hatte, die die
Sünde brandmarkte. Nun verabschiedete er seine Zuhörer am
Ende des Gottesdienstes persönlich. Unter jenen, die ihm zu
seiner Kühnheit gratulierten, war eine alte Witwe, die seine
Hand fröhlich ergriff und sagte: „Vater, ich wurde so froh, Ihre
Botschaft zu hören, und ich möchte, daß Sie wissen, daß ich
jetzt schon seit einiger Zeit ein heiliges Leben geführt habe. Ja
- ich habe nicht gesündigt in den letzten dreißig Jahren." Der
Priester griff kurz auf seinen Predigtton zurück und antwortete:
„Gut, bleibe dabei, meine Liebe; noch drei Jahre, und du
schlägst den Rekord!" Sünde kann unausweichlich sein in
mancher Hinsicht - gerade, wenn es uns nicht bewußt ist.

Darüber hinaus wäre eine Welt der Freiheit ohne Übel tatsächlich
moralisch geringer als die vorhandene Welt. In der nämlich sind
die Menschen herausgefordert, gute und edle Dinge zu tun und die
bösen Tendenzen zu überwinden. Dies könnte in einer Welt ohne
das Böse nicht geschehen. Die höchsten Tugenden und die größten
Freuden sind unmöglich erreichbar, wenn dem nicht als Vorbe-
dingung ein Widerstand entgegensteht. Tapferkeit kann es nur da
geben, wo es auch eine echte Furcht vor der Gefahr gibt. Selbstaufgabe ist nur da edel, wo es Bedürfnisse und widerstrebende
Selbstsucht zu überwinden gilt. Wie das Sprichwort sagt: „Kein
Schmerz, kein Gewinn." Es ist besser, die Möglichkeit zu haben,
das höchste Gut zu erringen, als darauf beschränkt zu sein, kleinere Güter ohne Widerstand zu bekommen.

Gott hätte freie Geschöpfe erschaffen können, die zwar sündi-gen, am Ende aber alle errettet würden

Diese Option beinhaltet den gleichen Fehler wie die vorhergehende: Es wird angenommen, daß Gott die menschliche Freiheit ma-

nipulieren kann, das Gute zu wählen. Manche Leute meinen, Gott werde mit der Führung einer Person nicht innehalten, bis sie die richtige Wahl getroffen habe. Aber diese Ansicht nimmt die biblische Lehre nicht ernst, daß die Hölle für einige Wirklichkeit ist. Sie behauptet, daß Gott jeden einzelnen retten werde - unabhängig davon, was er tue. Wir dürfen aber nicht vergessen, daß Gott die Menschen nicht zwingen kann, ihn zu lieben. Erzwungene Liebe ist Vergewaltigung, und Gott ist kein göttlicher Vergewaltiger. Er wird nichts tun, sie zu einer bestimmten Entscheidung zu nötigen. Gott wird nicht Menschen retten um jeden Preis. Er respektiert ihre Freiheit und akzeptiert ihre Wahl. Er ist kein Puppenspieler, sondern ein Liebender, der für sich selbst um die Menschen wirbt.

WARUM HAT GOTT DENN DIESE WELT ERWÄHLT?

Ist dies die beste Welt, die Gott hätte machen können? Es ist vielleicht nicht die beste aller möglichen Welten, aber es ist *der beste Weg* zu der besten Welt. Wenn Gott sowohl die Freiheit bewahren als auch das Böse besiegen will, dann ist dies der beste Weg, es zu erreichen. Die Freiheit wird dadurch gewahrt, daß jeder Mensch die eigene, freie Wahl hat, sein Schicksal zu bestimmen. Das Böse wird so überwunden: Wenn einmal die, die Gott verwerfen, von den anderen getrennt worden sind, sind aller Entscheidungen beständig geworden. Jene, die Gott gewählt haben, werden darin bestätigt, und die Sünde wird aufhören. Jene, die Gott verwerfen, sind dann in ewiger Quarantäne und können die vollkommene Welt nicht durcheinanderbringen, die danach kommt. Dann wird das grundlegende Ziel - eine vollkommene Welt mit freien Geschöpfen - erreicht sein. Aber der Weg dahin verlangt, daß jene, die ihre Freiheit mißbrauchen, hinausgeworfen werden. Gott hat uns versichert, daß nicht weniger als möglich gerettet werden - alle, die glauben (Joh 6,37). Und Gott hat für das Seelenheil aller in Christus gesorgt (1Jo 2,2). Er, der wünscht, daß alle Menschen gerettet werden (2Petr 3,9), wartet geduldig. Aber wie Jesus trau-

ernd über Jerusalem sagte: „Wie oft habe ich deine Kinder ver-
sammeln wollen, wie eine Henne ihre Küchlein versammelt unter
ihre Flügel, und ihr habt nicht gewollt!" (Mt 23,37). Wie der
Atheist Jean-Paul Sartre in seinem Drama „Kein Ausgang" bemerkte: Die Tore der Hölle sind von innen verschlossen durch des
Menschen freie Wahl.

Der beste Weg ...

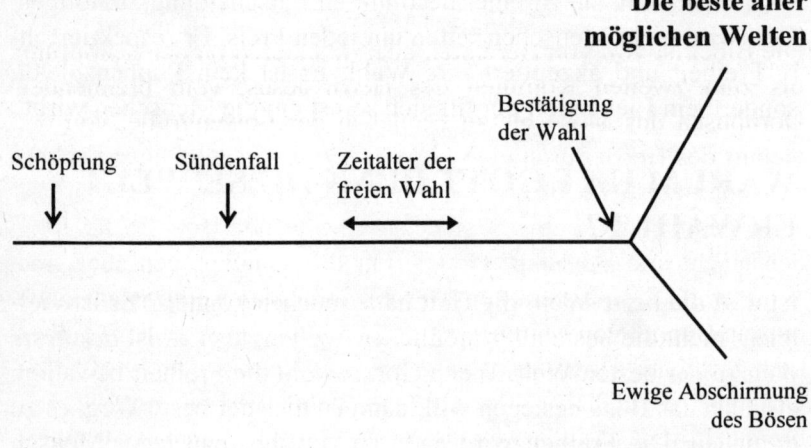

Anmerkungen

[1] C.S. Lewis: *A Grief Observed* (New York: Bantam Books, Inc.,
   1976), S. 33,35.
[2] C.S. Lewis: *The Problem of Pain* (New York: Macmillan, 1962),
   S. 93.
[3] C.S. Lewis: *The Great Divorce* (New York: Macmillan, 1946),
   S. 69.

Kapitel 5

WUNDER

Die Bibel ist voll von Berichten über Wunder. Von der Schöpfung bis zum zweiten Kommen des Herrn Jesus, vom brennenden Dornbusch des Mose bis zu Daniel in der Löwengrube, von der Geburt des Herrn durch eine Jungfrau bis zur Auferstehung scheinen übernatürliche Ereignisse die Seiten der Heiligen Schrift zu füllen. Für den Gläubigen sind sie eine wunderbare Bestätigung der Macht und Botschaft Gottes. Für den Ungläubigen aber sind Wunder ein Stolperstein - ein Beweis dafür, daß Religion am Ende nur ein Bündel von Märchen ist. In der Welt, in der er lebt, gibt es kein göttliches Eingreifen, keinerlei Unterbrechung der gewohnten Ordnung; es gibt nur Naturgesetze. Feuer verbraucht das, was brennt; Löwen fressen, was immer verfügbar ist; eine Schwangerschaft ereignet sich nur, wenn sich männliche Spermien mit einer weiblichen Eizelle vereinigen, und die Toten sind und bleiben tot. Soweit es diese Menschen betrifft, können die Wunder der Bibel nicht wahrer sein als die Geschichte von Frau Holle.

Es ist weder Ziel dieses Kapitels, eine vollständige Erklärung dafür zu geben, wie sich jedes Wunder ereignet hat, noch soll jemand überzeugt werden, Wunder seien ernsthaft ein Teil der natürlichen Abläufe im Universum. Es ist vielmehr unsere Absicht, Menschen zu überzeugen, daß der mehr als 200 Jahre alte naturalistische Standpunkt gegenüber den Wundern der Bibel einfach dem gesunden Menschenverstand widerspricht. Dieser naturalistische Standpunkt gründet sich vielmehr auf fehlerhafte Logik und unzuverlässiges Denken, ein Denken, das entschieden hat, was es finden will, lange bevor es etwas gefunden hat. Dieses Kapitel soll drei Fragenpaare behandeln. Die ersten beiden Fragen befassen sich mit dem Realitätswert von Wundern (Möglichkeit und Glaubwürdigkeit). Das zweite Paar soll zeigen, daß moderne wissenschaftliche Methoden durch Wunder nicht vergewaltigt werden (naturwissenschaftlich und historisch). Der dritte Punkt beschäftigt sich mit den gewöhnlich behaupteten religiösen Hintergründen, die zur Erklärung von Wundern herangezogen werden (Mythen und pantheistische Behauptungen). Der letzte Abschnitt soll den Boden bereiten, biblische Wunder als tatsächliche Ereignisse anzuerkennen.

Ein naturalistischer Denker sagte: „Der erste Schritt in dieser wie in allen anderen Diskussionen ist, zu einem klaren Verständnis über die Bedeutung des verwendeten Begriffs zu kommen. Erörterungen, ob Wunder möglich und - wenn möglich - glaubwürdig sind, sind bloß Schattengefechte, bis die Diskutierenden übereingekommen sind, was sie mit dem Wort 'Wunder' meinen."[1] Ein Wunder ist ein göttlicher Eingriff in den normalen Ablauf der Welt oder eine Unterbrechung dieses Ablaufs. Es ist ein zweckbestimmtes, aber ungewöhnliches Ereignis, das normalerweise nicht geschehen würde. Bei dieser Definition sind Naturgesetze zu verstehen als die normale, reguläre Art und Weise, wie die Welt funktioniert. Ein Wunder ereignet sich daher als ein außergewöhnliches, unregelmäßiges, bestimmtes Handeln eines Gottes, der außerhalb des Universums ist. Das bedeutet nicht, daß Wunder Naturgesetze verletzen oder ihnen gar entgegengesetzt sind. Der berühmte Physiker Sir George Stokes hat gesagt: „Es kann sein, daß das Ereignis, welches wir ein Wunder nennen, nicht durch eine vorübergehende Aufhebung der Gesetze in ihrer normalen Tätigkeit geschieht, sondern durch die übergeordnete Hinzufügung von etwas, das gewöhnlich untätig bleibt."[2] Mit anderen Worten: Wunder übertreten nicht die normalen Gesetze von Ursache und Wirkung, sie haben nur eine übernatürliche Ursache.

SIND WUNDER MÖGLICH?

Die grundlegendste Frage, Wunder zu untersuchen, lautet: „Sind Wunder möglich?" Wenn sie nicht möglich sind, können wir unsere Unterlagen bald einpacken und nach Hause gehen. Wenn sie möglich sind, müssen wir uns mit dem Argument auseinandersetzen, das uns die Idee vermittelte, sie seien absurd. Die Wurzel dieses Arguments finden wir in den Schriften von Benedikt de Spinoza. Er entwickelte die folgende Beweisführung gegen Wunder:

1. Wunder sind Verletzungen natürlicher Gesetze.
2. Natürliche Gesetze sind unveränderlich.
3. Es ist unveränderlichen Gesetzen unmöglich, übertreten zu werden.
4. Folglich sind Wunder nicht möglich.

Er behauptete kühn: „Nichts in der Natur geschieht in Zuwiderhandlung zu ihren universalen Gesetzen, nein, nichts geschieht ohne ihre Zustimmung und sie weicht nicht davon ab, denn ... sie hat eine festgelegte und unabänderliche Ordnung."[3]

Sicherlich können wir nicht gegen den dritten Schritt dieser Beweisführung argumentieren, denn was unabänderlich ist, kann nicht außer Kraft gesetzt werden. Aber - sind Naturgesetze unabänderlich? Und hat Spinoza eine korrekte Definition für „Wunder"? Es scheint, er spielt mit gezinkten Karten. In seine Prämissen hat er seine eigene Ansicht eingebaut, daß außerhalb des Universums nichts existiert (und daß Gott das Universum ist). So hat er einmal das Naturgesetz als „festgelegt und unabänderlich" definiert und behauptet: Es ist unmöglich, daß Wunder geschehen. Er hatte eben die Vorstellung, daß die Naturgesetze durch die Newtonsche Physik festgelegt würden - der höchsten wissenschaftlichen Erkenntnis seiner Tage. Die heutigen Naturwissenschaftler haben ein anderes Verständis von den Naturgesetzen: Sie legen nicht fest, was *geschehen muß*, sondern beschreiben, was normalerweise *geschieht*. Das sind statistische Wahrscheinlichkeiten, aber keine unabänderlichen Tatsachen. Also können wir die Möglichkeit von Wundern nicht per Begriffsbestimmung ausschließen.

Spinozas Definition ist geprägt von seiner Verleugnung alles Übernatürlichen. Er geht davon aus, daß es *außerhalb* der Natur nichts gibt, das *in* die Natur *hinein* handeln könnte. Dies folgt aus seinem Pantheismus. Solange Gott darauf beschränkt ist, in den Grenzen der Natur zu bleiben, oder wenn er gar nicht existiert, solange kann ein Wunder nur eine Vergewaltigung der Ordnung sein. Grundlegend ist: Wenn Gott existiert, dann sind Wunder möglich. Wenn es irgend etwas außerhalb des Universums gibt, das ein Ereignis innerhalb des Universums verursachen könnte, dann besteht die Möglichkeit, daß es auch geschieht. Nun werden die meisten Naturwissenschaftler irgendeinen Beweis wollen, der ihnen zeigt, daß Gott existiert. Den finden wir im zweiten Kapitel. Aber wenn wir erst einmal festgestellt haben, daß es einen theistischen Gott gibt, können Wunder nicht mehr ausgeschlossen werden.

Benedikt de Spinoza (1632-1677) war einer der modernen rationalistischen Philosophen. Der Rationalismus geht davon aus, daß alle Wahrheit aus selbstverständlichen Prinzipien gefolgert werden kann, ohne daß tatsächliches Beweismaterial untersucht wird. Spinoza kam aus einem jüdischen Gesellschaftshintergrund. Aber er wurde im Alter von 24 Jahren wegen seiner ungewöhnlichen Ansichten aus der Synagoge ausgeschlossen. Er war überzeugt, daß es nichts geben könne als eine unendliche Substanz. Daraus schloß er, daß Gott das Universum sei (Pantheismus). Die Naturgesetze waren folglich Gesetze Gottes. Von diesem Ausgangspunkt sind Wunder automatisch ausgeschlossen. Wenn das Übernatürliche mit der Natur identisch ist, dann gibt es nichts au-

> ßerhalb der Natur, was in sie eingreifen könnte. Irgend etwas
> außerhalb der Natur müßte dann größer sein als Gott, und das
> ist absurd.

SIND WUNDER GLAUBWÜRDIG?

Einige Leute leugnen zwar nicht die Möglichkeit, daß es Wunder
gibt; sie können nur keine Rechtfertigung dafür finden, an Wunder
zu glauben. Für sie ist das Wunderbare nicht lächerlich, es ist einfach unglaubhaft. Der große englische Skeptiker David Hume
entwickelte dieses sehr bekannte Argument gegen den Glauben an
Wunder weiter:

1. Ein Wunder ist eine Verletzung der Naturgesetze.
2. Gefestigte, unwandelbare Erfahrung hat diese Gesetze begründet.
3. Ein weiser Mann paßt seinen Glauben dem Beweismaterial
   an.
4. Deshalb erwächst aus einer gleichförmigen Erfahrung ein
   Beweis; es gibt hier einen direkten und völligen Beweis in
   der Natur der Sache gegen die Existenz irgendeines Wunders.[4]

Für manche besagt diese Argumentation, daß Wunder nicht geschehen können. Aber das wird leicht widerlegt, wenn man zeigt,
daß Hume die Antwort auf die Frage schuldig bleibt, wenn er
Wunder als unmöglich definiert. Sein tatsächlicher Standpunkt
scheint zu sein, niemand solle an Wunder glauben, weil all unsere
Erfahrung nahelege, daß sie nicht geschehen. Das ist sicher der
Standpunkt, den wir alle in der Schule gelernt haben, auch wenn
wir nicht Hume studierten.

David Hume (1711-1776) war ein schottischer Philosoph und Historiker, geboren und aufgewachsen in Edinburgh. Bald nach dem juristischen Examen entschloß er sich, nicht als Jurist zu praktizieren, und nahm ein philosophisches Studium auf. Anders als Spinoza war Hume ein Empiriker, der den Standpunkt einnahm, Wissen komme nur aus der Untersuchung und Ordnung des tatsächlichen und historischen Beweismaterials. Das Naturgesetz wurde das Rückgrat der Ordnung in seinem philosophischen System, und so stellte er sich gegen jeden Gedanken an Gott oder Wunder. Während Spinoza seine Ansichten dogmatisch vertrat, war Hume skeptisch gegenüber jedem Glauben; er bezweifelte, daß irgendeine Gewißheit möglich sei. Obgleich er nicht das Gesetz der Kausalität leugnete, behauptete er, man könne nie sicher sein, was irgendeine gegebene Wirkung verursacht habe. Das beste, was man sagen könne, sei, daß eine Wirkung vom Muster „soundso" normalerweise verursacht werde durch eine Ursache der Art „so-und-so".

Wie Hume die Antwort auf die Frage in seiner Definition schuldig bleibt, so auch in seiner Beweisführung. Er glaubt zu wissen, daß alle Erfahrung eindeutig gegen Wunder spricht, bevor er nach dem Beweismaterial schaut. Woher will er wissen, daß alle vergangene und zukünftige Erfahrung seinen Naturalismus unterstützen wird? Es gibt nur einen Weg sicher zu sein: Man muß im voraus wissen, daß keine Wunder geschehen werden. Andererseits könnte er sagen, die gleichförmige Erfahrung mancher oder auch der meisten Leute spreche gegen das Geschehen von Wundern. Aber - was ist dann mit den anderen Leuten, mit denen, die Wunder erlebt haben? So wählt er also nur das Beweismaterial aus, das ihm zusagt, und verwirft das übrige. Wie man es auch betrachtet, er macht einen grundlegenden logischen Fehler.

Humes erster Maxime: „Ein weiser Mann paßt seinen Glauben dem Beweismaterial an", würden wir gewiß zustimmen. Jedoch für Hume hat „größere Beweiskraft" jeweils „das, was sich öfter wiederholt". So kann irgendein ungewöhnliches Ereignis niemals so große Beweiskraft erlangen wie gewöhnliche Ereignisse. Hume spielt auch hier mit gezinkten Karten. Es bedeutet nämlich, daß kein Wunder jemals ausreichend genug Beweiskraft erlangen kann, um von einem vernünftigen Menschen geglaubt zu werden. Hume *wägt* überhaupt nicht wirklich die Beweiskraft ab; er *häuft* einfach nur das Beweismaterial *auf*, das gegen Wunder spricht. Da der Tod fast jedermann ereilt (außer Jesus, Henoch, Elia und denen, die der Herr bei der Entrückung zu sich holt) und es nur wenige Geschichten über vom Tod Auferstandene gibt, addiert er einfach alle Todesfälle und entscheidet, daß jene Geschichten über Auferstehung falsch sein müssen. Selbst wenn wenige Menschen tatsächlich aus den Toten auferweckt worden wären, könnte niemand daran glauben, weil sie von der Zahl der Todesfälle überschattet würden. Das ist etwa so, als wolle man es nicht glauben, wenn man in der Lotterie gewonnen hat, weil so viele Tausende von Menschen ihren Einsatz verloren haben. Es stellt Wahrscheinlichkeit mit Beweis gleich und fordert, man solle niemals glauben, daß ein kühner Versuch auch Erfolg bringt. Die Wahrscheinlichkeit eines vollkommenen Bridge-Blattes (das es gegeben hat!) beträgt 1.635.013.559.600 zu 1. Wenn man ein solches Blatt auf die Hand bekommt, sollte man jedoch nach Hume besser die Hände falten und um neue Karten bitten, weil man niemals glauben darf, daß es so ein ungeheuerliches Glück geben kann.

Richard Whately machte sich über Humes Vorstellungen in einer Broschüre lustig, die den Titel trug: *„Historical Doubts Concerning the Existence of Napoleon Bonaparte "* („Historische Zweifel an der Existenz Napoleon Bonapartes"). Er ging all den verblüffenden Großtaten in

Napoleons Karriere nach und zeigte auf, daß sie so phantastisch und noch nie dagewesen waren, daß kein intelligenter Mensch glauben könne, daß so ein Mann jemals existiert habe. Wir sollten ihn in die gleiche Kategorie einreihen wie Paul Bunyan und Pecos Bill. Er will folgendes zeigen: Wenn der Skeptiker nicht die Existenz Napoleons leugnet, „muß er mindestens anerkennen, daß für diese Frage nicht der gleiche Denkansatz gilt, den er für die Betrachtung anderer Personen oder Ereignisse heranzieht." [Richard Whately: *„Historical Doubts Concerning the Existence of Napoleon Bonaparte"* (Historische Zweifel betreffend die Existenz von Napoleon Bonaparte) in *Famous Pamphlets*, 2. Aufl., hrsg. von Henry Morley (London: George Routledge and Sons, 1880), S. 290]

Es ist seltsam, daß Wissenschaftler sich auf derartiger Grundlage gegen Wunder wenden, denn ihr eigenes Studium wurde nicht in dieser Weise geführt. Wenn ein Naturwissenschaftler im voraus wüßte, wie ein Experiment auf der Grundlage bekannter Naturgesetze ausfallen werde, dann würde er sich nicht der Mühe unterziehen, das Experiment durchzuführen. Hume gab sogar zu, daß nichts Zukünftiges nur durch Rückschau auf die Erfahrung der Vergangenheit bekannt werden kann. Auch ist die Wissenschaft stets bemüht, das Verständnis der Naturgesetze zu erweitern und zu verfeinern, indem sie jene Gesetze revidiert, sobald neues Beweismaterial gefunden ist. Die Anwendung von Humes Prinzipien würde diese Art wissenschaftlichen Fortschritts unmöglich machen, denn der Forscher würde niemals an seine neuen Daten glauben. Er könnte niemals die gleichförmige Erfahrung der Vergangenheit überwinden.

SIND WUNDER WISSENSCHAFTLICH?

Viele Menschen glauben nicht an Wunder, weil sie befürchten, es könnte keine wissenschaftliche Ordnung geben, wenn es Gott erlaubt wäre, in sie einzugreifen. Diese wissenschaftliche Ordnung ist auf den Gesetzen von Gleichförmigkeit und Regelmäßigkeit aufgerichtet, und irgendeine irreguläre Ursache würde Wissenschaft unmöglich machen. Dr. Allan Bloom schrieb: „Naturwissenschaftler sind bis auf den letzten Mann gegen Kreationismus. Sie erkennen richtig, daß ihre Wissenschaft falsch und nutzlos ist, wenn der Kreationismus recht behält ... Entweder hat die Natur eine gesetzmäßige Ordnung, oder sie hat sie nicht; entweder kann es Wunder geben, oder es kann sie nicht geben. Wissenschaftler beweisen nicht, daß es keine Wunder gibt, sie nehmen es an. Ohne diese Annahme gibt es keine Wissenschaft."[5]

Um zu zeigen, daß Wunder dem naturwissenschaftlichen Denken entgegenstehen, gibt es verschiedene Argumentationen. Wir wollen uns mit jener befassen, die von Patrick Nowell-Smith aufgestellt wurde. Er erhebt Einspruch gegen die Praxis der Verfechter des Übernatürlichen, Ereignisse mit dem Begriff „Wunder" zu erklären, für die die Naturwissenschaft in der Zukunft eine natürliche Erklärung finden könnte. Seine Beweisführung läßt sich folgendermaßen zusammenfassen:

1. Nur prophetische Fähigkeiten qualifizieren etwas als Erklärung für ein Ereignis (z. B. Naturgesetze).
2. Ein Wunder kann nicht vorhergesagt werden.
3. Deshalb kann sich ein Wunder nicht als Erklärung für irgendein Ereignis qualifizieren.

Patrick Nowell-Smith ist Absolvent der Harvard-Universität und der Universität Oxford und hat 1969 einen Lehrstuhl als ordentlicher Professor der Philosophie an der kanadischen York-Universität in Toronto angenommen. In seinem Aufsatz „Wunder" wendet er sich gegen Leute, die an das Übernatürliche glauben und Gott als Erklärung für irgendein außergewöhnliches Ereignis heranziehen. „Wir können ihm [dem an das Übernatürliche Glaubenden] glauben, wenn er sagt, daß keine ihm bekannte wissenschaftliche Methode oder Hypothese es ihm erklären kann." Aber „zu sagen, es sei unerklärlich als Ergebnis natürlicher Antriebe, ist bereits jenseits seiner Zuständigkeit als Wissenschaftler. Und zu sagen, es müsse eine übernatürliche Ursache haben, hat vielleicht niemand das Recht, allein aufgrund des Beweismaterials zu versichern." [Patrick Nowell-Smith, „*Miracles*" (Wunder) in *New Essays in Philosophical Theology*, hrsg. von Antony Flew and Alasdair MacIntyre (New York: Macmillan, 1955), S. 245-46.]

Kurzum, nur wissenschaftliche Erläuterungen für Ereignisse werden akzeptiert, und alle anderen Erklärungen müssen mit der Wissenschaft übereinstimmen oder schweigen.

Nowell-Smith fordert, daß der Wissenschaftler seinen Verstand offenhalten und Beweismaterial nicht verwerfen sollte, das seine zuvor erdachten Theorien zunichte macht. Es ist klar, daß er gleichzeitig selbst seinen Verstand vor jeder Möglichkeit irgendeiner übernatürlichen Erklärung verschließt. Er besteht willkürlich darauf, daß alle Erklärungen natürlich sein müssen - oder sie sind bedeutungslos. Er rechnet mit der grandiosen Annahme, daß alle Ereignisse schließlich eine natürliche Erklärung finden werden, aber er bleibt jeden Beweis dafür schuldig. Die einzige Möglichkeit, diese Annahme zu rechtfertigen, besteht darin, im voraus zu wissen, daß Wunder nicht geschehen können. Es ist ein Aufbruch des naturalistischen Glaubens.

Die Wissenschaftler fordern, daß Erklärungen einen prophetischen Wert haben müssen, aber es gibt in der natürlichen Welt viele Ereignisse, die nicht vorausgesagt werden können. Niemand kann vorhersagen, ob oder wann ein Autounfall geschehen oder wann ein Haus ausgeraubt werden wird, aber niemand wird behaupten, es sei ein Wunder, wenn es geschieht. Auch der Naturalist gibt zu, daß er Ereignisse in der Praxis nicht immer vorhersagen kann - nur im Grundsatz. Kein Meteorologe, der bei Sinnen ist, würde etwas anderes behaupten. Der Verfechter übernatürlicher Erklärungen erhebt den gleichen Anspruch: *Ein Wunder ereignet sich, wann immer Gott es für notwendig erachtet.* Stünde uns alles Beweismaterial zur Verfügung, beziehungsweise, wüßten wir alles, was Gott weiß, dann könnten wir ebenso vorhersagen, wann und wo Gott eingreifen würde, wie ein Wissenschaftler natürliche Ereignisse vorhersagen kann.

Aber Wunder haben auch einen Erklärungswert in der wissenschaftlichen Methode. Einige Ereignisse können leicht mit natürlichen Kräften erklärt werden. Es ist leicht zu sehen, daß der Grand Canyon durch Erosion und Windkraft entstand, als der Fluß durch den Felsen schnitt. Wie dies geschah, findet eine gute Erklärung in natürlichen Gewalten, die wir kennen. Aber - was ist mit dem Mount Rushmore? Gibt es eine natürliche Kraft, die es erklärbar macht, wie zwischen 1927 und 1941 plötzlich die Gesichter des ersten, dritten, sechzehnten und sechsundzwanzigsten Präsidenten der USA aus dem Felsen auftauchten? Dies erfordert offensichtlich eine intelligente Ursache. Gleicherweise sind gewisse Ereignisse klar zielgerichtet - ihre Bedeutung ergibt sich aus dem Zusammenhang, wie etwa, wenn jemand umarmt wird. Auch diese werden durch einen intelligenten Verursacher begründet. Wunder gehören in diese Klasse von Ereignissen. Gott greift nicht ein, indem er einfach nur so herumspielt und uns in Verwirrung bringt. Er verfolgt ein Ziel und teilt mit jedem Wunder, das er wirkt, etwas mit. Die Wunder Moses bestätigten, daß er von Gott gesandt war, und sie spotteten der ägyptischen Götter, deren Wirkungsbereich von den Wundern übertroffen wurde (2Mo 7,14 - 12,36). Elia rief nicht vergebens Feuer vom Himmel herab (1Kö 18,16-40). Der ganze Tag war vergeblich mit Warten auf das Handeln Baals verbracht worden; der Gott Elias aber handelte unmittelbar, indem er seine Wirklichkeit und Macht offenbarte. Diese Art von Ereignissen erfordert eine intelligente Ursache, und dieser Grundsatz ist sowohl gesetzmäßig als auch gleichförmig. Wenn sich also ein zielgerichtetes Geschehnis ereignet, wie etwa die Teilung des Roten Meeres zur Rettung der Israeliten vor Pharao, so fordert uns die wissenschaftliche Methode auf, nicht nach einer natürlichen, sondern nach einer intelligenten Ursache zu suchen. Ganz sicher unwissenschaftlich ist aber der Versuch, Wunder mit Hilfe natürlicher Ursachen erklären zu wollen. Die Wissenschaft verweist uns in der Tat auf eine intelligente Ursache für wunderbare Ereignisse.

SIND WUNDER HISTORISCH?

Nicht nur die Naturwissenschaft verwirft Wunder. Die Geschichtswissenschaft behauptet gleichermaßen, daß Wunder sich mit ihrer Methode nicht vereinbaren lassen. Würden sie wirklich geschehen, könnte der Historiker sie niemals kennen oder glauben. Antony Flew entwickelt die Beweisführung hierfür folgendermaßen:

Alle kritische Geschichtsforschung hängt ab von der Richtigkeit zweier Grundsätze:
1. Die Hinterlassenschaften der Vergangenheit können als Beweismittel für die Rekonstruktion der Geschichte nur benutzt werden, wenn wir annehmen dürfen, daß zum Zeitpunkt ihrer Entstehung die gleiche grundlegende Ordnung der Natur gegolten hat, wie sie jetzt gilt.
2. Der kritische Historiker muß seine gegenwärtige Kenntnis dessen, was möglich und nachprüfbar ist, als Kriterium für die Kenntnis der Vergangenheit nutzen.
Aber der Glaube an Wunder steht diesen beiden Prinzipien entgegen. Deshalb ist der Glaube an Wunder mit der kritischen Geschichtsforschung nicht vereinbar.

Der Historiker muß alle Wunder verwerfen. Seiner Ansicht nach ist jeder, der an Wunder glaubt, naiv und unkritisch. Diese Beweisführung sagt nicht, daß Wunder nicht möglich wären; sie sind der objektiven historischen Forschung einfach *unbekannt*.

Wie auch David Hume, dessen Gedanken er weiterzuführen sucht, macht Antony Flew den Fehler, Beweismaterial aufzuhäufen, anstatt es zu werten. Er will keinerlei Beweise für Ereignisse *im einzelnen* akzeptieren, sondern nur für Ereignisse im allgemeinen. Geht es nach ihm, so soll das Gewöhnliche und Wiederholte geglaubt, das Ungewöhnliche und Einzigartige aber verworfen werden. Danach müßten wir glauben, daß eine Bauersfrau ihre Kleider im Fluß wusch (obgleich wir dafür keinen direkten Beweis haben), müßten aber den Gedanken verwerfen, Alexander der Große habe Ägypten erobert (wofür es umfangreiches Beweismaterial gibt).

Antony Flew (*1923) war Dozent der Philosophie an drei wichtigen Universitäten in England. Er war Verfasser und Herausgeber zahlreicher Bücher über philosophische Theologie, was ihn zu einer wichtigen Persönlichkeit der heutigen Gesellschaft macht, sobald es um Fragen über Gott geht. Er wurde besonders bekannt durch seinen Aufsatz über Wunder in der *Enzyklopädie der Philosophie*. Bei seiner Argumentation in diesem Aufsatz schließt er sich enger an Humes Beweisführung an. Er sagt so:

1. Jedes Wunder ist eine Verletzung der Naturgesetze.
2. Das Beweismaterial gegen eine Verletzung der Naturgesetze hat die größtmögliche Beweiskraft.
3. Daher hat das Beweismaterial gegen Wunder die größtmögliche Beweiskraft.

Dieser Beweisführung sind die gleichen Argumente entgegenzusetzen, die schon wir schon bei der Diskussion über Hume vorbrachten. Darüber hinaus verletzt sie Flews eigenen Grundsatz der Widerlegbarkeit. Flew würde unter keinen Umständen jemals zugeben, daß sich ein Wunder ereignet hat. Wenn aber seine Ansicht in der Praxis nicht unter irgendwelchen vorstellbaren Umständen falsch sein kann - wie kann er fordern, daß sie stimmt betreffs der Art, wie die Welt wirklich ist?

Flews zwei Grundsätze der Geschichtswissenschaft sind in Wirklichkeit nur eine Neufassung von Humes Maximen, daß gleichförmige Erfahrung Beweiskraft hat und daß der weise Mann seinen Glauben dem Beweismaterial anpaßt. Da er aber absolute Gleichförmigkeit annimmt, richtet er sein Denken gegen jedes übernatürliche Vorkommnis. Das behindert die Suche nach der Wahrheit mehr, als es sie befördert, denn es *erhebt* eine gefundene Bedeutung *zum Gesetz*, anstatt nach der richtigen Bedeutung zu *suchen*. Auch werden weise Männer ihren Glauben nicht *Wahrscheinlichkeiten* anpassen, sondern *Tatsachen*. Diese Wiederaufnahme von Humes Argumentation bringt die Historische Wissenschaft nicht voran und leidet an der gleichen naturalistischen Ausrichtung.

Daß der Einspruch widerlegt wurde, ist bedeutsam: Es gibt keinen Grund anzunehmen, daß wunderbare Ereignisse nicht mit der Methode der Historischen Wissenschaft untersucht und von ihr bestätigt werden könnten. Die in der Heiligen Schrift berichteten Wunder stehen der wissenschaftlichen Untersuchung ebenso offen wie jedes andere berichtete Ereignis der antiken Geschichte.

SIND WUNDER MYTHOLOGISCH?

Einer der einflußreichsten Theologen unseres Jahrhunderts, Rudolf Bultmann, hat gesagt:

„Menschliches Wissen und die Beherrschung der Welt haben sich durch Technologie und Naturwissenschaft derart ausgeweitet, daß es *niemandem mehr möglich* ist, ernsthaft die Weltanschauung des Neuen Testaments anzunehmen - tatsächlich gibt es schwerlich jemand, der es tut ... Der *einzige* ehrliche Weg, die Glaubensbekenntnisse zu rezitieren, ist, die in ihnen verehrte Wahrheit ihres mythologischen Rahmens zu entkleiden."[6]

In Bultmanns Augen hat die moderne Naturwissenschaft Wunder eliminiert. Die einzige Möglichkeit, das mit dem Glauben in Einklang zu bringen, ist, alle übernatürlichen Elemente als Mythen zu betrachten, die sich um den lebendigen Kern der Wahrheit gerankt haben. Um die Bibel und Jesu wirkliche Botschaft zu verstehen, müssen die Mythen ausgerottet werden, um die Wahrheit freizulegen. Wenn es gelingt, hinter das Denken der frühen Christen zu schauen, könnten wir sogar fähig sein, die Umstände und Bedürfnisse zu verstehen, die solche Mythen hervorgerufen haben. Dies könnte uns zu einer Wahrheit auf einer anderen Ebene führen, die wir im Glauben annehmen können. Bultmanns Argumentation könnte folgendermaßen dargestellt werden:

1. Mythen sind von Natur aus mehr als objektive Wahrheiten; sie sind tranzendente Wahrheiten des Glaubens.
2. Was nicht objektiv ist, kann aber nicht Teil der objektiven Raum-Zeit-Welt sein.
3. Daher sind Wunder (Mythen) nicht Teil der objektiven Raum-Zeit-Welt.

Dies befreit nicht nur von der Notwendigkeit, an Wunder zu glauben, sondern macht es unmöglich, sie in irgendeinem Sinn zu werten. Aber - greift das Argument? Sind Wunder nur Mythen?

Zunächst einmal folgt daraus, daß ein Ereignis *mehr als* objektiv und tatsächlich ist, nicht, daß es deshalb *weniger als* historisch sein muß. Sicherlich verweisen Wunder auf etwas *außerhalb* der Welt, aber das bedeutet ja nicht, daß sie nicht *in* der Welt geschehen. Sind sie mehr als objektiv und tatsächlich, dann müssen sie *am Ende* objektive Raum-Zeit-Ereignisse sein.

Außerdem hat Bultmann klar vorausgeurteilt, daß Wunder nicht geschehen können. Er würde immer zu der gleichen Schlußfolgerung kommen - ganz gleich, was das Beweismaterial aussagt. Er nennt Wunder „unglaublich", „irrational", „nicht mehr möglich", „bedeutungslos", „absolut unfaßbar" und „unerträglich". Dies sind nicht die Worte eines Mannes, der offen dafür ist, Beweismaterial zu untersuchen. Dies ist die Sprache eines Menschen, der sich nicht von Tatsachen „verwirren" lassen will.

Rudolf Bultmann (1884-1976) begründete die Methode der Bibel-Interpretation durch „Entmythologisierung". Er fußte auf den Gedanken des Phänomenologen Martin Heidegger, als er die Bibel für moderne Menschen existentiell passend zu machen suchte, indem er die Kernwahrheiten des Christentums von der Weltanschauung des ersten Jahrhunderts schied, die uns verwirrt und nicht Teil unseres Lebens ist. Dies zu tun, bedeutet, die Mythen (oder übernatürlichen Elemente) von der existentiellen Wirklichkeit der Geschichte zu trennen. Diese höhere und geistige Wahrheit kann in jede Weltanschauung übertragen und von Menschen aller Zeiten verstanden werden. Unglücklicherweise zerstört sie auch die Geschichtlichkeit des christlichen Glaubens und die Autorität der Bibel.

Wenn aber Wunder nicht objektiv und historisch sind, dann sind sie weder nachweisbar noch widerlegbar. Man kann nicht beweisen, daß sie geschahen, *aber es kann sie auch niemand widerlegen.* Das gefällt manchen Christen, denn es enthebt sie der Notwendigkeit, ihren Glauben zu verteidigen, und fordert dazu auf, „einfach zu glauben", ohne Beweise. Auf jeden Fall werden sie Opfer der wirksamen Kritik von Antony Flew.

„Oft scheint es Menschen, die nicht religiös sind, als habe es keine vorstellbaren Ereignisse gegeben, deren Vorkommen von intellektuellen religiösen Leuten anerkannt würde - ein hinreichender Grund zuzugeben: 'Es hat schließlich keinen Gott gegeben.' ... Was müßte für dich geschehen oder geschehen sein, um eine Widerlegung der Liebe oder der Existenz Gottes vorzunehmen?"[7]

In einfachen Worten: Wenn ein Glaube unter keinen Umständen falsch sein kann, wie kann man dann sagen, er ist wirklich wahr?

Er hat den Bereich von wahr und falsch verlassen und existiert nur als Meinung. Bultmann hätte man den Leichnam Jesu Christi in einem Schubkarren in sein Büro bringen können - es hätte seinen Glauben an die Auferstehung nicht beeinträchtigt. Andererseits sagte der Apostel Paulus: „Wenn aber Christus nicht auferweckt ist; so ist euer Glaube eitel, ihr seid noch in euren Sünden" (1Kor 15,17). Dieser religiöse Versuch, das Christentum vor einem Angriff mittels moderner Naturwissenschaft zu schützen, hat uns einen sinnentleerten Glauben zurückgelassen, der uns davor zurückhält, unseren Glauben jemals „wahr" zu nennen.

SIND WUNDER ERKLÄRBAR?

Es gibt zahlreiche Religionen, die den Anspruch erheben, durch wunderbare Taten „bewiesen" worden zu sein. Im Judentum wurde Moses Stab eine Schlange; im Christentum wandelte Jesus auf dem Wasser; im Islam bewegte Mohammed einen Berg, und hinduistische Gurus behaupten, sich selbst und andere frei schweben zu lassen. Das ist heute nicht weniger wahr, wenn pantheistische Zirkel behaupten, täglich Wunder vorzuführen. New Age-Prophet Benjamin Creme beschrieb das, was er den „Christus" nennt, als einen Geist der Macht und Weissagung, der Jesus „überschattete" und jetzt für die Anhänger des „Christus" verfügbar ist.

> „Es ist das, was sie befähigte zu wirken, was man zu jener Zeit Wunder nannte, was man heute geistliche oder esoterische Heilungen nennt. Täglich werden in aller Welt Wunder der Heilung gewirkt ... Diese Wunder werden jetzt von Männer und Frauen in aller Welt jederzeit vollbracht."[8]

Um die Angelegenheit weiter zu komplizieren: Es gibt heute viele Christen, die ähnliches für sich in Anspruch nehmen, und während es einige tatsächlich tun, stellen sich andere als Schwindler heraus. Sogar die leichtfertige Art, wie wir das Wort „Wunder" benutzen, zeigt unsere Verwirrung. Manche sagen, es sei ein Wun-

der, wenn ein Baby geboren wird; andere sprechen von einem
Wunder, wenn sie eine Prüfung bestanden haben.

Wie kann man klären, was wahrhaft wunderbar ist und was nicht?
Ist es möglich, Wunder in einer Weise zu definieren, daß unwahre
Behauptungen und andere Arten ungewöhnlicher Ereignisse von
der Definition ausgenommen sind?

Die Hauptgefahr, Wunder zu kennzeichnen, droht heute von der
pantheistischen New Age-Bewegung. Pantheisten sagen, es gebe
keinen Gott außerhalb des Universums. Sie sind sich einig, daß
alle Ereignisse im Universum natürliche Ursachen haben müssen. Wie Jesus angeblich gesagt haben soll - im „Wassermann-Evangelium", einem übersinnlich zustande gekommenen
Bericht über Jesu angebliches psychisches Training -: „Alle
Dinge folgen aus dem Naturgesetz."[9] Auch die „Christliche
Wissenschaft" sagt, ein Wunder ist „das, was göttlicher Natur
ist, aber menschlich erfahren werden muß, eine Erscheinung der
Naturwissenschaft."[10] So sagen die Pantheisten nicht, daß es
keine Wunder gibt, aber sie definieren den Begriff zu einer Manipulation des Naturgesetzes um - so wie Luke Skywalker im
Film *Krieg der Sterne* lernen mußte, die „Macht" (das Naturgesetz) für seine unglaublichen Taten zu benutzen. Pantheisten haben sogar versucht, moderne Physik in den Rahmen zu zwängen,
mit dem sie das Übernatürliche zu erklären versuchen. Fritjof
Capras Buch *„Das Tao der Physik"* ist eine aktualisierte Fassung
der pantheistischen Lehre, daß alle Materie im Grunde genommen
mystisch sei.

„Die grundlegende Einheit des Universums ist nicht nur die
zentrale Charakteristik mystischer Erfahrung, sondern außerdem eine der wichtigsten Offenbarungen moderner Physik. Sie
wird augenscheinlich auf der atomaren Ebene und bekundet
sich selbst mehr und mehr im tieferen Durchdringen der Materie, bis hinab in den Bereich subatomarer Teilchen."[11]

Das, und nicht ein allmächtiger Gott außerhalb des Universums, ist die Quelle pantheistischer Wunder. Sie sind nicht wirklich übernatürlich; sie sind nur *außergewöhnlich*.

Nun leugnen Christen nicht, daß solche ungewöhnlichen Ereignisse stattfinden, aber wir leugnen, daß sie die Definition des Wunders festigen. Diese Definition hat drei grundlegende Elemente, die sich in den drei Worten widerspiegeln, die mit Wundern in der Bibel assoziiert werden: Macht, Zeichen und Wunder. Die *Macht* der Wunder kommt von einem Gott außerhalb des Universums. Die Natur der Wunder ist, daß es sich um *Wundertaten* handelt, die bei den Zeugen Ehrfurcht hervorrufen, weil sie absolut erstaunlich sind. Das Wort *Zeichen* zeigt uns den Zweck von Wundern: Sie bestätigen Gottes Botschaft und seinen Boten. Die Definition hat eine theologische Dimension: Wunder setzen voraus, daß es außerhalb des Universums einen Gott gibt, der im Universum handelnd eingreift. Die moralische Dimension zeigt: Weil Gott gut ist, bringen Wunder ausschließlich Gutes hervor. Und in ihrer lehrmäßigen Dimension weisen Wunder die echten Propheten aus und überführen die falschen. Teleologisch ereignen sich Wunder nie zur Unterhaltung, sondern sie haben das bestimmte Ziel, Gott zu verherrlichen und Menschen zu ihm zu führen.

 **„Zeichen", „Wunder" und „Macht"**

Diese drei Wörter werden im Alten und im Neuen Testament gebraucht, um Wunder zu beschreiben.
Im Alten Testament:
Zeichen: bestätigen Moses Vollmacht (2Mo 3,12;4,3-8); bestätigen Gottes Botschaft (Jes 38,7; Jer 44,29)
Wunder: gebraucht mit Zeichen (2Mo 7,3; 5Mo 26,8); Zeichen genannt Wunder (2Mo 4,21)
Macht: zu erschaffen (Jer 10,12); Feinde zu besiegen (2Mo

15,6-7; 4Mo 14,17); zu regieren (1Chr 29,12); gebraucht mit
Zeichen und Wunder (2Mo 9,16)
Im Neuen Testament:
Zeichen: Wunder Jesu Christi (Joh 2,11; 6,2; 9,16; 11,47);
Wunder der Apostel (Apg 2,43; 4,16.30; 8,13; 14,3); Aufer-
stehung (Mt 12,39-40)
Wunder: sechzehnmal verwendet und immer mit dem Wort
„Zeichen" (Mt 24,24; Joh 4,48; Apg 6,8; 14,3)
Macht: Satans (Lk 10,19; Röm 8,38); der Wunder (Mt
11,20; 13,58; Lk 1,35; 1Kor 12,10); des Evangeliums (Röm
1,16)

Pantheistische Wunder fallen jedoch nicht unter diese Definition,
weil ihre Kraft nicht von Gott ist. In der Tat hat New Age-Autor
David Spangler die Quelle pantheistischer Wunder identifiziert,
als er schrieb: „Christus ist die gleiche Kraft wie Luzifer, nur bewegt sie sich anscheinend in die entgegengesetzte Richtung. Luzifer geht ein, um innen das Licht zu schaffen ... Christus geht aus,
um das Licht zu befreien."[12] So kommt die Macht für ungewöhnliche Ereignisse im Pantheismus von Luzifer oder Satan, auch
wenn diese Macht Christus genannt wird, wo sie vom einzelnen
ausgeht.

Aus biblischer Perspektive ist Luzifer, auch der Teufel und Satan genannt, nicht dasselbe wie Gott oder auch nur gleich Gott.
Im Anfang schuf Gott alles gut: die Erde (1Mo 1,1), den Menschen (1,27-28) und die Engel (Kol 1,15-16). Einer der Engel
hieß Luzifer (Jes 14,12), und er war sehr schön. Aber er „über-
hob sich vor Stolz" (1Tim 3,6) und rebellierte gegen Gott. Er
sagte: „Ich will hinauffahren auf Wolkenhöhen, mich gleichma-
chen dem Höchsten" (Jes 14,14). Er tat dies und verführte auch
viele andere Engel, ihm zu folgen, so daß ein Drittel aller Engel
ihr Zuhause bei Gott verließ (Offb 12,4). Diese Wesen sind bekannt als Satan und seine Engel (12,7; Mt 25,24). Sie haben außergewöhnliche Macht und sind gegenwärtig „wirksam [kräftig]

in den Söhnen des Ungehorsams" (Eph 2,2). Satan ist imstande, sich selbst als ein „Engel des Lichts" zu verkleiden (2Kor 11,14) und so zu erscheinen, als sei er an Gottes Seite, aber das ist nur eine Verkleidung. Satan arbeitet immer gegen Gott.

Wie können wir sagen, ob Satan oder Gott am Werk ist? Die Bibel gibt uns einige Tests an die Hand, so daß wir wissen können, wer ein wahrer und wer ein falscher Prophet ist. Der Schlüssel liegt darin, Wunder von Magie zu unterscheiden. Wunder sind von Gott verordnete übernatürliche Eingriffe; Magie ist menschliche Manipulation normaler oder ungewöhnlicher Kräfte. Die folgende Tabelle faßt diese Unterschiede zusammen (s. S. 120).

Eines der Schlüsselmerkmale der Magie im Gegensatz zum Wunder ist der Gebrauch okkulter Mittel. Dies sind Praktiken, die behaupten, Mächte aus dem geistigen Bereich zu beschwören. In vielen Fällen tun sie genau das, aber es ist dämonische, nicht göttliche Macht. Einige der in der Bibel genannten, unmittelbar mit dämonischer Macht verknüpfte Praktiken sind:

1. Hexerei (5Mo 18,10)
2. Wahrsagerei (5Mo 18,10)
3. Umgang mit Geistern (5Mo 18,11)
4. Totenbefragung (5Mo 18,11)
5. Weissagung (5Mo 18,10)
6. Sterndeuterei (5Mo 4,19; Jes 47,13-15)
7. Ketzerei (falsche Lehre) (1Tim 4,1; 1Jo 4,1-2)
8. Unsittlichkeit (Eph 2,2-3)
9. Selbstvergötterung (1Mo 3,5; Jes 14,13)
10. Lügen (Joh 8,44)
11. Götzendienst (1Kor 10,19-20)
12. Gesetzlichkeit und Heuchelei (Kol 2,16-23; 1. Tim. 4,1-3)

Wunder	Magie
unter göttlicher Kontrolle	unter menschlicher Kontrolle
nicht auf Befehl verfügbar	auf Befehl verfügbar
übernatürliche Macht	eine natürliche (mystische) Kraft
verknüpft mit dem Guten	verknüpft mit dem Bösen
verknüpft nur mit der Wahrheit	verknüpft auch mit Irrtum
kann das Böse überwältigen	kann das Gute nicht überwältigen
bestätigt: Jesus ist Gott im Fleisch	bestreitet: Jesus ist Gott im Fleisch
Weissagungen sind immer wahr	Weissagungen sind manchmal falsch
nie verbunden mit okkulten Praktiken	oft verbunden mit okkulten Praktiken

Viele von denen, die pantheistische „Wunder" praktizieren und lehren, geben nicht nur zu, daß sie okkulte Praktiken benutzen, sondern empfehlen sie auch anderen. Diese Eigenschaften zeigen, daß solche Ansprüche auf übernatürliche Kräfte dämonisch sind.

Was geschieht, wenn wir die biblische Prüfmethode auf einen der vielen selbsternannten Propheten unser Zeit, Jeane Dixon, anwenden? Zunächst wollen wir ihren prophetischen Lebenslauf untersuchen. Sogar ihre Biographin, Ruth Montgomery, gibt zu, daß Jeane Dixon falsche Weissagungen gemacht hat. „Sie prophezeite, daß Rotchina die Welt über Quemoy und Matsu im Oktober 1958 in einen Krieg stürzen werde; sie meinte, daß Labour-Chef Walter Reuther 1964 um die Präsidentschaft kandidieren würde."[13] Am 19. Oktober 1968 versicherte sie, Jacqueline Kennedy denke nicht an Heirat; am nächsten Tag vermählte sich Frau Kennedy mit Aristoteles Onassis. Sie sagte auch, der Dritte Weltkrieg beginne 1954, der Vietnam-Krieg werde 1966 enden und Castro werde 1970 aus Cuba verbannt werden. Eine Untersuchung von Weissagungen, die optimistische Medien 1975 gaben und die bis 1981 überwacht wurden, zeigte, daß von den - einschließlich Frau Dixons - 72 Voraussagen nur sechs in irgendeiner Weise erfüllt wurden. Zwei der sechs waren sehr undeutlich und zwei weitere kaum überraschend - die Vereinigten Staaten und Russland würden die führenden Mächte bleiben, und es würde keine Weltkriege geben. Eine Genauigkeitsrate von etwa sechs bis acht Prozent - wie ernst können wir diese Behauptungen nehmen?

Ihre aufsehenerregendste Voraussage betraf den Tod ihres Freundes John F. Kennedy. Wir dürfen nicht an der Tatsache vorübergehen, daß manche mediale Vorhersagen wahr werden. Manchmal geschieht dies, weil sie so allgemein gehalten sind, daß sie in viele passende Situationen hineininterpretiert werden können. Andere entsprechen bloß dem gesunden Menschenverstand, wie etwa ein Horoskop, das sagt: „Vorsichtige Investitionen werden Ihre finanzielle Zukunft sichern." Manche aber sind speziell und exakt. Wir können sie auf drei Arten werten: Der Prophet kommt von Gott (was hundertprozentige Genauigkeit der Voraussage erfordert), der Prophet steht unter dämonischem Einfluß oder der Prophet hat einfach gut geschätzt und Glück gehabt. Aber was genau ist die Quelle der Macht Jeane Dixons?

Jeane Dixon sagt Kennedys Ermordung voraus
Am 13. Mai 1956 veröffentlichte die Illustrierte *Parade* folgende Voraussage von Jeane Dixon:
„Betreffs der Wahl 1960 meint Frau Dixon, sie werde von der Arbeiterschaft bestimmt und von einem Demokraten gewonnen. Er werde aber ermordet oder im Amt sterben, doch nicht notwendigerweise in seiner ersten Wahlperiode."
Die Tatsachen
1. Die Wahl war nicht von der Arbeiterschaft dominiert.
2. Im Januar 1960 sagte sie: „Das Zeichen der Präsidentschaft

ist direkt über dem Kopf von Vizepräsident Nixon." Es gab
eine hundertprozentige Chance, daß die Vorhersagen von
1956 oder von 1960 eintreffen würden.

3. Drei der zehn Präsidenten dieses Jahrhunderts starben
im Büro, zwei weitere waren gegen Ende ihrer Regierungszeit todkrank. Jeane Dixons Chancen waren nicht
allzu schlecht.

Eine Genauigkeitsrate von etwa sechs bis acht Prozent könnte
man leicht mit Zufall und mit der allgemeinen Kenntnis von
Umständen erklären. Aber es könnte auch mehr daran sein.
Montgomery erzählt, daß Jeane Dixon eine Kristallkugel,
Sterndeuterei und Gedankenübertragung benutzte und daß sie
die Gabe der Weissagung von einem Zigeuner, einem Wahrsager, erhielt, als sie ein kleines Mädchen war.[14] Gerade ihre
Voraussage von Kennedys Tod ist undeutlich, in einigen
Aspekten falsch (sie sagte, daß die Wahl 1960 von der Arbeiterschaft dominiert sein würde, was nicht der Fall war) und
widersprach ihren anderen Vorhersagen - sie sagte auch voraus, daß Nixon vermutlich gewinnen werde!

Die Bibel gibt solchen Dingen keinen Raum. Alle Formen des
Wahrsagens sind verboten. Noch wichtiger: Ein Prophet Gottes
macht keinen Fehler in seiner Weissagung. 5. Mose 18,22 sagt, sie
muß hundertprozentig genau sein.

„Wenn ein Prophet im Namen des Herrn redet, und das Wort
geschieht nicht und trifft nicht ein, so ist das das Wort, welches
der Herr nicht geredet hat; mit Vermessenheit hat der Prophet
es geredet; du sollst dich nicht vor ihm fürchten."

Der letzte Halbsatz bedeutet in der Auslegung, daß es richtig ist,
ihn zu steinigen. Wenn Gott gesprochen hat, so wird es geschehen.
Es besteht kein Anlaß für eine andere Möglichkeit.

Aber Dämonie ist nicht die einzige Kraftquelle solcher Wunder. Manche Behauptungen übernatürlicher Macht haben sich als bloße Illusionen und Taschenspielertricks erwiesen. Danny Korem, ein professioneller Zauberkünstler, der in einem Buch solche Schwindler entlarvt hat, schrieb: „Wenn die Umstände günstig sind, kann man jeden glauben machen, er sei Zeuge eines Geschehnisses gewesen, das niemals stattfand."[15]

Ein Beispiel dafür ist das „Medium" Uri Geller, der behauptet, die Kraft zu haben, metallische Gegenstände ohne Berührung zu verbiegen, ebenso will er die Gabe der Gedankenübertragung und Hellseherei besitzen. Er bekam sogar einige Unterstützung durch einen Bericht des Stanford Research Institute. Aber die Redakteure des Magazins berichteten auch über den Mann, der als Schiedsrichter die Tests beaufsichtigte: Er fühlte, daß „die etablierte Methodik der experimentellen Psychologie nur in unzulänglicher Weise angewandt wurde ... Zwei weitere Beobachter der Tests meinten, die Autoren hätten die in der Vergangenheit von Parapsychologen in diesem komplizierten und sensiblen Forschungsbereich gemachten Erfahrungen nicht ausreichend in Rechnung gestellt."[16] Ihre Skepsis erwies sich als begründet, wie das Magazin „New Science" berichtete: „Mindestens fünf Menschen behaupten, gesehen zu haben, daß Geller tatsächlich mogelte." Eine Frau, die ihn im Fernsehstudio beobachtete, sagte, daß sie „wirklich sah, wie Geller den großen Löffel mit der Hand verbog, nicht mit medialen Kräften."[17] Ein anderer Trick Gellers ist es, mit einer Kamera ein Bild aufzunehmen, während der Linsenschutz aufgesetzt ist. Aber dies wurde von einem Fotografen nachgemacht, der ein Weitwinkelobjektiv benutzte und die Linsenabdeckung nicht ganz geschlossen hatte. Auch scheint Gellers Erfolg dramatisch zurückzugehen, sobald die Kontrollen verschärft werden. Bei Fernseh-Shows vermochte er aus einer von zehn Filmdosen einen Gegenstand herauszunehmen.

Bekenntnisse des Übersinnlichen

In seinem Buch *Mächte: Eine Untersuchung des Medialen und des Übernatürlichen* stellt Danny Korem ein führendes Medium vor und bringt es dazu, ein gefilmtes Bekenntnis abzulegen - alle seine Täuschungen wurden mittels Illusionstricks hervorgebracht und nicht durch übernatürliche Kräfte. James Hydrick hatte sich einen Ruf erworben, im Besitz übersinnlicher Kräfte zu sein - ein Blatt Papier etwa in einem umgedrehten Aquarium bewegen zu können oder die Seiten eines Buches umzublättern, ohne sie zu berühren. Korem fand eine winzige Öffnung an einem Ende des Glaskastens, entwickelte eine spezielle Atemtechnik und war in der Lage, den Trick zu wiederholen - Hydrick beichtete: „Sehen Sie, es brauchte so viele Jahre der Übung, das hinzubekommen ... dahin, daß man nicht sieht, wie sich mein Mund bewegt, wenn ich blase ... und in meinem Training, wissen Sie, war ich ein Jahr und sechs Monate in Einzelhaft. Ich dachte diese ganze Zeit nach, und schließlich sagte ich zu mir selbst: 'Das ist es. Das ist, was ich tun werde.'" Er erzählte, wie er Gefängniswächtern den Gedanken einflößte, es stehe jemand hinter ihnen, und wie er Insassen zu Christus bekehrte, indem er sagte: „Vater, im Namen Jesu Christi bewege diese Seiten." Dann blätterte er einige Seiten mit einer unmerklichen Luftbewegung um.

„Bei der Merv Griffin-Show im amerikanischen Fernsehen war Geller mit diesem Trick erfolgreich, aber einige Zuschauer meinten, gesehen zu haben, wie er den Tisch erschütterte: So sah er die Dosen wackeln und konnte sagen, welche die schwerste war. Für die Johnny Carson Show am 1. August 1973 wurden daher besondere Vorkehrungen getroffen, und man ließ

Geller nicht nahe genug an den Tisch kommen, um ihn zu erschüttern oder die Dosen zu berühren. Er scheiterte."[18]

Man kommt schwerlich um die Schlußfolgerung eines Kritikers herum, der rundweg sagte, daß „das Papier des Stanford Research Institute nicht die Masse der Beweise entkräften kann, daß Uri Geller nur ein guter Zauberkünstler ist."[19] Sein Kollege Andre Kole klärt uns auf:

> „Was die meisten Leute von Uri Geller nicht wissen - was er in seiner Öffentlichkeitsarbeit zu verbergen sucht: Er studierte und praktizierte die Zauberkunst als junger Mann in Israel. Aber er begriff schnell, daß er ein weit größeres Publikum anzog, wenn er behauptete, übersinnliche Kräfte eines Zauberers zu besitzen. Tatsächlich dürfte das meiste dessen, was er bietet, für einen Zauberer bedeutungslos sein."[20]

Wir sehen im Gegensatz dazu die Überlegenheit der biblischen Wunder. Die Zauberer Ägyptens suchten Moses Wirken mit Hilfe der Illusion zu kopieren und hatten dabei zunächst einigen Erfolg (2Mo 7,19ff; 8,6ff). Aber sobald Gott lebendige Stechmücken aus dem toten Staub erstehen ließ, versagten die Zauberer und riefen aus: „Das ist der Finger Gottes" (2Mo 8,19). Gleicherweise ließ Elia alle Aussprüche der Baals-Propheten verstummen, als er Feuer vom Himmel herabrief, während sie es nicht vermochten (1Kö 18). Moses Autorität wurde verteidigt, als die Erde Korah und seine Anhänger verschlang (4Mo 16). Und Aaron wurde als Gottes erwählter Priester bestätigt, als sein Stab blühte (4Mo 17).

 Geller erweist seine Kräfte

Andre Kole berichtet eine Geschichte von Persi Diaconis, der Geller einmal zum Flughafen fuhr.

„Während er auf den Aufruf seines Fluges wartete, gab das Medium seiner Enttäuschung darüber Ausdruck, daß der Professor skeptisch blieb. Er bot an, einen schlüssigen Beweis seiner Macht zu geben. Er bat Diaconis, in seine Manteltasche zu fassen, seine Schlüssel zu greifen und sich auf einen Schlüssel zu konzentrieren, der verbogen sein sollte. Der Professor sagte, er habe seine Hand geöffnet, und der Schlüssel, an den er gedacht habe, sei verbogen gewesen: 'Für ungefähr fünf Minuten fühlte ich mich so genarrt wie nie zuvor in meinem ganzen Leben.'"

Diaconis löste das Geheimnis, indem er die Fahrt zum Flughafen zurückverfolgte. Geller hatte unbedingt auf dem Rücksitz Platz nehmen wollen, wo Diaconis Mantel lag. Am Flughafenparkplatz bestand er darauf, den Mantel mitzunehmen „für den Fall, daß es allzu kühl werden könnte". Der Schlüsselring enthielt vier Schlüssel, von denen nur einer leicht verbogen werden konnte. Er untersuchte seinen Mantel genauer, und er entdeckte einen von innen nach außen gewendeten Briefumschlag und die Spitzen sämtlicher Kugelschreiber verbogen und verdreht. Geller hatte offenbar mehrere „Beweise" seiner Macht vorbereitet. [Andre Kole: *Miracles or Magic?* (Wunder oder Zauberei), (Eugene: Harvest House, 1987), S. 28.]

Jesus heilte die Kranken (Mt 8,14-15), machte die Blinden sehend (Mk 8,22-26), beugte sich zu den Aussätzigen herab und umarmte sie, um sie zu heilen (1,40-45), und erweckte Menschen vom Tode auf (Lk 8,49-56). Sein Vorbild setzte sich in den Aposteln fort, nachdem er in den Himmel gegangen war: Wir sehen Petrus, wie er den Bettler an der Schönen Pforte des Tempels heilt (Apg 3,1-11) oder die Dorkas aus den Toten auferweckt (9,36-41). Hebräer 2,4 erklärt uns den Zweck dieser Wunder: „... indem Gott außerdem mitzeugte, sowohl durch Zeichen als durch Wunder und mancherlei Wunderwerke und Austeilungen des Heiligen Geistes nach seinem Willen." Entschlossenheit, Güte und Bestätigung von Gottes Botschaft - diese Wunder sind eine ganz andere Klasse als

Löffelbiegereien und die Durchsuchung von Filmdosen. Man kann das gar nicht vergleichen.

Biblische Weissagung ist auch in anderer Weise einzigartig. Während die meisten Voraussagen undeutlich und weithin falsch sind, stellen sich die Prophezeiungen der Heiligen Schrift als bemerkenswert genau und richtig heraus. So sagte Gott nicht nur die künftige Vernichtung Jerusalems voraus (Jes 22,1-25), sondern auch den Namen des persischen Herrschers, der das Volk zurückführen würde (44,28; 45,1) - 150 Jahre, bevor dies alles geschah. Der Geburtsort Jesu wird etwa 700 v. Chr. vorhergesagt (Mi 5,2). Sein triumphaler Einzug in Jerusalem wurde von Daniel 538 v. Chr. auf den Tag genau angekündigt (Dan 9,24-26). Kein Wahrsager kann ähnliches an Exaktheit und Folgerichtigkeit vorweisen.

Christus selbst schließlich sagte seinen eigenen Tod voraus (Mk 8,31), die Bedeutung seines Todes (Mt 16,24), daß er verraten werden würde (26,21) und daß er am dritten Tag aus den Toten auferstehen werde (12,39-40). So etwas gibt es an keiner Stelle bei okkulten Weissagungen oder Wundern. Die Auferstehung Jesu steht allein als das einzigartige und unwiederholbare Ereignis der Geschichte.

SIND WUNDER NÜTZLICH?

Wir haben gezeigt, daß Wunder möglich, glaubwürdig und historisch sind. Sie verletzen nicht die Naturwissenschaft, sind nicht bloß Mythen und können auch von außergewöhnlichen Ereignissen unterschieden werden. Das alles ist grundsätzlich in Ordnung, aber zu was sind sie gut? Können wir wunderbaren Berichten wirklich Glauben schenken? Außerdem - wo kämen wir hin, wenn wir jeder Geschichte über Wunder glauben würden? Jesus, Mohammed und Buddha können doch nicht alle recht haben! Welchen Wert können Wunder haben, wenn wir nicht wissen, welchem wir glauben sollen?

 **Nostradamus**

Der auch Michel de Notredame genannte Arzt und Sterndeuter Nostradamus (1503-1566) wurde berühmt durch die Vorhersagen in seinem Buch „*Jahrhunderte*", das seinen Namen von den gereimten Vierzeilern in Gruppen von je hundert hat, mit denen es aufgebaut ist. Manche von diesen Voraussagen sollen wahr geworden sein. Die folgende soll den Aufstieg Adolf Hitlers angekündigt haben:
„Anhänger von Sekten, größte Schwierigkeiten stehen dem Boten bevor. Eine Bestie bereitet ein szenisches Spiel auf der Bühne vor. Der Erfinder des bösen Kunststücks wird berühmt sein. Sekten werden die Welt verwirren und teilen."
Während dies wirklich eine Weissagung sein mag, ist sie doch so undeutlich, daß sie von vielen Ereignissen der Geschichte erfüllt werden könnte. Aber ein Christ braucht nur Nostradamus' Quelle zu betrachten, um seine Prophetie in Verruf zu bringen. Einer der Vierzeiler nennt die okkulten Praktiken, mit denen er Kontakt zu Dämonen aufnahm. Er praktizierte Sterndeuterei, Alchemie, Zauberei und benutzte die Kabbala (eine antike mystische Überlieferung der Juden). Die Bibel untersagt solche Praktiken. [Andre Lamont: *Nostradamus Sees All* (Nostradamus sieht alles), (Philadelphia: W. Foulsham Co., 1942), S. 252, 71.]

David Hume erhebt einen zweiten Einspruch: Daß das historische Beweismaterial nie ausreiche, den Glauben an Wunder zu rechtfertigen (und das, obgleich er dachte, er hätte die Möglichkeit von Wundern mit seiner ersten Beweisführung eliminiert). Er nannte vier Gründe, Beweise für irgendein Wunder zu verwerfen:

1. Es gibt niemals eine ausreichende Zahl von Zeugen mit gutem Charakter.
2. Die menschliche Natur neigt zu Übertreibungen und entdeckt Wunder in allen Dingen.
3. Wunder wimmeln unter den Unwissenden.
4. Das Wesen der Wunder ist, daß sie sich selbst aufheben.

Wenn wir Humes Einsprüche näher untersuchen, stoßen wir auf einige Probleme. Zuerst einmal räumt er doch ein: Wenn ein Wunder von einer guten Zahl Menschen bezeugt wird, die aufrechte Bürger sind (Einspruch 1), nüchtern denken (Einspruch 2), gebildet sind und in einer modernen Stadt leben (Einspruch 3), dann würde er es glauben. Er selbst gibt zu, daß die Jansenistischen Wundertaten, die sich seinerzeit in der obereren Pariser Mittelklasse ereigneten, diese Kriterien erfüllten. Aber er sagt: „Und was haben wir solch einer Wolke von Zeugen entgegenzusetzen, außer der *absoluten Unmöglichkeit* oder der wundersamen Beschaffenheit der Ereignisse, von denen sie berichten?"[21] [Hervorhebung durch den Autor]. Also würde Hume in Wirklichkeit niemals irgendein Beweismittel als ausreichend akzeptieren, ein Wunder zu beweisen. Sein wirklicher Einspruch lautet, daß Wunder unmöglich sind. Wir haben aber schon einige Male gezeigt, daß das nicht stimmt. Es tut nicht gut, historische Beweise zu betrachten, wenn das endgültige Urteil bereits zugunsten des Naturalismus gefällt wurde.

Aber Humes letzter Einspruch unterstützt tatsächlich unsere Sache. Er sagte, daß alle Religionen - sogar die nichtchristlichen - Wunder benutzen, um ihre Behauptungen zu unterstützen. Wenn aber die gleiche Art von Beweisen alle Religionen unterstützt, so heben sie sich gegenseitig auf und können nicht für irgendeine von ihnen zählen. Folglich kommt er zu dem Schluß, daß Wunder keine Religion unterstützen können. Wir haben aber gesehen, frühe christliche Wunder waren nicht von gleicher Art wie die der anderen Religionen. Die das Christentum unterstützenden Wunder sind einzigartig. Das verändert die Richtung von Humes Argumentation. Wir können seiner Sicht über wunderbare Ereignisse in nichtchristlichen Religionen zustimmen und ändern seine Beweisführung folgendermaßen:

1. Alle nichtchristlichen Religionen werden durch die gleiche Art von „Wundern" unterstützt.
2. Solche „Wunder" haben erwiesenermaßen keinen Wert, weil sie sich gegenseitig aufheben.
3. Daher wird keine nichtchristliche Religion von „Wundern" unterstützt.

Dies öffnet den Weg für ein weiteres Argument:

1. Nur das Christentum hat die einzigartige, wunderbare Bestätigung seiner wahren Behauptungen.
2. Was die einzigartige, wunderbare Bestätigung seiner Behauptungen hat, ist wahr.
3. Daher ist das Christentum wahr (und alle entgegengesetzten Ansichten sind falsch).

So haben uns Humes Prinzipien geradewegs zur Bestätigung des Christentums geführt - durch seine Wunder. Wo es gültige Bezeugung und übernatürliche Wunder gibt, haben Wunder großen Wert. Wir sehen, das Christentum hat die bessere Beweiskraft, und mehr Zeugen berichten näher aus der Zeit dieser Ereignisse als in irgendeiner anderen Religion. Außerdem bietet keine Religion die Art von Wundern, die das Christentum für sich beanspruchen kann. Keine andere Religion besitzt die Aufzeichnung spezieller Weissagung oder göttlicher Errettung, die die Bibel wiedergibt. Und keine andere Religion kann irgendein Wunder vorweisen, das der Auferstehung Jesu Christi in seiner Herrlichkeit oder in seiner Bezeugung vergleichbar wäre. Das spezifische historische Beweismaterial für dieses Ereignis wird der Brennpunkt des nächsten Kapitels sein.

Anmerkungen

[1] Thomas Huxley: *The Works of T. H. Huxley* (New York: Appleton, 1896), S. 153.

[2] Wie zitiert in der *International Standard Bible Encyclopedia* (Grand Rapids: Eerdmans, 1939), S. 2036.

[3] Benedict de Spinoza: *Tracatus Theologico-Politicus*, in: *The Chief Works of Benedict de Spinoza*, übers. von R. H M. Elwes (London: George Bell and Sons, 1883), 1,83.

[4] David Hume: *An Inquiry Concerning Human Understanding*, Hrsg. C. W. Hendel (New York: Bobbs-Merrill, 1955), Sektion 10, Bd. 1, S. 122, 118, 123.

[5] Allan Bloom: *The Closing of the American Mind* (New York: Simon and Schuster, Inc., 1987), S. 182.

[6] Rudolf Bultmann: *Kerygma and Myth: A Theological Debate*, Hrsg. Hans Werner Bartsch, übers. von Reginald H. Fuller (London: Billing and Sons, 1954), S. 4.

[7] Antony Flew: *Theology and Falsification*, in: *The Existence of God*, Hrsg. John Hick (New York: Macmillan, 1964), S. 227.

[8] Benjamin Creme: *The Reappearance of Christ* (Los Angeles: Tara Center, 1980), S. 136.

[9] „Levi", Levi H. Dowling: *The Aquarian Gospel of Jesus the Christ* (Santa Monica: DeVorss & Co., Publishers, 1907 und 1964), S. 227.

[10] Mary Baker Eddy: *Science and Health with Key to the Scriptures* (Boston: The Cristian Science Publishing Society, 1973), 591,21-22.

[11] Fritjof Capra: *The Tao of Physics* (New York: Bantam Books, 1984), S. 117.

[12] David Spangler: *Reflections on the Christ* (Findhorn Lecture Series, 1978), S. 40.

[13] Ruth Montgomery: *A Gift of Prophecy* (New York: William Morrow & Company, 1965), S. VIII.

[14] Ebd., S.15.

[15] Danny Korem: *The Fakers* (Grand Rapids: Baker, 1980), S. 19.

[16] Nature, 18. Oktober 1974, S. 55.

[17] New Science, 17. Oktober 1974, S. 174.

[18] Ebd., S. 174.

[19] Ebd., S. 185.

[20] Andre Kole und Al Janssen: *Miracles or Magic?* (Eugene, Ore.: Harvest House, 1987), S. 27.

[21] Hume, a.a.O., S. 133.

Kapitel 6

JESUS CHRISTUS

Thomas Paine, einer der frühen einflußreichen amerikanischen Denker und Autor von *„Gesunder Menschenverstand"* und *„Das Zeitalter der Vernunft"*, sagte über Jesus Christus: „Zu der Zeit, zu der Jesus Christus gelebt haben soll, wurde keine Geschichte geschrieben, die die Existenz solch einer Person oder eines derartigen Mannes erwähnt."[1]

In seinem berühmten Aufsatz *„Warum ich kein Christ bin"* schrieb Bertrand Russell: „Historisch ist es ganz zweifelhaft, ob Christus überhaupt jemals existierte, und wenn, dann wissen wir nichts über ihn."[2] Über die Persönlichkeit Christi schrieb er:

> „Ich kann nicht empfinden, daß Christus in Weisheit oder Tugend höher stehen soll als andere Personen der Geschichte. Ich meine, in diesen Beziehungen sollte ich Buddha und Sokrates über ihn stellen."[3]

Die Wahrheit des Christentums ist völlig abhängig von der Wahrheit und Wahrhaftigkeit Jesu Christi. Hat er gelebt? Wie können wir irgend etwas über sein Leben wissen? Wer war er? Warum sollten wir an ihn vor allen anderen glauben? Ohne positive Antworten auf diese Fragen sind die Wahrheitsansprüche des Christentum nichtig.

Dieses Kapitel wird die historischen Beweise und die Einsicht vorstellen, daß Jesus nicht nur gelebt hat, sondern daß er Gott im Fleische war. Die Beweisführung sieht so aus:

1. Die Dokumente des Neuen Testaments sind historisch zuverlässige Unterlagen.
2. Die historischen Belege des Neuen Testaments zeigen: Jesus
   behauptete, Gott zu sein, und bestätigte diesen Anspruch
   durch wunderbare Zeichen, die in seiner Auferstehung gipfel-
   ten.
3. Daher gibt es zuverlässige historische Beweise dafür, daß Jesus Christus Gott ist.

Bevor wir beginnen, diese Beweise zu untersuchen, müssen
wir uns mit zwei großen Einwendungen befassen, die gegen
unsere Auffassung erhoben werden könnten. Die erste lautet,
daß historisches Beweismaterial relativ sei und keine objektive
Kenntnis über die Ereignisse der Vergangenheit vermitteln
könne. Wenn unter „objektiv" hier „absolut" verstanden wird,
ist die Einwendung richtig. Aber es gibt keinen Grund anzunehmen, historisches Beweismaterial könnte uns keinen ehrli-
chen, nachprüfbaren Bericht der Ereignisse liefern. Manche
vertreten den Standpunkt, Historiker zeichneten niemals auf,
was wirklich geschah, denn sie könnten ein Ereignis stets nur
aus ihrer eigenen Perspektive sehen. Aber die großartige Behauptung: „Alle Feststellungen über Geschichte sind relativ",
ist, wenn sie wahr ist, selbst eine relative Feststellung, denn es
ist eine Aussage über Geschichte. Ist sie aber relativ, dann ist
sie nicht objektiv wahr, sondern nur eine subjektive Ansicht
über die historische Wissenschaft. Wenn behauptet wird, sie
sei objektiv wahr, so erkennen wir, daß diese Behauptungen
sich selbst widersprechen. Die Objektivität der Geschichte ist
unausweichlich. Warum sonst sind die Historiker fortwährend
damit beschäftigt, die Geschichtsbücher umzuschreiben, wenn
sie nicht glaubten, sie könnten ihrem Ideal der hundertprozen-
tigen objektiven Genauigkeit näherkommen?

Vier moderne Ansichten von Christus

1. Jesus hat nie gelebt - Jene, die diese Ansicht vertreten, sagen, Paulus habe die Idee eines Jesus aus uralten Mythen geschöpft. Die Evangelien seien später geschrieben worden; sie sollten die Illusion schaffen, er sei eine wirkliche Person gewesen.

2. Jesus ohne Theologie oder Wunder - Manche glauben, Jesus habe tatsächlich gelebt. Wir können aber ihrer Ansicht nach im Neuen Testament nichts über ihn erfahren. Nachdem alle übernatürlichen Aspekte aus dem Leben Jesu entfernt worden sind, fanden sie, daß keine Geschichte übriggeblieben war.

3. Jesus mythologisiert - Rudolf Bultmann entwickelte ein System der Auslegung, das alle übernatürlichen Elemente ausscheidet, indem es sie als Mythen bezeichnet. Um den wahren Jesus zu finden, versucht er, die Mythen auszufiltern. Er möchte herausfinden, welcher Art die Bedürfnisse der Leute waren, zu deren Befriedigung sie solch eine Geschichte erfinden würden.

4. Es hat keine Bedeutung - Manche Gelehrte meinen, die Auferstehung könne sich ereignet haben, oder auch nicht: Es ist unerheblich. Wichtig sei nur, daß wir glauben. Wahrheit, so sagen sie, sei nur das, wovon man glaube, daß es wahr sei.

Der zweite Einspruch wendet sich dagegen, daß wir sagen, das Neue Testament sei eine historische Urkunde, nicht nur ein religiöses Buch. Die Bibel ist in der Tat eine Quelle religiösen Wissens, und es wäre unvernünftig zu erwarten, ein Ungläubiger solle akzeptieren, was sie als solche zu sagen habe. Dennoch kann es nicht falsch sein zu akzeptieren, was die Bibel über historische

Ereignisse sagt, wenn wir zeigen können, daß das Neue Testament auch ein historischer Bericht ist. Beachten wir folgendes:

1. Die Evangelien wurden von Augenzeugen innerhalb von 40 Jahren nach den beschriebenen Ereignissen aufgezeichnet. Das verleiht ihnen Glaubwürdigkeit und stellt einen hohen Grad von Genauigkeit sicher.
2. Die Bibel ist nicht *ein* Bericht jener Ereignisse, sondern es sind am Ende *vier* Berichte, die in den Hauptfakten übereinstimmen.
3. Der im Neuen Testament gegebene Bericht stimmt mit dem Beweismaterial der weltlichen und der jüdischen Historiker des ersten und des zweiten Jahrhunderts überein. Den Beweis dafür treten wir im neunten Kapitel dieses Buches an.
4. Die Bibel hat bewiesen, daß sie bemerkenswert genau ist in dem, was sie über die antike Welt sagt. Lukas beispielsweise zitiert 32 Länder, 54 Städte, neun Inseln und verschiedene Herrscher, aber er machte dabei nicht einen Fehler.

Es gibt also keinen Grund, das Neue Testament nicht als zuverlässige historische Urkunde anzuerkennen, die uns wertvolle Information über das Leben und den Tod des Jesus von Nazareth gibt.

WER WAR JESUS?

Das Nizäische Glaubensbekenntnis (325) stellt den einheitlichen Glauben allen orthodoxen Christentums fest, daß Christus völliger Gott und völliger Mensch war. Alle Irrlehren betreffs des Christus leugnen entweder den einen oder den anderen Aspekt. Dieser Teil des Kapitels wird zeigen, daß Jesus völliger Mensch war, daß er beanspruchte, Gott zu sein, und daß er mehr als ausreichende Beweise erbrachte, die diesen Anspruch unterstützen.

Seine Menschlichkeit

Während einige darauf bestehen, daß Jesus nur ein Mensch gewesen sei, sagen andere, er sei nur menschlich erschienen. In Wirklichkeit, so sagen sie, war er ein Phantom, eine Erscheinung ohne physische Substanz - reiner Geist mit der Illusion stofflicher Form. Diese Lehre nennt man Doketismus. Wenn sie recht hat, dann ist er nicht wirklich versucht worden wie wir und ist auch nicht gestorben, denn ein Geist kann nicht versucht werden, als wäre er im Fleisch, und kann auch nicht sterben. Infolgedessen war er nicht wirklich „einer von uns" und kann folglich auch nicht unser Stellvertreter sein, der für unsere Sünden bezahlt. Außerdem war seine Auferstehung nichts anderes als eine Rückkehr zu seinem natürlichen Zustand, und sie hat keine Bedeutung für uns betreffs unserer eigenen Zukunft. Wegen dieser Lehre, nach der Christi Füße niemals wirklich den Erdboden berührt haben, ist es nötig zu zeigen, daß Jesus völlig menschlich war.

Seine Entwicklung

Jesus durchlebte alle normalen Prozesse menschlicher Entwicklung. Er wurde in seiner Mutter Leib gebildet durch den Heiligen Geist (Mt 1,18.20; Lk 1,34-35). Er wurde von einer Frau geboren, die ihn bis zur völligen Reife ausgetragen hatte (2,6-7). Er wuchs als normaler Junge auf und entwickelte sich leiblich, geistig und seelisch (V. 40-52). Er alterte, so daß die Menge in Jerusalem zu ihm sagte: „Du bist noch nicht fünfzig Jahre alt", während er in seinen frühen Dreißigern war (Joh 8,57).

	Gott	Engel	Mensch
Wesensart	unendlich	erschaffen	erschaffen
Grenzen	keine	begrenzt	begrenzt
Natur	Geist	Geister	Geist-Leib
Dauer	ewig	zeitlich	zeitlich
Raum/Zeit	außerhalb davon / kann nicht darin sein	außerhalb darin / kann darin sein	von Natur aus darin
Wesen/Wille	beides ist unveränderlich	nur der Wille ist veränderlich	beides ist veränderlich
Erlösung	Quelle der Erlösung	unerlösbar	erlösbar

Seine Empfindungen

In seinen Bedürfnissen zeigte Jesus alle Charakterzüge der Menschlichkeit. Leiblich hungerte er (Mt 4,2), dürstete (Joh 19,28), wurde müde (Mk 4,38) und atmete (Lk 23,46) wie ein Mensch. Emotionell zeigte er Sorge (Mt 26,38), Verwunderung (Mk 6,6), Zorn und Bekümmernis (3,5) sowie Mitleid (1,41). Er wurde auch zur Sünde versucht, aber er gab dieser Versuchung nicht nach (Mt 4,1-11; Mk 1,12-13; Lk 4,1-13; Hebr 2,18; 4,15). Der kürzeste Vers in der Bibel belegt die Tiefe von Jesu Menschlichkeit in seinem Innenleben: „Jesus weinte" (Joh 11,35).

Sein Tod

Der göttlichen Natur ist nichts fremder als der Tod. Dennoch starb Jesus einen menschlichen Tod, der von vielen Menschen bezeugt wurde, einschließlich Johannes, einer kleinen Gruppe von Frauen, die ihm nachfolgten, den Soldaten und der spottenden Menge (Lk

23,48-49; Joh 19,25-27). Sein Tod wurde auch von den professionellen Scharfrichtern Roms bestätigt (V. 32-34). Er wurde in Übereinstimmung mit den Sitten der Zeit bestattet und in ein Grab gelegt (V. 38-41). Man kann nicht menschlicher sein als so!

Seine Gottheit

Jesus erhob zahlreiche Ansprüche, Gott zu sein. Wir wollen diese Ansprüche ebenso untersuchen wie die Beweise, die er zu ihrer Unterstützung gab.

Wer behauptete Jesus zu sein?

Er behauptete, Jahwe zu sein

Jahwe ist der besondere Name, den Gott sich selbst gegeben hat. Im hebräischen Alten Testament ist er einfach als vier Buchstaben geschrieben (JHWH) und wurde von den Juden als so heilig erachtet, daß ein frommer Jude ihn nicht aussprechen würde. Die ihn aufschrieben, mußten zuerst eine besondere Zeremonie vollführen. Es ist der Name, den Gott Mose in 2. Mose 3,14 offenbarte, wo er sagt: „*Ich bin, der ich bin*". Die Bedeutung dieses Namens hat etwas mit Gottes Existenz zu tun. Während andere Titel Gottes auch für Menschen (*adonai* in 1Mo 18,12) oder falsche Götter (*elohim* in 5Mo 6,14) Verwendung finden, wird Jahwe nur gebraucht, um den einen wahren Gott zu kennzeichnen. Nichts sonst sollte verehrt oder niemandem sonst sollte gedient werden (2Mo 20,5), und sein Name und seine Herrlichkeit sollten keinem anderen gegeben werden. Jesaja schrieb: „So spricht Jahwe ... Ich bin der Erste und bin der Letzte, und außer mir ist kein Gott" (44,6) und „Ich bin Jahwe, das ist mein Name; und meine Ehre gebe ich keinem anderen, noch meinen Ruhm den geschnitzten Bildern" (42,8).

In diesem Licht betrachtet verwundert es nicht, daß die Juden Steine aufhoben und Jesus der Gotteslästerung beschuldigten, als er behauptete, Jahwe zu sein. Jesus sagte: „Ich bin der gute Hirte" (Joh

10,11), aber im Alten Testament steht geschrieben: „Der Herr ist mein Hirte" (Ps 23,1). Jesus beanspruchte, der Richter aller Menschen zu sein (Mt 25,31ff; Joh 5,27ff), aber der Prophet Joel zitiert Jahwe so: „Denn dort werde ich sitzen, um alle Nationen ringsum zu richten" (Joe 3,12). Jesus betete: „Und nun verherrliche du, Vater, mich bei dir selbst mit der Herrlichkeit, die ich bei dir hatte, ehe die Welt war" (Joh 17,5). Aber Jahwe sagte im Alten Testament: „Meine Ehre gebe ich keinem anderen" (Jes 42,8). Weiterhin sprach Jesus von sich selbst als dem „Bräutigam" (Mt 25,1), während das Alte Testament Jahwe auf diese Weise identifiziert (Jes 62,5; Hos 2,16). Der auferstandene Christus sagt: „Ich bin der Erste und der Letzte" (Offb 1,17) - genau diese Worte gebraucht Jahwe für sich selbst in Jesaja 42,8. Der Psalmist erklärt: „Der Herr ist mein Licht" (Ps 27,1), und Jesus sagte: „Ich bin das Licht der Welt" (Joh 8,12). Der vielleicht stärkste Anspruch, den Jesus erhob, Jahwe zu sein, steht in Johannes 8,58, wo er sagt: „Ehe Abraham ward, bin ich". Diese Behauptung beansprucht nicht nur seine Existenz vor Abraham, sondern auch die Identität mit dem „Ich bin" aus 2. Mose 3,14. Die Juden in seiner Gegenwart verstanden die Bedeutung klar und hoben Steine auf, um ihn für die Lästerung zu töten (Joh 8,58; 10,31-33). Der gleiche Anspruch wird in Markus 14,62 und Johannes 18,5-6 berichtet.

 **Überblick über die Ansprüche Jesu**

Er nahm für sich in Anspruch, Jahwe zu sein (Joh 8,58).
Er nahm für sich in Anspruch, Gott gleich zu sein (Joh 5,18).
Er nahm für sich in Anspruch, Messias zu sein (Mt 14,61-64).
Er nahm für sich in Anspruch, verehrt zu werden (Mt 28,17).
Er nahm für sich in Anspruch, Gottes Autorität zu haben (Mt 28,18).
Er nahm für sich in Anspruch, Gebet in seinem Namen (Joh 14,13-14).

Er behauptete, Gott gleich zu sein

Jesus beanspruchte auch in anderer Hinsicht, Gott gleich zu sein. Er nahm nicht nur die Titel der Gottheit für sich selbst in Anspruch, sondern auch die Privilegien Gottes. Einem Gelähmten sagte er: „Kind, deine Sünden sind vergeben" (Mk 2,5ff). Die Schriftgelehrten erwiderten korrekt: „Wer kann Sünden vergeben, als nur einer, Gott?" Er heilte den Mann, um zu beweisen, daß der von ihm erhobene Anspruch keine leere Prahlerei war. So bewies er vor aller Augen: Auch was er über die Vergebung der Sünden gesagt hatte, war die Wahrheit.

Ein anderes Vorrecht, das Jesus für sich selbst beanspruchte, war die Macht, die Toten aufzuerwecken und zu richten: „Wahrlich, wahrlich, ich sage euch, daß die Stunde kommt und ist jetzt, da die Toten die Stimme des Sohnes Gottes hören werden, und die sie gehört haben, werden leben ... und aus ihren Gräbern hervorkommen werden: die das Gute getan haben, zur Auferstehung des Lebens, die aber das Böse verübt haben, zur Auferstehung des Gerichts" (Joh 5,25-29). Er ließ keinen Zweifel über seine persönliche Bedeutung, indem er hinzufügte: „Denn gleichwie der Vater die Toten auferweckt und lebendig macht, also macht auch der Sohn lebendig, welche er will" (V. 21). Aber das Alte Testament lehrte eindeutig, daß nur Gott der Spender des Lebens war (1Sam 2,6; 5Mo 32,39), der, der die Toten auferweckt (1Sam 2,6; Ps 49,15), und der alleinige Richter (Joe 3,12; 5Mo 32,35). Jesus nahm kühn Macht für sich in Anspruch, die nur Gott zusteht.

Aber Jesus beanspruchte für sich auch, als Gott verehrt zu werden. Er sagte, alle Menschen sollten „den Sohn ehren, wie sie den Vater ehren. Wer den Sohn nicht ehrt, ehrt den Vater nicht" (Joh 5,23). Die zuhörenden Juden wußten, daß niemand behaupten durfte, auf diese Weise Gott gleich zu sein, und wieder suchten sie, ihn zu töten (V. 18).

Was bedeutet Messias?

Das Wort Messias kommt aus dem Hebräischen und bedeutet soviel wie „der Gesalbte". In einem allgemeinen Sinn wird das Wort für Cyrus, den Perser, gebraucht (Jes 45,1); auch für den König Israels (1Sam 26,11). Nach dem Tod Davids begann Israel, nach einem König Ausschau zu halten, der der Zusage von 2. Samuel 7,12-16 entsprach. Aber die Weissagungen über einen kommenden Heiland/Prophet/König gehen auf 1. Mose 3,15 und 5. Mose 18 zurück. Viele Bibelstellen beschreiben diesen kommenden König. Es hieß, er werde aus Davids Geschlecht (Jer 33) kommen und in Bethlehem geboren werden (Mi 5,2). Er werde unter anderem Blinde sehend machen, Gefangene befreien und das Evangelium proklamieren (Jes 61,1). Sein Königreich ist in Sacharja 9 und 12 beschrieben. In dem Zeitraum zwischen dem Alten und dem Neuen Testament bildeten sich zwei Vorstellungen von dem Messias: eine politische und eine geistliche. Man erwartete, daß beide Vorstellungen in der gleichen Person verwirklicht werden würden.

Er beanspruchte, der Messias-Gott zu sein

Das Alte Testament lehrt eindeutig, daß der kommende, Israel befreiende Messias Gott selbst sein würde. Wenn Jesus für sich in Anspruch nahm, dieser Messias zu sein, dann bezeichnete er sich selbst gleichzeitig als Gott. Jesaja 9,6 beispielsweise nennt den Messias: „Starker Gott, Vater der Ewigkeit". Der Psalmist schrieb über den Messias: „Dein Thron, o Gott, ist immer und ewiglich" (Ps 45,6; vgl. Hebr 1,8). Psalm 110,1 gibt ein Gespräch zwischen Vater und Sohn wieder: „[Jahwe] sprach zu meinem Herrn: Setze dich zu meiner Rechten". Jesus wandte diese Textstelle in

Matthäus 22,43-44 auf sich selbst an. In der großen messianischen Weissagung von Daniel 7 wird der Sohn des Menschen der „Alte an Tagen" genannt (V. 22), ein Ausdruck, der in der gleichen Passage zweimal für Gott, den Vater, verwendet wird (V. 9, 13). Während seines ganzen Dienstes bevorzugte Jesus den Titel „Sohn des Menschen", wenn er von sich selbst sprach, wobei er klar auf diese Passage abhob. Er zitierte sie unmittelbar bei seiner Gerichtsverhandlung vor dem Hohenpriester. Als er gefragt wurde: „Bist du der Christus [griechisch für Messias], der Sohn des Gesegneten?, antwortete Jesus: Ich bin‘s! Und ihr werdet den Sohn des Menschen sitzen sehen zur Rechten der Macht und kommen mit den Wolken des Himmels. Der Hohepriester aber zerriß seine Kleider und spricht: Was bedürfen wir noch Zeugen? Ihr habt die Lästerung gehört" (Mk 14,61-64). Es gab keinen Zweifel: Mit der Behauptung, er sei der Messias, beanspruchte Jesus auch, Gott zu sein.

Er nahm Verehrung entgegen

Das Alte Testament verbietet, irgend jemand anderen zu verehren als Gott (2Mo 20,1-5; 5Mo 5,6-9). Das Neue Testament stimmt dem zu; es zeigt, daß Menschen (Apg 14,15) wie Engel (Offb 22,8-9) Verehrung zurückwiesen. Aber Jesus akzeptierte bei zahlreichen Gelegenheiten, daß man ihn verehrte. Ein geheilter Aussätziger huldigte ihm (Mt 8,2), und ein Oberster kniete vor ihm und bat ihn (9,18). Nachdem er den Sturm beruhigt hatte, kamen jene, „die aber in dem Schiffe waren ... und huldigten ihm und sprachen: Wahrhaftig, du bist Gottes Sohn!" (14,33). Eine kanaanitische Frau (15,25), die Mutter von Jakobus und Johannes (20,20), der besessene Gerasener (Mk 5,6) - sie alle verehrten Jesus, ohne daß er sie mit einem Wort zurechtwies (vgl. Offb 22,8-9). Ein blinder Mann sagte: „Ich glaube, Herr, und er huldigte ihm" (Joh 9,38). Ebenso aber empfing Christus in manchem Fall Anbetung: Thomas sah den auferstandenen Christus und rief aus: „Mein Herr und mein Gott!" (20,28). Das konnte nur jemand dulden, der sich selbst ernsthaft als Gott erachtete.

Er nahm die Autorität Gottes für sich in Anspruch

Jesus stellte seine Worte auf eine Stufe mit denen Gottes. „Ihr
habt gehört, daß den Alten gesagt ist ... Ich aber sage euch ...“ (Mt
5,21-22) wird mehrfach wiederholt. „Mir ist alle Gewalt gegeben
im Himmel und auf Erden. Gehet nun hin und machet alle Nationen zu Jüngern“ (28,18-19). Gott hatte Mose die Zehn Gebote gegeben, aber Jesus sagte: „Ein neues Gebot gebe ich euch, daß ihr
einander liebet“ (Joh 13,34). Jesus stellte fest: „Bis daß der Himmel und die Erde vergehen, soll auch nicht ein Jota oder ein
Strichlein von dem Gesetz vergehen“ (Mt 5,18); aber später
sprach er von seinen eigenen Worten: „Der Himmel und die Erde
werden vergehen, meine Worte aber sollen nicht vergehen“
(24,35). Über jene, die ihn verwerfen, sagte Jesus: „Das Wort, das
ich geredet habe, das wird ihn richten an dem letzten Tage“ (Joh
12,48). Es gibt keine Frage, daß Jesus seinen Worten die gleiche
Autorität unterstellte wie Gottes Ausführungen im Alten Testament.

Er beanspruchte, daß in seinem Namen gebetet werde

Jesus forderte die Menschen nicht nur auf, an ihn zu glauben und
seinen Vorschriften zu gehorchen, sondern auch in seinem Namen
zu beten. „Und was irgend ihr bitten werdet in meinem Namen,
das werde ich tun“ (Joh 14,13). „Wenn ihr etwas bitten werdet in
meinem Namen, so werde ich es tun“ (14,14). „Wenn ihr in mir
bleibet und meine Worte in euch bleiben, so werdet ihr bitten was
ihr wollt, und es wird euch geschehen“ (15,7). Jesus bestand sogar
darauf: „Niemand kommt zum Vater, als nur durch mich“ (14,6).
In Reaktion darauf beteten die Jünger nicht nur in Jesu Namen
(1Kor 5,4), sondern sie beteten zu Christus (Apg 7,59). Sicher beabsichtigte Jesus, daß sein Name sowohl vor Gott wie auch als
Gott im Gebet angerufen werde.

So beanspruchte Jesus in verschiedener Weise, Gott zu sein. Er
beanspruchte Gleichheit mit Gott in Privilegien, Ehre, Anbetung

und Autorität. Er nahm für sich in Anspruch, der Jahwe des Alten Testamentes zu sein, indem er Wahrheiten über Jahwe auf sich selbst übertrug und behauptete, der zugesagte Messias zu sein. Schließlich kennzeichnete er sich selbst als den einzigen Weg, sich Gott im Gebet zu nähern, und ersuchte um Gebet zu sich selbst als Gott. Die Reaktionen der anwesenden Juden zeigen, daß sie all dies als gotteslästerliche Behauptungen eines Menschen verstanden. Ein vorurteilsloser Beobachter, der diese historisch zuverlässigen Berichte der Lehren Jesu untersucht, muß darin übereinstimmen, daß Jesus beanspruchte, mit dem Jahwe des Alten Testaments gleich zu sein.

WELCHE ANSPRÜCHE ERHOBEN DIE JÜNGER FÜR JESUS?

Parallel zu Jesu eigenen Ansprüchen auf Gottheit sollten wir erwägen, was seine Jünger über ihn glaubten. Es ist eine Sache, Göttlichkeit für sich zu fordern; eine ganz andere, monotheistische Juden dazu zu bewegen, es zu glauben. Wir finden aber, daß die Anhänger Jesu sehr stark an seine Gottheit glaubten.

Sie schrieben Jesus die Titel der Gottheit zu

In Übereinstimmung mit ihrem Meister nannten ihn die Apostel „den Ersten und den Letzten" (Offb 1,17; 2,8; 22,13), „das wahrhaftige Licht" (Joh 1,9), ihren „Fels" oder „Stein" (1Kor 10,4; 1Petr 2,6-8; vgl. Ps 18,2; 95,1), den „Bräutigam" (Eph 5,28-33; Offb 21,2), den „Erzhirten" (1Petr 5,4) und den „Großen Hirten" (Hebr 13,20). Sie sehen ihn als den Sündenvergeber (Apg 5,31; Kol 3,13; vgl. Jer 31,34; Ps 130,4) und „Heiland der Welt" (Joh 4,42; vgl. Jes 43,3). Die Apostel lehrten auch, er sei „Jesus Christus ... der da richten wird Lebendige und Tote" (2Tim 4,1). Alle diese Titel gehören Jahwe im Alten und Jesus im Neuen Testament.

Ansprüche der Jünger Jesu

Die Titel der Gottheit: Offenbarung 1,17
Messias: Philipper 2,10
Macht Gottes: Kolosser 1,16-17
Verbindung mit Gott: Galater 1,3
Gebete zu Jesus: Apostelgeschichte 7,59
Anrede „Gott":   Titus 2,13
Höher als die Engel: Hebräer 1,5-6

Sie betrachteten ihn als den Messias-Gott

Das Neue Testament beginnt mit einer Passage, die schlußfolgert, Jesus sei Immanuel (Gott mit uns). Das verweist auf die messianische Prophezeiung von Jesaja 7,14. Der Titel „Christus" trägt die gleiche Bedeutung wie die hebräische Bezeichnung „Messias" (Gesalbter). In Sacharja 12,10 sagt Jahwe: „Sie werden auf mich blicken, den sie durchbohrt haben". Aber die Autoren des Neuen Testaments wenden diese Passage zweimal auf Jesus an (Joh 19,37; Offb 1,7) als Hinweis auf seine Kreuzigung. Paulus interpretiert Jesajas Botschaft „Denn ich bin Gott, und keiner sonst ... und es wird jedes Knie sich vor mir beugen, jede Zunge mir schwören" (Jes 5,22-23) als seinen Herrn betreffend: „daß in dem Namen Jesu jedes Knie sich beuge ... und jede Zunge bekenne, daß Jesus Christus Herr ist, zur Verherrlichung Gottes, des Vaters" (Phil 2,10-11). Das sind kraftvolle Verbindungen, denn Paulus sagt, daß alle geschaffenen Wesen Jesus sowohl Messias als auch Jahwe (Herr) nennen werden.

Sie schrieben Jesus die Macht Gottes zu

Es gibt Dinge, die nur Gott tun kann, aber genau diese Dinge werden Jesus von seinen Jüngern zugeschrieben. Sie sagen von ihm, er sei fähig, die Toten aufzuerwecken (Joh 11) und Sünden zu vergeben (Apg 5,31; 13,38). Überdies sei er die zentrale aktive Person bei der Erschaffung des Universums gewesen (Joh 1,3; Kol 1,16) und erhalte es in bezug auf seine Fortdauer (V. 17). Sicher kann nur von Gott gesagt werden, er sei der Schöpfer und Erhalter aller Dinge, aber die Jünger beanspruchen diese Macht für Jesus.

Sie brachten den Namen Jesu mit dem Namen Gottes in Verbindung

Daß die Jünger Jesu Namen als Bevollmächtigten und Empfänger von Gebeten gebrauchten, wurde schon gesagt (1Kor 5,4; Apg 7,59). Oft wird sein Name in Gebeten oder Segenswünschen neben dem Namen Gottes erwähnt, etwa in: „Gnade euch und Friede von Gott, dem Vater, und unserem Herrn Jesus Christus" (Gal 1,3; Eph 1,2). Der Name Jesu erscheint im göttlichen Status in den sogenannten trinitarischen Formeln, beispielsweise im Befehl, zu taufen „im Namen des Vaters und des Sohnes und des Heiligen Geistes" (Mt 28,19). Auch am Ende des zweiten Korintherbriefs wird diese Einheit festgestellt: „Die Gnade des Herrn Jesu Christi und die Liebe Gottes und die Gemeinschaft des Heiligen Geistes sei mit euch allen!" (13,13). Wenn es nur einen Gott gibt, dann müssen diese drei gleichgestellt sein.

Sie sprachen ihn direkt als Gott an

Thomas sah seine Wunden und rief aus: „Mein Herr und mein Gott!" (Joh 20,28). Paulus bezeichnet Jesus als den einen, in dem „wohnt die ganze Fülle der Gottheit leibhaftig" (Kol 2,9). Im Brief an Titus nennt er Jesus „unseren großen Gott und Heiland" (2,13), und der Schreiber an die Hebräer sagt von ihm: „Dein Thron, o Gott, ist in die Zeitalter der Zeitalter" (1,8). Paulus verweist darauf: Bevor Christus in der „Gleichheit der Menschen" existierte (was klar auf seine wahre Menschlichkeit verweist), war er in der „Gestalt Gottes" (Phil 2,5-8). Die Parallelstellen legen nahe, daß, wenn Jesus völlig Mensch war, dann

ebenso völlig Gott. Ein ähnlicher Ausdruck, „das Bild des un-
sichtbaren Gottes", gebraucht Kolosser 1,15, um die irdische
Manifestation Gottes selbst darzustellen. Diese Beschreibung
wird im Hebräerbrief noch verstärkt, wo es heißt: „Der Abglanz
seiner Herrlichkeit seiend und der Abdruck seines Wesens und
alle Dinge durch das Wort seiner Macht tragend" (Hebr 1,3).
Der Prolog zum Johannes-Evangelium lautet: „Im Anfang war
das Wort, und das Wort war bei Gott, und das Wort war Gott"
(1,1).

Sie sagten er war höher als die Engel

Die Jünger glaubten nicht nur, daß Christus mehr war als ein
Mensch; sie glaubten ihn größer als irgendein geschaffenes Wesen einschließlich der Engel. Paulus sagte von Jesus, er sei „über
jedes Fürstentum und jede Gewalt und Kraft und Herrschaft und
jeden Namen, der genannt wird, nicht allein in diesem Zeitalter,
sondern auch in dem zukünftigen" (Eph 1,21). Die Dämonen ge-
horchten seinen Befehlen (Mt 8,32), und sogar Engel, die Verehrung von Menschen zurückgewiesen hatten, verehren ihn (Offb
22,8-9). Der Schreiber des Hebräerbriefs legt ein vollmächtiges
Argument für die Erhabenheit Christi über die Engel vor, wenn
er sagt: „Denn zu welchem der Engel hat er je gesagt: Du bist
mein Sohn, heute habe ich dich gezeugt? ... und wiederum, wenn
er den Erstgeborenen in den Erdkreis einführt, spricht er: und
alle Engel Gottes sollen ihn anbeten" (Hebr 1,5-6). Da kann es
keine klarere Lehre geben: Christus war kein Engel, sondern
Gott, dem die Engel Anbetung zollen müssen.

Es gibt das Zeugnis Jesu selbst und das jener, die ihn kannten,
daß er für sich in Anspruch nahm, Gott zu sein, und daß seine
Anhänger ihm glaubten. Er beanspruchte Titel, Macht, Vorrech-
te und Aktivitäten, die doch nur zu Gott passen, für sich selbst -
ein Zimmermann aus Nazareth. Ob es nun der Fall war oder
nicht, es gibt keinen Zweifel, daß seine Anhänger es glaubten
und daß Jesus so von sich selbst dachte. Wenn wir mit der

Kühnheit der Ansprüche Christi konfrontiert werden, ergeben sich verschiedene Alternativen, wie C.S. Lewis beobachtete:

„Ich versuche hier, wirklich albernen Dingen vorzubeugen, die von manchen Leuten oft über ihn gesagt werden: 'Ich bin bereit, Jesus als einen großen Morallehrer zu akzeptieren, aber ich sehe nicht ein, daß er beansprucht, Gott zu sein.' Das ist die eine Sache, die wir nicht sagen dürfen. Ein Mann, der bloß ein Mensch war und derartige Dinge sagte wie Jesus, wäre kein großer Sittenlehrer. Er wäre vielmehr ein Wahnsinniger - auf gleicher Ebene mit dem Mann, der sagt, er sei ein pochiertes Ei - oder, wenn nicht das, der Teufel aus der Hölle."[4]

WELCHE BEWEISE GAB JESUS, UM SEINE ANSPRÜCHE ZU STÜTZEN?

Zu sagen, Jesus habe solche Ansprüche erhoben, beweist noch nichts. Diese Ansprüche könnten unwahr sein, in welchem Fall er entweder ein Lügner oder ein Wahnsinniger gewesen wäre. Die wirkliche Frage ist, ob es einen guten Grund gibt zu glauben, daß die Behauptungen wahr sind oder nicht. Welcher Art sind die Beweise, die Jesus bot, um seine Ansprüche auf Gottheit zu stützen. Er bot übernatürliche Bestätigungen seiner Ansprüche, ein übernatürliches Wesen zu sein. Die Logik dieser Beweisführung gestaltet sich so:

1. Ein Wunder ist ein Akt Gottes, der bestätigt: Die Wahrheit Gottes ist mit ihm verbunden.
2. Jesus bot drei Einheiten wunderbarer Beweise zur Bestätigung seines Anspruchs, Gott zu sein: die Erfüllung der alttestamentlichen Prophetie, sein sündloses Leben voller wunderbarer Taten und seine Auferstehung.
3. So bestätigen Jesu Wunder, daß er Gott ist.

Mögliche Einwendungen

Gegen diesen Argumentationstyp könnten verschiedene Einsprüche aufgeworfen werden. Woher können wir beispielsweise wissen, daß es einen Gott gibt, daß er Wunder wirkt oder daß Jesu Wunder nicht einfach Märchen sind? Aber all dies hatten wir bereits geklärt, bevor wir zu diesem Punkt kamen. Wenn dies ein theistisches Universum ist (Kapitel 2-3), dann sind Wunder möglich (Kapitel 5). Die Zuverlässigkeit des Neuen Testaments als historische Urkunde, die die Lehre und Aktivitäten Jesu beschreibt, wird in Kapitel 7 angesprochen. So gibt es keinen Grund zu bezweifeln, daß der Bericht über das Leben Jesu uns wahrheitsgemäß die wunderbaren Bestätigungen für seine Ansprüche wiedergibt.

Erfüllung messianischer Prophetien

Im Alten Testament gab es Dutzende von Weissagungen hinsichtlich des Messias. Manche dieser Passagen mögen nicht als prophetisch anerkannt gewesen sein, als sie geschrieben wurden; zum Beispiel jene, die sagen, er werde ein Nazarener sein (siehe Mt 2,23), oder er werde nach Ägypten fliehen (siehe V. 15). Andere aber haben nur dann einen Sinn, wenn sie sich auf den Messias-Gott beziehen. Einige der bedeutungsvollsten Weissagungen aus dieser Kategorie, die Christus erfüllt hat, sind hier aufgeführt. Unter der angegebenen Textstelle des Neuen Testaments finden wir ihre Erfüllung.

1. Er würde geboren von einer Frau (1Mo 3,15; Gal 4,4).
2. Er würde geboren von einer Jungfrau (Jes 7,14; Mt 1,21ff).
3. Er würde „weggenommen sein" 483 Jahre nach dem Befehl, im Jahr 444 v.Chr., den Tempel wieder aufzubauen (Dan

9,24ff) [siehe Harold W. Hoehners *„Chronological Aspekts of the Life of Christus"* (Chronologische Aspekte des Lebens Christi), S. 115-138].

4. Er würde vom Geschlecht Abrahams sein (1Mo 12,1-3; 22,18; Mt 1,1; Gal 3,16).

5. Er würde vom Stamme Juda sein (1Mo 49,10; Lk 3,23.33; Hebr 7,14).

6. Er würde vom Hause Davids sein (2Sam 7,12ff; Mt 1,1).

7. Er würde geboren in Bethlehem (Mi 5,2; Mt 2,1; Lk 2,4-7).

8. Er würde gesalbt sein mit Heiligem Geist (Jes 11,2; Mt 3,16-17).

9. Er würde eingeführt werden durch den Vorboten des Herrn (Johannes der Täufer) (Jes 40,3; Mal 3,1; Mt 3,1-2).

10. Er würde Wunder tun (Jes 35,5-6; Mt 9,35).

11. Er würde den Tempel reinigen (Mal 3,1; Mt 21,12ff).

12. Er würde von den Juden verworfen werden (Ps 118,22; 1Petr 2,7).

13. Er würde einen erniedrigenden Tod sterben (Ps 22; Jes 53), und dabei

    a. verworfen sein (Jes 53,3; Joh 1,10-11; 7,5.48),

    b. stille sein vor seinen Anklägern (Jes 53,7; Mt 27,12-19),

    c. verhöhnt werden (Ps 22,7-8; Mt 27,31),

    d. durchbohrt werden an Händen und Füßen (Ps 22,16; Lk 23,33),

    e. mit Verbrechern gekreuzigt werden (Jes 53,12; Mt 27,38),

    f. für seine Peiniger beten (Jes 53,12; Lk 23,43),

    g. würde seine Seite durchstochen werden (Sach 12,10; Joh 19,34),

    h. würde er in das Grab eines reichen Mannes gelegt werden (Jes 53,9; Mt 27,57-60),

    i. würde um seine Kleider gewürfelt werden (Ps 22,18; Joh 19,23-24).

14. Er würde vom Tod auferstehen (Ps 16,10; Mk 16,6; Apg 2,31).

15. Er würde in den Himmel eingehen (Ps 68,18; Apg 1,9).

16. Er würde sich zur Rechten Gottes niedersetzen (Ps 110,1; Hebr 1,3).

Es ist wichtig zu verstehen, daß diese Prophetien Hunderte von Jahren vor Christi Geburt geschrieben wurden. Niemand konnte die Zeichen der Zeit gedeutet oder einfach intelligente Schätzungen angestellt haben, wie wir sie beispielsweise in den Voraussagen der „Wirtschaftsweisen" sehen. Auch die liberalsten Kritiker geben zu, daß die prophetischen Bücher etwa 400 Jahre vor Christi Geburt fertiggestellt waren, und das Buch Daniel datieren sie auf etwa 167 v. Chr. Es gibt aber ausreichendes Beweismaterial dafür, daß die meisten dieser Bücher noch viel früher geschrieben wurden (einige der Psalmen und der frühen Propheten im achten und neunten Jahrhundert v. Chr.). Aber - welchen Unterschied würde das machen? Es ist gleich schwer, ein Ereignis vorherzusagen, das 200 Jahre in der Zukunft liegt, wie eines, das erst 800 Jahre später geschieht. Beide Vorhersagen erfordern nichts weniger als göttliches Wissen. Auch wenn man für die Vorhersage nur das spätere Datum annimmt, ist die Erfüllung dieser Weissagungen ebenso wunderbar und gibt die göttliche Bestätigung, daß Jesus der Messias ist.

Manche haben es so dargestellt, als gebe es eine natürliche Erklärung für das, was prophetische Erfüllung zu sein scheint. Eine Vorstellung läuft darauf hinaus, daß die Weissagungen in Jesus zufällig erfüllt wurden. Mit anderen Worten, er schien zur rechten Zeit am rechten Ort gewesen zu sein. Wie verträgt sich das aber mit den Weissagungen, die Wunder einbeziehen: „Er machte den Blinden zufällig sehend" oder „Er wurde zufällig aus den Toten auferweckt"? Diese Ereignisse können schwerlich als Zufälle wegdiskutiert werden. Wenn es einen Gott gibt, der - wie wir sagten - das Universum kontrolliert, dann ist Zufall ausgeschlossen. Von der Logik her ist es möglich, daß alle diese vorhergesagten Ereignisse zufällig in einem Mann zusammentreffen, aber es ist gewiß nicht wahrscheinlich. Mathematiker[5] haben die Wahrscheinlichkeit dafür errechnet, daß sechzehn Voraussagen in einer Person erfüllt werden - sie beträgt $1:10^{45}$. Wenn wir die gleiche Rechnung mit 48 Voraussagen anstellen, beträgt die Wahrscheinlichkeit $1:10^{157}$. Das ist ein Wert, dessen Größe wir uns völlig unmöglich vorstellen können. Aber es ist nicht die logische Unwahrscheinlichkeit, die diese Theorie ausschließt; es ist die moralische Unmöglichkeit eines allmächtigen und allwissenden Gottes, die sich ereignenden Geschehnisse unkontrolliert einem blinden Zufall zu überlassen, so daß all seine Pläne prophetischer Erfüllung von irgend jemand zerstört werden könnten, der zufällig zur rechten Zeit am rechten Ort war. Gott kann nicht lügen, auch bricht er kein Versprechen (Hebr 6,18). Also müssen wir schließen, daß er nicht zuließ, daß seine prophetischen Verheißungen durch Zufall vereitelt werden könnten. Alles Beweismaterial verweist auf Jesus als die göttlich gewollte Erfüllung der messianischen Verheißungen. Er war Gottes Mann und wurde durch Gottes Zeichen bestätigt.

 **Der große Thronbewerber**

Eine andere Hypothese stellt Schoenfield in *The Passover Plot* („Die Passah-Verschwörung") heraus. Sie geht davon aus, daß Jesus Ereignisse manipuliert habe, damit es so aussähe, als erfülle er die Weissagungen. Wie aber manipuliert jemand seinen Geburtsort oder seine familiäre Abstammung, den Augenblick, in dem er das Licht der Welt erblickt oder die Art, wie das jüdische Volk auf ihn reagieren wird? Viele der erfüllten Weissagungen standen einfach außerhalb der Kontrolle von irgendeinem bloßen Menschen. Wie kann es ein Mensch arrangieren, von einer Jungfrau geboren zu werden? Oder in einem bestimmten Jahr in Bethlehem geboren zu werden? Darüber hinaus widerspricht es allem, was wir über Jesu Charakter wissen, daß er sich eine solch verlogene, schlaue Verschwörung hätte ausdenken und sie dann ausführen mögen.

Sein wunderbares, sündloses Leben

Der Lebenslauf Christi demonstriert seinen Anspruch auf Gottheit. Ein sündloses Leben zu führen, beweist nicht Göttlichkeit an sich (obwohl nur Jesus vermochte, es zu tun). Aber zu behaupten, Gott zu sein, und zum Beweis dafür ein sündloses Leben zu führen, ist eine ganz andere Sache. Manche seiner Feinde brachten falsche Anklagen gegen ihn vor, aber das Urteil des Pilatus nach seiner Untersuchung war das Urteil der Geschichte: „Ich finde keine Schuld an diesem Menschen" (Lk 23,4). Ein Soldat am Kreuz bestätigte das, als er sagte: „Fürwahr, dieser Mensch war gerecht" (V. 47), und der mitgekreuzigte Verbrecher neben Jesus sagte: „Dieser aber hat nichts Ungeziemendes getan" (V. 41). Der wirkliche Prüfstand aber waren jene, die Jesus am nächsten waren. Was sagten sie über seinen Charakter? Diese Jünger lebten und arbeiteten mehrere Jahre in seiner allernächsten Nähe, doch sie dachten in keiner Hinsicht geringer über ihn. Petrus nannte Christus ein Lamm „ohne Fehler und ohne Flecken" (1Petr 1,19) und fügte hinzu: „noch wurde Trug in seinem Munde erfunden" (2,22). Johannes nannte ihn „Jesus Christus, den Gerechten" (1Jo 2,1; vgl. 3,7). Paulus gab dem einstimmigen Glauben der frühen Gemeinde Ausdruck, daß Christus keine Sünde kannte (2Kor 5,21), und der Schreiber des Hebräerbriefs sagt, daß er versucht wurde „wie ein Mensch, jedoch ohne Sünde" blieb (4,15). Jesus selbst forderte einmal seine Ankläger heraus: „Wer von euch überführt mich einer Sünde?" (Joh 8,46), aber niemand war fähig, ihn wegen irgend etwas schuldig zu finden. Es ist so; der unfehlbare Charakter Christi gibt doppelt Zeugnis für die Wahrheit seines Anspruchs. Es versorgt uns mit unterstützendem Beweismaterial, wie er das selbst nahelegte; aber ebenso versichert es uns, daß er nicht log, als er sagte, er sei Gott.

Neben den moralischen Aspekten seines Lebens wurden wir konfrontiert mit der wunderbaren Natur seines Dienstes. Er verwandelte Wasser zu Wein (2,7ff), ging auf dem Wasser (Mt 14,25), vervielfältigte Brot und Fische (6,11ff), öffnete blinde Augen

(9,7ff), machte den Lahmen gehen (Mk 2,3ff), trieb Dämonen aus (3,11ff), heilte die Mengen von allen möglichen Krankheiten (Mt 9,35) einschließlich Lepra (Mk 1,40-42) und erweckte sogar verschiedentlich Tote zum Leben auf (Joh 11,43-44; Lk 7,11-15; Mk 5,35ff). Wenn er gefragt wurde, ob er der Messias sei, wirkte er Wunder zum Beweis seines Anspruchs. Er sagte: „Gehet hin und verkündet Johannes, was ihr höret und sehet: Blinde werden sehend und Lahme wandeln, Aussätzige werden gereinigt, und Taube hören, und Tote werden auferweckt" (Mt 11,4-5). Diese besondere Häufung von Wundern war das besondere Zeichen, daß der Messias gekommen war (siehe Jes 35,5-6). Nikodemus sagte sogar: „Rabbi, wir wissen, daß du ein Lehrer bist, von Gott gekommen, denn niemand kann diese Zeichen tun, die du tust, es sei denn Gott mit ihm" (Joh 3,2). Für einen Juden des ersten Jahrhunderts waren Wunder wie die von Christus gewirkten klare Hinweise auf Gottes Billigung der Botschaft dessen, der die Wunder wirkte. Im Falle Jesu war ein Teil dieser Botschaft, daß er Gott ist im menschlichen Fleisch. Seine Wunder bestätigen seinen Anspruch, wirklich Gott zu sein.

Seine Auferstehung

Der dritte Strang des Beweismaterials, das Jesu Anspruch stützen soll, er sei Gott, ist der großartigste und größte von allen. Nichts Vergleichbares wird von irgendeiner anderen Religion beansprucht, und kein Wunder hat so viel historische Beweiskraft, Jesu Anspruch zu bestätigen. Jesus Christus ist aus den Toten am dritten Tag nach seinem Tod in einem umgeformten Leib auferstanden. In diesem wiederhergestellten Zustand erschien er mehr als 500 seiner Jünger bei mindestens acht verschieden Gelegenheiten während eines Zeitraums von vierzig Tagen. Er sprach mit ihnen, aß mit ihnen, ließ sich von ihnen anfassen und bereitete ein Frühstück für sie zu. Die Tatsache, daß sowohl das Alte Testament als auch Jesus selbst vorhersagte, er werde aus den Toten auferstehen, verstärkt dieses Wunder noch in seiner Bedeutung. Wenn er mit Menschen umging, die aus reiner Bosheit seinen Wundern nicht

glaubten, stützte Jesus die Tatsache seiner Gottheit allein auf die
Auferstehung. Seit wir wissen, daß das Neue Testament exakte
historische Information liefert, ist hier nur noch nötig, das Beweismaterial zu untersuchen und einige der Einwendungen zu beantworten, die die Auferstehung wegerklären wollen.

 **Das früheste Glaubensbekenntnis**

1. Korinther 15,3-5 dürfte das früheste formulierte Glaubensbekenntnis des Christentums sein. Die Ausdrucksweise
scheint anzuzeigen, daß es als eine Art Glaubensbekenntnis
verstanden werden sollte. Es enthält zwei Proklamationen,
jeweils gefolgt von einem Stützbeweis: Christi Tod (gestützt
durch sein Begräbnis) und seine Auferstehung (gestützt
durch seine Erscheinungen als Auferstandener). Dies sind die
zentralen und wichtigsten Lehren des Christentums. Sie be-
tonen beides: Die Vergebung der Sünden und die Zusicherung des Lebens nach dem Tod, in dem wir „wir selbst" bleiben. Beide Aspekte des Evangeliums müssen gepredigt werden, und beide sind durch die historische Tatsache einer
buchstäblichen Auferstehung bestätigt.

DAS ALTE TESTAMENT UND
DIE AUFERSTEHUNG

Das Alte Testament prophezeite die Auferstehung sowohl in spezifischen Feststellungen als auch durch logische Schlußfolgerung.
Zunächst gibt es besondere Passagen, die die Apostel als Hinweise
auf die Auferstehung Christi aus dem Alten Testament zitierten.
Da wir - sagt Petrus - wissen, daß David starb und begraben wurde, sprach er von dem Christus, als er sagte: „Denn meine Seele
wirst du dem Scheol nicht lassen, wirst nicht zugeben, daß dein

Frommer die Verwesung sehe" (Ps 16,8-11, zitiert in Apg 2,25-31). Es waren zweifellos Textstellen wie diese, die Paulus in den jüdischen Synagogen heranzog, als er zu ihnen hineinging und „unterredete sich an drei Sabbathen mit ihnen aus den Schriften, indem er eröffnete und darlegte, daß der Christus leiden und aus den Toten auferstehen mußte" (Apg 17,2-3).

Außerdem lehrt das Alte Testament die Auferstehung durch logische Schlußfolgerung. Es gibt die eindeutige Lehre, daß der Messias sterben mußte (vgl. Ps 22, Jes 53) und die ebenso einleuchtende Lehre, daß er eine dauerhafte politische Herrschaft über Jerusalem ausüben werde (Jes 9,6; Dan 2,44; Sach 13,1). Es gibt keine Möglichkeit, diese beiden Lehren miteinander in Einklang zu bringen, es sei denn, der sterbende Messias wird aus den Toten auferweckt, um für immer zu regieren. Jesus starb, bevor er seine Regierung antreten konnte. Nur durch seine Auferstehung kann die Prophezeiung eines messianischen Königreichs erfüllt werden.

JESUS PROPHEZEITE SEINE EIGENE AUFERSTEHUNG

Jesus prophezeite seine eigene Auferstehung bei verschiedenen Gelegenheiten. Schon während seines frühen Dienstes sagte er: „Brecht diesen Tempel [meines Leibes] ab, und in drei Tagen werde ich ihn aufrichten" (Joh 2,19), und in Mt 12,40: „Gleichwie Jonas drei Tage und drei Nächte in dem Bauche des großen Fisches war, also wird der Sohn des Menschen drei Tage und drei Nächte in dem Herzen der Erde sein." Für jene, die seine Wunder gesehen hatten und ihm noch immer hartnäckig den Glauben verweigerten, hatte er wiederholt das Wort: „Ein böses und ehebrecherisches Geschlecht begehrt ein Zeichen, und kein Zeichen wird ihm gegeben werden, als nur das Zeichen Jonas, des Propheten" (V. 39; 16,4). Markus berichtet im Anschluß an das Bekenntnis des Petrus: „Er fing an sie zu lehren, daß der Sohn des Menschen vieles leiden und verworfen werden müsse von den Ältesten und

Hohenpriestern und Schriftgelehrten, und daß er getötet werden und nach drei Tagen auferstehen müsse" (Mk 8,31). Dies war von da an bis zu seinem Tod ein zentraler Teil seiner Lehre. Jesus lehrte auch, daß er selbst aus den Toten auferstehen werde. Er sagte: „Ich habe Gewalt, es [mein Leben] zu lassen, und habe Gewalt es wiederzunehmen" (Joh 10,18).

Der Philosoph Karl Popper argumentierte: Wann immer eine „riskante Vorhersage" sich erfüllt, zählt es als Bestätigung der damit verbundenen Theorie.[6] Was könnte riskanter sein, als die eigene Auferstehung zu prophezeien? Wer die Erfüllung dieser Voraussage nicht als Beweis dafür akzeptieren will, daß der Wahrhaftigkeitsanspruch des Vorhersagenden berechtigt ist, nimmt eine Grundhaltung ein, die keinen Beweis akzeptieren wird. Jesus war bereit, jedem die Entscheidung darüber zu überlassen, der Prophezeiung zu glauben oder nicht.

JESUS STARB TATSÄCHLICH AM KREUZ

Bevor wir zeigen können, daß Jesus aus den Toten auferstand, müssen wir belegen, daß er tatsächlich gestorben war. Der Koran behauptet, Jesus habe nur vorgegeben, tot zu sein (Sure 4,157), und viele Skeptiker meinen, daß er nur tot zu sein schien; vielleicht sei er betäubt gewesen, aber in der Grabstätte wiederbelebt worden. Es ist kein Wunder, wenn ein lebendiger Mann eine Grabstätte verläßt. Wenn seine Auferstehung irgendeine Bedeutung haben soll, mußte Jesus zuerst tot sein.

Um dies zu zeigen, müssen einige Punkte besonders betrachtet werden.

1. Es gibt keinerlei Beweismaterial dafür, daß Jesus hätte betäubt sein können. Er verweigerte das übliche Schmerzmittel, das den Opfern der Kreuzigung normalerweise gegeben wurde (Mk 15,23). Unmittelbar vor seinem Tod bekam er einen

Schluck sauren Weines, um den trockenen Hals zu erfrischen, aber das war nicht genug, ihn betrunken zu machen (V. 36). Der offensichtliche Todeskampf und sein Todesschrei passen nicht in das Bild eines Mannes, der in einen Drogenrausch fällt.

2. Der schwere Blutverlust macht den Tod überaus wahrscheinlich. Während er im Garten Gethsemane betete, schwitzte er aufgrund seines extremen emotionalen Zustands: „Es wurde aber sein Schweiß wie große Blutstropfen" (Lk 22,44). In der Nacht vor seiner Kreuzigung wurde er geschlagen und mit römischen Geißeln ausgepeitscht; das waren Geißeln mit drei Schnüren, in deren Enden Knochenstücke und Metallsplitter eingeflochten waren - sie zerrissen Fleisch und Muskeln bis auf die Knochen und konnten einen Kreislaufkollaps herbeiführen. Auf seinen Schädel war eine Dornenkrone gedrückt worden. Aller Wahrscheinlichkeit nach befand er sich in einem kritischen körperlichen Zustand, bevor sie ihn kreuzigten. Dann erlitt er fünf schwere Wunden zwischen neun Uhr morgens und Sonnenuntergang (vgl. V. 25.33). Vier davon wurden von Nägeln verursacht, mit denen man ihn auf dem Kreuz befestigte. Man weiß aus archäologischen Resten palästinensischer Kreuzigungsopfer, daß diese Nägel 12,5 bis 17,5 cm lang waren und am Kopf etwa 9,5 mm im Quadrat maßen.

3. Als seine Seite mit einem Speer durchstochen wurde, floß Wasser und Blut heraus. Dieser stärkste Beweis legt nahe, daß der römische Soldat den Stoß führte, um sich des Todes Jesu zu versichern. Der Stoß ging durch zwei Rippen hindurch, perforierte den rechten Lungenflügel, den Herzbeutel und das Herz selbst. Aus der Wunde drangen Blut und Flüssigkeit des Rippenfells. Jesus war zweifellos tot, bevor sie ihn vom Kreuz nahmen, und wahrscheinlich auch schon, bevor sie ihm diese Wunde zufügten. Die Nagelwunden in seinen Handgelenken und in seinen Füßen mußten die Hauptnervenstränge verletzt haben. Die letzte Wunde in seiner Seite würde für sich genommen bereits tödlich gewesen sein.

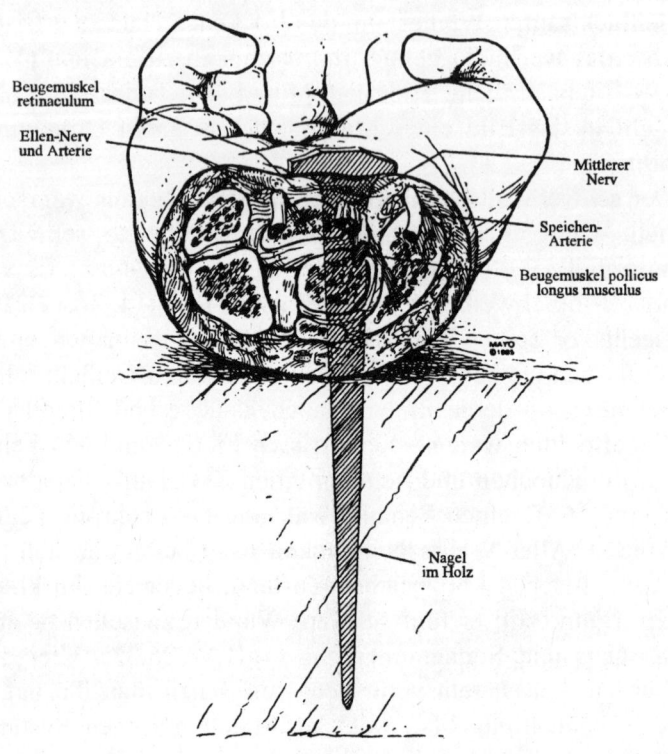

Beugemuskel
retinaculum

Ellen-Nerv
und Arterie

Mittlerer
Nerv

Speichen-
Arterie

Beugemuskel pollicus
longus musculus

Nagel
im Holz

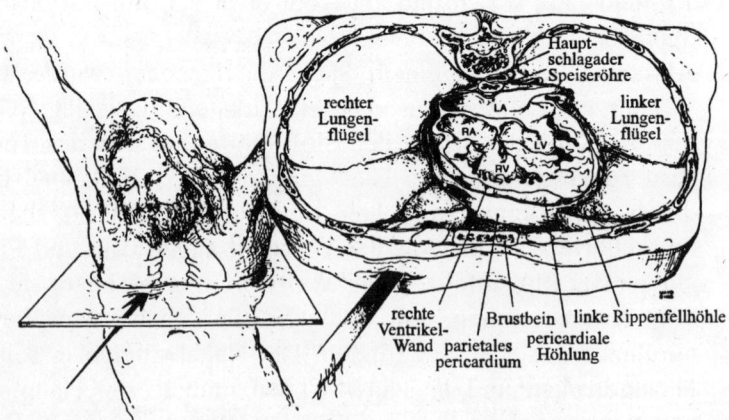

Haupt-
schlagader
Speiseröhre

rechter
Lungen-
flügel

linker
Lungen-
flügel

LA
RA
LV
RV

rechte   Brustbein   linke Rippenfellhöhle
Ventrikel-   pericardiale
Wand   parietales   Höhlung
       pericardium

4. Gewöhnlich wurden bei der Kreuzigung die Beine des Opfers gebrochen, damit es sich nicht erheben und nicht mehr richtig ausatmen konnte. Weil sich die Lunge mit Kohlendioxyd füllte, erstickte das Opfer. Wohlbemerkt: Man brach allen Opfern die Beine. Aber das professionelle römische Hinrichtungskommando erklärte Jesus für tot, ohne ihm die Beine gebrochen zu haben (V. 33). Sie hatten keinerlei Zweifel an seinem Tod.

5. Jesus wurde mit ungefähr 75 bis 100 Pfund Salben und Bandagen einbalsamiert und in eine bewachte Grabstätte gelegt (V. 39-40). Selbst wenn er in dem Grab aufgewacht wäre, hätte er sich nicht selbst auswickeln, den Stein seitwärts von der aus dem Fels gemeißelten Graböffnung wegwälzen, die Wächter überwältigen und unbeachtet entkommen können (Mt 27,60).

6. Pilatus forderte Sicherheit, daß Jesus wirklich tot war, bevor er den Leib zum Begräbnis freigab.

7. Wenn Jesus all dies vollbracht hätte - er wäre anschließend mehr wie ein nur knapp wiederbelebtes elendes Wesen erschienen, nicht als auferstandener Heiland. Es ist nicht sehr wahrscheinlich, daß dies dann die Welt auf den Kopf gestellt haben würde.

8. In dem Aufsatz „On the Physical Death of Jesus Christ" (Über den physischen Tod Jesu Christi) des *Journal of the American Medical Society* wird zusammengefaßt: „Das Gewicht des historischen und medizinischen Beweismaterials deutet klar darauf hin, daß Jesus tot war, bevor ihm die Wunde in seiner Seite zugefügt wurde. Es unterstützt die traditionelle Ansicht, daß der Speer zwischen seine rechten Rippen gestoßen wurde und nicht nur den rechten Lungenflügel perforierte, sondern auch den Herzbeutel und das Herz, und so seinen Tod sicherstellte. Dementsprechend lassen sich Interpretationen aufgrund der Annahme, Jesus sei nicht am Kreuz gestorben, nicht mit den Erkenntnissen der modernen Medizin vereinbaren" (21. März 1986, S. 1463) [7].

JESUS IST KÖRPERLICH AUS DEM GRAB AUFERSTANDEN

Nicht nur, daß Jesus tatsächlich starb, er ist auch auferstanden - in einem ebenso physischen Leib wie dem, in welchem er auch gestorben war. Es gibt noch viele weitere Erklärungen für die Auferstehung Christi, aber keine von ihnen deckt sich zufriedenstellend mit den vorliegenden Tatsachen. Viele Skeptiker wurden Christen bei dem Versuch, die Auferstehung Jesu zu widerlegen. Wenn wir uns die anderen Deutungsversuche betrachten, werden wir auch Gelegenheit haben zu sehen, daß nur Auferstehung schlüssig alle Tatsachen erklären kann.

„Josef von Arimathia nahm den Leib"

Die Probleme, die diese Theorie aufwirft, lassen sich in den Fragen warum, wann und wo zusammenfassen. Warum hätte Josef den Leib nehmen sollen? Dazu hatte er in der Tat keinen Grund. Er hätte es nicht tun können, um einem Diebstahl durch die Jünger vorzubeugen, denn er war ein Jünger (Lk 23,50-51). Wäre er kein Anhänger Christi gewesen, hätte er den Leib vorzeigen und die ganze Geschichte im Keim ersticken können. Wann könnte er ihn genommen haben? Josef war ein frommer Jude und hätte nie den Sabbat gebrochen, besonders beim Passahfest nicht (vgl. V. 50-56). Nachts hätte man ihn wegen der Fackeln gesehen. Am Tag nach dem Sabbat war eine römische Wache vor der Grabstätte postiert worden (Mt 27,62-66). Am darauffolgenden Morgen kamen in der Dämmerung die Frauen zum Grab (Lk 24,1). Es gab einfach keine Möglichkeit. Und falls er ihn wirklich genommen hatte - wo hatte er ihn hingelegt? Der Leib wurde niemals gefunden, obwohl beinahe zwei Monate vergingen, bevor die Jünger ihren Predigtdienst aufnahmen. Das war genug Zeit, einen Betrug zu entlarven, wenn es einen gab. Es gibt keine Motive, keine Möglichkeit und keine Methode, die diese Theorie stützen könnten, und sie gibt keine Erklärung für die Erscheinungen Christi in seinem Auferstehungsleib.

 **Das Passah-Komplott**

1965 veröffentlichte Dr. Hugh Schonfield ein Buch mit dem Titel *The Passover Plot* (Das Passah-Komplott). Es soll angeblich neues Licht auf die Geschichte Jesu werfen. Schonfield schreibt, Jesus habe Josef von Arimathia angewiesen, seinen Leib aus der Grabstätte zu entfernen, damit er als der Messias erscheinen könnte. Die Erscheinungen des auferstandenen Jesus werden als Fälle falscher Identifizierung erklärt. Die Kühnheit der Jünger nach der Auferstehung sei eine Folge davon gewesen, daß ein übler Trick sie getäuscht habe und sie es nicht besser gewußt hätten.

„Die römischen oder die jüdischen Autoritäten nahmen den Leib"

Diese Theorie erscheint nicht eben sinnvoll. Wenn sie den Leib hatten, weshalb beschuldigten sie dann die Jünger des Diebstahls (Mt 28,11-15)? Außerdem hätten sie die Auferstehungsgeschichte im Handumdrehen entlarven können, indem sie den Leib vorzeigten. Stattdessen widerstanden sie kontinuierlich der Lehre der Apostel, versuchten aber nie, sie zu widerlegen. Und wie die vorhergehende so erklärt auch diese Theorie nicht die Erscheinungen des auferstandenen Jesus in dem Leib, der dem des zuvor lebenden Jesus so sehr ähnlich war.

„Die Jünger stahlen den Leib"

Das paßt nicht zu dem, was wir vom Leben dieser Männer wissen. Sie waren keine unehrlichen Menschen. Sie alle lehrten Ehrlichkeit als eine große Tugend. Petrus bestritt später die Anklage, sie seien klug erdichteten Fabeln gefolgt (2Petr 1,16). Auch waren sie keine „cleveren" Männer, die versucht haben könnten, Christi

Voraussagen wahr werden zu lassen. Sie verstanden in der Nacht seiner Festnahme nicht einmal, daß er ging, um zu sterben - geschweige denn, auferweckt zu werden (Joh 13,36). Sie wußten nicht, was sie denken sollten, als sie die leere Grabstätte zum erstenmal sahen (20,9). Sie versteckten sich, denn sie fürchteten sich vor den Juden (V. 19). Ist das die Art von Männern, die kühn den Leib aus einem stark bewachten Grab stehlen würden? Wäre diese Hypothese wahr - wir müßten ebenso glauben, die Apostel hätten auf einem üblen Trick beharrt und wären für eine Unwahrheit gestorben, die sie als solche kannten.

„Das Grab wurde niemals untersucht"

Manche sagen, in den zwei Monaten nach seinem Tod sei Jesus manchen der Jünger geistig erschienen, und deren Predigt von der Auferstehung sei darauf gegründet gewesen. Sie hätten aber niemals die Grabstätte besucht, um nachzusehen, ob der Leib dort sei. Die Evangelien lassen jedoch keinen Zweifel daran, daß verschiedene Leute die Grabstätte besuchten. Zuerst kamen die Frauen, die die Begräbnisprozeduren beenden wollten (Mk 16,1); sie sahen, daß der Stein weggewälzt und die Grabstätte leer war. Johannes erreichte als nächster das Grab, und er sah die Grabtücher. Ihm folgte Petrus; er betrat das Grab, und auch er sah die Grabtücher, außerdem noch das zusammengewickelt beiseite gelegte Gesichtstuch, ein Stoffstreifen, der rund längs um den Kopf gebunden wurde, um den Kiefer geschlossen zu halten (Joh 20,3-8). Auch gibt es keinen Grund zu glauben, die Wächter hätten die Grabstätte nicht sorgfältig durchsucht, bevor sie den jüdischen Führern berichteten (Mt 28,11ff). Diese Wächter würden sich nicht an einer Lüge beteiligt haben, wenn sie irgendeine vernünftige Erklärung für das ungewöhnliche Verschwinden des Leibes Jesu hätten anbieten können. Diese Theorie kann weder die Erscheinungen des auferstandenen Jesus, noch den Sinneswandel der Jünger oder die Massenbekehrungen der Menschen nur wenige Wochen später erklären.

„Die Frauen gingen zum falschen Grab"

Manche schlagen vor, die Frauen seien zur falschen Grabstätte gegangen, hätten sie leer gefunden und gedacht, er sei auferstanden. Das ist eine allzu große Vereinfachung. Warum dachte Maria, es sei der Gärtner, wenn es so dunkel war (Joh 20,15)? Warum unterlief Johannes und Petrus der gleiche Fehler am hellichten Tag (V. 6)? Und weshalb gingen die Behörden nicht einfach zu der richtigen Grabstätte und zeigten den Leib? Das würde doch leicht alle Behauptungen von einer Auferstehung widerlegt haben. Diese Theorie erklärt auch nicht die physischen Erscheinungen des auferstandenen Jesus in dem gleichen materiellen Leib aus Fleisch und Gebein, in dem er gekreuzigt worden war.

JESUS ERSCHIEN IN EINEM AUFERSTANDENEN LEIB

Das ist der herausragendste Beweis dafür, daß Jesus aus den Toten auferstand: Er wurde bei zwölf verschiedenen Gelegenheiten von mehr als 500 Menschen gesehen. Die einem Glaubensbekenntnis ähnelnden Feststellungen, die in 1. Korinther 15,3-5 aufgezeichnet sind, entstammen der frühesten Zeit der Gemeinde und wurden innerhalb weniger Jahre nach Jesu Tod formuliert. Infolgedessen sind sie von großer historischer Zuverlässigkeit.[8]

 **Kirsopp Lakes Theorie**

Der berühmte liberale Theologe Kirsopp Lake präsentierte die Theorie, die Frauen seien zur falschen Grabstätte gegangen. Er stellte es so dar, daß die Frauen früh am Sonntagmorgen den Garten erreichten und den Gärtner fragten, wohin man Jesus gelegt habe. Der Gärtner habe geantwortet:

> „Er ist nicht hier!" Die Frauen seien davongelaufen, um die
> Auferstehung zu verkünden, bevor der Gärtner sich umwen-
> den und ihnen zeigen konnte: „Er ist da drüben!"

Er ist nicht nur geistig, sondern auch körperlich auferstanden.
Wenn Paulus in Vers 44 den Ausdruck „geistlicher Leib" benutzt,
ist ein überwiegend geistiger oder übernatürlicher Leib gemeint -
im Gegensatz zu dem „natürlichen" Leib, in dem wir das Erdenle-
ben verbringen. Es war gewiß kein unkörperlicher Leib, denn mit
dem gleichen Wort wird ein materieller Fels beschrieben (10,4),
verzehrbare Speise (V. 3) und ein physischer Mensch (2,15).
Paulus benutzt den Ausdruck eher so, wie wir sagen: „Paulus ist
ein geistlicher Mann" oder „Die Bibel ist ein geistliches Buch".

Jesus hatte Fleisch und Knochen (Lk 24,39), aß Fisch (V. 42-43)
und animierte Zweifler, ihn zu berühren und zu erkennen (V. 39).
Zu Thomas sagte er: „Reiche deinen Finger her und sieh meine
Hände, und reiche deine Hand her und lege sie in meine Seite"
(Joh 20,27). Eine derartige Berührung macht es unmöglich anzunehmen, daß die Jünger einen Geist sahen oder eine Halluzination
hatten. Die Bibel macht eindeutig klar: Es ist ein Unterschied, ob
man eine Vision sieht (die keine wirkliche Manifestation in der
materiellen Welt, sondern nur im Geist vorhanden ist [vgl. Apg
7,54-58; 2Kor 12,1-4]) oder ob es sich um eine Erscheinung Jesu
handelt, die jeder Anwesende mit seinen physischen Sinnen - Sehen, Hören, Berühren - erfahren konnte.

 **Zwölf Auferstehungs-Erscheinungen**

Der auferstandene Jesus erschien
1. der Maria Magdalena (Joh 20,11)

2. den übrigen Frauen (Mt 28,9-10)
3. dem Petrus (Lk 24,34)
4. zwei Jüngern (Lk 24,13-32)
5. zehn Aposteln (Lk 24,33-49)
6. Thomas und den anderen Aposteln (Joh 20,26-30)
7. sieben Aposteln (Joh 21)
8. allen Aposteln (Mt 28,16-20)
9. allen Aposteln (Apg 1,4-9)
10. 500 Brüdern (1Kor 15,6)
11. dem Jakobus (1Kor 15,7)
12. dem Paulus (1Kor 15,7)

Darüber hinaus sahen ihn verschiedene Leute bei mehr als einer Gelegenheit, manche allein und manche in Gruppen, manchmal des Nachts und manchmal bei Tageslicht. Paulus forderte alle, die den Bericht bezweifelten, heraus, einfach einen der Zeugen zu befragen, die noch am Leben waren (1Kor 15,6). Auch waren die Erscheinungen lang genug, um der Identität des Mannes sicher sein zu können. Er ging und sprach mit einigen (Lk 24,13ff), aß mit anderen (Joh 21,1ff) und blieb lange genug, sie über das Reich Gottes zu lehren (Apg 1,3). Bei dieser Art, sich zu bezeugen, kann es keinen Zweifel geben: Jesu Auferstehung ist wahr.

ZUSAMMENFASSUNG UND SCHLUSSFOLGERUNG

Am Beginn des Kapitels wurde die Beweisführung dafür angekündigt, daß Jesus Christus Gott ist. Zunächst wurde der Einspruch abgewiesen, wir könnten nicht wirklich etwas aus der Geschichte wissen. Dann wurde belegt, daß die Dokumente des Neuen Testaments nicht nur religiöse Schriften, sondern auch zuverlässige historische Dokumente sind. Sie stammen aus der Feder von Augenzeugen des ersten Jahrhunderts und werden von anderen historischen Daten dieser Zeit bestätigt. Schließlich konnten wir feststellen, daß Jesus auf verschiedene direkte und indirekte Weise beanspruchte, Jahwe, Gott zu sein. Drei Beweisketten unterstützten diesen Anspruch: Erfüllte Weissagung, sündloses, wunderbares Leben und Auferstehung. Insofern eine solide historische Beweisführung einen jeden dieser Ansprüche bestätigt, kommt man nicht um die Schlußfolgerung herum: Der Anspruch Jesu ist wahr - er ist Gott. Er wird durch zuverlässiges historisches Beweismaterial von Augenzeugen und durch Gott bestätigt, der die Wunder Jesu wirkte. Daß diese drei Beweisketten in einem Mann zusammenlaufen, zeigt, daß Jesus allein der einzigartige Sohn Gottes ist, denn nur er nahm für sich selbst in Anspruch, Gott zu sein, und nur er bewies die Wahrheit dieses Anspruchs. Ein berühmter Gelehrter und ehemaliger Atheist, der die Beweise für die Auferstehung untersuchte, kam zu dieser Schlußfolgerung:

„Die Auferstehung Jesu hat solch entscheidende Bedeutung, nicht allein weil irgendeiner oder irgend jemand aus den Toten auferweckt worden ist, sondern weil es Jesus von Nazareth war. Dessen Hinrichtung wurde von den Juden angestiftet, weil er gegen Gott gelästert hatte. Wenn dieser Mann aus den Toten auferweckt worden ist, dann bedeutet das ganz einfach: Der Gott, den er angeblich lästerte, hat sich selbst zu ihm bekannt."[9]

Die gleiche Logik geht aus einem Brief im *Time* Magazin hervor. Er war die Reaktion auf einen Artikel des jüdischen Religionsphilosophen Pinchas Lapide, der die Erkenntnis vermittelt hatte, Jesu Auferstehung sei historisch:

„Pinchas Lapides Logik ist mir nicht einsichtig. Er glaubt, es sei möglich, daß Gott Jesus auferweckt hat. Gleichzeitig nimmt er Jesus nicht als den Messias an. Jesus sagte aber, er sei der Messias. Warum sollte Gott einen Lügner auferwecken?"[10]

Das ist eine sehr gute Frage. Wenn wir uns ehrlich über das Beweismaterial Rechenschaft geben, sollten wir auf unsere Knie fallen und mit Thomas ausrufen: „Mein Herr und mein Gott!"

WARUM IST JESUS ANDEREN LEHRERN ÜBERLEGEN?

Bietet das Christentum wirklich etwas, das anderen Religionen überlegen ist? Steht Jesus Christus über anderen religiösen oder philosophischen Führern? Wir wollen diesen Anspruch untersuchen und die Grundzüge der Lehren einiger Gründer von Weltreligionen und philosophischen Schulen mit Christus vergleichen.

Mose

Selbst ein Jude, hatte Jesus keine Probleme mit Mose, dem Propheten, der das jüdische Gesetz gebracht und die Israeliten aus der ägyptischen Sklaverei in die Freiheit einer unabhängigen Nation geführt hatte. Mose und Jesus waren Propheten desselben Gottes. Jesus sagte sogar, er sei nicht gekommen, das Gesetz (die Schriften Moses) abzuschaffen, sondern zu erfüllen (Mt 5,17). Jesus setzte voraus, daß Moses Worte Gottes Worte sind (vgl. Mt 19,4-5 mit 1Mo 2,24). Dennoch sehen wir Jesus in vieler Hinsicht Mose überlegen.

Mose sagte Jesu Kommen voraus

Mose prophezeite in 5. Mose 18,15-19, Gott werde einen jüdischen Propheten mit einer besonderen Botschaft Gottes erwecken. Wer diesem Propheten keinen Glauben schenke, werde von Gott gerichtet. Diese Schriftstelle wurde traditionell als Hinweis auf den Messias interpretiert. 1. Mose 3,15 wird auch von vielen so verstanden, daß auf Jesus als auf den Samen der Frau verwiesen wird, der der Schlange den Kopf zertritt.

Jesus hatte eine überlegene Offenbarung

„Das Gesetz wurde durch Mose gegeben; die Gnade und die Wahrheit ist durch Jesum Christum geworden" (Joh 1,17). Während Mose die moralischen und sozialen Strukturen aufrichtete, die Nation zu führen, konnte das Gesetz doch niemand vor der Strafe für seine Sünden retten - vor dem Tod. Wie Paulus sagt: „Aus Gesetzeswerken wird kein Fleisch vor ihm gerechtfertigt werden; denn durch Gesetz kommt Erkenntnis der Sünde" (Röm 3,20). Mit Jesu Offenbarung jedoch sind die Sünden, die durch das Gesetz bekannt geworden sind, vergeben: „... und werden umsonst gerechtfertigt durch seine Gnade, durch die Erlösung, die in Christo Jesu ist" (V. 24). Christi Offenbarung baut auf dem Fundament Moses; sie löst das Problem, das uns das Gesetz bewußt gemacht hat.

Jesus hat eine überlegene Stellung

Mose ist der größte Prophet des Alten Testaments, aber Jesus war mehr als ein Prophet. Im Brief an die Hebräer steht: „Mose zwar war treu *in* seinem ganzen Hause als Diener, zum Zeugnis von dem, was hernach geredet werden sollte; Christus aber als Sohn *über* sein Haus" (Hebr 3,5-6; Hervorhebung vom Verfasser). Während Mose Gott diente, wurde Jesus als der Sohn Gottes bezeichnet mit der Berechtigung, über alle Diener Gottes zu herrschen.

 Mose: Der Gesetzgeber

Mose ist nicht der Gründer des Judentums. Die jüdische Nation begann mit Abraham (etwa 2000 v. Chr.) über 600 Jahre vor Mose. Mose wurde in Ägypten in eine hebräische Familie hineingeboren und von Pharaos Tochter als ein Prinz aufgezogen. Nachdem er seine hebräische Herkunft erkannt hatte, tötete er einen Mann und floh aus Ägypten. Er war dann Schafhirte bis Gott ihn rief und beauftragte, sein Volk zu befreien. Er schrieb die ersten fünf Bücher des Alten Testaments (Genesis = 1. Mose, Exodus = 2. Mose, Leviticus = 3. Mose, Numeri = 4. Mose und Deuteronomium = 5. Mose), die auch als „Pentateuch" (griechisch: „aus fünf Büchern bestehend") oder „Thora" (hebräisch: „Gesetz") bekannt sind.

Jesu Wunder waren überlegen

Mose vollbrachte gewiß große Wunder, die von gleicher Art waren wie die, welche Jesus wirkte, aber Christi Wunder waren höher im Rang. Mose erhob die eherne Schlange, damit jene geheilt würden, die sie anschauten, aber niemals machte er Blinde sehend oder Taube hörend. Auch gibt es im Dienst Moses nichts, was mit der Auferstehung zu vergleichen wäre.

Jesu Ansprüche waren denen des Mose überlegen

Einfach ausgedrückt: Mose war nicht Gott, Jesus ist Gott. Mose erhob niemals den Anspruch, Gott zu sein, und erfüllte nur seine Rolle als Prophet. Jesus beanspruchte, Gott zu sein, und erbrachte wunderbare Beweise für die Wahrheit dieses Anspruchs.

Mohammed

Mohammed, der Gründer des Islam, würde mit Jesus und Mose darin übereinstimmen, daß Gott einer ist, daß er das Universum erschuf und daß er außerhalb des Universums ist. In der Tat gibt es weitreichende Übereinstimmung in den Aussagen über die Ereignisse der ersten sechzehn Kapitel des Buches Genesis (1Mo) - bis zu dem Punkt, wo Hagar aus Abrahams Haus vertrieben wurde. Danach richtet die Bibel den Blick auf Isaak, während der Islam sich darauf konzentriert, was mit ihrem Vorvater Ismael geschah. Die Lehre Mohammeds kann in fünf Doktrinen zusammengefaßt werden.

1. Allah ist der eine wahre Gott.
2. Allah hat viele Propheten einschließlich Mose und Jesus
   gesandt, aber Mohammed ist der letzte und größte von allen.
3. Der Koran ist das höchste religiöse Buch; er hat Vorrang vor
   dem Gesetz, den Psalmen und dem „Injil" (Evangelium) von
   Jesus.
4. Es gibt viele Zwischenwesen (Engel), die zwischen Gott und
   den Menschen stehen, einige von ihnen sind gut, andere sind
   böse.
5. Jedermanns Taten werden auf einer Waage gewogen, um zu
   beurteilen, ob er in der Auferstehung in den Himmel oder in
   die Hölle kommen wird. Der Weg zum Seelenheil schließt
   die mehrmals täglich gesprochene Schachada ein („Es gibt
   keinen Gott außer Allah, und Mohammed ist sein Prophet!")
   sowie festgelegtes Gebet fünfmal am Tag, ein jährlicher Fa-
   stenmonat, stete Almosen und einmal im Leben eine Pilger-
   fahrt nach Mekka.

Wir finden aber, daß Jesus eine in vieler Hinsicht überlegene Botschaft anbietet.

Jesus bietet einen besseren Weg zum Seelenheil an

Anders als der Gott des Islam hat sich der Gott der Bibel zu uns in
besonderer Weise herabgeneigt; er sandte seinen Sohn auf die Erde, um für unsere Sünden zu sterben. Mohammed bot keine sichere Hoffnung des Seelenheils an. Er gab nur Richtlinien, wie Menschen sich in die Gunst Allahs dienen können. Christus hat mit
seinem Tod alles vollbracht, was nötig war, damit wir in den
Himmel gelangen können: „Denn es hat ja Christus einmal für
Sünden gelitten, der Gerechte für die Ungerechten, auf daß er uns
zu Gott führe" (1Petr 3,18).

Mohammed: Der Prophet Allahs

Mohammed wurde 570 n. Chr. in Mekka geboren und starb 632 n. Chr. Ursprünglich Abu'l Kassim genannt, verwaiste er in frühem Alter und wuchs bei seinem Onkel auf, der ihn auf viele lange Reisen mit Handelskarawanen mitnahm. Mit fünfundzwanzig Jahren wurde er volljährig, heiratete seine Dienstherrin, gab die Arbeit auf und verbrachte seine Zeit meditierend und über sein Leben reflektierend. Im Alter von vierzig Jahren an hatte er von heftigen Krämpfen begleitete Visionen, während denen er seine Offenbarung Allahs empfing. Verfolgt, flohen er und seine Anhänger von Mekka nach Yathrib, das er in Medina umbenannte. Das ist der offizielle Beginn des Islam. Die folgenden zehn Jahre waren gekennzeichnet von fast ständigem Kampf um neue Konvertiten und um Ausdehnung seiner Religion, bis schließlich Mekka gewonnen war. Seine Schriften bilden den Koran; er behauptete, sie seien ihm vom Erzengel Gabriel diktiert worden.

Jesus führte ein besseres Leben

Mohammed verbrachte die letzten zehn Jahre seines Lebens im Krieg. Er war Polygamist und hatte selbst mehr als die vier Ehefrauen, die er für seine Religion vorgeschrieben hatte. Es wird auch berichtet, daß er anderweitig sein eigenes Gesetz übertrat, indem er Karawanen von und nach Mekka plünderte, unter denen aller Wahrscheinlichkeit nach auch Pilger waren.

Jesus wirkte überlegene Wunder

Die Geschichten von Mohammed, er habe einen Berg versetzt, und seine militärischen Eroberungen sind mit den Wundern

Christi nicht vergleichbar. Das Material darüber stammt nicht aus
einer Zeit, die sehr nahe an der Lebenszeit Mohammeds liegt,
noch stammt es von Augenzeugen. Auch entbehren seine Taten
der Güte und des Mitleids, die wir in Christi Wundern sehen. Und
keines von ihnen kann mit der Auferstehung Jesu in ihrer Macht
und Einzigartigkeit verglichen werden.

Jesus stellte überlegene Ansprüche

Mohammed hat niemals beansprucht, Gott zu sein. Die Lehre der
Trinität, die erklärt, wie Jesus Gott sein kann, wird vom Islam als
Polytheismus mißverstanden. Mohammed behauptete, nur ein
Prophet zu sein, aber Jesus nahm für sich in Anspruch, Gott zu
sein. Und er erhob diesen Anspruch nicht nur, sondern er bewies
dessen Wahrheit durch die Auferstehung aus den Toten.

Hindu-Gurus

In der Religion der Hindus gibt es eine große Zahl von Sekten und
unterschiedlichen Meinungen. Daher können Verallgemeinerungen
nicht generell auf alle Hindus angewandt werden, aber die hier erwähnten Lehren sind grundlegend für den Hinduismus. Guru bedeutet Lehrer, und diese Männer sind für den Hinduismus wesentlich,
weil die Schriften der Hindus nicht durch Lesen verstanden werden
können; sie müssen von einem Guru erklärt werden. Diese Männer
werden als heilig erachtet und sogar noch nach ihrem Tod verehrt.
Sie lehren, daß ein Mensch aus dem endlosen Zyklus der Reinkarnationen befreit werden muß (*samsara*), der durch das Karma bestimmt wird - den Wirkungen aller Worte, Taten und Handlungen
in diesem und in allen früheren Leben. Die Befreiung (*moksha*) ist
erreicht, sobald der einzelne sein Wesen und sein Bewußtsein auf
eine unendliche Ebene ausdehnt und sein Atman (das Selbst) dem
Brahman gleich ist (dem absoluten Sein, aus dem alles andere
hervorgeht). Das heißt mit anderen Worten: Jeder Hindu muß erkennen, daß er Gott ist. Solche Erkenntnis kann nur erreicht werden, indem man eine der folgenden Disziplinen übt:

1. *Jnana Yoga* - Errettung durch Kenntnis der antiken Schriften in Verbindung mit innerer Meditation;
2. *Bhakti Yoga* - Errettung durch völlige Hingabe an eine der vielen Hindu-Gottheiten;
3. *Karma Yoga* - Errettung durch Werke wie Zeremonien, Opfer, Fasten und Pilgerfahrten, die ohne jeden Gedanken an eine Belohnung geleistet werden müssen.

Zu jeder dieser Disziplinen gehört Raja Yoga, eine Meditationstechnik, die Kontrolle über Leib, Atmung und Denken voraussetzt. Dies ist der ideelle Inhalt des Hinduismus. Die Religion, wie sie tatsächlich von den Hindus ausgeübt wird, besteht hauptsächlich aus Aberglaube, sagenhaften Geschichten über die Götter, okkulten Praktiken und Dämonenverehrung.

 **Die Anfänge des Hinduismus**

Die Religion der Hindus hat ihre frühesten Wurzeln etwa um 2000 v. Chr. Die im nordindischen Indus-Tal lebenden Volksstämme hatten eine polytheistische, vorrangig okkulte Religion. Diese Volksstämme wurden später von zentralasiatischen Heeren erobert. Sie kombinierten ihre Weda-Religion, die die Natur mehr betonte als Götter, mit der im Indus-Tal vorgefundenen. So entstand eine vollständige Kette von Göttern und Göttinnen. Die letzte Periode wurde philosophischer, als die Upanischaden genannten Schriften begannen, alle Realität auf einen einzigen Grundsatz zu konzentrieren. Dieser pantheistische Grundsatz wird Brahman genannt. In dieser Periode wurde auch die Idee der Reinkarnation eingeführt.

Die Lehre Jesu Christi ist auf mehrere bedeutsame Arten dem Hinduismus überlegen.

Jesus lehrt eine überlegene Weltanschauung

Im dritten Kapitel diskutierten wir die Probleme einer atheisti-
schen Weltanschauung und kamen zu dem Schluß, daß Theismus
die überlegenere Weltsicht ist. Wie wir bei der Auswertung des
Pantheismus feststellten, ist es sinnvollerweise nicht möglich zu
sagen: „Ich habe erkannt, daß ich Gott bin", weil Gott immer
wußte, er ist Gott. Dennoch ist der Anspruch des Menschen, Gott
zu sein, das Herz allen hinduistischen Denkens und aller hinduistischen Religion.

Jesus ist den Gurus moralisch überlegen

Der klassische Hinduismus besteht darauf, daß man leidende
Menschen leiden lassen soll - es ist ihr vom Karma bestimmtes
Schicksal. Jesus sagte: „Liebe deinen Nächsten wie dich selbst",
und mit diesem Nächsten meinte er jeden, der der Hilfe bedarf.
Johannes sagte: „Wer aber der Welt Güter hat und sieht seinen
Bruder Mangel leiden und verschließt sein Herz vor ihm, wie
bleibt die Liebe Gottes in ihm?" (1Jo 3,17). Darüber hinaus mißbrauchen viele, wenn nicht die meisten Gurus ihre geachtete Position dazu, ihre Anhänger finanziell und sexuell auszubeuten. Der
Bhagwan Sri Rajneesh besaß Dutzende von Rolls Royce-Autos -
Geschenke seiner Anhänger in aller Welt. Die Beatles waren ent-
täuscht von dem Maharishi Mahesh Yogi, als sie erlebten, daß er
viel mehr an dem Körper einer der Frauen ihres Gefolges interessiert war als an der Seele irgeneines von ihnen, und sie räumten
ein: „Wir haben einen Fehler gemacht".

Jesus offenbart eine überlegene Methode der geistlichen Erleuchtung

Während die Gurus nötig sind, um die Bhagavad Gita und die Upanischaden zu verstehen, kann die Bibel von jedem verstanden werden. Sie enthält keine esoterische oder verborgene Wahrheit, die
über das gewöhnliche Denkvermögen hinaus erläutert werden
müßte. Außerdem ist christliche Meditation nicht eine Anstrengung,

den Geist zu leeren; sie soll ihn vielmehr mit der Wahrheit der Grundsätze der Heiligen Schrift füllen (Ps 1). Nach innen gekehrte Meditation ist, als häute man eine Zwiebel: Man erträgt die Tränen Schicht
für Schicht, bis man in das Zentrum gelangt, und findet, daß es dort
nichts gibt. Meditation über Gottes Wort beginnt mit inhaltsreichen
Worten und eröffnet deren Bedeutung, sie befriedigt die Seele.

Jesus lehrt einen besseren Weg zum Seelenheil

Der Hindu ist verloren in dem vom Karma bestimmten Zyklus der
Reinkarnation, bis er *moksha* erreicht, und er ist alleingelassen,
seinen eigenen Weg dahin zu finden. Jesus versprach hingegen,
daß wir durch Glauben gerettet werden und wissen können, daß
unser Seelenheil garantiert ist (Eph 1,13-14; 1Jo 5,13).

Buddha

Siddharta Gautama („Buddha" ist ein Titel und bedeutet
„Erleuchteter") entwickelte eine Religion, die sich völlig vom Judentum und vom Christentum unterscheidet. Der Buddhismus begann als eine Reformation des Hinduismus, der zu einem System
von Spekulation und Aberglaube verkommen war. Um dies zu re-
generieren, verwarf Gautama Rituale und Okkultismus und entwickelte eine im wesentlichen atheistische Religion (obwohl später einige Formen des Buddhismus zu den Hindugöttern zurück-
kehrten). Seine grundlegenden Glaubensmaximen können in den
„vier edlen Wahrheiten" zusammengefaßt werden:
  1. Leben ist Leiden.
  2. Leiden ist verursacht von dem Verlangen nach Vergnügen
     und Wohlstand.
  3. Leiden kann überwältigt werden durch Ausmerzen des Be-
     gehrens.
  4. Begehren kann durch den „achtfältigen Weg" ausgemerzt
     werden.
Dieser Weg ist ein System religiösen Unterrichts einerseits und
der Sittengesetze des Buddhismus andererseits. Er enthält rechtes

Wissen (vier edle Wahrheiten), rechtes Wollen, rechtes Reden, rechtes Verhalten (nicht töten, nicht trinken, nicht stehlen, nicht lügen, nicht ehebrechen), rechte Beschäftigung (die nicht Leiden verursacht), rechte Bemühung, rechtes Bewußtsein (Verleugnung des endlichen Selbst) und rechte Meditation (Raja Yoga). Das Ziel aller Buddhisten ist nicht der Himmel oder die Gemeinschaft mit Gott, denn es gibt keinen Gott in Gautamas Lehre. Vielmehr suchen sie das Nirwana, die Beseitigung aller Leiden, Wünsche und der Illusion, daß das Selbst existiert. Während es jetzt einen eher liberalen Zweig des Buddhismus gibt, der Gautama als Gott verehrt und in ihm einen Heiland sieht (Mahayana Buddhismus), bleibt der Theravada Buddhismus enger an Gautamas Lehre und behauptet, daß dieser niemals Göttlichkeit für sich beansprucht habe. Um ihn als einen Heiland darzustellen, wurden folgende „letzte Worte" Buddhas festgehalten: „Buddhas zeigen nur den Weg, erwirke deine Errettung mit Fleiß".

 **Buddha: Der Erleuchtete**

Siddharta Gautama wurde um 560 v. Chr. in eine Familie der Oberschicht hineingeboren. Seine Kindheit war sehr bequem und behütet, und er war in den Zwanzigern, bevor er erkannte, daß es großes Leid in der Welt gab. Er studierte bei Hindu-Meistern und übte eine Zeitlang Askese; dann stellte er fest, daß beide Extreme (Genuß und Askese) vergeblich waren. Er wählte den Mittelweg der Meditation. Als er eines Tages unter einem Feigenbaum meditierte, wurde er - so sagt man - erleuchtet und erreichte das Nirwana. Die ihm zugeschriebenen Schriften und Aussprüche wurden etwa 400 Jahre nach seinem Tod verfaßt; man kann also nicht wissen, wie zuverlässig sie in Wirklichkeit sind. Er starb um 480 v. Chr. an Lebensmittelvergiftung.

Der Buddhismus ist eine Variante des Hinduismus, folglich müssen auf ihn die bereits erwähnten Kritikpunkte ebenso angewandt werden. So scheint die Lehre Jesu auch hier überlegen zu sein.

Jesus lehrt Hoffnung zu Lebzeiten

Der Buddhismus sieht im Leben nur Leiden und betrachtet das Selbst als etwas Ausrottungswürdiges. Jesus lehrte, daß das Leben ein Geschenk Gottes ist zu unserer Freude (Joh 10,10) und daß der Einzelne höchstgeehrt sein soll (Mt 5,22). Außerdem verhieß er Hoffnung auf das künftige Leben (Joh 14,6). Das ist sicherlich mehr als die Beseitigung von Wunsch und Selbst, die Gautama lehrte.

Jesus lehrt einen besseren Weg zum Seelenheil

Der Buddhist lehrt auch die Reinkarnation als Hilfsmittel zur Errettung. In dieser Weise wird jedoch das Selbst oder die Individualität der Seele am Ende eines jeden Lebens ausradiert. Auch wenn man also weiterlebt, ist man doch keine Person mit einer Hoffnung, das Nirwana zu erreichen. Jesus verhieß jedem Menschen eine individuelle Hoffnung für seine Person (Joh 14,3) und versprach dem Schächer am Kreuz neben ihm: „Heute wirst du mit mir im Paradiese sein" (Lk 23,43).

Jesus lehrt seine eigene Gottheit

Noch einmal wird das letzte Wort von einem leeren Grab zu diesem Gegenstand gesprochen, das Jesu Anspruch rechtfertigt, Gott im Fleisch zu sein. Gautama erhob keinen derartigen Anspruch und bewies folglich auch nicht dessen Richtigkeit. Er wollte bloß anderen den Weg zeigen, auf dem sie ihm ins Nirwana folgen konnten.

Sokrates

Sokrates hinterließ keine eigenen Schriften, aber Plato, sein Schüler, schrieb sehr viel über ihn. Diese Berichte können allerdings ebensogut Platos Gedanken widerspiegeln wie die des Sokrates. Plato präsentiert Sokrates als einen Mann, der überzeugt ist: Gott hat ihn zu der Aufgabe berufen, Wahrheit und Güte zu fördern. Er wollte Menschen dazu anreizen, ihre Worte und Taten zu prüfen, um zu sehen, ob sie sind wahr und gut sind. Laster war seiner Meinung nach lediglich Ignoranz, und Wissen führte zur Tugend. Man schreibt ihm als erstem die Erkenntnis der Notwendigkeit zu, die Wahrheit durch systematische Annäherung herauszufinden, obwohl die eigentliche Systematik schließlich von Aristoteles formuliert wurde - einem Schüler Platos. Wie Christus wurde auch Sokrates aufgrund falscher Anklagen zum Tode verurteilt - von Behörden, die sich durch seine Lehre bedroht sahen. Er hätte freigesprochen werden können - hätte er nicht darauf bestanden, daß seine Ankläger und Richter ihre eigenen Worte und Lebensführung prüften, was sie nicht wollten. Er war damit zufrieden, in dem Bewußtsein zu sterben, daß er seine Mission bis zum Ende durchgeführt hatte und daß der Tod - ob traumloser Schlaf oder wunderbare Gemeinschaft großer Männer - gut war.

Jesus ist jedoch in vieler Hinsicht klar überlegen. Zum Beispiel:

Jesus hatte eine überlegene Grundlage der Wahrheit

Jesus benutzte wie Sokrates oft Fragen, die Menschen dahin führen sollten, sich selbst zu prüfen. Aber seine Grundlage dafür, die Wahrheit über Menschen und über Gott zu kennen, war verwurzelt in der Tatsache, daß er selbst der allwissende Gott war. Er sagte von sich selbst: „Ich bin der Weg und die Wahrheit und das Leben" (Joh 14,6). Er selbst war in seinem eigenen wahrhaftigen Sein der Fundus, aus dem schließlich alle Wahrheit floß. Auch war er, als Gott, die absolute Güte, an der alle andere Güte gemessen wird. Einmal forderte er einen jungen Mann auf, seine Worte zu prüfen, indem er sagte: „Was heißest du mich gut? Niemand ist gut, als nur Einer, Gott!" (Mk 10,18). Jesus war die wahrhaftige Wahrheit und Güte, die Sokrates zu verstehen wünschte.

 **Sokrates: Der Vater der Vernunft**

Sokrates wurde um 470 v. Chr. in der Blüte der griechischen Kultur geboren. Seine Eltern waren reich, und er war im philosophischen Denken sehr gebildet. Er begann seine Lehrtätigkeit über Wahrheit und Recht, als er durch das delphische Orakel erfuhr, er sei der weiseste Mensch der Welt. Sokrates war sich sicher, daß dies nicht wahr sein könne. Aber nachdem er mit vielen anderen weisen Männern darüber gesprochen hatte, zog er den Schluß, daß es doch wahr sein müsse: Er war der einzige, der wußte, daß er nicht der weiseste Mensch der Welt war.

Jesus ermöglichte eine zuverlässigere Kenntnis der Wahrheit

Während Sokrates viele wahre Grundsätze lehrte, war er oft gezwungen, über viele wichtige Dinge zu spekulieren, etwa darüber, was beim Sterben geschieht. Jesus gab demgegenüber eine zuverlässige Antwort auf solche Fragen, denn er hatte sichere Kenntnis von der Bestimmung des Menschen. Wo Vernunft (Sokrates) nicht genügend Beweismaterial für eine sichere Schlußfolgerung hat, gibt Offenbarung (Jesus) Antworten, die anders nicht bekannt werden könnten.

Jesus starb einen edleren Tod

Sokrates starb mutig für seine Sache, was gewiß lobenswert ist. Jesus aber starb als der Stellvertreter für andere (Mk 10,45), um die Strafe zu bezahlen, die sie verdienten. Er starb nicht nur für seine Freunde, sondern auch für jene, die seine Feinde waren und bleiben würden (Röm 5,6-7). Solch eine Demonstration der Liebe kann nicht verglichen werden mit irgendeinem Philosophen.

Jesus bewies überlegen seine Botschaft

Rationale Beweise sind gut, wenn es vernünftige Gründe für ihre
Schlußfolgerungen gibt. Aber Sokrates kann keinen Anspruch
rechtfertigen, mit einer Aufgabe von Gott betraut zu sein, die mit
Christi Wundern und mit seiner Auferstehung vergleichbar wäre.
Wunder und Auferstehung bilden den überlegenen Beweis dafür,
daß Gott Jesu Botschaft als wahr beglaubigt hat.

Lao-tse (Taoismus)

Neuzeitlicher Taoismus ist eine dreifältige Religion aus Hexerei,
Aberglaube und Polytheismus. Ursprünglich jedoch war er ein
philosophisches System, und so wird er auch heute der westlichen
Kultur vorgestellt. Lao-tse (falls er jemals gelebt hat) bildete dieses System rund um einen Grundsatz, der alles im Universum erklärt und lenkt. Dieser Grundsatz wird das Tao genannt
(gesprochen: *tau*). Es gibt keinen einfachen Weg, das Tao zu erklären. Die Welt ist voll widerstreitender Gegensätze, wie gut und
böse, männlich und weiblich, Licht und Dunkel, ja und nein, usw.
Alle Widersprüche sind Kundgebungen des Konflikts zwischen
yin und *yang*. Aber in letzter Wirklichkeit sind *yin* und *yang* völlig
ineinander verflochten und vollkommen ausgewogen. Diese Aus-
gewogenheit ist das Tao genannte Geheimnis. Das Tao verstehen
heißt zu erkennen, daß alle Gegensätze eins sind und daß die
Wahrheit im Widerspruch liegt, nicht in der Trennung. Der
Taoismus geht darüber hinaus und sagt, der Mensch sollte in
Harmonie mit dem Tao leben. Er sollte ein Leben vollständiger
Passivität führen und über Fragen meditieren wie diese: „Wie
klingt eine klatschende Hand?" oder „Wenn im Wald ein Baum
umfällt, und es ist niemand da, es zu hören - macht es ein Geräusch?" Man sollte im Frieden mit der Natur sein und alle Formen der Gewalt vermeiden. Dieses philosophische System hat
viele Ähnlichkeiten mit dem Zen-Buddhismus. Christus ist überlegen in der Freiheit, die er den Menschen bringt.

Jesus gestattet dem Menschen die Freiheit, vernünftig zu sein

Wir haben zuvor schon festgestellt, daß es unmöglich ist, sinnvollerweise zu sagen: „Vernunft hat nichts mit Wirklichkeit zu tun", denn die Behauptung selbst ist eine vernunftgemäße Feststellung über die Wirklichkeit (sie ist entweder wahr oder falsch hinsichtlich der Wirklichkeit der Dinge). Man muß also die Vernunft benutzen, um zu leugnen, daß die Vernunft benutzt werden kann! Aber genau dies tut das Tao. Es sagt, alle Wahrheit liegt im Widerspruch: Was die Vernunft über Wirklichkeit sagt, ist unmöglich. Wahrheit ist aber nicht nur jenseits aller Vernunft, sondern sie sagt: „Du sollst den Herrn, deinen Gott, lieben mit deinem ganzen Herzen und mit deiner ganzen Seele und mit deinem ganzen Verstande. Dieses ist das große und erste Gebot" (Mt 22,37-38). Der Gott des Alten Testaments fordert sogar auf: „Kommt denn und laßt uns miteinander rechten" (Jes 1,18). Jesus gibt dem Menschen die Freiheit, mit Vernunft seine Wahrheitsansprüche zu untersuchen.

 Lao-tse: Der alte Meister

Nach der Legende war Lao-tse der Aufseher der königlichen Archive, bevor er sich entschloß, den unerforschten Westen zu bereisen. Als er im Begriff war aufzubrechen, überredete ihn ein Pförtner, die große Weisheit niederzuschreiben, die er bei seiner Beschäftigung erlangt hatte. So schrieb er ein Buch, daß 5000 chinesische Schriftzeichen in 81 kurzen Paragraphen enthielt, in denen er seine Philosophie ausbreitete. Dieses Buch ist das *Tao Te King*. Obwohl man gemeinhin annimmt, er habe im sechsten Jahrhundert v. Chr. gelebt, sind praktisch alle Informationen über ihn, die uns zur Verfügung stehen, so sagenhaft wie diese Geschichte. Wahrscheinlich kamen diese Legenden in der Zeit des großen taoistischen Philosophen Konfuzius auf, der im vierten und

dritten Jahrhundert v. Chr. lebte. Die Texte des *Tao Te King*
können auch in diese Zeit datiert werden. Konfuzius' Kommentar zum Tao heißt Tao Tsang. Er besteht aus mehr als
1100 Bänden und gilt im Taoismus auch als heilige Schrift.

Jesus gibt dem Menschen die Freiheit zu wählen

Der Taoismus fordert den Menschen auf, seinen Willen abzulegen,
die Kraft aufzugeben, seine Umgebung zu verändern. Jesus sagt, der
Mensch hat eine Wahl, und seine Wahl macht allen Unterschied in
der Welt aus. Der Mensch hat die Wahl, zu glauben oder nicht zu
glauben (Joh 3,18), zu gehorchen oder nicht zu gehorchen (15,14), die
Welt zu verändern oder von ihr verändert zu werden (Mt 5,13-16).

Jesus gibt dem Menschen die Freiheit, sich retten zu lassen

Der Taoismus bietet nur den Weg, sich selbst aufzugeben und die
Dinge zu lassen, wie sie sind. Christus bietet einen Weg, beides zu
verändern - wer wir sind und was wir sind -, um die Freuden des
Lebens kennenzulernen. Anstatt den Tod als unvermeidliches Ende zu akzeptieren, bereitet Christus einen Weg, den Tod durch
seine Auferstehung zu überwinden. Lao-tse konnte kein so groß-
artiges Versprechen geben.

So ist Jesus anderen Lehrern in vieler Hinsicht überlegen. Kein
anderer Lehrer erhob Ansprüche, Gott zu sein: Jesus tat es. Sogar
wenn die Anhänger irgendeines Propheten ihren Lehrer als Gott
verehrten, gibt es keinen Beweis dafür, daß dessen Anspruch vergleichbar ist mit der erfüllten Prophetie, dem sündlosen und wunderbaren Leben und mit der Auferstehung Jesu. Kein anderer Lehrer bot Errettung durch Glauben anstatt durch Werke, gegründet
darauf, was er bereits für uns getan hätte. Am beachtenswertesten
ist jedoch: Kein religiöser oder philosophischer Führer zeigte solche Liebe zum Menschen, wie sie Jesus bewies, als er für die
Sünden der ganzen Welt starb (Joh 15,13; Röm 5,6-8). Jesus ist
wahrlich der höchsten Ehre würdig.

Anmerkungen

[1] Calvin Blanchard, Hrsg.: *The complete Works of Thomas Paine* (Chicago: Belford, Clark & Company, 1885), S. 234.

[2] Bertrand Russell: *The Basic Writings of Bertrand Russell, Robert Egner und Lester Denonn*, Hrsg. (New York: Simon & Schuster, 1961), S. 62.

[3] Ebd., S. 594.

[4] C.S. Lewis: *Mere Christianity* (New York: The Macmillan Co., 1943), S. 55-56.

[5] Peter W. Stoner: *Science speaks* (Wheaton, Ill.: Van Kampen Press, 1952), S. 108.

[6] Karl Popper: *Conjectures and Refutations* (New York: Harper and Row, 1963), S. 36.

[7] William D. Edwards, M.D., u.a.: *On the Physical Death of Jesus Christ*, in: Journal of the American Medical Association, 255,11, 21. März 1986, S. 1463.

[8] Gary R. Habermas: *Ancient Evidence for the Life of Jesus* (Nashville: Thomas Nelson Inc., 1984), S. 125-126.

[9] Wolfhart Pannenburg, zitiert von William Lane Craig in: *The Sun Rises* (Chicago: Moody Press, 1984), S. 141.

[10] Time, 4. Juni 1979.

Kapitel 7

DIE BIBEL

Die Bibel hat viele Gesichter. Man kann sie als ein Werk der Literatur lesen und wie eine Sammlung von Erzählungen und Dichtungen erforschen, oder man betrachtet sie als Geschichtsbuch, das uns von den Anfängen und vom Wachstum des Volkes Gottes berichtet. Für manche ist sie ein archäologischer Führer, ein Wegweiser zu versunkenen Kulturen. Für jeden dieser Aspekte gibt es einen Platz und einen Zweck. Aber die Grundlage von allen ist: Die Bibel ist das Wort Gottes. Sie ist Gottes Botschaft an eine rebellierende Welt, wie sie zu ihm zurückfinden kann. Sie ist ein Liebesbrief Gottes an uns Menschen. Aber - nehmen wir diesen Anspruch ernst? Oder sind wir nur an einem Aspekt interessiert?

Wie wichtig ist die Bibel? Die vorhergehenden Kapitel dieses Buch haben gezeigt: Wir können wissen, daß Gott existiert, wie er ist, wie er das Böse überwinden kann, daß er Wunder wirkt und daß Jesus Gott ist. Dabei wurde noch nicht über die Bibel als ein heiliges Buch gesprochen. Es muß jedoch gesagt werden, daß die bisher dargelegten Argumentationen sich zwar nicht auf die Bibel allein stützen, aber doch von ihr angeführt sind. Sie kommen auf dem Weg der Vernunft zu ihren Schlußfolgerungen, aber ihre Richtung erhalten sie durch Offenbarung. Ohne das Wort Gottes gäbe es keine Garantie, daß jemals Schlußfolgerungen gezogen werden könnten. Selbst wenn es so wäre, könnten es nicht viele sein, die sie finden, und man kann nicht sagen, wie lange es dauern würde oder wie viele Fehler auf dem Weg dahin hineingebracht werden könnten. Darüber hinaus kann uns Vernunft nur einen Schritt weiterbringen. Dieser Schritt führt uns zur Heiligen Schrift als Wort Gottes. Wenn wir irgendeine Kenntnis von Gottes rettender Gnade und Liebe erhalten wollen, dann brauchen wir das Wort Gottes. Die große Frage lautet: *„Ist die Bibel wirklich eine Offenbarung Gottes?"* Diese Frage versuchen wir in diesem Kapitel zu beantworten.

WOHER WISSEN WIR, DASS DIE BIBEL VON GOTT KOMMT?

Wir wissen aus einem sehr einfachen Grund, daß die Bibel von Gott kommt: Jesus hat es uns gesagt. Es beruht auf seiner Autorität als Gott des Universums, daß wir gewiß sein können, die Bibel ist das Wort Gottes. Er bestätigte die Vollmacht des Alten Testaments in seiner Lehre, und er verhieß ein maßgebliches Neues Testament durch seine Jünger. Der Sohn Gottes selbst versichert uns, daß die Bibel Gottes Wort ist.

Jesus bestätigte die Autorität des Alten Testaments

Jesus sprach vom ganzen Alten Testament (Mt 22,29), von seinen zentralen Einheiten (Lk 16,16), von seinen einzelnen Büchern (Mt 22,43; 24,15), von seinen Ereignissen (19,4-5; Lk 17,27), von seinen Buchstaben und sogar Teilen von Buchstaben (Mt 5,18) als von göttlicher Autorität. Er nannte die Heilige Schrift das Wort Gottes (Joh 10,35). Sie wurde, wie er sagte, von Menschen geschrieben, die vom Heiligen Geist getrieben wurden: „David selbst hat in dem Heiligen Geiste gesagt ..." (Mk 12,36). Er verwies auf Ereignisse: „... durch Daniel, den Propheten, gesprochen" (Mt 24,15). Mit solchen Feststellungen bestätigt er die Urheberschaft der meistdiskutierten biblischen Bücher, wie die fünf Bücher Moses (Mk 7,10), Jesaja (7,6), Daniel und die Psalmen. Ebenso bestätigt er die Wunder, die die Kritiker nicht als historische Ereignisse anerkennen wollen. Er zitiert die Schöpfungsgeschichte (Lk 11,51), spricht über Adam und Eva (Mt 19,4-5), über

Noah und die Flut (24,37-39), über Sodom und Gomorra
(Lk 10,12) und über Jona und den großen Fisch (Mt 12,39-41). Er
sagte: „Es ist aber leichter, daß der Himmel und die Erde vergehen, als daß ein Strichlein des Gesetzes wegfalle" (Lk 16,17). Die
Tatsache, daß er die Heilige Schrift als letzte Autorität anerkannte,
zeigt sich klar bei seinen Versuchungen: Dreimal verteidigt er sich
gegen die Angriffe Satans mit der Redewendung: „Es steht geschrieben" (Mt 4,4ff).

**Überblick über Argumente,
daß die Bibel Gottes Wort ist**

Gott existiert (Kapitel 2).
Das Neue Testament ist eine historisch zuverlässige Urkunde
(Kapitel 7+9).
Wunder sind möglich (Kapitel 5).
Wunder bestätigen Jesu Anspruch, Gott zu sein (Kapitel 6).
Was auch immer Gott lehrt, ist wahr (4Mo 23,19; Hebr 6,18;
1Jo 1,5-6).
Jesus (= Gott) lehrte, daß die Bibel das Wort Gottes ist, in-
dem er das Alte Testament bestätigte und das Neue verhieß.
Deshalb ist die Bibel das Wort Gottes.

„Hier", so sagte Jesus, „ist das beständige, unveränderliche Zeugnis des ewigen Gottes, geschrieben zu unserer Unterweisung." So
scheint es in Jesu innerster Seele gewesen zu sein, ganz abgesehen
von jedem Vorteil für ihn in der Auseinandersetzung. In der Stunde der äußersten Krise und im Augenblick des Todes kamen
Worte der Heiligen Schrift von seinen Lippen: „Mein Gott, mein
Gott, warum hast du mich verlassen?" (Ps 22,2; Mt 27,46;
Mk 15,34) und „In deine Hände übergebe ich meinen Geist" (Ps
31,5; Lk 23,46).[1]

 **Was Jesus über das Alte Testament lehrte**

1. Vollmächtigkeit - Mt 22,43
2. Zuverlässigkeit - Mt 26,54
3. Endgültigkeit - Mt 4,4.7.10
4. Hinlänglichkeit - Lk 16,31
5. Unzerstörbarkeit - Mt 5,17-18
6. Einheit - Lk 24,27.44
7. Klarheit - Lk 24,27
8. Historizität - Mt 12,40
9. Tatsächlichkeit (wissenschaftlich) - Mt 19,2-5
10. Fehlerlosigkeit - Mt 22,29; Joh 3,12; 17,17
11. Unfehlbarkeit - Joh 10,35

Jesus verhieß das Neue Testament

Jesus sprach zu seinen Jüngern kurz bevor er sie verließ: „Dies habe ich zu euch geredet, während ich bei euch bin. Der Sachwalter aber, der Heilige Geist, welchen der Vater senden wird in meinem Namen, jener wird euch alles lehren und euch an alles erinnern, was ich euch gesagt habe" (Joh 14,25-26). Jesus fügte hinzu: „Wenn aber jener, der Geist der Wahrheit, gekommen ist, wird er euch in die ganze Wahrheit leiten; denn er wird nicht aus sich selbst reden, sondern was irgend er hören wird, wird er reden, und das Kommende wird er euch verkündigen" (16,13). Diese Aussagen verheißen, daß man sich der Lehre Jesu erinnern und sie verstehen werde; die Apostel würden ergänzende Wahrheiten erhalten, so daß die Gemeinde gegründet werden könnte. Sie legten den Beginn des apostolischen Zeitalters fest, das dann am Pfingsttag begann (Apg 2,1ff). Es dauerte an, bis der letzte der Apostel gestorben war (Johannes etwa 100 n. Chr.).

Während dieser Periode waren die Apostel die Vertreter der vollständigen und letzten Offenbarung Jesu Christi, und er fuhr fort, durch sie „zu tun und zu lehren" (Apg 1,1). Ihnen waren die „Schlüssel des Reiches der Himmel" gegeben (Mt 16,19), und durch ihre Hände empfingen Gläubige den Heiligen Geist (Apg 8,14-15; 19,1-6). Die frühe Gemeinde errichtete ihre Lehren und Praktiken auf „der Grundlage der Apostel" (Eph 2,20). Sie folgte „der Apostel Lehre" (Apg 2,42) und war gebunden an die Entschlüsse des apostolischen Konzils (Apg 15). Wenn Paulus seine Apostelschaft auch durch eine Offenbarung Gottes empfangen hatte - seine Beglaubigungsschreiben waren abgestimmt mit den Aposteln in Jerusalem.

Einige der Verfasser des Neuen Testaments waren aber keine Apostel. Wie können wir uns ihre Autorität erklären? Sie verwendeten die apostolische Botschaft, die „uns von denen bestätigt worden ist, die es gehört haben" (Hebr 2,3). Markus arbeitete eng mit Petrus zusammen (1Petr 5,13); Jakobus und Judas waren eng verbunden mit den Aposteln in Jerusalem und sind wahrscheinlich leibliche Brüder Jesu gewesen; Lukas war ein Begleiter des Paulus (2Tim 4,11), er interviewte viele Augenzeugen, um seinen Bericht zu schreiben (Lk 1,1-4). Petrus stellt Paulus Schriften voll der Heiligen Schrift gleich (2Petr 3,15-16). In jedem Fall (mit Ausnahme des Briefes an die Hebräer, dessen Verfasser wir nicht mit letzter Sicherheit ermitteln können) gibt es ein bestimmtes Bindeglied zwischen dem Verfasser und den Aposteln, von denen sie ihre Informationen erhielten (Hebr 2,3).

Jesus, der Gott im Fleisch war und immer die Wahrheit sprach, sagte, das Alte Testament sei das Wort Gottes und das Neue werde von seinen Aposteln und Propheten als alleinigen Bevollmächtigten seiner Botschaft geschrieben. Dadurch ist bewiesen: Unsere ganze Bibel ist von Gott. Das wissen wir von der größten Autorität - von Jesus Christus selbst.

WIE WURDE DIE BIBEL GESCHRIEBEN?

Den Vorgang durch den die Bibel geschrieben wurde, nennen wir Inspiration. Der Ausdruck wird aus 2. Timotheus 3,16 abgeleitet, wo es heißt: „Alle Schrift ist von Gott eingegeben [wörtlich: gottgehaucht] und nütze zur Lehre, zur Überführung, zur Zurechtweisung, zur Unterweisung in der Gerechtigkeit". Gott ist die Quelle von allem, was in der Bibel gesagt wird. Von Mose bis Johannes ist ein Prophet immer ein Mensch, der Gottes Botschaft zu den Menschen bringt. Diese Botschaft beginnt mit einer Offenbarung Gottes. Diese Offenbarung kann eine Stimme aus einem brennenden Busch sein (2Mo 3,2), aus einer Reihe von Visionen bestehen (Hes 1,1; 8,3; Offb 4,1), eine innere Stimme der engen Verbundenheit des Propheten mit Gott sein („Das Wort des Herrn kam zu mir") oder auf irgendeiner früheren Weissagung beruhen (Dan 9,1-2).

Um aber Heilige Schrift zu werden, mußte die Botschaft auch geschrieben werden. 2. Petrus 1,21 gibt uns eine Beschreibung dieses Vorgangs: „Denn die Weissagung wurde niemals durch den Willen des Menschen hervorgebracht, sondern heilige Männer Gottes redeten, getrieben vom Heiligen Geiste." Das Wort „getrieben" bedeutet wörtlich, „entlanggeführt" zu werden, wie ein Schiff vom Wind geführt wird. Gott führte jeden der Verfasser beim Schreiben an seinen Gedanken entlang, so daß die Botschaft fehlerlos übermittelt wurde.

Inspiration bedeutet nicht einfach, daß sich der Schreiber enthusiastisch fühlte wie Händel, als er *„Der Messias"* komponierte. Ebensowenig ist gemeint, daß die Schriften notwendigerweise inspirierend wären wie ein erhebendes Gedicht. Es ist ein Prozeß, in dem Schreiber und Schriften von Gott kontrolliert werden. Das Produkt erweist die Schriften als Urkunden, die Gottes Botschaft sind.

Wie funktioniert Inspiration? Dies bleibt weithin ein Geheimnis, aber wir wissen, daß sie durch Propheten als Sprecher Gottes wirkte. Wir wissen auch, daß das nicht bloß Sekretäre waren. Das „Sekretär-Modell" legt nahe, die beteiligten Menschen hätten lediglich ein göttliches Diktat aufgenommen, als sie die Bücher der Bibel schrieben. Das hätte zwar die Unversehrtheit von Gottes Botschaft gesichert, aber es erklärt nicht die menschlichen Elemente der Heiligen Schrift, wie unterschiedliche Ausdrucksweisen, die Verwendung persönlicher Erfahrungen oder den Gebrauch verschiedener Sprachen. Auch waren sie nicht einfach Offenbarungszeugen. Solche Verfasser wären lediglich Beobachter einer Offenbarung Gottes, die anschließend einen Erfahrungsbericht schreiben. Während die Worte nicht inspiriert sein mögen, wären es doch die Gedanken, die sie wiedergeben. Dieses Modell neigt jedoch dazu, die göttlichen Aspekte der Inspiration zu vernachlässigen zugunsten einer Betonung der menschlichen, einschließlich der menschlichen Fehler. Eine derartige Sichtweise ermißt nicht ernsthaft, was die Bibel über Inspiration sagt, denn sie bezieht Gott nicht in den Vorgang des Schreibens ein, und das setzt voraus, daß nicht alle Heilige Schrift von Gott kommt. Die einzige der Sache angemessene Ansicht vereinigt die göttlichen und die menschlichen Faktoren; es ist das Prophetenmodell: Der menschliche Schreiber hat eine Offenbarung empfangen und ist aktiv an ihrer Niederschrift beteiligt, während Gott die Offenbarung gibt und das Schreiben überwacht. So ist die Botschaft gänzlich von Gott, aber die Menschlichkeit des Schreibers ist eingebunden, die Botschaft verständlich zu machen. Das Göttliche und das Menschliche stimmen in den gleichen Worten überein (1Kor 2,13).

 Menschliche Aspekte der Heiligen Schrift

Sie ist in verschiedenen menschlichen Sprachen geschrieben (wie Hebräisch oder Griechisch), die bestimmte zeitlich festgelegte linguistische Formen ausdrücken.

Sie wurde von etwa fünfunddreißig verschiedenen menschlichen Autoren verfaßt.

Sie spiegelt grammatikalische Unregelmäßigkeiten wider.

Sie zeigt unterschiedliche menschliche literarische Stile.

Sie zeigt menschliche Interessen (2Tim 4,13).

Sie gebraucht fehlbares, menschliches Gedächtnis (1Kor 1,15-16).

Sie vereinigt verschiedene menschliche Kulturen (1Thes 5,26).

Sie spricht von der Perspektive eines menschlichen Beobachters (Jos 10,12-13).

Sie reflektiert gewöhnliche menschliche Unterschiede der Perspektive (Unterschiede in den Evangelien).

Sie spricht von Gott aus einer menschlichen Perspektive (Anthropomorphismen).

Das Resultat: Wir haben das Wort Gottes, geschrieben von Menschen durch Gott, inspiriert nicht nur in seinen Gedanken, sondern auch in den Worten, mit denen jene Gedanken ausgedrückt wurden. Die menschlichen Schreiber sind nicht bloß Sekretäre, sondern aktive Repräsentanten, die ihre eigenen Erfahrungen, Gedanken und Gefühle in dem ausdrücken, was sie geschrieben haben. Es ist nicht nur berichtete Offenbarung, sondern die Offenbarung selbst. Es ist Gottes Botschaft in geschriebener Form (Hebr 1,1; 2Petr 1,21).

KANN DIE BIBEL FALSCH SEIN?

Wie vertrauenswürdig ist die Bibel? Dies ist eine der großen Fragen dieses Jahrhunderts. Ist die Bibel fehlerlos (das bedeutet: ohne jeden Fehler), oder ist sie lediglich ein unfehlbarer Führer in Angelegenheiten von Glaube und Praxis (das bedeutet: das, was sie über geistliche Wahrheiten sagt, ist wahr, aber in Fragen der Wissenschaft, Geographie, Geschichte kann es Fehler geben)? Während es unbiblische Ansichten gibt, die die Autorität des Wortes im ganzen verwerfen oder sagen, es werde Gottes Wort, wie man es erfahre, so stehen die oben erwähnten Ansichten im Mittelpunkt der aktuellen Debatte.

Die neo-evangelikale Ansicht von Unfehlbarkeit stellt fest, der Zweck der Heiligen Schrift sei es, Menschen zur Errettung zu führen (2Tim 3,15). Jeder andere Gegenstand, der davon berührt wird (wie Botanik oder Kosmologie), sei für diesen Zweck unwichtig, alles in dieser Hinsicht Gesagte muß nicht richtig sein. Es wird ausdrücklich betont, die Verfasser hätten uns nicht vorsätzlich mit solchen falschen Darstellungen täuschen wollen: Entweder wußten sie es nicht besser oder sie schlossen sich einfach den Ansichten ihrer Zeit an, so daß sie ihr Hauptanliegen vermitteln konnten, das mit der Errettung zusammenhing. Jack Rogers, einer der Hauptbefürworter dieser Ansicht schrieb:

„[Es] ist zweifellos möglich zu definieren, was biblische Fehlerlosigkeit bedeutet - entsprechend dem rettenden Zweck der Bibel und wenn wir die menschlichen Formen in Betracht ziehen, durch die Gott geruhte, sich selbst zu offenbaren ... Fehler im Sinne technischer Genauigkeit mit dem biblischen Begriff des Fehlers als vorsätzlicher Täuschung in einen Topf zu werfen, lenkt uns von der ernsten Absicht der Heiligen Schrift ab. Es ist nicht Zweck der Bibel, menschliche Wissenschaft zu ersetzen. Ihr Sinn ist es, vor menschlicher Sünde zu warnen und uns Gottes Errettung durch Christus anzubieten. Sie erreicht unfehlbar diesen Zweck."[2]

Zwei entgegengesetzte Ansichten

Neo-evangelikal	Evangelikal
Wahr im ganzen, aber nicht in allen Teilen.	Wahr im ganzen und in allen Teilen.
Geistig, aber nicht immer historisch wahr.	Geistig und historisch wahr.
Moralisch, aber nicht immer wissenschaftlich wahr.	Moralisch und wissenschaftlich wahr.
Wahr in den Absichten, aber nicht in allen Darstellungen.	Wahr in den Absichten und in allen Darstellungen.
Die Bibel ist unfehlbar, nicht fehlerlos.	Die Bibel ist unfehlbar und fehlerlos.
Die Bibel ist Gottes Instrument der Offenbarung.	Die Bibel ist wirklich eine Offenbarung.
Die Bibel ist Gottes Aufzeichnung der Offenbarung.	Die Bibel ist Gottes Offenbarung.
Gott spricht durch die Worte der Bibel.	Gott spricht in den Worten der Bibel.
Die menschliche Sprache ist nicht angemessen, Gott zu vermitteln.	Die menschliche Sprache ist angemessen, aber nicht erschöpfend.
Vieles von höherer Kritik wird akzeptiert.	Keine höhere Kritik wird akzeptiert.
Glaube steht im Gegensatz zur Vernunft.	Glaube steht nicht im Gegensatz zur Vernunft.

In der Darstellung dieser Ansicht werden einige Dinge augenscheinlich. Wahrheit wohnt der Absicht oder der Zielsetzung des Verfassers inne, nicht jedoch dem, was er tatsächlich schrieb. Die Apostel beabsichtigten nicht, uns in Fragen von Naturwissenschaft oder Geschichte irrezuführen - das war nicht Teil ihres Wollens. Also ist es in Ordnung, wenn das, was sie sagten, nach normalen Standards nicht richtig war. Die Bedeutung liegt im

Zweck, nicht in der Darstellung. Jesus beabsichtigte zu zeigen, daß ein wenig Glaube sehr viel vollbringen kann. Wenn er dabei den Fehler machte, den Senfsamen den kleinsten zu nennen (obwohl in Wirklichkeit ein Orchideensamen kleiner ist), dann tut das der Sache keinen Abbruch - es war nicht Teil seines Zwecks. Zweitens ist die menschliche Sprache nicht wirklich angemessen, Wahrheiten über Gott mitzuteilen. Sie ist begrenzt und diesseitig und kann nicht wirklich etwas von dem unendlichen Gott übermitteln, der so verschieden von uns ist. So sind Fehler unvermeidlich, solange wir durch die menschliche Sprache beschränkt sind. Wenn Gott sich uns selbst offenbaren soll, während wir die Bibel lesen, dann muß er es in unserer Erfahrung tun, während wir den Text lesen. Er kann sich nicht in den Worten übermitteln, aber er kann durch sie wirken, daß wir in einer persönlichen Weise getroffen werden, die über die Sprache hinausgeht. Schließlich steht Glaube im Gegensatz zum Verstand. Vernunft kann Glaubenswahrheiten nicht beurteilen, und Glaube ist der Vernunft weder verpflichtet, noch ist er durch sie beweisbar. Die Methoden zur Wahrheitsbestimmung in dieser Welt funktionieren nicht für die jenseitige Welt. Infolgedessen ist Naturwissenschaft recht für naturwissenschaftliche Angelegenheiten, und die Bibel ist recht für geistliche Angelegenheiten.

Neo-Evangelikale sind auf dem rechten Weg, wenn sie herausstellen, daß die Bibel nicht beabsichtigt, als naturwissenschaftlicher Text verstanden zu werden. Sie erkennen auch korrekt die Begrenzung menschlicher Sprache. Würden ihre Ansichten jedoch akzeptiert, so hätte das verheerende Folgen.

Jesu Worte und Taten scheinen vielen ihrer Behauptungen zu widersprechen. Er sagte: „Wenn ich euch das Irdische gesagt habe, und ihr glaubet nicht, wie werdet ihr glauben, wenn ich euch das Himmlische sage?" (Joh 3,12). Jesus erwartete, daß man seine Genauigkeit in sachlich überprüfbaren Angelegenheiten kontrollieren werde - zum Beweis dafür, daß er auch in geistlichen Angelegenheiten die Wahrheit sagte, was nicht überprüfbar war. So erklärte er der Menge: „Was ist leichter, zu dem Gelähmten zu sagen: Deine Sünden sind vergeben, oder zu sagen: Stehe auf, nimm dein Ruhebett auf und wandle? Auf daß ihr aber wisset, daß der Sohn des Menschen Gewalt hat auf der Erde Sünden zu vergeben ... spricht er zu dem Gelähmten: Ich sage dir, stehe auf, nimm dein Ruhebett auf und gehe nach deinem Hause" (Mk 2,9-11). Jesus bewies die Wahrheit dessen, was er über den Glauben und den nicht überprüfbaren Bereich sagte, indem er wahrhaftig und nachweisbar physische Heilung schenkte. Er argumentierte: Was Gott über diese Welt sagt, demonstriert seine Wahrhaftigkeit in Aussagen über die andere Welt.

Und wie steht es mit Jesu Auferstehung? War sie mythisch oder historisch? Wenn sie mythisch war, bedeutet das dann, daß sie in der realen Welt nicht geschehen sein konnte, wo man sie hätte prüfen können? Wenn sie historisch war, bedeutet das dann, daß sie keine höhere, geistliche Bedeutung hat? Eine derartige Unterscheidung ist unmöglich angesichts des Beweismaterials, mit dem Jesus seinen Anspruch auf Gottheit unterstützte.

Ferner hatte Jesus die lästige Gewohnheit, Schriftstellen als Tatsachen zu deklarieren, die von höherer Kritik als Fehler bezeichnet werden. Er sprach von Angelegenheiten wie Schöpfung (Lk 11,51), Adam und Eva (Mt 19,4-5), Noah und der Flut (24,37-39), Sodom und Gomorra (Lk 10,12) und Jona und dem großen Fisch (Mt 12,39-41) als von Tatsachen. Er ging sogar so weit zu sagen, Mose habe das Gesetz geschrieben (und nicht Esra oder eine Auswahl von Schriftgelehrten; siehe Mk 7,10; Joh 7,19) und das ganze Buch Jesaja stamme aus der Feder Jesajas (kritische Gelehrte sagen, die zweite Hälfte sei Jahrhunderte später geschrieben worden; siehe Joh 12,38-41, wo beide Hälften gemeinsam zitiert und beide Jesaja zugeschrieben werden). Diese Passagen zeigen, daß Jesus die historische Wirklichkeit

des Alten Testaments mit der Wahrheit seiner eigenen geistlichen Botschaft verknüpft.

Die Gelehrten erwidern darauf, Jesus sei nur den weitverbreiteten
Ansichten seiner Tage entgegengekommen, so daß die Menschen
seiner Zeit seinen Hauptpunkt verstehen könnten, ohne durch mo-
dernes Wissen verwirrt zu werden: daß Gott bei der Schöpfung
Evolution benutzt habe und daß sich einige der Wunder niemals
ereignet hätten. Diese Vorstellung wirft zwei ernste Probleme auf.
Erstens sieht es Jesus gar nicht ähnlich, populären Meinungen
entgegenzukommen. Er zögerte niemals, falschem Denken frontal
entgegenzutreten (Mt 5,21-22.27-28.31-32; 15,1-9; 22,29; 23,1ff;
Joh 2,13ff; 3,10). Deshalb hatte er stets Diskussionen mit den
Pharisäern und den Sadduzäern. Von größerer Bedeutung ist
zweitens, daß dieses Entgegenkommen auf eine moralische Täuschung durch Jesus hinausliefe: Als Gott wußte er, daß das, was er
ihnen erzählte, nicht der Wahrheit entsprach, aber er erzählte es
dennoch.

Philosophisch ist die geschilderte Definition von Unfehlbarkeit
unbefriedigend. Es paßt nicht zu dem, was die meisten Menschen unter dem Begriff Wahrheit verstehen, wenn man sagt,
Wahrheit sei nur im Zweck, in der Absicht zu finden. Wir erwarten, daß die Wahrheit der Wirklichkeit entspricht, von der sie
redet. Wenn Wahrheit nur eine Sache der Absicht ist, dann können wir bei einer Erklärung nie erkennen, ob sie wahr oder
falsch ist, denn wir können niemals die eigentliche Absicht dessen erkennen, der spricht. Das gleiche gilt für wahre Bedeutung.
Wenn wir nicht feststellen können, was ein Mensch mit dem
meint, was er sagt, wie können wir wissen, welche Bedeutung
beabsichtigt war? Selbst, wenn er uns zur Klärung seine Absicht
mitteilt, gebraucht er dazu noch immer Sprache, und wir können
nicht sicher sein, daß er seine wahre Absicht über seinen Vorsatz
zum Ausdruck gebracht hat. Hier werden Bedeutung und Wahrheit ausgeschlossen. Außerdem ist es sinn- und zwecklos zu behaupten, Sprache könnte nichts über Gott ausdrücken, denn ge-

nau das tut diese Behauptung: Sie drückt die Vorstellung aus, daß nichts ausgedrückt werden kann. Gewiß gibt es Grenzen, über die hinaus unsere Sprache nichts mehr über das Unendliche sagen kann, aber das bedeutet ja nicht, daß wir im ganzen aufgeben müssen. Es gibt einiges, was wir in menschlicher Sprache über Gott sagen können. Wenn das nicht wäre - wie könnten die Neo-Evangelikalen sagen, daß die Bibel die Wahrheit über geistliche Angelegenheiten lehrt?

Was die Bibel sagt ... Was Gott sagt
(und umgekehrt)

Gott sagte	*ist gleich*	*„Die Schrift sagte"*
1Mo 12,3		Gal 3,8
2Mo 9,6		Röm 9,17
Die Bibel sagte	*ist gleich*	*„Gott sagte"*
1Mo 2,24		Mt 19,4-5
Ps 95,7		Hebr 3,7
Ps 2,1		Apg 4,24-25
Jes 55,3		Apg 13,34
Ps 16,10		Apg 13,35
Ps 2,7		Hebr 1,5
Ps 97,7		Hebr 1,6
Ps 104,4		Hebr 1,7

Das Wort Gottes

fleischgeworden	inspiriert
verborgen in Gott von Ewigkeit Joh 1,1	ewige Gedanken Gottes Ps 119,89; Eph 3,9
empfangen im Heiligen Geist Lk 1,35	inspiriert durch den Heiligen Geist 2Tim 3,16; 2Petr 1,21
geboren als ein gewöhnlicher Mensch Phil 2,7	geschrieben in gewöhnlicher Sprache 1Kor 2,4-10
vollkommen, sündlos Joh 8,46; Hebr 4,15	vollkommen, fehlerlos Joh 17,17; Ps 19,8
eindeutiges Zeugnis zur Heiligen Schrift Mt 5,17-18	eindeutiges Zeugnis zu Christus Lk 24,27
offenbart den Vater Joh 1,18; Hebr 1,1-2	offenbart den Sohn Joh 5,39

Die meisten Evangelikalen meinen, daß die Bibel die Wahrheit lehrt sowohl über geistliche wie auch über naturwissenschaftliche und historische Angelegenheiten. Die bei der Betrachtung des Begriffs Inspiration herangezogenen Bibelstellen legen nahe, daß die Bibel selbst diesen Anspruch stellt und daß auch Jesus sie auf diese Art verstanden hat. Die Prüfung des Beweismaterials zeigt, daß die Bibel in historischen und naturwissenschaftlichen Angelegenheiten äußerst zuverlässig ist, und ihren Kritikern wird immer wieder fehlerhafte Argumentation nachgewiesen (siehe Kapitel 8-10). Noch grundlegender: Wenn die Bibel das Wort Gottes ist und Gott nur die Wahrheit sagen kann, führt das unausweichlich zu der Schlußfolgerung, daß die Bibel keinen Fehler enthält. Inspiration garantiert Fehlerlosigkeit. Man beachte nur, daß das, was die Bibel sagt, und das, was Gott sagt, gleichgestellt wird. Jesus führte aus, Gott habe gesagt: „Darum wird ein Mann seinen Vater und seine Mutter verlassen", aber eine genaue Untersuchung von 1. Mose 2,24 zeigt, es waren Moses Worte. Auch Paulus schreibt ein direktes Zitieren Gottes der „Heiligen Schrift" zu. Wo die Bibel spricht, spricht Gott, und Gott kann nicht lügen.

Das bedeutet nicht, daß die *Weise*, wie wir die Bibel verstehen, völlig richtig ist. Es bedeutet, daß die Bibel wahr ist, wenn sie richtig verstanden wird. Es bedeutet nicht, daß alles in der Heiligen Schrift wörtlich verstanden werden muß. Es gibt Sprachfiguren auf beinahe jeder Seite, aber es ist ein grundlegender Unterschied zwischen einer Metapher und einem Märchen oder Mythos. Außerdem bedeutet Fehlerlosigkeit nicht, daß alles, was in der Bibel *aufgezeichnet* ist, wahr ist, sondern das *als wahr Bestätigte*. Kain sagte: „Bin ich meines Bruders Hüter?", womit er sagen wollte, er sei es nicht. Die Bibel gibt wieder, daß er es sagte, aber sie billigt nicht seinen Standpunkt. Schließlich kam diese Aussage von einem Mann, der soeben seinen Bruder getötet hatte! Die Lehre aus der Passage ist: Wir sind verantwortlich für das Wohlbefinden anderer.

Schließlich gibt es eine Analogie zwischen dem geschriebenen Wort Gottes und dem lebendigen Wort. Obwohl Neo-Evangelikale sagen, Irrtum sei die Folge der Einführung menschlichen Denkens und menschlicher Sprache, müssen sie doch irgendwie Rechenschaft über die Tatsache geben, daß Jesus Christus beides war - völlig menschlich und völlig göttlich, aber ohne Sünde. In beiden Fällen sind das Göttliche und das Menschliche miteinander verbunden, doch die menschlichen Aspekte haben keine Unvollkommenheiten. Das zeigt, daß Sünde und Fehler nicht notwendigerweise Konsequenzen des Menschlichen sind; sie ereignen sich schicksalhaft. Gott kann sowohl ein fehlerloses Buch als auch eine fehlerlose Person erschaffen.

WIE WURDE DIE BIBEL ZUSAMMENGESTELLT?

Wie können wir wissen, daß die sechsundsechzig Bücher der Bibel die einzigen Schriften sind, die in den Kanon der Heiligen

Schrift einbezogen sein sollten? Wie steht es mit den Apokryphen oder den gnostischen Evangelien? Warum sollten sie nicht mit eingeschlossen werden? Die Antwort liegt in der Vorstellung von Kanonizität. Das Wort Kanon kommt aus griechischen und hebräischen Wörtern, die einen Maßstab bedeuten. Gemeint ist ein Maßstab, der auf alle geistlichen Bücher zutreffen muß. Es wurden verschiedentlich unpassende Meinungen darüber geäußert, was diesem Standard entsprechen solle, etwa das Alter einer Schrift, ihre Übereinstimmung mit der Torah (wenn sie hebräisch geschrieben wurde), ihr religiöser Wert oder ihr christlicher Gebrauch. Aber all diese Vorschläge haben einen grundlegenden Fehler - sie verwechseln Gottes *Festsetzung* von Heiliger Schrift mit menschlicher *Erkenntnis* über diese Schrift. Der Grundsatz lautet: Was auch immer Gott inspiriert hat, ist Heilige Schrift, und was er nicht inspiriert hat, ist es nicht. Sobald der Heilige Geist einen Menschen Gottes bewog zu schreiben, wurde diese Schrift nicht nur inspiriert, sondern in die Heilige Schrift eingefügt. Gott hat bereits entschieden, was eingebunden sein soll; unser Problem ist festzustellen, welche Schriften Gott inspiriert hat.

 **Bücher, die fraglich waren**[3]

Der Hebräerbrief: Weil der Autor unbekannt ist. Er wurde aufgenommen, da er apostolische Vollmacht hat, wenn nicht sogar apostolische Urheberschaft.
Der Jakobusbrief: Wegen des Konflikts mit Paulus' Lehre über Errettung durch Glauben allein. Der Konflikt wurde beigelegt, indem man Werke als ein natürliches Ergebnis des rechten Glaubens ansah.
Der zweite Petrusbrief: Weil sich der Stil von dem des ersten Petrusbriefes unterscheidet. Aber Petrus benutzte einen Sekretär, um seinen ersten Brief zu schreiben (siehe 5,12), der ihm geholfen haben mochte, sein Griechisch zu glätten.

Der zweite und der dritte Johannesbrief: Weil der Autor „Ältester" und nicht „Apostel" genannt wird. Doch Petrus nannte sich selbst auch einen Ältesten (1Petr 5,1). Die beiden Briefe sind im frühesten Verzeichnis des Kanons aufgeführt.

Der Judasbrief: Er verweist auf das Buch Henoch und die Apokalypse des Mose. Er nennt sie nicht Heilige Schrift, wie auch Paulus heidnische Dichter zitierte (Apg 17,28; Tit 1,12). Der Brief fand früh weite Annahme.

Die Offenbarung: Weil sie eine tausendjährige Regierung Christi lehrt, was an einen gewissen Kult erinnerte. Sie wurde jedoch von den frühesten Kirchenvätern anerkannt.

Es gibt fünf Fragen, anhand derer die Gemeinde feststellte, welche Bücher als kanonisch akzeptiert oder verworfen werden sollten. Die erste ist die grundlegendste:

1. *Wurde die Schrift von einem Propheten Gottes geschrieben?* 5. Mose 18,18 sagt uns, nur ein Prophet Gottes wird die Worte Gottes sprechen. Dies ist die Art, wie sich Gott selbst offenbart (Hebr 1,1). 2. Petrus 1,20-21 versichert uns, daß Heilige Schrift ausschließlich von Menschen Gottes geschrieben wird.

2. *Wurde der Schreiber durch einen Akt Gottes bestätigt?* Hebräer 2,3-4 vermittelt den Gedanken, wir sollten irgendeine wunderbare Bestätigung jener erwarten, die für Gott sprechen. Mose hatte seinen Stab, der sich in eine Schlange verwandelte, Jesus wurde beglaubigt durch seine Auferstehung, und die Apostel setzten Jesu Wunder fort, die bestätigten, daß ihre Botschaft von Gott war. Viele der Propheten hatten Weissagungen, die sich bald erfüllten, um ihre Vollmacht zu bestätigen.

3. *Sagt die Schrift die Wahrheit über Gott?* - „Aber wenn auch wir oder ein Engel aus dem Himmel euch etwas als Evangelium verkündigte außer dem, was wir euch als Evangelium verkündigt haben: er sei verflucht!" (Gal 1,8). Übereinstimmung mit aller vorhergehenden Offenbarung ist wesentlich.

Dieser Richtspruch schließt auch falsche Weissagungen im Namen Gottes aus (5Mo 18,22).

4. *Hat die Schrift Gotteskraft?* Alle Schriften, die nicht die umgestaltende Kraft Gottes im Leben seiner Leser hervorheben, sind nicht von Gott, „denn das Wort Gottes ist lebendig und wirksam und schärfer als jedes zweischneidige Schwert" (Hebr 4,12).

5. *Wurde die Schrift vom Volk Gottes akzeptiert?* Paulus dankte den Thessalonichern dafür, daß sie die Botschaft des Apostels als Wort Gottes empfangen hatten (1Thes 2,13). Es ist die Regel, daß das Volk Gottes - das heißt, die Mehrheit der Gläubigen und nicht nur eine kleine Gruppe von ihnen - anfänglich Gottes Wort als solches empfangen wird. Moses Schriftrollen wurden unmittelbar in die Bundeslade gelegt (5Mo 31,24-26) und Josuas Schriften wurden in gleicher Weise hinzugefügt (Jos 24,16) wie auch die Samuels (1Sam 10,25). Jeremia ist bekannt als „der plagiierende Prophet", weil er so viele andere Propheten zitierte, die nur wenige Jahre vor ihm geschrieben hatten. Das zeigt, daß ihre Schriften bereits anerkannt waren. Wir sehen Daniel das Buch Jeremias studieren, fünfzig Jahre nachdem es geschrieben wurde (Dan 9,2). Das Neue Testament zeigt ähnliche Akzeptanz darin, daß Petrus die Schriften des Paulus Heilige Schrift nennt (2Petr 3,16). Paulus zitiert Lukas neben einer Passage aus dem Gesetz (1Tim 5,18). Wir wissen auch, daß Paulus' Briefe unter den Gemeinden zirkulierten (Kol 4,16; 1Thes 5,27). Dies könnte der Beginn der Sammlung der Bücher für den Kanon des Neuen Testaments gewesen sein. Obwohl einige Bücher später diskutiert wurden, spricht ihre ursprüngliche Annahme stark für ihre Einbindung in den Kanon.

Aber was ist mit den Büchern, die weggelassen wurden? Diese Frage zeigt die falsche Perspektive in dieser Angelegenheit. Keine weiteren Bücher waren jemals als kanonische Schriften anerkannt, und es gibt keinen Grund anzunehmen, die meisten von ihnen seien auch nur in Erwägung gezogen worden. Sowohl für das Alte als auch für das Neue Testament gilt: Es gibt gewisse Bücher, die von manchen anerkannt waren, einige, die später zur Disposition gestellt wurden und einige, die von allen verworfen wurden. Es gibt allerdings kein Buch, das anfangs allgemein anerkannt war und später aus dem Kanon entfern wurde. Es gibt jedoch zwei Gruppen von Büchern, die manche gern in den Kanon einbezogen sähen. Dies sind die Apokryphen und die gnostischen Evangelien.

Was ist mit den Apokryphen?

Die Apokryphen sind eine Gruppe von Büchern, die zwischen dem dritten Jahrhundert v. Chr. und dem ersten Jahrhundert n. Chr. geschrieben wurden. Sie besteht aus vierzehn Büchern (bzw. fünfzehn bei anderer Aufteilung der Texte), die verschiedentlich in antiken Kopien bedeutender griechischer Übersetzungen des Alten Testaments gefunden werden. Sie reflektieren einige jüdische Geschichte und Überlieferung aus der Zeit nach Maleachi, dem letzten Propheten des Alten Testaments. Die meisten der apokryphen Schriften wurden von Augustinus und der syrischen Kirche im vierten Jahrhundert als Heilige Schrift anerkannt und später von der katholischen Kirche kanonisiert. Das Neue Testament und die frühen Kirchenväter machten Anspielungen auf die apokryphen Bücher. Sie fanden sich auch unter den in Qumran am Toten Meer gefundenen Schriftrollen.

Was sind die Apokryphen?

1. Weisheit Salomos (ca. 30 v. Chr.)
2. Ecclesiasticus (132 v. Chr.)
3. Tobias [Tobit] (ca. 200 v. Chr.)
4. Judith (ca. 150 v. Chr.)
5. 1. Esdras (ca. 150-100 v. Chr.)

6. 1. Makkabäer (ca. 110 v. Chr.)
7. 2. Makkabäer (ca. 110-70 v. Chr.)
8. Baruch (ca. 150-50 v. Chr.)
9. Brief Jeremias [oder: Baruch 6] (ca. 300-100 v. Chr.)
10. 2. Esdras (ca. 100 n. Chr.)
11. Zusätze zu Esther [Esther 10,4-16,24] (140-130 v. Chr.)
12. Gebet Asarjas [Daniel 3,24-90] (1. oder 2. Jahrhundert v. Chr.)
13. Susanna [Daniel 13] (1. oder 2. Jahrhundert v. Chr.)
14. Bel und der Drache [Daniel 14] (ca. 100 v. Chr.)
15. Gebet Manasses (1. oder 2. Jahrhundert v. Chr.)

Diese Bücher waren jedoch von den Juden niemals als Heilige
Schrift anerkannt und sind auch in der hebräischen Bibel nicht
enthalten. Mag auch das Neue Testament auf sie anspielen (siehe
Hebr 11,35), bei keiner der Anspielungen werden sie klar Wort
Gottes genannt (Paulus zitiert auch heidnische Dichter, aber er
nennt sie nicht Heilige Schrift). Augustinus räumte ein, daß sie
gegenüber dem Rest des Alten Testaments einen untergeordneten
Rang einnehmen. Ein Grund für ihn, sie einzubeziehen, war, daß
sie in der Septuaginta enthalten waren (eine griechische Übersetzung),
die er als inspiriert erachtete. Hieronymus jedoch, ein he-
bräischer Gelehrter, erstellte die Vulgata, eine offizielle lateini-
sche Fassung des Alten Testaments, ohne die apokryphen Bücher
hinzuzufügen. Jene Gemeinden, die die Apokryphen anerkannt
haben, taten es lange, nachdem sie geschrieben wurden (im vierten, sechzehnten, und siebzehnten Jahrhundert). Die Kirchenväter,
die diese Schriften zitierten, sind abgesondert von anderen, die ihnen vehement entgegentraten, wie etwa Athanasius und Hieronymus. Tatsächlich gehörten diese Bücher niemals offiziell zur
Bibel bis zum Konzil von Trient 1546 n. Chr. Es besteht jedoch

der Verdacht, daß diese Bücher bei dem Konzil aufgrund christlicher Gepflogenheiten aufgenommen wurden (der falsche Grund) -
just neunundzwanzig Jahre, nachdem Martin Luther biblische Be-
gründungen für Glaubenslehren gefordert hatte, wie Errettung
durch Werke und Gebet für die Toten (die in den Apokryphen zu
finden sind: 2. Makkabäer 14,45-46; Tobias 12,9). Was die Qum-
ran-Funde betrifft, so wurden dort Hunderte von nichtkanonischen
Büchern gefunden; es beweist nicht, daß die apokryphen Schriften
für sie etwas anderes als populäre Literatur gewesen wären.
Schließlich beansprucht kein apokryphes Buch, inspiriert zu sein.
In der Tat weisen einige ausdrücklich zurück, inspiriert zu sein (1.
Makkabäer 9,27). Wenn Gott sie nicht inspiriert hat, dann sind sie
nicht sein Wort.

Was ist mit den gnostischen Evangelien?

Die gnostischen Evangelien und die mit ihnen zusammenhängenden
Schriften sind Teil der Pseudoepigraphen des Neuen Testaments,
was „falsche Schriften" bedeutet. Sie werden so genannt, weil der
Verfasser anstatt seines eigenen Namens den irgendeines Apostels
verwandte: das Evangelium des Petrus, die Taten des Johannes usw.
Sie wurden aber nicht von den Aposteln geschrieben, unter deren
Namen sie herausgebracht wurden, sondern von Menschen des
zweiten Jahrhunderts (und später). Sie gaben vor, mit apostolischer
Autorität zu schreiben, um ihre eigene Lehre zu fördern. Heute nennen wir das Betrug und Fälschung. Für jene, die diese Schriften für
legitime christliche Überlieferung halten, ist das kein Problem, denn
sie denken, daß vieles im Neuen Testament in gleicher Weise geschrieben wurde. Die Pseudoepigraphen lehren die Grundsätze der
zwei frühesten Irrlehren, die beide die Realität der völligen
Menschlichkeit Jesu bestritten. Sie lehren, daß Jesus in Wirklichkeit
nur ein Geist war, der aussah wie ein Mensch; deshalb sei seine
Auferstehung nur eine Rückkehr zu seiner geistigen Form gewesen.
Sie behaupten, Informationen über Jesu Kindheit zu enthalten, aber
die darin vorkommenden Geschichten sind äußerst unwahrscheinlich und nicht von Augenzeugen berichtet. Niemand hat jemals

diese Bücher in irgendeinem Sinn als Heilige Schrift anerkannt -
ausgenommen die häretischen Sekten, aus denen sie hervorgegan-
gen sind. Sie sind kein legitimer Teil der christlichen Überlieferung, sondern aufgezeichnete Mythen und Irrlehren, die außerhalb
der Hauptströmung des Christentums entstanden.

Stehen die gnostischen Evangelien auf einer Ebene
mit der Heiligen Schrift? Folgendes ist ein Auszug aus dem
„Evangelium des Thomas". Man möge ihn lesen und dann
für sich selbst entscheiden.

„Der Sohn aber des Schriftgelehrten Hannas stand dort zusammen mit Joseph. Der nahm einen Weidenzweig und ließ,
indem er mit dem Zweig einen Abflußkanal bohrte, die Wasser
wieder auslaufen, die Jesus in Gruben gesammelt hatte. Als
aber Jesus sah, was da geschah, wurde er böse und sagte zu
ihm: 'Du gottloser und unvernünftiger Schlingel! Was haben
dir denn die Gruben und die Wasser zuleide getan, daß du sie
austrocknen läßt? Siehe, jetzt sollst auch du wie ein Baum,
wenn er ohne Wasser ist, austrocknen und sollst weder Blätter
noch Wurzel noch Frucht tragen!' Und sogleich verdorrte jener
Knabe ganz und gar. Jesus aber zog sich zurück und ging heim
in das Haus Josephs. Die Eltern des Verdorrten aber trugen ihn
fort, voll Wehklagens über seine Jugend, daß sein Leben schon
so früh zerstört worden war, und brachten ihn zu Joseph und
schuldigten ihn an: 'Einen solchen Sohn hast du, der derartiges
tut!'" [Evangelium des Thomas 3,1-3]

WIE ZUVERLÄSSIG SIND UNSERE
HEUTIGEN BIBELN?

Nirgendwo in der Bibel gibt es eine Zusage, daß die Reinheit des
Textes der Heiligen Schrift durch die Geschichte hindurch erhal-

ten bleiben würde. Aber es gibt sehr viel Beweismaterial dafür, daß unsere heutigen Bibeln äußerst nahe am Original bleiben, an den inspirierten Manuskripten, die von den Propheten und den Aposteln geschrieben wurden. Der Beweis liegt in der Genauigkeit der Kopien, die uns zur Verfügung stehen. Solche Zuverlässigkeit hilft, den Anspruch zu unterstützen, daß die Bibel als historischer Bericht ebenso wertvoll ist wie als Offenbarung Gottes. Da jedes Testament seine eigene Überlieferungsgeschichte hat, müssen wir sie einzeln betrachten.

Die Handschriften des Alten Testaments

Wenn wir etwas über das Alte Testament erfahren wollen, müssen wir auf seinen Wächter schauen - die jüdische Religion. Was wir finden, ist zunächst nicht ermutigend. Es ist nicht einfach, ein Manuskript - geschrieben auf die Haut eines Tieres - 3000 bis 4000 Jahre in guter Verfassung zu erhalten. Die Juden versuchten es nicht einmal. Vielmehr entwickelten sie aus Ehrerbietung vor den heiligen Schriften die Tradition, alle beschädigten oder ausgebleichten Kopien feierlich zu begraben. Die Schriftgelehrten, die den hebräischen Text im fünften Jahrhundert standardisierten, indem sie alle mündliche Überlieferung zusammenführten und den hebräischen Konsonantentext mit Vokalzeichen versahen, haben darüber hinaus vermutlich alle Kopien vernichtet, die nicht mit der ihren übereinstimmten. So haben wir nur wenige Handschriften, die vor dem zehnten Jahrhundert der christlichen Zeitrechnung entstanden, und nur eine von diesen ist vollständig. Das ist die schlechte Nachricht.

 Die Geschichte des masoretischen Textes

Die Folge der Zerstörung Jerusalems 70 n. Chr. war eine Erweckung im Judentum. Als die Menschen die Bibel zunehmend wichtiger nahmen, wurde auch die Notwendigkeit eines standardisierten hebräischen Textes klar, der die starke mündliche Überlieferung unterstützen konnte. Dieser Text enthielt nur die Konsonanten (Mitlaute), da es im Hebräischen keine Symbole für Vokale (Selbstlaute) gab. Die Schriftgelehrten, die den Text aktuell kopierten, zählten die Buchstaben und Worte um sich zu vergewissern, daß es keinen Fehler gab. Sie fanden heraus, daß das „w" in einem Wort in 3. Mose 11,42 der Mittel-Buchstabe der Thora und „drsh" in 11,42 ihr Mittel-Wort war. Dem Text wurden Markierungen hinzugefügt, um Akzente, Satzbau und die Abschnitte wöchentlicher Schriftlesung deutlich zu machen. Es wurden Vokalsymbole entwickelt, die man unter die Konsonanten schreiben konnte, ohne den Text zu verderben. Die Hauptarbeit der Schriftgelehrten bestand in der Umsetzung der Masorah: Randbemerkungen und Fußnoten über den Text selbst zur Hervorhebung von Problemstellungen für die Abschreiber, Angaben darüber, wie oft ein Wort verwendet wird, und einer Konkordanz ähnliche Listen. Den Text des Alten Testaments weiterzugeben, war für diese Männer ein Lebenswerk.

Hier ist die gute Nachricht: Die Genauigkeit der uns zur Verfügung stehenden Kopien wird von anderen Beweismitteln belegt. Zunächst einmal erfreuen sich alle Handschriften weitgefaßter Übereinstimmung - ungeachtet dessen, wer sie anfertigte und wo sie gefunden wurden. Diese Übereinstimmung von Texten aus Palästina, Syrien und Ägypten legt nahe, daß sie eine starke ursprüngliche Überlieferung auf dem Weg durch die Geschichte haben mußten. Des weiteren stimmen sie mit einer anderen antiken Quelle des Alten Testaments überein, der Septuaginta (eine griechische Übersetzung), die aus dem zweiten und dritten Jahrhundert datiert. Schließlich bieten die Schriftrollen vom Toten Meer (Qumran) eine Vergleichsgrundlage; sie sind 1000 Jahre älter als unsere Handschriften. Der Vergleich zeigt eine überraschende Genauigkeit der Textübertragung. Ein Gelehrter entdeckte: Die zwei in den Höhlen von Qumran gefundenen Abschriften des Jesaja-Buches „erwiesen sich Wort für Wort identisch mit unserer heutigen hebräischen Standard-Bibel - bei mehr als 95 Prozent des Textes. Die fünf Prozent Abweichungen bestanden in der Hauptsache aus offensichtlichen Ausrutschern der Schreibfeder und Varianten der Schreibweise".[3] Der Hauptgrund für diese große Genauigkeit lag darin, daß die kopierenden Schriftgelehrten große Ehrfurcht vor dem Text der heiligen Schrift hatten. Nach der jüdischen Tradition wurde jeder Aspekt des Kopierens der heiligen Texte betrachtet, als wäre es Gesetz: von der Beschaffenheit des verwendeten Materials bis hin zu der Festlegung, wieviele Spalten und Linien auf einer Seite sein durften oder sein mußten. Nichts durfte aus dem Gedächtnis geschrieben werden. Es gab sogar eine religiöse Zeremonie, die jedesmal ausgeführt werden mußte, wenn der Name Gottes geschrieben wurde. Jede Kopie, die auch nur einen Fehler enthielt, wurde vernichtet. Das garantiert uns, daß es im Text des Alten Testaments in den vergangenen 2000 Jahren keine wesentliche Veränderung gegeben hat, und zeigt, daß es wahrscheinlich auch vorher sehr wenig Veränderung gegeben hat.

Die Handschriften des Neues Testaments

Das Beweismaterial für das Neue Testament ist überwältigend. Es gibt 5366 Handschriften, die verglichen und zur Information herangezogen werden können, und einige davon datieren aus dem zweiten oder dritten Jahrhundert. Um das in die richtige Relation zu stellen: Es gibt nur 643 Kopien von Homers *Ilias*, und das ist das berühmteste Buch des antiken Griechenlands! Niemand zweifelt am Text von Julius Cäsars *De Bello Gallico* („Der gallische Krieg"), aber wir haben nur zehn Kopien davon, und die älteste wurde 1000 Jahre nach der Abfassung des Originals angefertigt. Dieser Überfluß von Kopien des Neuen Testaments - zum Teil nur 70 Jahre älter als die Originale - ist verblüffend.

Textprobleme des Neuen Testaments

Die meisten der Textprobleme des Neuen Testaments sind ganz unbedeutend. Sie betreffen beispielsweise unterschiedliche Wortanordnungen wie die fünf verschiedenen der Textstelle Johannes 1,21: „Was denn? Bist du Elias?", die alle den gleichen Sinn haben. Einige sind jedoch von größerer Bedeutung. So ist 1. Johannes 5,7 in einigen Übersetzungen (z.b. *Rösch*) weggelassen, weil nur ein griechisches Manuskript von 1.520 die Stelle enthält. Die Geschichte der ertappten Ehebrecherin (Joh 7,53 - 8,11) könnte eine spätere Ergänzung der allerfrühesten Handschriften sein; einige Übersetzungen und die Kirchenväter lassen sie weg und sogar die Kopien, die sie enthalten, fügen sie an vier verschiedenen Stellen ein. Das Ende des Markus-Evangeliums (16,9-20) ist möglicherweise nicht der Originaltext, aber es gibt wenig Übereinstimmung darüber, wie der ursprüngliche Schluß lautete. Dies ist eines der schwierigsten Textprobleme des Neuen Testaments. Es wird wohl niemals Gewißheit darüber erlangt werden.

Bei so vielen Handschriften gibt es eine Menge kleiner Unterschiede. Es ist einfach, hierüber einen falschen Eindruck zu erwecken: Man spricht von 200.000 „Fehlern", die sich in die Bibel eingeschlichen haben sollen, und gebraucht dafür das Wort „Lesarten". Eine Lesart wird gezählt, sobald sich eine Kopie von einer anderen unterscheidet, und wird jedesmal wieder gezählt, sobald sie in einer weiteren Kopie erscheint. Wenn also ein einzelnes Wort in 3.000 Kopien anders buchstabiert wird, so zählt das als 3.000 Lesarten. Tatsächlich gibt es nur 10.000 Stellen, an denen unterschiedliche Lesarten vorkommen, und die meisten davon betreffen Schreibweise und Anordnung von Wörtern. Es gibt weniger als 40 Stellen im Neuen Testament, bei denen man wirklich nicht gewiß sein kann, wie sie ursprünglich zu lesen waren. Aber keine von ihnen wirkt sich auf zentrale Lehren des Glaubens aus. Man beachte: Das Problem ist nicht, zu *wissen, was* der Text ist, sondern es fehlt die *Sicherheit darüber, wie* er richtig zu lesen ist. Wir haben 100 Prozent des Neuen Testaments, und wir haben Sicherheit über 99,5 Prozent davon.

Aber auch wenn wir nicht eine so gute Manuskriptlage hätten, könnten wir beinahe das vollständige Neue Testament aus Zitaten der Kirchenväter des zweiten und dritten Jahrhunderts rekonstruieren. Nur elf Verse fehlen, hauptsächlich aus dem zweiten und dem dritten Johannesbrief. Selbst, wenn alle Kopien des Neuen Testaments am Ende des dritten Jahrhunderts verbrannt wären - wir könnten praktisch alles davon aus dem Studium der Schriften der Kirchenväter kennen.

Einige Leute haben eingewandt, Fehlerlosigkeit sei eine nicht zu beweisende Lehre, denn sie verweise ausschließlich auf die ursprünglichen inspirierten Schriften, die uns nicht zur Verfügung stehen. Sie gelte aber nicht für die Kopien, die wir haben. Aber wenn wir uns des Textes des Neuen Testaments so gewiß sein können und ein Altes Testament haben, dessen Text sich in 2000 Jahren nicht verändert hat, dann *brauchen wir nicht die Originale, um zu wissen, was darin steht.* Der Text unserer modernen Bibel ist so nah bei dem ursprünglichen, daß wir getrost vertrauen dürfen: Die Bibel lehrt die Wahrheit.

ZUSAMMENFASSUNG

Dieses Kapitel hat gezeigt, daß die Bibel das Wort Gottes ist. Diese Lehre fußt auf keiner geringeren Autorität als Jesus Christus selbst. Er bestätigte die Inspiration des Alten Testaments und verhieß das Neue. Jesus und die Apostel bezeugen: Die Bibel ist fehlerlos in jeder Hinsicht bis hinab zu den Zeiten der Verben und dem letzten Buchstaben eines jeden Wortes. Außerdem gibt es überwältigendes Beweismaterial, zu zeigen, daß die Bibel, die wir in Händen halten, den ursprünglichen Handschriften in höchstgradiger Genauigkeit entspricht - mehr als jedes andere Buch der antiken Welt. Die Bibel in deiner Hand ist Gott, der mit dir spricht.

Anmerkungen

[1] John W. Wenham: *Christ's View of Scripture*, in: Inerrancy, Hrsg. Norman L. Geisler (Grand Rapids: Zondervan, 1979), S. 15-16.

[2] Jack Rogers: *Church Doctrine and Biblical Inspiration*, in: Biblical Authority (Waco, Texas: Word, 1977), S. 45-46.

[3] Gleason Archer, Jr.: *A Survey of Old Testament Introduction* (Chicago: Moody, 1964), S. 19. Siehe auch N.L. Geisler und W. E. Nix, *General Introduction to the Bibel* (Chicago: Moody, 1968), S. 249-266.

Kapitel 8

FEHLER UND WIDERSPRÜCHE?

„Wie können Sie nur dieses dumme Zeug glauben? Wissen Sie denn nicht, daß die Bibel zum Bersten gefüllt ist mit Widersprüchen und Fehlern?" Mit einer derartigen Reaktion müssen Christen oft rechnen, wenn sie Nichtchristen mit Aussagen der heiligen Schrift konfrontieren. Als George Gershwin sein Musical *„Porgy and Bess"* komponierte, widmete er dieser Behauptung ein ganzes Lied: „Die Sachen, denen man beim Lesen der Bibel ausgesetzt wird, sie sind nicht notwendigerweise so". Manchmal verstummen solche Kritiker, wenn man sie einfach auffordert: „Zeigen Sie mir einen!" Sehr viele Leute haben nur von irgendwo gehört, es gäbe Probleme in der Bibel, aber sie haben diese Aussage niemals selbst untersucht. Dennoch kann man sich darauf nicht einfach verlassen. Wenn man es versucht und eine Antwort bekommt, sollte man besser bereit sein, den scheinbaren Widerspruch oder Fehler aufzulösen. Es gibt wirklich Probleme in der Bibel, aber es gibt auch die richtigen Antworten auf die schwierigen Passagen.

RICHTLINIEN FÜR DEN UMGANG MIT SCHWIERIGEN BIBELSTELLEN

Bevor wir anfangen, Regeln aufzustellen, wollen wir unseren Standpunkt bestimmen. Die Beweislast ruht auf dem Kritiker. Wir haben sehr gute Gründe zu glauben, daß die Bibel die Wahrheit sagt, denn es ist umfassend bewiesen, daß die *ganze* Bibel von Gott inspiriert ist (siehe Kapitel 7). So lange wir zeigen können, daß es eine *mögliche* Lösung des Problems gibt - daß nicht die biblische Aussage, sondern ihr Einspruch „nicht *notwendigerweise* so" ist - dann löst sich der Konflikt auf. Was für Menschen vor Gericht gilt, sollte auch für die Bibel gelten - man sollte ihre Unschuld annehmen, bis ihre Schuld bewiesen ist. Wie für einen zuverlässigen Freund sollte auch im Fall der Bibel „im Zweifel für den Angeklagten" entschieden werden. Ein Wissenschaftler setzt stets voraus, daß es eine Erklärung gibt, wenn er mit einer unerwarteten, zunächst unerklärlichen Besonderheit konfrontiert wird. Gleicherweise geht einer, der die Bibel studiert, davon aus, daß es in der Heiligen Schrift eine Harmonie gibt, in deren Licht Widersprüche nur scheinbar sind. Die Tatsache, daß derartige Probleme vorhanden sind, motiviert den Bibelleser, tiefer und tiefer zu graben und so Informationen zu finden, die ihm andernfalls sicher entgangen wären.

Sei sicher zu wissen, was im Text steht

Oft wird ein falsch zitierter Vers jemand irreführen. Häufiger gründen sich Textprobleme auf die deutsche Übersetzung. Besonders im Alten Testament, wo es um Zahlen geht, kann sich ein kleiner Abschreibfehler eingeschlichen haben. Ein guter Kommentar kann über diese Dinge belehren und möglicherweise 90 Prozent der Einwände beantworten, die einem begegnen. Erinnern wir uns, daß unsere Bibeln nur insoweit fehlerlos sind, als sie mit den von Gott inspirierten Originalen übereinstimmen. Entscheidend ist, daß wir den richtigen Text haben, bevor wir irgendein Problem zu lösen versuchen.

Sei sicher zu wissen, was der Text bedeutet

Das klingt überflüssig, ist es aber nicht. Die Bibel gebraucht Worte und Redewendungen, die anders gemeint sind, als wir auf den ersten Blick glauben. Zum Beispiel ist von manchen eingewandt worden, Jesus habe einen Fehler gemacht, als er den Senfsamen als kleinsten Samen *bezeichnete* - ein Orchideensamen sei doch in Wirklichkeit kleiner. Eine genauere Untersuchung der Worte Jesu offenbart: Das von ihm für den Begriff des Samens verwendete Wort *meint* einen Gartensamen, der eine Feldfrucht hervorbringt. Er sprach von einem Samen, den man auf dem Feld sät (Mt 13,31; Mk 4,31), und vergleicht ihn mit den Gartenpflanzen.

 **Geld ist eine Wurzel alles Bösen**

Dieser Vers (1Tim 6,10) wird so oft falsch wie richtig zitiert. Er ist eine gute Illustration dafür, wie wichtig es ist, den Text richtig zu kennen und zu wissen, was er bedeutet. Im Text steht: „Die Geldliebe ist eine Wurzel alles Bösen." Die Geldliebe - nicht das Geld selbst - wird verrufen. Sie ist nicht die einzige Quelle des Bösen, aber sie wird als eine Wurzel bezeichnet. Der griechische Text sagt: „alles Bösen", aber der Ausdruck beinhaltet die Vorstellung: „alle Arten des Bösen". Das ist, was im Text steht.

Aber was bedeutet es? Die vorausgehenden Verse nehmen das Thema „Zufriedenheit mit dem Wesentlichen im Leben" auf, und Vers 9 sagt im Gegensatz zu diesem Thema: „Die aber reich werden wollen, fallen in Versuchung und Fallstrick und in viele unvernünftige und schädliche Lüste, welche die Menschen versenken in Verderben und Untergang." Vers 10 ergänzt dies. Er betont, daß es eine Wurzel gibt, die sich zwangsläufig böse entwickelt und nur schwerlich auszugraben ist. Diese Wurzel ist die Liebe zum Geld. Der Ausdruck „alles Bösen" ist wahrscheinlich eine stilistische Überbetonung um des Nachdrucks willen. Der dem Text zu entnehmende Sinn ist: Jeder sollte sich vergewissern, daß diese Wurzel nicht in sein Leben hineinwächst.

Auch sollte man nicht vergessen, daß einige Worte in unterschiedlichen Zusammenhängen verschiedene Bedeutung haben können. Ein *„Stamm"* kann zu einem Baum gehören, zu einem Volk, zu einer Familie oder zu einem Handwerk: Die Bedeutung hängt von dem Zusammenhang ab, in dem das Wort gebraucht wird. Apostelgeschichte 19,32 wendet das griechische Wort, das gewöhnlich für die „Gemeinde" oder „Versammlung" gebraucht wird (ecclesia = die Herausgerufenen), auf den „Pöbel" auf einem städtischen Markt an. Man muß genau den Zusammenhang und die Bedeutung der Wörter beachten, um sicher zu sein, daß man richtig versteht, was wirklich gemeint ist. In dieser Beziehung ist die Bibel selbst ihr bester Ausleger. Oft tragen eindeutige Passagen zum klaren Verständnis schwieriger Stellen bei, und bestimmte Wendungen sind oft in anderen Zusammenhängen gebraucht, die helfen, ihre Bedeutung abzuklären. Für den Vergleich einzelner Stellen der Heiligen Schrift miteinander gibt es keinen Ersatz.

Verwechsle nicht „Fehler" mit „Ungenauigkeit"

Exakte Messungen sind entscheidend für einen Flugzeugingenieur, aber solche Voraussetzungen sind auf vielen anderen Gebieten nicht notwendig. Gerundete Zahlen sind gut, wenn man eine allgemeine Vorstellung von der Größe eines Gegenstandes oder einer Armee vermitteln will. Ähnlich müssen auch Zitate nicht notwendigerweise wörtlich ihrer Quelle entsprechen. Niemand würde die Verfasser der biblischen Texte nach deren Form einstufen, als hätten sie Forschungsberichte verfaßt. So lange man zeigen kann, daß ihre Zitate der Bedeutung des zitierten Textes treu bleiben, darf Ungenauigkeit geduldet werden. Das ist der gleiche Standard, der von den heutigen Medien akzeptiert wird. Man kann der Vorstellung treu bleiben, ohne genau die gleichen Worte zu gebrauchen.

 Die Maße des Beckens

In 1. Könige 7,32 heißt es über das Becken, eine riesige Waschschüssel für die Priester in Salomos Tempel, es habe einen Durchmesser von zehn Ellen und einen Umfang von

dreißig Ellen gehabt. Nun weiß aber jedes Schulkind, das Geometrie durchgenommen hat, daß ein Kreis mit einem Durchmesser von zehn Ellen einen Umfang von 31,4159 Ellen aufweist (Umfang ist Durchmesser mal). So haben manche Kritiker in dieser Textstelle ein Problem gesehen. Aber runde Zahlen sind nicht das gleiche wie Fehler. (= 3.14159...) läßt sich ganz gut auf glatte „drei" abrunden. Das ergäbe dann „dreißig" Ellen.

Verwechsle nicht „Unrichtigkeit" mit „Perspektive"

Wenn ein Zeuge nur einen Teil eines Unfalls oder ihn lediglich aus einem bestimmten Winkel sieht, bedeutet das nicht, daß seine Zeugenaussage falsch ist. Das gilt auch, wenn ein biblischer Autor den Teil eines Ereignisses wiedergibt, den er gesehen hat, aber nicht erwähnt, was ein anderer bei der gleichen Begebenheit sah - sein Bericht ist immer noch wahr. Solche Unterschiede in Berichten vom gleichen Ereignis geben uns die Sicherheit, daß die Verfasser sich nicht untereinander absprachen, um „zu einer stimmigen Geschichte zu kommen".

Sprache über die Welt ist Alltagssprache

Die Sprache, in der man über die Welt redet, leitet sich oft aus einer menschlichen Perspektive her. Wenn ein Archäologe in 2000 Jahren eine Kopie des Buch *„The Sun Also Rises"* („Auch die Sonne geht auf") fände - könnte er mit Recht den Schluß ziehen, unsere Kultur habe nicht gewußt, daß die Erde um die Sonne kreist? Nein, wir sprechen oft von den Dingen, wie sie uns erscheinen, anstatt gemäß unserem Wissen über sie in ihrem größeren Zusammenhang. Das gleiche gilt für die biblischen Autoren, die von einer stillstehenden Sonne (Jos 10,12) sprechen oder von einem Himmel über der Erde (Jes 40,22). Es gibt keinen Grund anzunehmen, die Bibel unterstütze die Theorie oder Vorstellung, daß die Erde der Mittelpunkt des Universums sei; es ist lediglich die übliche Art, diese Vorstellungen auszudrücken.

Vergiß nicht: Die Bibel gibt auch Dinge wieder, die sie nicht billigt

Die Bibel ist in weiten Teilen ein Geschichtsbuch. Als solches gibt sie manchmal Dinge wieder, ohne sie gutzuheißen. So werden beispielsweise Davids Sünden (2Sam 11) und Salomos Vielweiberei (1Kö 11,1-8) berichtet, ohne sie zu verdammen. Die Bibel gibt auch Satans Lüge wieder, ohne ihr zuzustimmen (1Mo 3,4-5). An solchen Stellen ist es nicht notwendig zu belehren, weil die Verurteilung an anderer Stelle klar dargestellt wird.

WIE KÖNNEN WIR EINIGE DIESER PROBLEME LÖSEN?

Nachdem wir Richtlinien herausgearbeitet haben, wollen wir einige der von Kritikern entdeckten Probleme untersuchen und unsere Grundsätze auf reale Situationen anwenden. Es ist unmöglich, in einem Buch wie diesem alle erdenklichen Fragen zu beantworten. Aber es gibt ein paar sehr gute Bücher, die sich mit einer Menge von ihnen beschäftigen. Im folgenden untersuchen wir einige der typischerweise häufig auftretenden Probleme. Antworten auf weitere ähnliche Fragen bietet Gleason L. Archers *Encyclopedia of Bibel Difficulties* („Enzyklopädie biblischer Probleme"), Grand Rapids: Zondervan, 1982. Ein Großteil der folgenden Antworten stammt aus diesem Buch.

Genealogische Probleme

1. Mose 5

Manche beklagen, der Wortlaut der Genealogie in 1. Mose 5 zwinge zu dem Schluß, daß es seit dem Jahr 4004 v. Chr. Menschen gebe. Dies stehe im Widerspruch zum archäologischen Beweismaterial, nach dem der Mensch viel früher aufgetreten sei. Wir sind uns bewußt, daß einige Christen den archäologischen Befund diskutieren würden, aber das ist nicht notwendig und wäre auch nicht biblisch korrekt. Lukas 3,36 stellt sehr klar fest, daß es in der parallelen Genealogie in 1. Mose 10,24 mindestens eine Lücke gibt: Kainan, der Sohn von Arpaksad. Während 1. Mose sagt, Schelach sei der Sohn von Arpaksad, fügt Lukas einen Kainan zwischen ihnen ein. Folglich ist die Genealogie in 1. Mose 5 nicht vollständig - es gibt Lücken.

 **Der Bedarf des Augenblicks**

In Gleason Archers Vorrede zu seiner *Encyclopedia of Bibel Difficulties* heißt es:

„Die Idee zu diesem Buch kam mir zum erstenmal im Oktober 1978 in Verbindung mit der Gipfelkonferenz des Internationalen Rates für biblische Irrtumslosigkeit in Chicago. Zu dieser Zeit war offenbar ein Haupteinspruch gegen Irrtumslosigkeit, daß die vorhandenen Kopien der Heiligen Schrift wesentliche Fehler enthielten, von denen einige sogar der genialsten Anwendung der Textkritik widerstünden. Meiner Ansicht nach kann dieser Einwand widerlegt werden, kann eine objektive Studie aus folgerichtig evangelikaler Perspektive ihren Irrtum offenlegen. Nichts weniger als die völlige Irrtumslosigkeit der ursprünglichen Handschriften der Heiligen Schrift kann Grundlage der Unfehlbarkeit der Bibel als dem echten Wort Gottes sein."

Das klingt wie ein größeres Problem, bis man untersucht hat, wie die Bibel den Begriff „Vater" gebraucht. Matthäus 1,8 bezeichnet Joram als den Vater Osias, aber sie waren durch drei Generationen getrennt (siehe 2Kö 8 - 15). Jesus sagte, Abjathar sei der Hohepriester gewesen, der David die Schaubrote gab (Mk 2,26), aber nach Samuel war es Ahimelech, Abjathars Sohn (1Sam 21,1; 2Sam 8,17). Es ist so, daß die Bibel die Begriffe „Vater" und „Sohn" gebraucht, um irgendeine direkte Abstammung oder Herkunft zu bezeichnen. Der Versuch zu beweisen, Genealogien wie die in 1. Mose 5 wären lückenlos, verfehlt die Bedeutung des Textes. Außerdem wird an keiner Stelle dieser Genealogie behauptet, wie lang die gesamte Zeit von Adam bis Noah war, wie es für die von Israel in Ägypten verbrachte Zeit gesagt wird (2Mo 12,40) oder für die Zeit von der Gründung des nördlichen Königreichs bis zu seiner Wegführung (Hes 4,5).

Stammbäume Christi

Die beiden Stammbäume Christi sind identisch von Abraham bis David, danach verfolgen sie getrennte Wege. Matthäus zeichnet Christi Abstammung durch Salomo auf, Lukas folgt der Linie Nathans. Dagegen wird der Einspruch erhoben, es könnten nicht beide Genealogien richtig sein. Die Kirchenväter sind jedoch vom fünften Jahrhundert an der einfachen Lösung gefolgt, daß Matthäus die Linie des Königsanspruchs Josephs wiedergibt, während Lukas seine leibliche Abstammung von David durch Maria zeigt. Die Tatsache, daß auch Schwiegersöhne wie Söhne verzeichnet werden, sehen wir, wo Salathiel (Schealthiel) bei Matthäus als Sohn Jechonias (Jojachin) gezeigt wird (der es von Geburt war), während Lukas Neri nennt (der es vermutlich durch Heirat wurde). Joseph würde ähnlich als ein Sohn von Marias Vater aufgeführt werden. Diese Unterscheidung der beiden Blutlinien steht im Zusammenhang mit den eigentlichen Themen der beiden Bücher: Matthäus präsentiert Christus als den König, der die königliche Linie durch Joseph als seinen gesetzlichen Vater fortsetzt; Lukas stellt den Sohn des Menschen vor, der Fleisch wurde durch Maria, die ihn tatsächlich gebar (Nach dem jüdischen Gesetz war ein Kind, das der Verlobten eines Mannes geboren wurde, gesetzlich sein Kind. Joseph und Maria waren zur Zeit der jungfräulichen Empfängnis verlobt [Mt 1,18]). Dies scheint eine angemessene Erklärung zu sein.

Zwei Genealogien Jesu

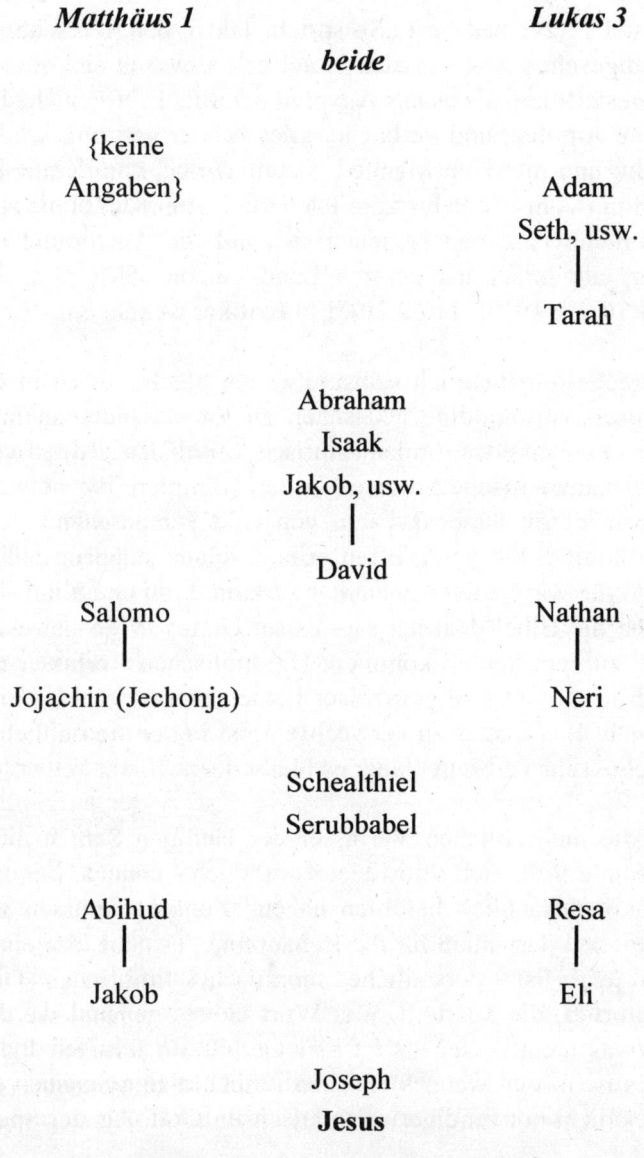

Matthäus 1	*Lukas 3*
	beide
{keine	
Angaben}	Adam
	Seth, usw.
	|
	Tarah
Abraham	
Isaak	
Jakob, usw.	
|	
David	
Salomo	Nathan
|	|
Jojachin (Jechonja)	Neri
Schealthiel	
Serubbabel	
Abihud	Resa
|	|
Jakob	Eli
Joseph	
Jesus	

Ethische Probleme

Das Abschlachten der Amalakiter

In 1. Samuel 15,2-3 heißt es: „So spricht Jahwe der Heerscharen: Ich habe angesehen, was Amalek Israel getan, wie er sich ihm in den Weg gestellt hat, als es aus Ägypten heraufzog. Nun ziehe hin und schlage Amalek, und verbannet alles was er hat, und schone seiner nicht; und töte vom Manne bis zum Weibe, vom Kinde bis zum Säugling, vom Rinde bis zum Kleinvieh, vom Kamel bis zum Esel." Ähnliche Passagen beziehen sich auf die Ausrottung der Kanaaniter, als Israel ins gelobte Land einzog (5Mo 7,2; Jos 6,15-21; 8,26-27; 10,40; 11,12.20). Ein Kritiker wendet ein:

> „Ich spreche nur für mich selbst, aber ich glaube, es ist moralisch falsch, unschuldige Menschen zu töten. Und man muß deutlich unterscheiden, ob kanaanitische Zivilisten getötet werden oder kanaanitische Soldaten in den Kämpfen, die notwendig waren, damit Israel das ihm von Gott versprochene Land erobern konnte. Ich kann, offen gesagt, kaum glauben, daß es Gottes Wille war, jeden Kanaaniter - Mann, Frau und Kind - zu töten. Da die Bibel deutlich sagt es sei Gottes Wille gewesen, muß ich zu dem Schluß kommen: Die biblischen Verfasser haben sich in diesem Fall geirrt. Der Fehler, patriotische Gefühle mit dem Willen Gottes zu verwechseln, ist in der menschlichen Geschichte sehr verbreitet, aber es bleibt dennoch ein Fehler."[1]

Sprachen die menschlichen Verfasser der Heiligen Schrift nicht für Gott, sondern für sich selbst? Ist es möglich - könnte Gott dieses Massaker tatsächlich befohlen haben? Zunächst müssen wir anerkennen, daß der Anlaß für die Behauptung, es gebe hier einen Fehler, subjektiv ist - persönliches moralisches Empfinden. Dies ist die Autorität, die beurteilt, was Wort Gottes genannt werden kann und was nicht. Zweitens ist hier Gefühl am falschen Platz. Richtig: Es ist falsch, wenn Menschen unschuldige Menschen töten, aber es nicht notwendigerweise falsch für Gott. Als der Spender des Lebens hat er auch das Recht, es zu nehmen, wie er will (Hi 1,21; 5Mo 32,39). Wenn der Gedanke des oben erwähnten Kritikers konsequent weitergeführt würde - müßte man dann nicht auch die Vernichtung von Sodom und Gomorra und die Flut zur Zeit Noahs als falsch verwerfen? Drittens ist es nicht richtig zu vermuten, diese Menschen seien „unschuldig" gewesen. In der Tat sagt uns die Bibel, daß die Kanaaniter so schuldig waren, daß das Land sie „ausgebrochen" habe (3Mo 18,25). Sogar Kinder wurden in Sünde erfunden (Ps 51,5). Schließlich ist es vermessen zu denken, unsere eigenen moralischen Standards könnten Gott beurteilen und ihm sagen, was richtig und falsch ist. Gottes unveränderliche gerechte Natur ist der Maßstab für Gerechtigkeit.

Die Volkszählung Davids

Was motivierte David zu der Volkszählung, die eine Pestilenz über Israel und 70.000 Menschen den Tod brachte? 2. Samuel 24,1 sagt, Gott in seinem Zorn habe David dazu veranlaßt; 1. Chronik 21,1 aber schreibt es Satan zu. Wie kann das sein?

 **Satan und Gläubige**

Gleiche Triebkraft sehen wir für Gläubige in 1. Petrus 4,19 und 5,8. Gott verfolgt mit unseren Leiden den Zweck, daß wir das Leben besser verstehen lernen, das wir in Christus haben. Satan aber sucht nur, uns zu verschlingen. Gott benutzt Satans destruktives Wollen, um den Plan zu fördern, den er für uns hat. Manchmal müssen wir unsere Lektion auf harte Art lernen, und Hebräer 12,6 erinnert uns: „Er geißelt aber jeden Sohn, den er aufnimmt". Der Verfasser schließt: „Alle Züchtigung aber scheint für die Gegenwart nicht ein Gegenstand der Freude, sondern der Traurigkeit zu sein; hernach aber gibt sie die friedvolle Frucht der Gerechtigkeit denen, die durch sie geübt sind".

Zu Beginn der Geschichte sehen wir David allzu engagiert im materiellen Überfluß und der militärischen Macht, die der Nation erwachsen waren, und wahrscheinlich erblühten im ganzen Land Stolz und Selbstzufriedenheit. Offenbar wünschte Gott, diesen Trend auf rechte Wege zurückzuführen. Im ersten Kapitel des Buches Hiob lesen wir, daß Satan Gott herausforderte, Hiob durch ihn quälen und versuchen zu lassen. Gott ließ dies zu, um Hiobs Glaube zu vervollkommnen. Was sich hier ereignete, können wir auch an anderer Stelle beobachten. Gott wurde zornig über Israel und über David, weil ihnen der Glaube in seine Macht mangelte, und Satan war bereit zu zerstören, was immer ihm möglich war. So erlaubte Gott Satan, David zu der Volkszählung aufzureizen.

So waren also beide, Gott und Satan, am Werk, David zu motivieren. Satan wurde aktiv, und Gott tolerierte es in Übereinstimmung mit seinem Plan. Das letztliche Ergebnis des Geschehens war, daß David den Platz kaufte, an dem später der Tempel errichtet werden sollte.

Historische Probleme

Datierung des Auszugs aus Ägypten

Viele Archäologen und Gelehrte datieren Israels Auszug aus Ägypten auf ungefähr 1290 v. Chr. Diese Datierung gründet sich hauptsächlich auf die Bemerkung in 2. Mose 1,11 über die Stadt Ramses als den Ort, wo die israelitischen Sklaven arbeiteten. Ihre Annahme: Wenn die Stadt nach Ramses dem Großen benannt wurde, dann muß der Auszug nach 1300 stattgefunden haben. 1. Könige 6,1 sagt jedoch, daß vom Auszug bis zum Beginn des Tempelbaus unter Salomo im Jahr 966 v. Chr. 480 Jahre vergingen. Das datiert den Auszug um 1446 v. Chr. - 150 Jahre früher als vermutet. Wer hat Recht - die Bibel oder jene Gelehrten?

Es sollte zunächst herausgestellt werden, daß die Bibel in diesem Punkt folgerichtig ist. Gegen 1100 v. Chr. sagte Jephta, daß Israel sein Territorium vor 300 Jahren eingenommen hatte; das bedeutet, die Eroberung geschah um 1400 (Ri 11,26). Wenn man die 40 Jahre des Umherziehens in der Wüste hinzufügt, liegt das Datum des Auszuges wieder nahe bei 1440. Gleicherweise stellt Apostelgeschichte 13,19-20 fest, daß vom Auszug bis zum Ende der Tage Samuels als Prophet 450 Jahre ins Land gegangen waren. Samuel starb kurz vor dem Beginn von Davids Regierung um 1000 v. Chr., das bringt die Flucht aus Ägypten nahe an 1446. Wenn sich also der Verfasser der Bücher der Könige (vermutlich Jeremia) irrte, dann irrte sich auch der Verfasser des Richter-Buches (Samuel?), und dann irrte sich auch Paulus! So rufen Zweifel an der frühen Datierung des Auszuges (nahe 1400) auch Zweifel hervor an der Zuverlässigkeit von wesentlichen Teilen beider Testamente: Richter, 1. und 2. Samuel, 1. und 2. Könige, Jeremia, Klagelieder, Apostelgeschichte und dreizehn Briefe von Paulus.

Was aber hat es mit dem archäologischen Beweismaterial und mit dem Namen Ramses auf sich? Nun, das Beweismaterial hat niemals sehr gut mit dem späteren Datum zusammengepaßt. Tatsächlich hat in sechs der Städte, die Josua erobert haben soll, in der Frühzeit des dreizehnten Jahrhunderts niemand gelebt. Das Beweismaterial, das Archäologen früher zu der Annahme führte, die Israeliten hätten in Palästina vor 1300 keine Moabiter und Edomiter vorfinden können, erwies sich um so mehr als falsch, wie die Ausgrabungen fortschritten. Außerdem fand man heraus, daß in der Region, in der Ramses der Große seine Stadt errichtete, eine enorme Bautätigkeit stattfand - sowohl als die Israeliten zuerst Sklaven wurden, als auch im fünfzehnten Jahrhundert. Die Erwähnung in 2. Mose könnte auf eine dieser Perioden verweisen. Sie kann sich nicht auf 1290 beziehen, denn dies soll die Zeit bezeichnen, wo die Sklaven vor der Geburt Moses arbeiteten. Er war achtzig Jahre alt, als er Pharao aufforderte, Gottes Volk ziehen zu lassen. Das würde bedeuten, daß die Arbeit an Ramses' Stadt begonnen wurde, lange bevor Ramses geboren war! Andererseits gab es einen hohen Würdenträger mit Namen Ramose in der Regierung von Thutmosis III. (1482 - 1447 v. Chr.).

Auch noch weiteres Beweismaterial verlegt diesen Namen vor
die Zeit der Geburt Moses. Und schließlich war Ramses der
Große Ramses II.; Ramses I. lebte einige Jahrhunderte früher. Es
ist eine neue Theorie zur Neudatierung einiger der archäologischen Funde und zur Revision der Geschichte dieser Epoche
vorgeschlagen worden, die „eine bemerkenswerte Wechselbe-
ziehung zwischen biblischer Überlieferung und archäologischem
Beweismaterial" hervorbringen könnte.[2] Eine andere Theorie
zeigt, daß es in der Aufzeichnung ägyptischer Könige Mehr-
fachnennungen gibt, die eine Harmonisierung ägyptischer und
israelitischer Geschichte unmöglich machte. Nach dieser Theorie beendete Ramses den Bau jener Städte. Bei allem gibt es keinen Grund anzunehmen, daß der Auszug später als 1300 stattgefunden haben sollte. Umfangreiches Beweismaterial unterstützt
das durch die biblischen Verfasser gesetzte Datum, und kein we-
sentliches Beweisstück widerspricht ihm (siehe zu diesem Thema auch Kapitel 9).

Numerische Unstimmigkeiten

In den historischen Büchern des Alten Testaments gibt es gelegentlich Unstimmigkeiten über Zahlenangaben in Samuel 1 und
2 und den Büchern der Könige mit jenen, die in den Büchern der
Chronik aufgeführt werden (letztere wurden nach dem Babylonischen Exil aufgeschrieben). Ein Beispiel: 2. Samuel 10,18 gibt
die Zahl der von David getöteten Wagenlenker mit 700 an, während 1. Chronik 19,18 sagt, David habe 7000 Männer getötet.
Dies sind die Zahlen im anerkannten hebräischen Text, aber
nichts beweist, daß die Unstimmigkeit schon in den ursprünglichen Handschriften bestand (und Irrtumslosigkeit bezieht sich
ausschließlich auf diese). Der Fehler besteht offensichtlich im
Hinzufügen oder Weglassen einer Null beim Abschreiben. Wegen der außergewöhnlichen Sorgfalt, die getroffen wurde, die
Kopien einheitlich zu machen, wird ein Fehler ähnlich diesem,
der einmal in den Text gelangt, darin enthalten bleiben und sich
stets weiter wiederholen.

Ähnliches finden wir in 2. Chronik 36,9, wo Jojakin mit acht Jahren König wird anstatt mit achtzehn (2Kö 24,8), oder in 1. Könige 4,26 wo die Zahl von Salomos Ställen mit 40.000 angegeben wird anstatt mit 4.000 wie in 2. Chronik 9,25. Manche haben Esra beschuldigt, beim Schreiben der Chronik die Zahlen zu überhöhen, um die Ehre Israels zu vergößern. Jedoch unter den achtzehn Unstimmigkeiten der historischen Bücher, haben die Chroniken nur siebenmal die höhere Zahl. Wir müssen den Leser, der sich über weitere Probleme dieser Art informieren will, auf andere Bücher verweisen. Es genügt hier zu sagen, daß Übertragungsfehler die Ursache dieser Probleme sind.

Parallele Berichte in den Evangelien

Viele Kritiker haben die Evangelien wegen Varianten in Berichten gleicher Ereignisse für unglaubwürdig erklärt. Manche bestehen sogar darauf, es sei unmöglich, alle diese Berichte in einem zusammenhängenden Ganzen zu harmonisieren. Daß es solche Evangelienharmonien gibt, sollte genügen, um solche Beschwerden zum Schweigen zu bringen, aber einige werden nach wie vor erhoben. Einer der üblichen Einsprüche betrifft Petrus' Verleugnungen. Alle Darstellungen stimmen darin überein, Christus habe Petrus angekündigt, er werde ihn dreimal verleugnen, aber es scheinen mehr als drei Verleugnungen berichtet zu werden. Außerdem heißt es in Markus 14,30, der Hahn werde zweimal krähen, und Markus berichtet auch über zwei Hahnenschreie (Mk 14,68.72), aber die anderen Evangelien sprechen nur von einem Hahnenschrei. Es gibt jedoch mögliche Lösungen, die allen damit verbundenen Fragen Rechnung tragen.

Erstens gibt es über die Zahl der Hahnenschreie keine wirkliche Unstimmigkeit, wenn wir verstehen, daß Markus einfach eine Einzelheit in seinen Bericht eingebunden hat, die die anderen auslassen. Da wahrscheinlich Petrus selbst die Quelle von Markus' Information war (ihre Beziehung wird in 1.Petrus 5,13 dargestellt), gibt es keinen Grund, sein Wort zu bezweifeln. Es

scheint vernünftig zu denken, Petrus könnte einen Hahnenschrei
nach der ersten Verleugnung bemerkt haben. Es scheint auch vernünftig, daß Petrus solche Einzelheiten von höherer persönlicher
Relevanz einbeziehen würde, die andere Jüngen aus ebendiesem
Grund unbeachtet lassen würden.

Die Zahl der Verleugnungen kann folgendermaßen harmonisiert
werden:

Erste Verleugnung	Zweite Verleugnung	Dritte Verleugnung
Mt 26,69-70; Mk 14,66-68; Lk 22,55-57; Joh 18,17-18	Mt 26,71-72; Mk 14,69-70a; Lk 22,58; Joh 18,25	Mt 26,73-74; Mk 14,70b-72; Lk 22,59-60; Joh 18,26-27
Petrus wärmt sich an einem Feuer im Hof, und ein Diener des Hohenpriesters bringt die Beschuldigung, wissend, daß er mit Johannes gekommen ist. Die Beschreibung der Szene bei Johannes folgt seinem Bericht der Verleugnung. Ein Hahnenschrei, beachtet von Markus.	Petrus ging zu einem anderen Feuer in der Vorhalle, als ein zweiter Diener die gleiche Beschuldigung bringt.	Eine Verwandte des Malchus erkennt zuerst Petrus, dann stellen andere fest, daß sein Akzent galiläisch ist. Ein zweiter, von allen beachteter Hahnenschrei.

Zweitens könnte Markus 14,68.72 einen Abschreibfehler enthalten. Die Feststellung: „und der Hahn krähte" könnte unachtsam in
Vers 68 hineingeschrieben worden sein, obgleich sie ursprünglich
nur in Vers 72 stand. Der Zusatz „ein zweitesmal" wäre dann
später von jemand in Vers 72 eingefügt worden, der versuchte, die

Unstimmigkeit abzuklären. Eine der besten griechischen Handschriften unterstützt diese Theorie, und ein paar andere Kopien
stimmen darin überein.

So lange es möglich ist, angebliche Widersprüche auf eine dieser
Arten zu widerlegen, gibt es keinen wirklichen Widerspruch. Da
es mögliche Lösungen gibt, sollte im Zweifelsfall für die Bibel
entschieden werden.

 **Evangelienharmonie**

Es gibt zwei ernste Probleme, denen ins Auge blicken muß,
wer die Evangelien in eine einzige Geschichte zusammen-
zubinden versucht: die Ähnlichkeiten bei Matthäus, Markus
und Lukas und die Unterschiede bei Johannnes. Manche frühen Kritiker dachten, Johannes würde seinen eigenen Le-
bensbericht Christi verfassen. Aber sorgfältige Untersuchung
hat gezeigt, daß die bei Johannes erwähnten Ereignisse tatsächlich den Schlüssel für die chronologische Anordnung der
anderen Evangelien enthalten. Außerdem fügt Johannes
manchmal Einzelheiten hinzu, die ansonsten rätselhafte Dinge sinnvoll erscheinen lassen. Die anderen drei Evangelien
heißen wegen ihrer Ähnlichkeiten die „synoptischen"
(griechisch synopsis = Zusammenschau). Während diese
Evangelien oft die gleichen Ereignisse berichten, tun sie es in
unterschiedlicher Anordnung und oft mit einigen echten Ver-
schiedenheiten. In manchen Fällen sehen wir, daß Jesus den
gleichen Ausdruck oder dasselbe Gleichnis bei mehr als einer Gelegenheit gebrauchte, was Verwirrung stiftete. Lukas
tendiert dazu, Ereignisse gemäß ihres Anlasses zu ordnen,
während Markus alle Gleichnisse zusammenfaßt, dann alle
Wunder usw.

Probleme mit Zitaten

Zitate alttestamentlicher Verfasser

Im Neuen Testament wird das Alte oftmals zitiert, aber manchmal scheint man dabei nicht Bezug auf die richtige Quelle zu nehmen. Matthäus 27,9 schreibt Jeremia einen Satz zu, der in Sacharja 11,13 steht. Die Lösung dieser scheinbaren Unstimmigkeit besteht in der häufigen Übung, daß immer dann, wenn auf mehr als einen Propheten Bezug genommen wird, der Autor nur den berühmteren der beiden nennt. Im vorliegenden Fall sagt uns Sacharjas Vers, daß die dreißig an Judas gezahlten Silberstücke dem Töpfer gegeben wurden. Aber der Zusammenhang macht klar, daß der Kernpunkt des Zitats im zweiten Satz zu finden ist, der zum ersten hinzugefügt wird und von Jeremia kommt (19,2.11). Sacharja erwähnt nicht das Feld, Jeremia tut es. So folgt Matthäus einfach der Praxis, den wichtigeren Autor zu nennen. Den gleichen Fall finden wir in Markus 1,2-3, wo Maleachi und Jesaja zitiert werden, aber nur Jesaja namentlich erwähnt wird.

 **Das Alte Testament im Neuen**

Jeder, der ernsthaft die Heilige Schrift studiert, stößt dabei auf Stellen, wo ein neutestamentlicher Verfasser die Worte alttestamentlichen Textes verändert oder in einer Weise angewandt hat, die nicht zu seiner ursprünglichen Bedeutung zu passen scheint. Wir erwarten, daß sie Verse in der gleichen Weise zitieren sollten, wie wir Verse auswendig lernen, aber die Apostel neigten dazu, entweder ihre eigenen Worte oder eine griechische Übersetzung zu benutzen, wenn sie das Alte Testament zitierten. Es gab zu dieser Zeit keine standardisierten Übersetzungen, und einige griechische Übersetzungen waren entweder nicht genau oder nicht spezifisch genug für die biblischen Verfasser. Die tatsächliche Frage ist: „Ist die Bedeutung, die die Apostel verwandten, im ursprünglichen Text enthalten?" In einigen Fällen sind eine Menge Nachforschungen erforderlich, aber das Neue Testament hat sich dabei als der beste Ausleger des Alten erwiesen.

Außerbiblische Quellen

Besonders der Brief des Judas hat viele Diskussionen über den Gebrauch fragwürdiger Quellen hervorgerufen. Judas scheint aus dem Buch Henoch zu zitieren, einer Fälschung aus der Periode zwischen den beiden Testamenten, als hätte der Patriarch Henoch, „der Siebente von Adam", tatsächlich so gesprochen (V. 14). Er weist darüber hinaus auf den Disput über den Leichnam des Mose zwischen Michael und Luzifer hin - ein Ereignis, das in der Apokalypse des Mose, einem Buch von ähnlichem Charakter, berichtet wird (V. 9). Dachte Judas wirklich, diese Quellen seien zuverlässig und vielleicht sogar inspiriert?

Die kritische Voraussetzung für diesen Einspruch ist, Judas könnte nur gewußt haben, was er las, und habe es kritiklos anerkannt. Diese Vorstellung ignoriert aber das Wirken des Heiligen Geistes in Judas' Schrift. Vor allem sagt der Text nicht aus, daß er aus irgendeinem Buch zitiert habe. Es ist immerhin möglich, daß Gott Judas Informationen über diese Ereignisse gab, die wir nur in Judas' Bericht selbst finden. Zweitens besteht die Möglichkeit, daß sich beide - Judas sowohl wie die anderen Quellen - auf echte mündliche Überlieferungen beziehen, die nicht irgendwo in den Heiligen Schriften berichtet werden, aber Tatsachen aus historischen Ereignissen weitergeben. Solch mündliche Überlieferung mag die Grundlage für Moses Information über die Zeiten von Adam bis Joseph gebildet haben. Und selbst wenn Judas aus diesen apokryphen Büchern zitiert hätte, gäbe es keinen Grund anzunehmen, seine Zustimmung zu den zitierten Details erfordere, daß er oder wir den ganzen Inhalt jener Werke akzeptieren sollten.

Paulus zitierte heidnische Dichter (Apg 17,28; 1Kor 15,33; Tit 1,12), aber er legt uns nicht nahe, daß ihre Schriften inspiriert seien - nur das, was sie in bezug auf den einen zitierten Aspekt sagen, ist wahr. Paulus bestätigte sogar in Titus 1,12, nur die Feststellung, auf die er verwiesen habe, sei vertrauenswürdig, denn das Zitat stamme von einem Kreter und laute: „Alle Kreter sind Lügner". Alles, was dieser Dichter sonst sagte, könnte eine Lüge sein, aber wir haben für diesen Fall Paulus' Zusicherung.

Naturwissenschaftliche Probleme

Josuas verlängerter Tag

Da sich Kapitel 10 in der Hauptsache mit naturwissenschaftlichen Problemen beschäftigt, wird in diesem Abschnitt ein dort nicht diskutiertes Problem der Naturwissenschaft behandelt. Josua berichtet, Gott habe das Tageslicht für den Zeitraum ungefähr eines Tages erweitert, damit Israel die fünf Könige der Amoriter besiegen konnte (Jos 10,12-14). Dies rief Widerspruch hervor: Wenn die Erde ihre Rotation für einen Tag ausgesetzt hätte, wäre gemäß den Gesetzen der Physik die ganze Oberfläche des Planeten einschließlich der Meere verwüstet worden. Es gibt zwei Arten, auf diesen Einspruch zu reagieren, und beide haben gute Gründe für sich. Zunächst einmal behauptet der Text nicht, die Erdrotation sei angehalten worden. Er legt vielmehr nahe, daß sie abgebremst wurde, wie Vers 13 sagt: „Die Sonne eilte nicht zum Untergang, ungefähr einen ganzen Tag". In Begriffen der Scheinbarkeit zeigt dies an, daß sich die Sonne noch immer über den Himmel bewegte, aber mit viel geringerer Geschwindigkeit. Es ist indes doch möglich, daß gerade ein solches Abbremsen das Gravitationsgleichgewicht durcheinanderbringen könnte. Dies führt uns zu einer zweiten Überlegung. Wenn Gott in der Lage war, die Sonne für einen zusätzlichen 24-Stunden-Zeitraum scheinen zu lassen - war er nicht in der Lage, auch die Einzelheiten dafür festzulegen, wie dies geschehen könnte? Es ist schließlich ein Wunder. Welche übernatürlichen Ursachen auch immer Gott benutzt haben könnte, die Erde zu verlangsamen, wehalb hätte er sich nicht auch dafür einsetzen sollen, während dessen die Ordnung aufrecht zu erhalten? Ein Gott, der groß genug ist, den ersten Teil des Wunders zu vollbringen, ist auch groß genug, den ganzen Vorgang zu regeln. Einziger Grund für einen derartigen Einspruch ist der Unglaube, daß sich überhaupt irgendein Wunder ereignen kann. Für diesen Fall siehe Kapitel 5.

Die Kritiker können den ganzen Tag rufen: „Einspruch!" oder: „Fehler!", aber besser machen sie zuerst ihre Hausaufgaben. Manchmal stellten Kritiker Fragen, die tatsächlich eine Antwort erforderten, und dies hat zu einer Forschung geführt, die uns half, die Bibel besser zu verstehen. Aber sie konnten nicht wirklich zeigen, daß die Bibel falsch berichtet. Die Prinzipien zur Lösung der Probleme sind vernünftig, und die Antworten vereinigen oft das beste und neueste verfügbare Wissen. Aber man muß dieses Kapitel im Blick behalten. Wie Kenneth Kantzer sagte:

„Evangelikale versuchen nicht zu beweisen, daß die Bibel keinen Fehler enthält, um sicher sein zu können, daß die Bibel Gottes Wort ist. Man könnte beweisen, daß ein Zeitungsartikel frei von Fehlern ist, aber dies würde nicht beweisen, daß es Wort Gottes wäre. Christen halten die Bibel für das Wort Gottes (und für irrtumslos), weil sie überzeugt sind, daß Jesus, der Herr der Gemeinde, es glaubte und seine Jünger lehrte, es zu glauben."[3]

Anmerkungen

[1] Stephen T. Davis: *The Debate About the Bible* (Philadelphia: Westminster Press, 1977), S. 96-97.

[2] John J. Bimson und David Livingston: *Redating the Exodus*, in: Biblical Archeology Review 8,5, September-Oktober 1987, S. 40-53, 66-68.

[3] Kenneth Kantzer, Vorwort in: Gleason L. Archer: *Encyclopedia of Bible Difficulties* (Grand Rapids: Zondervan, 1982), S. 7.

Kapitel 9

BIBEL UND ARCHÄOLOGIE

Biblische Archäologie ist eine faszinierende Sache. Im Laufe der Jahre brachte sie so viel Bestätigung für die Historizität und Bedeutung der biblischen Geschichte, daß inzwischen eine beiderseitig vorteilhafte Beziehung zwischen Archäologie und biblischen Studien besteht. Der berühmte Archäologe Nelson Glueck hat kühn behauptet:

> „Tatsächlich soll jedoch kategorisch klargestellt werden, daß keine archäologische Entdeckung jemals auch nur einer einzigen biblischen Aussage widersprochen hat. Es wurden Trefferlisten archäologischer Befunde aufgestellt, die in groben Umrissen wie in exakten Details die Aussagen der Bibel bestätigen."[1]

Ehe wir fortfahren, wollen wir über das Wesen der Interpretation archäologischen Beweismaterials nachdenken. Es muß zunächst daran erinnert werden, daß es in diesem Bereich keine selbsterklärenden Fakten gibt. Es gibt also kein archäologisches Beweismaterial, das seine eigene Deutung trägt. Die Bedeutung eines Fundes kann demnach ausschließlich aus dem Fundzusammenhang hergeleitet werden. Archäologische Beweiskraft ist abhängig vom Zusammenhang von Datum, Ort, Material und Stil. Und was das Wichtigste ist: Wie ein Fund gedeutet wird, hängt von den wissenschaftlichen und weltanschaulichen Voraussetzungen des Forschers ab. Deshalb werden nicht alle Interpretationen des archäologischen Materials dem Christentum freundlich gesinnt sein.

Außerdem ist die Archäologie eine spezielle Art von Wissenschaft. Physik und Chemie können alle denkbaren Experimente machen, um die studierten Vorgänge immer wieder erneut ablaufen zu lassen und dabei zu beobachten. Das ist den Archäologen nicht möglich. Ihnen steht nur die Hinterlassenschaft zur Verfügung, die der beobachteten Kultur, dem untersuchten Zeitraum oder dem studierten Ort entstammt. Diese Hinterlassenschaft ist einmalig, der Ablauf der Geschehnisse unwiederholbar. Archäologen studieren vergangene Einzelerscheinungen, nicht gegenwärtige Regelhaftigkeiten. Und weil sie die studierten Gesellschaften nicht wiedererstehen lassen können, lassen sich ihre Schlußfolgerungen nicht in der gleichen Weise überprüfen wie die der Naturwissenschaften. Archäologie versucht, plausible, mögliche Erklärungen für das ausgegrabene Beweismaterial zu finden. Sie kann aus ihrem Material keine Gesetze ableiten, wie es die Physik tut. Aus diesem Grund müssen alle ihre Schlußfolgerungen revidierbar sein. Die beste Interpretation ist die, die eine folgerichtige Erklärung des Grabungsmaterials bietet.

Mehrere Bücher dieses Umfangs würden nicht reichen, all die hilfreiche Information aufzunehmen, die die Archäologie zum besseren Verständnis der Zeiten und der Menschen der Heiligen Schrift beigesteuert hat. Wir können in diesem Kapitel nicht alle Herausforderungen der biblischen Autorität beantworten. Wir wollen an dieser Stelle vielmehr zeigen, daß die Archäologie die historische Zuverlässigkeit der Bibel bestätigt und daß sie dabei oft unser Textverständnis steigert.

BESTÄTIGT DIE ARCHÄOLOGIE DAS ALTE TESTAMENT?

Während noch immer einige Fragen unbeantwortet und andere wohl niemals beantwortet werden können, bleibt doch im Grundsatz bestehen: Die Archäologie hat die Geschichte des Alten Testaments umfassend bestätigt, nicht nur in ihren allgemeinen Umrissen, sondern auch in vielen Einzelheiten. Wir wollen uns verschiedene Geschichtsperioden ansehen und dabei einiges von dem zeigen, was durch die Archäologie heute besser verstanden werden kann.

Die Schöpfung

Von 1. Mose 1-11 wird typischerweise gedacht als von einer mythologischen Darstellung, abgeleitet aus früheren Aufzeichnungen der Geschichte, wie wir sie aus dem antiken Vorderen Orient kennen. Konnte Mose wirklich so vertrauliche Kenntnis von Dingen gehabt haben, die sich tausende von Jahren vor seiner Geburt ereigneten? Adams Gespräche im Garten Eden? Das Material, das beim Turmbau zu Babel Verwendung fand? Die Abmessungen der Arche? Die Archäologie hat erwiesen, daß die früheren Versuche, die Bibel auf der Grundlage solcher Fragen zu diskreditieren, verfrüht waren. Das wollen wir uns im einzelnen anschauen.

 **Kreative Rechtfertigungen?**

Es kann keinen Zweifel geben: Ein Mann mit Moses Bildung war vertraut mit den Schöpfungsberichten der Babylonier und Sumerer. Sie waren zu ihrer Zeit so populär wie Homer für die Griechen oder Shakespeare für die Engländer. Die Ähnlichkeiten zwischen ihnen und den Berichten der Bibel erscheinen nicht zufällig. Warum sollte Mose seine Schöpfungsgeschichte den anderen so sehr ähnlich gestalten? Die Antwort liegt wahrscheinlich in den Unterschieden. Die anderen Versionen sprechen von Tiamat im Kampf mit Marduk, aber Mose benutzt ähnliche Worte, um zu zeigen, daß Gott das Meer ohne Kampf erschuf. Beide Berichte sprechen von einer Trennung von Himmel und Erde, aber in 1. Mose geschieht sie durch göttlichen Befehl, nicht durch Konflikt.

Sonne, Mond und Sterne existieren in der babylonischen Version bereits, aber Mose sagte, Gott habe auch diese erschaffen. Der Mensch wurde erschaffen, um das Arbeitspensum der heidnischen Götter zu entlasten; der wahre Gott jedoch machte den Menschen als Herrscher über die Schöpfung - den, der seinen Segen, seine Gemeinschaft und sein Bild tragen würde. Kurz, Mose konnte einen direkten Vergleich aufstellen, um zu zeigen, daß Gott jeder anderen Gottheit überlegen ist. So stellte Mose grundlegende Rechtfertigungen auf, indem er diese Unterschiede deutlich machte.

Ist der Schöpfungsbericht Geschichte oder Mythos?

Manche wollen nur die Ähnlichkeiten zwischen 1. Mose und den Schöpfungsberichten anderer antiker Kulturen bemerken; wichtiger sind jedoch die Unterschiede. Die Ähnlichkeiten könnten den Gedanken hervorrufen, Mose habe antike Legenden kopiert, aber sie sind nur oberflächlich. Die babylonischen und sumerischen Berichte beschreiben die Schöpfung als einen Konflikt zwischen verschiedenen endlichen Göttern. Als einer dieser Götter besiegt und in zwei Hälften gespalten wird, fließt aus dem einen Auge der Fluß Euphrat, aus dem anderen der Fluß Tigris. Der Mensch schließlich wird aus dem mit Blut eines bösen Gottes vermischten Ton gemacht. Diese Fabeln zeigen jene Art von Verkehrtheit und Ausschmückung, die wir zu finden gewohnt sind, wenn ein historischer Bericht mythologisiert wird. Man weiß ja, wie ein Gerücht mehr und mehr anschwillt und wächst, bis man die Tatsachen kaum wiedererkennen kann, auf deren Grundlage es entstand. Das passiert mit allen Geschichten. Es wird zunehmend anerkannt, daß Mythen und Legenden für gewöhnlich eine wahre Grundlage haben. Im Falle der Schöpfungsberichte scheinen die polytheistischen Darstellungen - obwohl älter als die hebräische Version - Ausschmückungen der in 1. Mose gefundenen Tatsachen zu sein.

„Die gewöhnlich auch auf die Flutgeschichten angewandte Annahme, der hebräische Bericht sei einfach eine bereinigte und
vereinfachte Fassung der babylonischen Legende, fußt auf trü-
gerischen methodologischen Grundlagen. Im antiken Vorderen
Orient ist es die Regel, daß einfache Berichte oder Überlieferungen durch Erweiterungen und Ausschmückungen an Wert
gewinnen, aber nicht umgekehrt. Im antiken Orient wurden Legenden nicht vereinfacht oder in pseudo-historisierende Berichte ungewandelt, wie man es für die frühe 'Genesis' angenommen hat."[2]

Die neuesten Entdeckungen von Schöpfungsberichten bei Ebla
bestätigen dies. Diese Bibliothek mit mehr als 17.000 Tontafeln
datiert den babylonischen Bericht um etwa 600 Jahre vor. Die
Schöpfungstafel steht dem Text von 1. Mose auffallend nahe, sie
spricht von einem Wesen, das Himmel, Mond, Sterne und Erde
erschuf. Die Menschen von Ebla glaubten sogar an eine Schöpfung aus dem Nichts. Das zeigt, daß es die Bibel ist, die die antike,
unverschnörkelte Version der Schöpfungsgeschichte enthält und
die Tatsachen ohne die Verderbtheit mythologischen Beiwerks
wiedergibt.

War die Flut ein historisches Ereignis?

Wie die Schöpfungsberichte zeigt sich auch der in 1. Mose erzählte Flutbericht realistischer und weniger mythologisiert als die anderen antiken Versionen, was seine Authentizität unterstreicht.
Die oberflächlich vorhandenen Ähnlichkeiten legen nicht ein Pla-
giat des Mose nahe, sondern verweisen auf einen historischen
Kern von Ereignissen, auf dessen Grundlage alle Berichte entstanden. Wenn auch die Namen wechseln - Noah heißt bei den Nume-
rern Ziusudra und bei den Babyloniern Utnapischtim -, bleibt die
grundlegende Geschichte doch die gleiche. Ein Mensch wird beauftragt, ein Schiff mit bestimmten Abmessungen zu bauen, weil
die Gottheit (oder eine Mehrzahl davon) die Welt überfluten will.
Der Mann gehorcht, überlebt das Gericht und bringt beim Verlas-

sen des Fahrzeugs Opfer dar. Die Gottheit(en) reagieren mit Ge-
wissensbissen auf die Vernichtung des Lebens und schließen einen Vertrag mit ihm. Diese Kernereignisse verweisen auf eine historische Grundlage. Ähnliche Berichte wurden überall gefunden.
Über die Flut erzählen beispielsweise die Griechen, die Hindus,
die Chinesen, die mexikanischen Hochkulturen, die Algon-
quin-Indianer, die Hawaiianer und viele andere Kulturen. Auch
eine sumerische Königsliste behandelt die Flut als ein historisches
Ereignis: Nach der Aufzählung von acht Königen, die ein außerordentlich langes Leben (Zehntausende von Jahren) lebten, wird
die Liste von folgendem Satz unterbrochen: „[Dann] fegte die Flut
über [die Erde] und sobald das Königtum [wieder] vom Himmel
herabstieg, war das Königtum [zuerst] in Kisch."[3]

Gibt es denn gute Gründe zu glauben, Mose habe uns den historisch zuverlässigsten Bericht überliefert? Eine Menge von Angaben legt nahe, daß es so ist. Die anderen Versionen enthalten
Ausschmückungen, die Anzeichen von Verderbtheit sind. Nur in
5. Mose ist das Jahr der Flut angegeben, ebenso wie die Daten
für die ganze Chronologie in Beziehung auf das Leben Noahs. In
der Tat liest sich 1. Mose beinahe wie ein Tagebuch oder
Schiffs-Logbuch der Ereignisse. Das kubische babylonische
Schiff konnte niemand vor der Flut gerettet haben. Die tosenden
Wasser würden es fortwährend über alle Seiten um und um gedreht haben. Die biblische Arche jedoch ist rechtwinklig und
lang, breit und niedrig - so daß sie gut auf den hochgehenden
Meereswellen reiten konnte. Die in den heidnischen Berichten
angegebene Dauer des Regens (sieben Tage) reicht nicht aus für
die beschriebene Verwüstung. Die Wasser mußten mindestens
über die meisten Berge steigen, bis zu einer Höhe von mehr als
5200 Meter, und es ist vernünftiger anzunehmen, dies habe ein
längerer Regen vollbracht. Die Vorstellung, daß alle Flutgewäs-
ser innerhalb eines Tages abliefen, ist gleich absurd. Es gibt außerdem einen schlagenden Beweis für den Realismus von Moses
Bericht: In den anderen Berichten erhält der Held Unsterblichkeit und wird verherrlicht, während wir in der Bibel sehen, daß

Noah sündigte. Nur eine Version, die die Wahrheit wiedergeben will, würde das einbeziehen.

 **Moment mal!**

Es scheint die natürlichste Sache der Welt zu sein: Wenn es im Mittleren Osten, in Asien, in Hawaii, in Nordamerika und in Mexiko Flutberichte gibt, dann muß die Flut alle diese Gegenden erreicht haben. Aber - Moment mal: Wenn es eine Flut gab, und wenn Noahs Familie die einzigen Überlebenden dieser Flut stellte, dann war ja gar niemand übrig an all jenen anderen Orten, um die Geschichte weiterzugeben! Beweist das nicht, daß alles nur eine populäre Legende ist? Wir müssen zugeben, daß diese weltweit verbreiteten Geschichten nicht beweisen, daß die Flut alle diese Gegenden erreichte. Ihr Vorhandensein zeigt vielmehr, daß sie alle einen gemeinsamen Ursprung hatten. Wenn Noah und seine Familie tatsächlich die einzigen Überlebenden waren, und wenn sich diese Überlebenden über die ganze Erde ausbreiteten, dann nahmen sie die Erzählung von der Flut mit sich als einen Teil der Überlieferung; sie erklärt, warum sie sich zu neuen Ländern aufmachten. Diese Geschichten beweisen nicht notwendigerweise, daß die berichtete Flut weltweit war, aber sie geben einen zuverlässigen Hinweis darauf, daß sie tatsächlich geschah.

Manche haben eingeworfen, es sei eine furchtbare, aber lokale Überschwemmung gewesen, nicht aber eine weltweite Flut. Es gibt geologisches Beweismaterial, das die Tatsache einer weltweiten Flut stützt. Skelettteile heutiger Tiere wurden in tiefen Erdspalten in verschiedenen Teilen der Welt gefunden, und die Flut scheint die beste Erklärung für das Vorhandensein dieser Skelette zu sein.

„Rehwinkel (Die Flut) berichtet, daß solche Spalten sogar in Hügeln von beträchtlicher Höhe vorkommen; sie messen 40 bis 90 Meter. Da kein Skelett vollständig ist, darf man zuverlässig schließen, daß keines dieser Tiere - Mammuts, Bären, Wölfe, Büffel, Hyänen, Nashörner, Wisente, Hirsche und zahlreiche kleinere Säugetiere - lebendig in eine dieser Spalten fiel, noch konnten sie von einer Strömung dorthin gerollt worden sein. Auch wegen des Calzitsinters, der die heterogenen Gebeine zusammenschweißte, müssen sie notwendigerweise unter Wasser zusammengekommen sein. Solche Spalten entdeckte man in Odessa am Schwarzen Meer, auf der Insel Kythera vor der Küste des Peloponnes, auf der Insel Malta, im Felsen von Gibraltar und bei Agate Springs in Nebraska. Dies ist genau die Art Beweismaterial, die eine kurze aber heftige (in der kurzen Spanne eines Jahres sich ereignende) Episode dieser Art anzeigen würde."[4]

Der weitverbreitete Fund solcher Skelette macht eine weltweite Flut wahrscheinlich (vgl. 1Mo 6-9; 2Petr 3,5-7).

Gab es wirklich einen Turm zu Babel?

Es liegt jetzt beträchtliches Beweismaterial dafür vor, daß die Menschen tatsächlich einmal weltweit eine einzige Sprache hatten. Das sumerische Schrifttum weist mehrmals darauf hin. Auch die Linguisten finden diese Theorie hilfreich bei ihren Bemühungen, die Sprachen der Welt zu kategorisieren. Wie aber steht es mit der Geschichte vom Turmbau und mit der Sprachverwirrung?

„Es ist interessant zu erfahren, daß Ur Nammu, König von Ur von etwa 2044 bis 2007 v. Chr., angeblich die Anordnung erhielt, eine große Zikkurat zur Verehrung des Mondgottes Nanna zu bauen - einen Tempelturm. Eine anderthalb Meter breite und drei Meter hohe Stele berichtet über Ur Nammus verschiedene Aktivitäten, und auf einer Platte ist er mit einem Maurerkorb dargestellt, wie er mit dem Bau des großen Turms beginnt. Auf diese Weise stellte er seine Untertanentreue gegenüber den Göttern heraus, indem er den Platz eines demütigen Arbeiters einnahm. Eine der ausgegrabenen Tontafeln erklärt, die Errichtung des Turms habe die Götter verletzt: Sie zerstörten das Werk der Menschen, zerstreuten sie in alle Winde und machten ihre Sprache einander fremd. Diese Erzählung birgt natürlich eine interessante Ähnlichkeit zum Bericht der Bibel"[5] (1Mo 11).

 **Bedeutungslose Genealogien**

Manchmal fragt man sich, warum Gott sich wohl der Mühe unterzog, die Namen all jener Leute in Listen wie der aus 1. Mose 10 festzuhalten. Der einzige erkennbare Nutzen scheint darin zu liegen, das Lesetempo während der stillen Zeit zu steigern. Für die Verfasser dieser Listen waren sie jedoch nicht bedeutungslos. Sie waren der Familienstammbaum. Und man kann niemals wissen, ob nicht irgendwann etwas ans Licht kommen könnte, was einen dieser Namen wirklich bedeutsam werden läßt. Einer der auf den Ebla-Tafeln verzeichneten Namen beispielsweise ist Ibrium. Da war die Rede von jenem Eber, dem Ahnen Abrahams. Der Name Abraham und die Bezeichnung Hebräer sind von diesem Namen abgeleitet. Er bezeichnet einen König von Ebla. Das macht ihn ziemlich wichtig, und es sagt uns etwas über Abrahams gesellschaftlichen Status. Was erkennen wir aus dem Wissen, daß Gott sich so mächtig im Leben eines reichen Mannes von königlichem Geblüt offenbaren kann, der im Rampenlicht der Öffentlichkeit stand wie Abraham? Was für eine dramatische Entscheidung muß es für ihn gewesen sein, das Land zu verlassen, in dem er so tief wurzelte.

Wie konnte Mose all dies gewußt haben?

Die einfache Antwort darauf lautet, daß Gott es ihm offenbarte. Aber diese Antwort erfordert den Glauben, daß Gott das könnte und auch tun würde, und genau das bezweifelt ja der Skeptiker. Dennoch gibt es eine Erklärung dafür, wie antike Überlieferung von Mensch zu Mensch weitergegeben werden konnte, die göttliche Führung nicht ausschließt. P. J. Wiseman hat dargelegt, daß die Geschichte der Genesis ursprünglich auf Tontafeln geschrieben und von Generation zu Generation weitererzählt wurde. Dabei war jeder Sippen-Chef verantwortlich dafür, daß die Überlieferung rein erhalten und auf dem laufenden blieb. Als Hauptanhaltspunkte für diese Überlegung fand Wiseman in der Bibel die periodische Wiederholung von Worten und Floskeln. Die Tontafeln wurden dadurch in Ordnung gehalten, daß das erste Wort einer neuen Tafel das letzte der vorhergehenden wiederholte. An das Ende des Textes würde dann der Verfasser seinen Namen setzen mit der Redewendung: „Dies sind die Geschlechter von ..." (1Mo 2,4; 5,1; 6,9; 10,1; 11,10.27; 25,12.19; 36,1.9; 37,2). Diese Methode ist nicht so wirkungsvoll wie Seitenzahlen, aber sicher ausreichend wirksam. Wiseman zeigt überzeugend, daß dies ein etabliertes System im antiken Orient war. Diese literarische Auswertung des Buches zeigt, daß „jeder Teil der Genesis Beweismaterial dafür enthält, daß es in der gegenwärtigen Form von Mose zusammengestellt wurde und daß die Dokumente, aus denen er seine Informationen entnahm, viel früher geschrieben wurden - mit Sicherheit nicht später als zur Zeit Moses."[6] Es ist gut möglich, daß 1. Mose eine von den Patriarchen aufgezeichnete und an Mose weitergegebene Familiengeschichte ist.

 Antike Juristensprache

In antiken Zeiten gab es, wie wir wissen, spezielle Formen für rechtsgültige Verträge. So kommt es, daß auch 5. Mose einem jener Muster folgt. Dabei handelt es sich um die Art Vertrag, wie er zwischen einem Herrscher und seinen Dienern geschlossen wird, und den man als „Vertrag über die Oberhoheit" bezeichnet. Die Hethiter zu Moses Zeit gebrauchten diese Form häufig. Der Vertrag besteht aus sechs Teilen:

1. Der Urheber wird in der Einleitung genannt.
2. Es gibt eine kurze Schilderung der Beziehungen zwischen den beiden Parteien, die betont, weshalb der Diener für vergangene Segnungen dankbar sein sollte.
3. Die Vereinbarungen oder Verpflichtungen des Vasallen werden durch den Souverän festgelegt.
4. Eine Kopie des Vertrages muß am Ort der allgemeinen Anbetung niedergelegt werden. Diese Kopie muß regelmäßig vorgelesen werden.
5. Verschiedene Götter werden als Zeugen der Vereinbarung zitiert.
6. Ein Gebinde von Segnungen und Verfluchungen wird dargelegt, um zu zeigen, wie der Herr reagieren wird, wenn seine Diener ihren Teil der Vereinbarung erfüllen oder nicht.

Das 5. Buch Mose folgt diesem Muster. Es ist tatsächlich ein rechtsgültiges Dokument - ein Vertrag zwischen Gott und Israel.

Die Patriarchen

Obgleich die Berichte über das Leben von Abraham, Isaak und Jakob keine Schwierigkeiten der gleichen Art präsentieren wie die vorhergehenden Kapitel von 1. Mose, wurden sie lange Zeit als sagenhaft betrachtet - sie schienen nicht mit dem bekannten historischen Material über diesen Zeitraum zusammenzupassen. Als jedoch mehr darüber bekannt wurde, wurden diese Geschichten mehr und mehr erhellt und bestätigt. Aus der Zeit Abrahams wurden Gesetzbücher gefunden, die zeigen, weshalb der Patriarch zögerte, Hagar aus seinem Lager zu weisen, denn er war gesetzlich gebunden, sie zu unterstützen. Nur wenn Gott ein höheres Recht setzte, war Abraham bereit, sie wegzuschicken. Die Entdeckung der Mari-Briefe offenbarte Namen wie Abam-ram (Abraham), Jakob-el und Benjamiter. Obwohl sie nicht die biblischen Personen meinen, so zeigen sie doch, daß solche Namen in Gebrauch waren. Diese Briefe unterstützen außerdem den Bericht über einen Krieg in 1. Mose 14, wo fünf Könige gegen vier Könige kämpften. Die Namen dieser Könige passen mit denen prominenter Herrscher dieser Tage zusammen. 1. Mose 14,1 beispielsweise erwähnt einen Amoriterkönig Arioch; die Mari-Urkunden geben den Königsnamen Ariwwuk wieder. All dies Beweismaterial führt zu der Schlußfolgerung: Das Quellenmaterial aus 1. Mose kann direkten Berichten entstammen, die in Abrahams Zeit angefertigt wurden.

Der Bericht über die Vernichtung von Sodom und Gomorra wurde für unecht gehalten, bis sich Beweise einstellten, die zeigten, daß alle fünf in 1. Mose 14 erwähnten Städte tatsächlich Handelszentren der Region waren, deren geographische Lage den Angaben der Heiligen Schrift entsprach. Die biblische Beschreibung ihres Untergangs scheint nicht weniger genau zu sein.

Der Rekonstruktionsversuch dieses Ereignisses läßt auf Erdbeben schließen, und es ist stark zu vermuten, daß dabei die verschiedenen Erdschichten aufrissen und hoch in die Luft geschleudert wurden. Es gibt viel Bitumen dort, und eine sehr bildhafte Beschreibung könnte zum Ausdruck bringen, daß Schwefel (bituminöses Pech) auf jene Städte herabgeschleudert worden sei, die Gott verworfen hatten. Es gibt Anzeichen dafür, daß die Schichten felsiger Sedimentgesteine durch starke Hitze zusammengeschmolzen wurden. Beweise für einen solchen Brand wurden auf dem Gipfel des Dschebel Asdam (Berg Sodom) gefunden. Dies ist bleibender Beweis für den großen Brand, der sich in der lange zurückliegenden Vergangenheit ereignete. Vielleicht entstand er dadurch, daß sich ein Ölvorkommen unterhalb des Toten Meeres entzündete und ausbrach.[7]

Solch eine Erklärung schmälert in keiner Weise die übernatürliche
Qualität des Ereignisses, denn Gott kontrolliert mit Sicherheit
auch natürliche Ursachen. Der zeitliche Ablauf des Ereignisses
weist im Zusammenhang mit Warnungen und Heimsuchungen
durch Engel auf göttliches Handeln hin.

Die Datierung des Exodus

Während die Gelehrten nicht bezweifeln, daß das Volk Israel aus
Ägypten nach Palästina kam, stimmen sie nicht überein mit der
biblischen Angabe des Zeitpunktes dieses Ereignisses. Das allgemein anerkannte Datum für den Einzug Israels nach Kanaan liegt
zwischen 1230 und 1220 v. Chr. Die Heilige Schrift ihrerseits
lehrt an drei verschiedenen Stellen, daß der Exodus im fünfzehnten Jahrundert v. Chr. geschah (1Kö 6,1; Ri 11,26; Apg 13,19-20),
der Einzug nach Kanaan vierzig Jahre später. Es gibt verschiedene
Wege, mit diesem Problem umzugehen, und es ist noch nicht klar
heraus, welcher der beste ist. Wenigstens können wir sagen, daß
es erstens keinen Grund mehr gibt, das bislang allgemein anerkannte Datum zu akzeptieren, und daß es zweitens eine mögliche
Lösung des Problems gibt.

Das allgemein anerkannte Datum beruhte auf drei fehlerhaften
Annahmen: daß die Stadt „Ramses" in 2. Mose 1,11 nach Ramses dem Großen benannt wurde; daß es im Nildelta vor 1300
keine Großbauprojekte gab und daß in Kanaan zwischen dem
neunzehnten und dem dreizehnten Jahrhundert keine großen
Zivilisationen existierten. Wäre all dies wahr, könnten die in 2.
Mose beschriebenen Ereignisse unmöglich vor 1300 v. Chr. geschehen sein. Es ist aber der Name Ramses in der ägyptischen
Geschichte kein ungewöhnlicher Name, mit dem auch ein frühe-
rer ägyptischer Würdenträger ausgezeichnet gewesen sein kann.
Da Ramses der Große identisch ist mit Ramses II., muß es auch
einen Ramses I. gegeben haben. Darüber hinaus wird der Name
Ramses in 1. Mose 47,11 gebraucht, um das Gebiet des Nildeltas
zu beschreiben, wo sich Jakob und seine Söhne niederließen. Es

kann also der Name sein, den Mose gewöhnlich gebrauchte, um auf die Gegend bezug zu nehmen. Zweitens hat man inzwischen eine Bautätigkeit in dem Gebiet nachgewiesen, die ins neunzehnte bis siebzehnte Jahrhundert v. Chr. datiert wird, in die Zeit der Ankunft der Israeliten, bei Pi Ramesse (Ramses) und an zwei möglichen Plätzen bei Pi Thom. Sie zeigen stark palästinensischen Einfluß. Grabungen von 1987 zeigen, es gab Gebäude bei Pi Ramesse und an einer der Plätze bei Pi Thom im fünfzehnten Jahrhundert. Ob 2. Mose 1,11 nun auf Bauten aus der Zeit hinweist, zu der die Israeliten Sklaven wurden, oder auf solche, die zur Zeit des Exodus errichtet wurden - es gibt Beweise dafür, daß zu beiden Zeiten dort gebaut wurde. Zwar haben Bodenuntersuchungen keine Zeichen von Kulturen wie die der Moabiter oder der Edomiter vor Israels Einzug ins Land hergegeben, aber tiefere Grabungen haben viele Lagen hervorgebracht, die in den Zeitraum passen. Sogar der Mann, der die erste Suche unternahm, änderte später seine Meinung. So konnten durch intensive Forschung alle drei Argumente für die Datierung des Exodus nach 1300 widerlegt werden. Wenn nun diese drei Annahmen falsch sind, gibt es keinen Grund, ein spätes Datum für den Exodus anzunehmen. Wir können Beweismaterial suchen, das das biblische Datum um ungefähr 1446 v. Chr. unterstützt.

Es gibt wenigstens zwei Wege, das vorliegende Datenmaterial mit dem von der Bibel angenommenen Zeitpunkt zu harmonisieren. Beide gehen davon aus, daß die Chronologie der antiken Geschichte revidiert werden muß, damit ihre Theorien funktionieren. Der erste Weg verschiebt die archäologischen Perioden auf der Zeitskala, der andere interpretiert die Chronologie der ägyptischen Herrscherlisten neu. Die eine wie die andere Vorgehensweise wirft zahlreiche weithin geltende Ansichten über antike Geschichte um, deshalb haben beide Theorien viel Widerstand hervorgerufen. Dennoch hat die beiden Vorgehensweisen innewohnende Beweiskraft einiges für sich.

Die Bimson-Livingston-Revision

Bei der ersten, 1987 von John Bimson und David Livingston vorgestellten Theorie wird das Datum des Übergangs vom mittleren
zum späten Bronzezeitalter verschoben. Sie zeigen zunächst, daß
das späte Datum, wie wir gesehen haben, unannehmbar ist. Aber
das löst noch nicht unser Problem, weil die in Kanaan zerstörten
Städte auf ungefähr 1500 v. Chr. datiert werden, 150 Jahre zu
früh. Dieses Datum wird ihnen zugeordnet, weil man davon ausgeht, sie seien zerstört worden, als die Ägypter die Hyksos aus-
trieben, ein feindseliges Volk, das Ägypten einige Jahrhunderte
lang beherrschte. Bimson regt an, das Ende des mittleren Bron-
ze-Zeitalters zurückzunehmen. Das würde zeigen, daß die Vernichtung dieser Städte durch die Israeliten geschah, nicht durch
die Ägypter.

Kann eine derartige Änderung richtig sein? Das mittlere Bronze-Zeitalter war durch befestigte Städte charakterisiert; im späten Bronzezeitalter gab es meistens kleinere, unbefestigte Sied-
lungen. Was auch immer die Zerstörung jener Städte verursachte
- es gibt uns die Daten für die Einteilung der Zeitepochen. Das
herkömmliche Datum geriet neuerdings ins Schußfeld, weil das
Beweismaterial gering und undeutlich war. Außerdem kamen
Zweifel auf, ob die gerade mit der Gründung einer neuen Regierung und eines neuen Heeres beschäftigten Ägypter in der Lage
waren, lange Belagerungen in ganz Kanaan durchzuhalten. Ein-
deutiges Beweismaterial aus neuen Ausgrabungen hat gezeigt,
daß die letzte Phase der mittleren Bronze-Periode länger dauerte,
als man ursprünglich gedacht hat, so daß ihr Ende näher bei
1420 v. Chr. liegt.

Datierung der Eroberung Kanaans

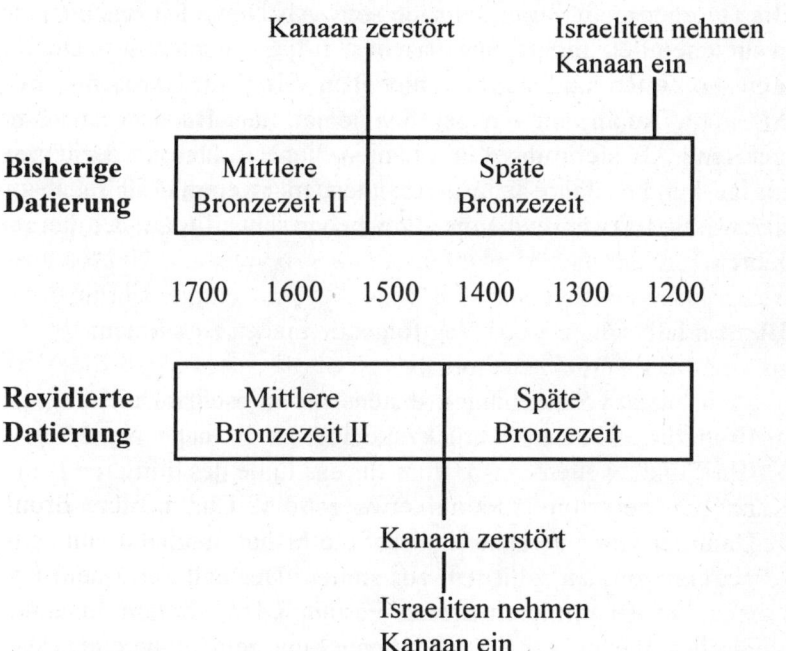

Wie stellt sich nun das Beweismaterial dar? Wir sehen, die Städte in Kanaan sind „groß und befestigt bis an den Himmel" (5Mo 1,28), geradeso wie Mose sagte. Außerdem entspricht die Ausdehnung der Vernichtung mit wenigen Ausnahmen der biblischen Darstellung. „In der Tat, im allgemeinen entspricht der Bereich der Zerstörung am Ende [der mittleren Bronze-Periode] dem Gebiet israelitischer Besiedlung, während die überlebenden Städte außerhalb dieses Gebietes lagen."[8]

Nun fragen einige Archäologen: „Wo ist der Beweis israelitischer Kultur-Vorherrschaft in der späten Bronze-Periode? Wir hielten sie immer für verantwortlich, um 1200 den Übergang vom Bronze-Zeitalter zum Eisen-Zeitalter verursacht zu haben." Diese Ansicht leidet unter dem Problem, daß diese Veränderung nicht nur in Palästina, sondern zeitgleich im ganzen Mittelmeerraum stattfindet. Für eine derart weitreichende Veränderung konnten die Hebräer nicht verantwortlich sein. Als Nomaden brachten sie wahrscheinlich nichts Spezifisches mit; sie lebten seit einiger Zeit in Zelten und kauften ihre Tonwaren auf kanaanitischen Märkten. Außerdem - haben Sie jemals das Buch der Richter gelesen? Als sie in das Land kamen, beherrschten die Israeliten einige hundert Jahre lang niemanden, nicht einmal sich selbst - sie waren fortwährend von allen beherrscht, die um sie herum lebten.

Bimson faßt seinen Vorschlag folgendermaßen zusammen:

> „Wir haben vorgeschlagen, erstens zur biblischen Datierung der Eroberung Kanaans zurückzukehren (z. B. nahe bei 1400 v. Chr.) und zweitens das Datum für das Ende des mittleren Bronze-Zeitalters von 1550 auf etwa 1400 v. Chr. herabzusetzen. Dadurch fallen zwei Ereignisse, die bisher durch Jahrhunderte getrennt zu sein schienen, zusammen: Der Fall der Städte Kanaans in der mittleren Bronze-Periode (II) wird zum archäologischen Beweis für die Eroberung - ein beinahe perfektes Gespann von archäologischem Beweismaterial und biblischem Bericht."[9]

 ### Das griechische Problem

Folgt man der ägyptischen Geschichtsschreibung, ergeben sich Probleme nicht nur mit der Geschichte Israels, sondern auch mit der Griechenlands. Die Historiker waren lange Zeit verwirrt durch eine 300 Jahre lange Lücke in der griechischen Geschichte zwischen der dorischen Invasion und den ersten spartanischen Königen. Es schien, als habe die griechische Kultur eine Zeit lang aufgehört zu existieren. Das spätere Datum ergibt sich durch Rückrechnung auf der Grundlage bekannter Daten der griechischen Geschichte, aber das frühere stammt aus Erwähnungen ägyptischer Geschichtsschreibung. Courville zeigt, daß dieses Problem ähnlich gelöst werden kann wie das des Exodus: durch Revision der ägyptischen Chronologie. Besonders die fragliche 300-Jahr-Periode kann durch Beachtung einer Dynastie kleinerer Herrscher erklärt werden, die in die allgemeine Chronologie Ägyptens eingefügt worden waren. Durch die Revision liegen die beiden fraglichen Ereignisse der griechischen Geschichte nur noch rund 50 Jahre auseinander. Des weiteren hilft sie, die Geschichte Griechenlands und Roms zu synchronisieren.

Die Velikowsky-Courville-Revision

Eine weitere mögliche Lösung sieht ein Problem in den traditionellen Ansichten über ägyptische Geschichte. Die Chronologie der ganzen antiken Welt gründet sich auf Anordnung und Daten der ägyptischen Könige. Diese Ordnung kennen wir zum größten Teil von einem antiken Historiker namens Manetho, der wiederum von drei weiteren Historikern zitiert wird. Es gibt auch Denkmäler, auf denen Teillisten angegeben sind. Von dieser Ordnung dachte man, sie sei fest und sicher. Das einzige unbedingt feststehende Datum ist ihr Ende: Alexander der Große erobert Ägypten. Velikowsky und Courville behaupten, es seien 600 Jahre zuviel in dieser Chronologie, die die tatsächlichen Daten der Ereignisse im ganzen Nahen Osten über den Haufen werfen.

Wie können wir das beweisen? Wenn man darauf verzichtet, die ägyptische Geschichtsschreibung als festgelegt zu betrachten, dann gibt es drei Ereignisse, die sich in der Geschichte Israels und in der Geschichte Ägyptens entsprechen. Findet man derartige Parallelberichte, die das gleiche Ereignis in beiden Ländern darstellen, nennt man das einen Synchronismus. Die genannten drei Synchronismen sind die Plagen unter Mose, der Sieg über die Amalekiter und die Regierung König Ahabs.

Ein sehr alter Papyrus des ägyptischen Priesters Ipuwer, der schon sehr unterschiedlich interpretiert wurde, erzählt von zwei einzigartigen Ereignissen: von einer Reihe von Plagen und von der Invasion einer fremden Macht. Die Erzählung von den Plagen stimmt sehr gut mit dem Bericht von den Plagen unter Mose in 2. Mose 7 - 12 überein. Er spricht von dem Wasser, das sich in Blut verwandelte (vgl. 7,20), von den vernichteten Feldfrüchten (9,25), von Feuer (9,23-24) und von Finsternis (10,22). Auch auf die letzte Plage, die Pharaos Sohn tötete, wird hingewiesen: „Wahrlich, die Kinder von Fürsten sind an den Mauern zerschmettert ... Der Kerker ist zerstört ... Er, der seinen Bruder unter die Erde bringt, ist überall ... Ein Stöhnen geht durch das Land, vermischt mit Klagen" (Papyrus 4,3; 6,13; 2,13; 3,14). Dies entspricht dem biblischen Bericht: „Da schlug Jahwe alle Erstgeburt im Lande Ägypten, von dem Erstgeborenen des Pharao, der auf seinem Thron saß, bis zum Erstgeborenen des Gefangenen, der im Kerker war, und alle Erstgeburt des Viehes ... und es entstand ein großes Geschrei in Ägypten, denn es war kein Haus, worin nicht ein Toter war" (2Mo 12,29-30). Diesen Katastrophen folgte die Invasion „eines fremden Volksstammes" aus der Wüste (Papyrus 3,1). Das muß die Invasion der Hyksos gewesen sein, die Ägypten zwischen dem Mittleren Reich und dem Neuen Reich beherrschten.

Der Monolith von El-Arish erzählt eine ähnliche Geschichte von Finsternis und Leiden im Land in den Tagen von König Thom. Er berichtet darüber hinaus, wie der Pharao „ausging, um zu kämpfen gegen die Freunde von Apopi" (dem Gott der Finsternis), doch die Armee kehrte niemals zurück: „Seine Majestät jagte in den sogenannten Ort des Strudels." Der Ort des Geschehnisses ist Pi-Kharoti, was auch Pi-Hachiroth heißen kann, wo die Israeliten am Meer lagerten (2Mo 14,9). Das ist sehr interessant für uns, weil der Name der von den Israeliten gebauten Stadt Pi-Thom lautet: Aufenthalt Thoms. Und der König, der unmittelbar vor der Hyksos-Invasion regierte, hieß (griechisch) Timaios. Aber die ägyptische Datierung für König Thom setzt ihn ungefähr 600 Jahre früher, auf etwa 2000 v. Chr. Entweder stimmt die ägyptische Chronologie nicht, oder die Geschichte wiederholt sich selbst auf sehr ungewöhnliche Weise.

Nach Velikowsky sind die Hyksos identisch mit den Amalekitern, die auf die Israeliten trafen, gerade bevor diese den Sinai erreichten (2Mo 17,8-16). Sie könnten wenige Tage, nachdem die Israeliten es verlassen hatten, in Ägypten angekommen sein. Die Ägypter sprechen von ihnen als „Amu", und arabische Historiker erwähnen einige amalekitische Pharaonen. Aber die biblischen Parallelen sind ganz interessant. Als der falsche Prophet Bileam mit Israel konfrontiert wird, segnete er es entgegen seiner Anweisungen, aber als er sich umwandte und Ägypten sah, heißt es: „Er sah Amalek ... und sprach: Die erste der Nationen war Amalek" (4Mo 24,20). Warum verfluchte er Amalek anstatt Ägypten, wenn Ägypten nicht unter amalekitischer Herrschaft stand? Auch die Namen des ersten und des letzten amalekitischen Königs in der Bibel (Agag I und II, siehe 4Mo 24,7 und 1Sam 15,8) entsprechen dem ersten und dem letzten der Hyksoskönige. Das bedeutet, die Hyksos kamen unmittelbar nach dem Auszug Israels nach Ägypten. Sie blieben dort an der Macht, bis Saul sie besiegte und die Ägypter aus der Sklaverei befreite. Dies würde auch die überaus guten Beziehungen Israels mit Ägypten in Davids und Salomos Zeit erklären. Tatsächlich zeigt Velikowsky verblüffende Ähnlichkeiten zwischen der Königin von Saba und der ägyptischen Königin Hatschepsut auf. Sie soll in das göttliche Land gereist sein, und die Geschenke, die sie dort empfing, gleichen jenen, die Salomo seiner königlichen Besucherin mitgab (vgl. 1Kö 10,10-22). Sie baute darüber hinaus in Ägypten einen Tempel ähnlich dem Salomos. Folgt man aber der ägyptischen Chronologie, dann lebte sie vor dem Exodus. Nur wenn diese Chronologie revidiert wird, gibt es eine

Erklärung für diesen Parallelismus. Außerdem könnte dann die
Invasion Thutmosis III. in Palästina gleichgestellt werden mit
dem Angriff des Sisak (2Chr 12,2-9).

Der dritte Synchronismus ist eine Reihe von Briefen auf Tontafeln, genannt die El-Amarna-Briefe. Es handelt sich um die Kor-
respondenz zwischen den Herrschern in Palästina (Jerusalem,
Syrien und Sumur) und dem Pharao Amenhotep III sowie seinem Sohn Echnaton. Die Palästinenser waren besorgt wegen der
aus Süden heraufziehenden Armee der Habiru, die große Zerstö-
rungen anrichtete. Auf der Grundlage solcher Beschreibung hat
man traditionell angenommen, daß diese Briefe von der Land-
nahme der Israeliten in Kanaan sprechen. Velikowsky zeigt aber,
daß ein zweiter Blick auf diese Tafeln ein gänzlich anderes Bild
offenbart. Zunächst einmal kann Sumur mit der Stadt Samaria
identifiziert werden, die erst nach Salomo errichtet wurde (1Kö
16,24). Secont, der König der Hatti, drohte aus dem Norden ein-
zudringen - anscheinend eine hethitische Invasion. Drittens paßt
keiner der Namen in den Briefen zu den Namen der Herrscher
im Buch Josua. Mit anderen Worten: Die politische Situation
paßt überhaupt nicht dazu, daß diese Briefe aus der Zeit des
Exodus stammen sollen. Wenn wir ihre Zeit in die der Regierung
Ahabs in Samaria verschieben, dessen Reich von Moabitern und
Hethitern bedroht wurde, dann können alle Namen, Orte und
Ereignisse paßgenau in den Büchern der Könige und in den
Chroniken nachgelesen werden; sogar die Namen der Heeresge-
neräle. Aber das datiert Amenhotep III 500 Jahre später als die
noch geltende Standard-Chronologie! Entweder, die Chronologie
ist nicht in Ordnung, oder man muß allen Ernstes annehmen, die
Geschichte wiederhole sich selbst exakt ein halbes Jahrtausend
später.

Die Velikowski-Courville-Revision

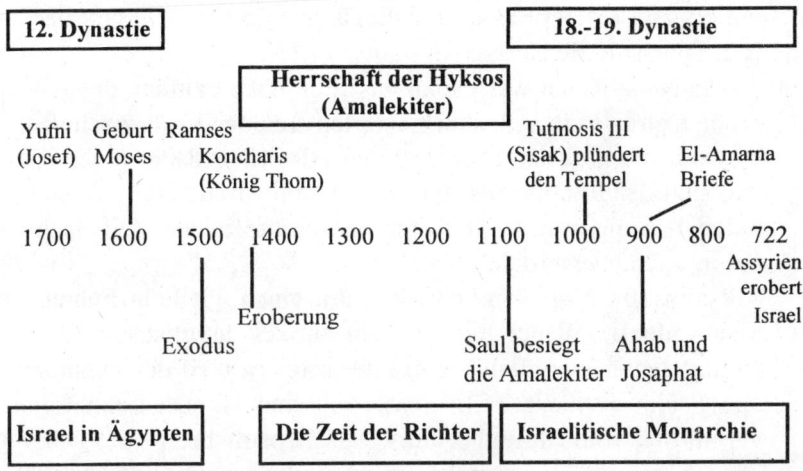

| 12. Dynastie | | | | | | | 18.-19. Dynastie | | |

```
                    Herrschaft der Hyksos
                       (Amalekiter)
Yufni   Geburt  Ramses                        Tutmosis III
(Josef) Moses   Koncharis                     (Sisak) plündert    El-Amarna
                (König Thom)                   den Tempel          Briefe

1700    1600    1500  1400  1300  1200  1100  1000  900  800  722
                                                                 Assyrien
                                                                 erobert
                         Eroberung                               Israel
            Exodus                            Saul besiegt  Ahab und
                                              die Amalekiter Josaphat
```

| Israel in Ägypten | Die Zeit der Richter | Israelitische Monarchie |

Anmerkung: Nur die Hauptdynastien wurden aufgeführt.

Das sich ergebende Bild ist nur folgerichtig, wenn man die israelitische Geschichte benutzt, ägyptische Ereignisse zu datieren. Solch eine Deutung erfordert auch eine neue Chronologie der ägyptischen Geschichte. Velikowkys Umgang mit dieser Chronologie wurde angegriffen, aber Courville hat gezeigt, daß die ägyptischen Königslisten nicht als völlig chronologisch betrachtet werden können. Er weist darauf hin, daß einige der darin aufgezählten „Könige" nicht Pharaonen waren, sondern lokale Führer oder hochstehende Beamte. Darunter befinden sich Joseph (Yufni) und Moses Adoptivvater Chenephres, der erst durch Heirat ein Fürst wurde.

 Verknüpfungen Velikowskys

1. Das Ende der XII. Dynastie erklärt die Feststellung, daß niemand mehr Mose nach dem Leben trachtete (2Mo 4,19).

2. Die von den jüdischen Sklaven gebauten Städte können nach den beiden letzten ägyptischen Pharaonen benannt gewesen sein (Pi Ramesse und Pi Thom), da sie am Ende der XII. Dynastie die Herrschaft hatten.

3. Das Neue Reich war genau das: Ein Wiederaufbau ägyptischer Kultur nach vier Jahrhunderten fremder Vorherrschaft. Obwohl die meisten konservativen Historiker dabei bleiben, daß sich der Exodus zur Zeit von Thutmosis III oder Amenhotep II ereignete, sollten diese Herrscher in die Zeit nach Salomo datiert werden.

4. Psalm 104 birgt Ähnlichkeiten mit einem Gedicht Echnatons - nicht weil der Psalmist ein antikes ägyptisches Lied kopiert hätte, wie mancher dachte, sondern weil der Dichter von Psalm 104 ein Zeitgenosse von ihm ist. Da Echnaton vermutlich vom Monotheismus Hatschepsuts beeinflußt war, kann es sein, daß zuerst der Psalm geschrieben und dann den ägyptischen Verhältnissen angepaßt wurde.

„Die Identifikation der Herrscher der XIII. Dynastie als lokale Fürsten oder wichtige Beamte oder Mitregenten, würdig der Anrede 'König', gibt uns einen tieferen Einblick in das, was Manetho kompromißfreudig eine Dynastie nannte. Er scheute sich offenbar nicht, mit den Namen der Hauptlinien königlicher Familien eine Dynastie aufzubauen und dann auf der Zeitskala zurückzuspringen, um aus einer Reihe lokaler Führer eine weitere Dynastie zu bilden. Nicht nur das, er zögerte nicht, diese unbedeutenden Figuren als Könige zu kennzeichnen ... Es scheint, als liege hierin ein Hauptfaktor der fehlerhaften und maßlos erweiterten Chronologie Ägyptens."[10]

Die Historiker hatten angenommen, jede von Manethos Dynastien folge auf die vorhergehende, während doch viele Dynastien Mitregenten aufführen, die zur Zeit vorangegangener Dynastien lebten. Arbeitet man die Chronologie mit diesem Wissen neu aus, setzt das den Exodus auf ungefähr 1440 v. Chr. Dann fallen auch die anderen Ereignisse israelitischer Geschichte in eine genaue Linie mit den in der Bibel erwähnten ägyptischen Königen.

Wir sind nicht sicher, welches die bessere Lösung der Probleme ist, und es gibt keine Übereinstimmung in dieser Angelegenheit. Der wichtigste Punkt ist, daß keinerlei Grund mehr besteht, das späte Datum für den Exodus anzunehmen, und daß es verschiedene Möglichkeiten gibt, die biblische Datierung ins fünfzehnte Jahrhundert v. Chr. zu unterstützen.

Saul, David und Salomo

Das Königtum kam nur deshalb nach Israel, weil das Volk wünschte: „Setze einen König über uns ein, daß er uns richte, gleich allen Nationen" (1Sam 8,5). Aber es war nicht Gottes Gefallen und nicht Gottes Zeitpunkt. Die Beschreibungen, die wir jetzt haben, zeigen uns: Königtum bedeutet die Einführung hoher Steuern, die Einziehung und militärische Aneignung persönlichen Eigentums und unbezahlte Arbeiten auf Verlangen der Regierung. Saul wurde der erste König Israels, und seine Festung bei Gibea wurde ausgegraben. Einer der bemerkenswertesten Funde war, daß Schleudern eine der wichtigsten Waffen dieser Tage waren. Dies erinnert nicht nur an Davids Sieg über Goliath, sondern paßt auch zur Bemerkung von Richter 20,16 daß es 700 speziell ausgebildete Schleuderer in Israel gab: „Diese alle schleuderten mit dem Steine aufs Haar und fehlten nicht."

Samuel erzählt uns, Sauls Rüstung sei nach seinem Tod in den Tempel der Aschtaroth (eine kanaanitische Fruchtbarkeitsgöttin) bei Bethschan gelegt worden, während in 1. Chronik 10,10 steht, man habe seinen Kopf in den Tempel Dagons des Getreidegottes der Philister gelegt. Das mußte ein Fehler sein, denn es schien unwahrscheinlich, daß sich befeindende Leute am gleichen Ort zur gleichen Zeit ihre Tempel hätten. Ausgrabungen haben jedoch bestätigt, daß es an dieser Stelle zwei Tempel gibt, die durch eine Diele getrennt waren: einen für Dagon und den anderen für Asch-

taroth. Es scheint, daß die Philister die kanaanitische Göttin als
ihre eigene angenommen hatten.

Eine der Schlüsselhandlungen während Davids Regierung war die
Eroberung von Jerusalem. Das ergab ein Problem, da die Heilige
Schrift sagt, die Israeliten seien durch einen Kanaltunnel in die Stadt
gelangt, der bis zum Teich von Siloah geführt habe. Von diesem
Teich jedoch dachte man, er habe sich zu dieser Zeit *außerhalb* der
Stadtmauern befunden. Erst 1960 machten Ausgrabungen deutlich,
daß der Teich in der Tat innerhalb der Mauern lag.

 Salomos Mauer?

Die meisten Gelehrten bestehen darauf, daß es in Jerusalem
keine Reste aus Salomos Zeit gibt, aber ein Forscher argumentiert überzeugend, daß ein Teil der ursprünglichen östlichen
Mauer immer noch den Tempelberg stützt. Ernest-Marie La-
perrousaz schreibt darüber: Als die Mauern errichtet wurden,
um den Tempel von Salomo und später von Herodes zu stützen, erforderte die Konstruktion dreißig bis vierzig Jahre; nach
der Rückkehr aus dem Exil wurden die Fundamente in drei
Monaten vervollständigt, und der Tempelbau benötigte nur etwa fünf Jahre. Das bedeutet, daß auf der vorhandenen Struktur
gebaut wurde. Diese Stützmauer wurde von den Babyloniern
nicht zerstört, weil sie einen steilen Absturz ins Kidrontal ver-
hinderte und weil es sich um eine Stützmauer und nicht um eine militärische Befestigung handelte. Wir wissen auch, daß
Herodes diesen Teil der Mauer nicht umbauen ließ, weil wir
noch die gerade Verbindung sehen können, wo er der vorhandenen Unterstützung seine Erweiterungen hinzufügte. All dies
verweist auf Salomo als den verantwortlichen Bauherrn für
diese bis heute bestehende Stützmauer [Siehe *Biblical Ar-
chaeological Review*, 13,3 Mai-Juni 1987, S. 34-44].

Von den David zugeschriebenen Psalmen wurde oft gesagt, sie seien viel später geschrieben worden, denn ihre Titel legen die Existenz von Musikergilden (z. B. die Söhne Korahs) nahe. Solch eine Organisation führt viele zu dem Gedanken, diese Hymnen sollten ungefähr in die Zeit der Makkabäer im zweiten Jahrhundert v. Chr. datiert werden. Folgt man jedoch den Ausgrabungen bei Ras Schamra und weiß daher, daß es zu Davids Zeit solche Gilden in Syrien und Palästina gab, ist es unvernünftig, diese Psalmen der Makkabäerzeit zuzuschreiben.[11]

Die Zeit Salomos findet nicht weniger Bestätigung aus der Archäologie. Der Platz von Salomos Tempel ist nahe dem moslemischen heiligen Platz des Felsendoms und wird jetzt ausgegraben. Was auch immer über philistäische Tempel bekannt ist, die in Salomos Zeit gebaut wurden - es paßt gut mit den Gestaltungselementen, Verzierungen und Materialien zusammen, die in der Bibel näher bezeichnet werden. Das einzige Beweisstück aus dem Tempel selbst ist ein kleines Ornament, das einen Granatapfel darstellt. Es saß auf dem Ende einer Stange und trägt die Inschrift: „Zugehörig zum Tempel Jahwes". Das Ornament tauchte 1979 in einem Antiquitätengeschäft in Jerusalem auf, wurde 1984 bestätigt und 1988 durch das Israel-Museum erworben.

Die Ausgrabung von Geser 1969 lief mitten durch eine massive Schicht von Asche, die einen Großteil des aufgeschütteten Hügels bedeckt. Sie wurde gesiebt und gab Stücke von hebräischen, ägyptischen und philistäischen Werkzeugen frei. Dort existierten scheinbar alle drei Kulturen zur gleichen Zeit. Das verwirrte die Forscher zunächst außerordentlich. Dann erkannten sie, daß die Bibel ihren Fund genau erklärte: „Der Pharao, der König von Ägypten, war heraufgezogen und hatte Geser eingenommen und es mit Feuer verbrannt, und die Kanaaniter, die in der Stadt wohnten, erschlagen; und er hatte es seiner Tochter, dem Weibe Salomos, als Mitgift gegeben" (1Kö 9,16).

Die assyrische Invasion

Wir haben sehr viel über die Assyrer erfahren, hauptsächlich durch 26.000 Tafeln aus dem Palast Assurbanipals, des Sohnes Esarhaddons, der das Nordreich 722 v. Chr. in die Gefangenschaft geführt hatte. Die Tafeln erzählen von den zahlreichen Eroberungen des assyrischen Weltreichs und zeichnen ehrerbietig die grausamen, gewalttätigen Strafen auf, die jene ereilten, die sich dem Reich entgegenstellten.

 Die Zerstörung von Tyrus

Es überrascht uns normalerweise nicht zu erfahren, daß Weissagungen in Erfüllung gehen, aber manchmal scheint die Art, wie sie sich erfüllen, schier unglaublich. Hesekiel beispielsweise hatte gesagt, Tyrus werde zerstört und seine Ruinen ins Meer geworfen werden (Hes 26,12). Dies rief Spott hervor, weil Nebukadnezar bei der Zerstörung Tyrus' die Ruinen gerade da liegen ließ, wo sie gefallen waren - an Land. 200 Jahre später jedoch überfiel Alexander der Große Tyrus, und die Bewohner zogen sich in die Sicherheit einer Insel unmittelbar vor der Küste zurück. Um sie zu erreichen, ließ Alexander alle die Trümmer, Steine, Bauhölzer, Staub und alles andere ins Meer werfen und erhielt so einen Damm, auf dem seine Truppen die Insel erreichen konnten. Genauso, wie Hesekiel sagte: „Ein Ort zum Ausbreiten der Netze wirst du sein" (Hes 26,14).

Einige dieser Aufzeichnungen bestätigen die Exaktheit der Bibel. Jeder Hinweis auf einen assyrischen König im Alten Testament hat sich als richtig erwiesen. Zwar blieb Sargon für eine Zeit unbekannt, aber als sein Palast gefunden und ausgegraben wurde, fand man ein Wandgemälde der Schlacht, die in Jesaja 20 erwähnt wird. Der schwarze Obelisk Salmanassars fügt unserer Kenntnis biblischer Personen eine Abbildung Jehus (oder seines Abgesandten) hinzu, der sich vor dem König von Assyrien verneigt.

Unter den interessantesten Funden ist Sanheribs Bericht der Belagerung von Jerusalem. Tausende seiner Männer starben und der Rest wurde zerstreut, als er versuchte, die Stadt einzunehmen - wie Jesaja vorhergesagt hatte, war er unfähig, sie zu erobern. Da er also nicht mit einem großen Sieg prahlen konnte, fand Sanherib einen Weg, sich selbst im besten Licht zu zeigen, ohne die Niederlage zugeben zu müssen:

„Über Hiskia, den Juden, der meinem Joch nicht gehorchte: Ich legte Belagerung auf 46 seiner starken Städte, befestigte Wälle und auf zahllose kleine Dörfer in ihrer Nähe ... Ich trieb aus ihnen 200.150 Menschen fort, jung und alt, männlich und weiblich sowie Pferde, Maultiere, Esel, Kamele, großes und kleines Vieh ohne Zahl und nahm sie zur Beute. Ihn selbst machte ich zu einem Gefangenen in Jerusalem, seinem königlichen Wohnsitz, wie ein Vogel in einem Käfig."[12]

Die Gefangenschaft

Zahlreiche Facetten alttestamentlicher Geschichte betreffs der Gefangenschaft wurden bestätigt. Aufzeichnungen, die in Babylons berühmten Hängenden Gärten gefunden wurden, beweisen, daß Jojachin und seine fünf Söhne eine monatliche Zahlung zugewiesen bekamen und einen Ort wo sie leben konnten, und daß sie gut behandelt wurden (2Kö 25,27-30). Der Name Belsazars hatte Probleme hervorgerufen; nicht nur, daß er überhaupt nicht erwähnt wurde, es gab auch keinen Raum für ihn in der babylonischen Königsliste. König Nabonid jedoch hinterließ einen Bericht, nach dem er seinem Sohn Belsazar für ein paar Jahre die Regierungsgewalt in seiner Abwesenheit übertragen habe. Infolgedessen war Nabonid noch immer König, aber Belsazar

herrschte in der Hauptstadt. Ebenso schien der Erlaß des Cyrus
(Kores), von dem Esra berichtet, allzu gut zur Weissagung Jesajas zu passen, um wahr zu sein. Es wurde aber ein Tonzylinder
gefunden, der die Verfügung in allen wesentlichen Einzelheiten
bestätigt.

In jeder Periode alttestamentlicher Geschichte finden wir gutes
Beweismaterial aus der Archäologie, daß die Heilige Schrift genau
ist. In mancher Hinsicht reflektiert die Heilige Schrift sogar aus
erster Hand Wissen der Zeit und beschriebenes Brauchtum. Während viele die Exaktheit der Bibel bezweifelten, haben die Zeit
und fortwährende Forschung konsequent demonstriert, daß das
Wort Gottes besser informiert ist als seine Kritiker.

BESTÄTIGT DIE ARCHÄOLOGIE
DAS NEUE TESTAMENT?

Nach der Periode der Richter zeigt das archäologische Beweis-
material immer deutlicher, daß die biblischen Autoren wußten,
wovon sie sprachen. Zu der Zeit, wo wir die Periode des Neuen
Testaments erreichen, wird das Beweismaterial für seine histori-
sche Zuverlässigkeit überwältigend. Dieses Material wollen wir
in drei Gruppen zusammenfassen: Die historische Exaktheit von
Lukas, das Zeugnis weltlicher Historiker und die physischen
Beweismittel im Zusammenhang mit der Kreuzigung Christi.
Das Beweismaterial für Christi Auferstehung wurde schon in
Kapitel 6 dargelegt.

Die historische Genauigkeit des Lukas

Man hatte gedacht, Lukas' Schriften seien seiner wild wuchernden
Phantasie entsprungen, denn er schrieb Autoritäten falsche Titel
zu und erwähnte Statthalter, die niemand kannte. Das heute vorliegende Beweismaterial weist genau in die entgegengesetzte
Richtung.

Die Volkszählung in Lukas 2,1-5

Mit der Darstellung, Augustus habe eine Volkszählung im Kaiserreich während der Regierung des Quirinus und des Herodes vornehmen lassen, sind einige Probleme verbunden. Es gibt keinen Bericht über eine solche Volkszählung, aber wir wissen heute, daß regelmäßig Volkszählungen in Ägypten, Gallien und Cyrene (Libyen) vorgenommen wurden. Lukas meinte sehr wahrscheinlich, daß zu unterschiedlichen Zeiten Volkszählungen im ganzen Kaiserreich stattfanden und daß Augustus diesen Prozeß in Gang gesetzt habe. Die von Lukas benutzte Zeitform der Gegenwart weist darauf hin, es als ein wiederholtes Ereignis zu verstehen. Nun, Quirinus veranlaßte in der Tat eine Volkszählung im Jahr 6 n. Chr., zu spät für Jesu Geburt, und Herodes starb, bevor Quirinus Statthalter wurde. War Lukas hier verwirrt? Nein: Tatsächlich erwähnt er Quirinus' spätere Volkszählung in Apostelgeschichte 5,37. Wahrscheinlich unterscheidet Lukas die Volkszählung in Herodes' Zeit von der bekannteren des Quirinus. Es gibt einige neutestamentliche Parallelen für diese Verfahrensweise.[13]

Gallio, Prokonsul von Achaia

Diese Bezeichnung in Apostelgeschichte 18,12-17 hatte man für unmöglich gehalten. Aber eine Inschrift bei Delphi gibt dem Mann exakt diesen Titel, und sie datiert ihn in die Zeit, als Paulus in Korinth war (51 n. Chr.).[14]

Lysanias, Tetrarch von Abilene

Dieser Mann war den modernen Historikern unbekannt, bis eine Inschrift gefunden wurde, die in einer Tempelwidmung Namen und Titel erwähnt und am richtigen Ort ist. Sie ist zwischen 14 und 29 n. Chr. datiert. Das paßt zum Beginn des Dienstes Johannes' des Täufers, den Lukas in die Regierungszeit des Lysanias legt (Lk 3,1).

Erastus

In Apostelgeschichte 19,22 wird als ein Mitarbeiter des Paulus der Korinther Erastus genannt. Wenn Lukas sich irgendwelche Namen hätte ausdenken wollen, so scheint dies der beste Ort zu sein, das zu tun. Wer könnte es jemals prüfen? Nun, bei Ausgrabungen in Korinth wurde nahe dem Theater eine Inschrift gefunden mit dem Text: „Erastus ließ zum Dank für seine Ädilschaft auf eigene Kosten das Pflaster legen." Wenn das der gleiche Mann war, dann ist klar, weshalb Lukas die Einzelheit berichtete, ein prominenter, reicher Bürger von Korinth habe sich bekehrt und sein Leben dem Dienst Jesu zur Verfügung gestellt.

Darüber hinaus gibt Lukas die korrekten Titel der folgenden Beamten wieder: Thessalonich - „Politarchen"; Ephesus - „Tempelwachen"; Cypern - „Prokonsul"; Malta - „der Erste der Insel". All diese wurden durch römischen Gebrauch bestätigt. Alles in allem nennt Lukas zweiunddreißig Länder, vierundfünfzig Städte und neun Inseln, ohne dabei einen Fehler zu machen. Dies veranlaßte den prominenten Historiker Sir William Ramsay, seine kritische Meinung zu widerrufen:

„Ich begann mit einer für sie [die Apostelgeschichte] ungünstigen Meinung, denn die Genialität und scheinbare Vollständigkeit der Tübinger Theorie hat mich damals vollständig überzeugt. Es lag nicht in meinem Lebenslauf, den Gegenstand genauer zu untersuchen, aber in jüngster Zeit sah ich mich oft mit der Apostelgeschichte konfrontiert als mit einer Autorität der Geländekunde, der antiken Hinterlassenschaften und der Gesellschaft in Kleinasien. In mir wuchs die Erkenntnis, daß diese Schrift in zahlreichen Details erstaunliche Wahrheit wiedergibt."[15]

In voller Übereinstimmung sagt A. N. Sherwin-White: „Die Bestätigung der Historizität der Apostelgeschichte ist überwältigend ... Jeder Versuch, ihre grundlegende Geschichtlichkeit zu verwerfen, muß jetzt absurd erscheinen. In den Augen römischer Historiker war sie längst garantiert."[16] Und die kritischen Theorien, die in der ersten Hälfte des neunzehnten Jahrhunderts aufbrachen und sich bis heute gehalten haben, entbehren jeder Grundlage. Der berühmte Archäologe William F. Albright sagt: „Alle radikalen Schulen neutestamentlicher Kritik, die in der Vergangenheit existierten oder heute existieren, sind vor-archäologisch und deshalb - da sie in die Luft gebaut waren - heute gänzlich veraltet."[17]

Bestätigung durch weltliche Historiker

Eines der verbreitetsten Mißverständnisse über Jesus geht davon aus, er werde in keiner antiken Quelle außer der Bibel erwähnt. Es gibt im Gegenteil zahlreiche Erwähnungen Jesu als einer historischen Person, die von der Hand Pontius Pilatus' starb. Manche führen sogar an, es sei seine Auferstehung aus den Toten berichtet worden; er sei von allen, die ihm folgten, als Gott verehrt worden. Gary Habermas untersucht sie alle in seinem Buch *„Ancient Evidences for the Life of Jesus"* („Antike Beweise für das Leben Jesu") (Nashville, Thomas Nelson, 1984). Hier folgen einige dieser Hinweise.

Tacitus

Der römische Historiker Tacitus lebte von 55-120 n. Chr. Er erwähnt Christus mindestens dreimal. Beim erstenmal erläutert er, wie Nero die Christen beschuldigte, Rom in Brand gesteckt zu haben.

> „Folglich, um den Bericht abzuschließen, bekräftigte Nero die Schuld und verfügte die erlesensten Foltern für eine Klasse, die für ihre Abscheulichkeiten gehaßt und die von dem Pöbel Christen genannt wurde. Christus, von dem dieser Name seinen Ursprung hatte, erlitt während der Regierung des Tiberius von der Hand eines unserer Prokuratoren, Pontius Pilatus, die Höchststrafe. Der nachteiligste Aberglaube erkannte seine

Chance und brach nicht allein in Judäa als der ersten Quelle des
Übels aus, sondern auch in Rom, wo alle Abscheulichkeiten aus
der ganzen Welt ihr Zentrum finden und beliebt sind. Dementsprechend wurden zunächst alle Schuldiggesprochenen festge-
nommen; dann wurde auf ihre Mitteilungen hin eine ungeheure
Menge verurteilt, nicht so sehr wegen des Verbrechens der
Brandstiftung, als vielmehr wegen ihres Hasses gegen die
Menschheit. Spott jeder Art wurde ihrem Tod hinzugefügt. In
die Häute von Bestien gehüllt, verfielen sie dem Flammentod
und wurden, zur nächtlichen Beleuchtung dienend, bei Eintritt
der Dunkelheit verbrannt."[18]

Eine interessante Erwähnung Christi in der Geschich-
te stammt von einem römischen Satiriker namens Lukian.
Seine Worte wetteifern mit dem Sarkasmus eines Mark
Russell oder Johnny Carson.

„Die Christen, weißt du, verehren dieser Tage einen Mann -
die vornehme Persönlichkeit, die ihre neuartigen Riten eingeführt hat, und dafür gekreuzigt wurde ... Siehst du, diese
fehlgeleiteten Kreaturen beginnen mit der allgemeinen Überzeugung, daß sie für alle Zeit unsterblich sind. Das erklärt die
Todesverachtung und freiwillige Selbsterniedrigung, die ihnen so geläufig sind. Auch war es ihnen eingeschärft von ihrem ursprünglichen Gesetzgeber, daß sie alle Brüder sind von
dem Augenblick an, in dem sie konvertierten und leugnen die
Götter Griechenlands und verehren den gekreuzigten Weisen
und leben nach seinen Gesetzen. All dies nehmen sie ganz im
Glauben, mit dem Ergebnis, daß sie alle weltlichen Güter
gleich verachten; sie betrachten sie als allgemeines Eigentum." [*"The Death of Peregrine"*, 11-13, in *„The Works of
Lukian of Samasotha"*, übers. Von H.W. Fowler and F.G.
Fowler, 4 Bde. (Oxford: Clarendon Press, 1949).]

Man beachte, daß die grundlegenden Einzelheiten des Todes Christi ausgelassen werden. Der „nachteiligste Aberglaube", von dem er spricht, war vermutlich, daß Jesus aus den Toten auferstanden war.

Sueton

Der Chefsekretär Kaiser Hadrians (117-138 n. Chr.) äußert sich ähnlich: „Nach dem großen Brand Roms ... Geringere Strafen wurden außerdem den Christen auferlegt, einer Sekte, die eine neue, nachteilige religiöse Überzeugung verkündete."[19] Er teilt außerdem mit, daß Claudius im Jahr 49 n. Chr. die Juden aus Rom vertrieb - wegen eines Aufruhrs „durch Anstiftung von Chrestus."[20] Dies erklärt, warum Aquila und Priscilla, die Paulus in Korinth traf (Apg 18,2), ihre Heimat Italien verlassen mußten.

Josephus

Josephus war ein jüdischer Historiker, der im ersten Jahrhundert für die Römer arbeitete. In einer stark diskutierten Passage gibt er eine Beschreibung Jesu.

„In dieser Zeit gab es einen weisen Mann, der Jesus genannt wurde. Und sein Wandel war gut, und [er] war als tugendhaft bekannt. Und viele Leute aus den Juden und anderen Nationen wurden seine Jünger. Pilatus verdammte ihn zur Kreuzigung und zum Tode. Und jene, die seine Jünger geworden waren, gaben die Jüngerschaft nicht auf. Sie berichteten, daß er ihnen drei Tage nach seiner Kreuzigung erschienen war und daß er lebendig war; demzufolge war er vielleicht der Messias, über den die Propheten Wunderdinge erzählt haben."[21]

Dies soll nicht zeigen, daß Josephus dies vielleicht glaubte. Bedeutsam ist vielmehr die Tatsache, daß weder er noch irgendein anderer Zeitgenosse der Apostel irgendeinen Versuch machte, die Auferstehung zu widerlegen. Wäre die Grabstätte noch immer versiegelt gewesen oder hätte man den Leib gefunden - mir scheint, sie würden es erwähnt haben. Statt dessen stellen sie den Glauben der Christen ohne Kommentar vor.

Der Talmud

Der Talmud, ein rabbinischer Kommentar zur Thora, enthält eine interessante Anmerkung über Jesus:

> „Am Vorabend des Passah wurde Yeshua gehängt. Vor der Hinrichtung ging ein Verkündiger vierzig Tage lang umher und rief: 'Er geht aus, um gesteinigt zu werden, denn er hat Zauberei getrieben und Israel zum Abfall verführt. Wer etwas zu seinen Gunsten sagen kann - er soll vortreten und zu seinem Vorteil sprechen.' Da aber nichts zu seinen Gunsten vorgebracht wurde, hängte man ihn am Vorabend des Passah."[22]

 **Unterstützung von Häretikern**

Die gnostischen Evangelien mögen nicht eben eine gute Informationsquelle über Jesu Leben oder Theologie sein, aber sie steuern etwas zu unserem Verständnis der Geschichte bei. Sie zeigen, daß es einen gewissen Kern von Information über Jesu Leben und Tod gab, der so weit anerkannt war, daß sie ihn nicht ändern konnten - sie mußten auf dem Fundament dieses Kerns bauen. Diese Bücher, die größtenteils von Männern geschrieben wurden, die vorgaben, biblische Apostel zu sein, sind sagenhafte Entwicklungen und Mythen, entsprungen aus den historischen Tatsachen vom Ursprung des Christentums. Sie stimmen im wesentlichen alle darin überein, daß Jesus erstens Gott in menschlicher Gestalt war, daß er zweitens verfolgt und gekreuzigt wurde, daß man von ihm drittens glaubte, er sei aus den Toten auferstanden, und daß dies viertens Bedeutung für seine Anhänger hatte. Dies bestätigt, daß diese Tatsachen während des ganzen zweiten Jahrhunderts gut bekannt und unveränderlich waren.

Einiges an dieser Information mag uns überraschen. Die Aussendung eines Verkündigers ist im Neuen Testament nicht erwähnt, aber im Licht der Drohungen, die gegen Jesu Leben ausgestoßen wurden, ist es nicht erstaunlich. Auch könnte Johannes 11,8 und 16 ein indirekter Hinweis darauf sein. Es würde erklären, warum Thomas so sicher war, daß die Reise nach Bethanien (vor den Toren Jerusalems) den sicheren Tod bedeuten würde. Man beachte, daß es heißt, er solle gesteinigt werden - die vorgeschriebene Strafe für Zauberer und falsche Propheten -, und daß man dennoch zugibt, daß er gekreuzigt wurde („gehängt" ist gleichbedeutend mit Kreuzigung in Lukas 23,39 und Galater 3,13). Da es den Juden untersagt war, die Todesstrafe zu vollstrecken, mußte Jesus den Tod von der Hand der Römer erleiden, und ihr Strafmodus war das Kreuz. Aber warum ließ man Jesus in Jerusalem vor seiner Festnahme eine ganze Woche in Frieden? Vielleicht, weil die vierzig Tage des Verkündigens noch nicht vollendet waren. Aber ebenso wahrscheinlich ist, daß sie wegen seiner Popularität zögerten (man erinnere sich, wie er beim Betreten der Stadt am Palmsonntag begrüßt worden war). Diese Differenzen können nur dienlich sein, die Wahrheit der Evangelien-Berichte hervorzuheben.

Diese Sammlung historischer Quellen zeigt weitverbreitete Übereinstimmung in den grundlegenden Einzelheiten des Lebens Jesu, besonders über seinen Tod und dessen Hintergründe, und mit einigen Hinweisen zum Glauben, daß er aus den Toten auferstand.

 Die Auspeitschung

Römische Historiker und die Archäologie haben viel über die Praxis der Auspeitschung ans Licht gebracht. Das verwendete Instrument war ein römisches *flagrum* - eine Peitsche mit drei Schnüren, in deren Enden Stücke von Knochen oder Blei eingeflochten waren. Wurde diese Geißel angewandt, so zerfleischte sie alles - Haut, Muskeln, Nerven, sogar kleine Knochen. Das Opfer war entweder an einen senkrechten Pfahl gebunden oder über einen Prügelbock gebeugt. Manchmal gab es zwei Vollstrecker, einen auf jeder Seite des Delinquenten, die sich mit Schlägen abwechselten, nicht nur auf den Rücken, sondern auch auf den Brustkasten und rund um die Beine in beiden Richtungen. Es ist nicht bekannt, ob die Römer auf die jüdische Obergrenze von 39 Schlägen Rücksicht nahmen. Römische Soldaten verspotteten ihre Opfer oft nach den Auspeitschungen. So mußte man erwarten, daß das Opfer Prellungen im Gesicht, Schwellungen und eine gebrochene Nase haben würde und daß ihm büschelweise Barthaare ausgerissen worden waren.

Beweismaterial in bezug auf Jesu Tod

Es gibt zwei faszinierende Entdeckungen, die den Tod Christi und in gewissem Grad seine Auferstehung beleuchten. Die erste ist eine außergewöhnliche Verfügung, die zweite der Leib eines anderen Kreuzigungsopfers.

Das Nazareth-Dekret

Diese Steinplatte wurde 1878 in Nazareth gefunden. Es ist ein Dekret, ausgegeben von Kaiser Claudius (41-54 n. Chr.), daß kein Grab gestört und kein toter Körper exhumiert oder bewegt werden dürfe. Dieser Typ eines Dekrets ist nicht ungewöhnlich, aber Aufsehen erregend ist die Tatsache: „Der Missetäter [soll] verurteilt werden zum Tode auf der Grundlage der Verletzung eines Grabes." Andere Gründe warnten vor Strafe, aber die Todesstrafe für die Schändung eines Grabes? Eine mögliche Erklärung ist, daß Claudius von der christlichen Lehre der Auferstehung hörte, als er den Aufruhr von 49 n. Chr. untersuchte. Er entschloß sich, nicht noch einmal einen derartigen Bericht aufkommen zu lassen. Das erhält tieferen Sinn im Licht der jüdischen Auseinandersetzung darüber, der Leib Jesu sei gestohlen worden (Mt 28,11-13). Eine frühe Bezeugung des starken und hartnäckigen Glaubens, daß Jesus aus den Toten auferstanden ist.

 **Die Instrumente der Kreuzigung**

Die Archäologie hat uns viel über die Werkzeuge zu sagen, die bei der Kreuzigung gebraucht wurden.

Das Kreuz: Die Römer gebrauchten verschiedene Arten von Kreuzen, variierend in Höhe und Form. Das zur Zeit Jesu gebräuchlichste sah aus wie unser großes „T". Das Kopfende war nur etwa 1,80-2,40 Meter über dem Boden, und man fand solche mit und solche ohne Sitz. Der Verurteilte trug üblicherweise den Querbalken, nicht den senkrechten Teil, zur Kreuzigungsstelle. Dieser Balken wog zwischen 75 und 125 Pfund. Ein Titulus mit Name und Verbrechen des Opfers konnte an das Kopfende des Kreuzbalkens genagelt werden.

Die Nägel: Quadratische Nägel, 12-17 Zentimeter lang und etwa 9 Millimeter dick, waren normal; manche Opfer wurden einfach mit Stricken an den Querbalken gebunden. Die Nägel wurden zwischen die Knochen der Unterarme und der Füße getrieben.

Das Crucifragium: Es sah aus wie ein moderner Fleischklopfer, doch größer und schwerer. Dieser Hammer war besonders zu dem Zweck entwickelt worden, einem Mann mit einem einzigen Schlag die Beine zu brechen. Damit hinderte man ihn daran, sich zu erheben, und beschleunigte so seinen Tod, da er mit seiner zusammengepreßten Brusthöhle kaum noch atmen konnte.

Jochanan - ein Kreuzigungsopfer

1968 wurde in Jerusalem ein antiker Friedhof entdeckt, der ungefähr fünfunddreißig Körper enthielt. Es wurde festgestellt, daß die meisten von ihnen einen gewaltsamen Tod im jüdischen Aufstand gegen Rom im Jahr 70 n. Chr. erlitten hatten. Einer davon war ein Mann mit Namen Jochanan Ben Ha'galgol. Er war etwa 27-28 Jahre alt, hatte einen gespaltenen Gaumen, und ein achtzehn Zentimeter langer Nagel steckte noch immer in seinen Füßen. Die Füße waren so auswärts gedreht, daß der Nagel mit quadratischem Querschnitt seitlich bei der Ferse nahe der Achillessehne durch beide Füße gehämmert werden konnte. Das mußte die Beine ebenso nach außen gebeugt haben, daß sie am Kreuz nicht zur Unterstützung dienen konnten. Der Nagel war durch einen Keil von Akazienholz gegangen, dann durch die Fersen und anschließend in einen Olivenholzbalken gedrungen. Es war außerdem erwiesen, daß ähnliche Nägel zwischen die beiden Knochen beider Unterarme getrieben worden waren. Diese hatten für eine Ruhigstellung der Oberarme gesorgt, wenn sich das Opfer wiederholt aufrichtete und zusammensank, um zu atmen (Bei aufgerichteten Armen ist die Atmung eingeschränkt). Kreuzigungsopfer mußten sich selbst erheben, um die Brustmuskulatur zu entlasten, und wenn sie zu schwach dazu geworden waren, erstickten sie. Jochanans Beine waren durch einen Schlag zerquetscht, folglich war wie üblich das römische *crucifragium* angewandt worden (Joh 19,31-32). Jede dieser Einzelheiten bestätigt die Beschreibung der Keuzigung im Neuen Testament.

Dieses Kapitel hat in Kürze zusammengefaßt, wie die Archäologie die Wahrheit der Heiligen Schrift bestätigt. Das Beweismaterial ist echt, und der Lohn an Verständnis und Vertrauen, der daraus gewonnen wird, sind die mühevolle Arbeit wert.

Anmerkungen

[1] Nelson Glueck: *Rivers in the Desert* (New York: Farrar, Strauss and Cudahy, 1959), S. 136.

[2] K.A. Kitchen: *Ancient Orient and the Old Testament* (Chicago:

InterVarsity Press, 1966), S. 89.

[3] Übersetzung von A. Leo Oppenheim in *„Ancient Near East Texts"*, Hrsg. James B. Pritchard (Princeton: The Princeton Press, 1950), S. 265.

[4] Gleason L. Archer: *Encyclopedia of Bible Difficulties* (Grand Rapids: Zondervan, 1982), S. 82-83.

[5] Clifford A. Wilson: *Rocks, Relics and Biblical Reliability* (Grand Rapids: Zondervan, 1977), S. 29.

[6] P.J. Wiseman: *Ancient Records and the Structure of Genesis* (Nashville: Thomas Nelson, 1985), S. 74.

[7] Wilson, a.a.O., S. 42.

[8] John J. Bimson und David Livingston: *Redating the Exodus*, in: Biblical Archeology Review; 8,5; September-Oktober 1987, S. 46.

[9] Ebd., S. 51.

[10] Donovan A. Courville: *The Exodus Problem and Its Ramifications* (Loma Linda, Cal.: Challenge Books, 1971), S. 158-159.

[11] W.F. Albright: *History, Archaeology, and Christian Humanism* (New York: MacGraw-Hill, 1964), S. 34-35.

[12] Pritchard, a.a.O., S. 288.

[13] Siehe Harold W. Hoehner: *Chronological Aspects of the Life of Christ* (Grand Rapids: Zondervan, 1977), S. 13-23 für eine vollständige Argumentation.

[14] F.F. Bruce: *New Testament History* (Garden City, N.Y.: Doubleday, 1980), S. 298, 316.

[15] William M. Ramsay: *St. Paul the Traveler and the Roman Citizen* (Grand Rapids: Baker, 1982), S. 8.

[16] A.N. Sherwin-White: *Roman Society and Roman Law in the New Testament* (Oxford: Clarendon Press, 1963), S. 189.

[17] William F. Albright: *Retrospect and Prospect in New Testament Archaeology*, in: *The Teacher's Yoke*, Hrsg. E. Jerry Vardaman (Waco, Tex.: Baylor University, 1964), S. 288ff.

[18] Tacitus, 15,44.

[19] Sueton, Nero, 16.

[20] Sueton, Claudius, 25.

[21] Josephus: *Antiquities*, 18,3 aus dem Arabischen wie abgedruckt in: *New Evidence of the Life of Jesus*, The New York Times, 12. Februar 1972, S. 1, 24.

[22] Der babylonische Talmud, Sanhedrin, 43a.

Kapitel 10

NATURWISSENSCHAFT UND EVOLUTION

Zwei Männer gingen durch den Wald und standen plötzlich vor einer Glaskugel, die auf dem Teppich von Zweigen und Fichtennadeln lag. Kein Geräusch war zu vernehmen als nur das von den Schritten der beiden verursachte, weit und breit gab es kein Anzeichen für die Anwesenheit anderer Menschen. Dennoch schlossen die Männer, daß ganz offensichtlich jemand die Kugel dorthin gelegt haben mußte. Nun war einer der beiden Männer ein Naturwissenschaftler. Er war geübt in der modernen Betrachtungsweise der Ursprünge. Der andere war ein naturwissenschaftlicher Laie. Der Laie sagte: „Was wäre wohl, wenn die Kugel größer wäre - sagen wir mal: so ungefähr drei Meter im Durchmesser -, würden Sie immer noch behaupten, daß jemand sie da hingelegt haben müsse?" Selbstverständlich stimmte der Naturwissenschaftler zu, daß eine größere Kugel sein Urteil nicht beeinflussen würde. „Gut", fuhr der Laie fort, „was wäre aber, wenn die Kugel riesig wäre - ein Kilometer im Durchmesser?" Sein Freund gab zur Antwort, daß eine solche Kugel nicht nur von irgend jemand dorthin gelegt worden sein müsse; es sollte in diesem Fall sogar eine Untersuchung angestellt werden, um die Ursache der Existenz der Kugel herauszufinden. Der Laie ließ nicht locker: „Was wäre aber, wenn die Kugel so groß wäre wie das ganze Universum? Wenn kleine Kugeln einer Ursache bedürfen und größere Kugeln einer Ursache bedürfen - bedarf dann nicht auch die größte Kugel von allen einer Ursache?"

Die biblische Sicht über den Ursprung des Universums, die Entstehung des Lebens und die Entstehung neuer Lebensformen haben viele in der Überzeugung schwankend gemacht, die Heilige Schrift als Wahrheit anzunehmen. Die moderne Naturwissenschaft behauptet, sie ohne jeden Schatten eines Zweifels widerlegt zu haben. Die Evolutionstheorie wird heutzutage als eine bewiesene Tatsache postuliert. Wer hat recht - die Bibel oder die Naturwissenschaft?

Dieses Kapitel wird sich mit diesem Problem befassen. Zunächst werden wir eine Grundsatzaussage erarbeiten, die wir dann auf die drei Bereiche der Ursprünge anwenden wollen: den Ursprung des Universums, den Ursprung des Lebens und den Ursprung neuer Lebensformen. Bevor wir jedoch tiefer in die Materie einsteigen, müssen wir verstehen, was Evolution ist und wie moderne Evolutionisten die Ursprünge betrachten.

Die meisten von uns meinen, Evolution sei eine Erfindung von Charles Darwin aus dem Jahr 1859. In Wirklichkeit handelt es sich jedoch um eine schon sehr alte Ansicht, die in der Naturphilosophie wurzelt. In Kapitel drei erwähnten wir die Ansicht der Atheisten, das Universum habe keine Ursache - es sei einfach immer dagewesen und werde immer sein. Alle Materie (sofern sie in irgendeinem Sinn existiere) trage in sich die Grundsätze des Lebens. Die Vorstellung, das Leben sei aus Nichtlebendigem entstanden, ist bei diesem Ausgangspunkt kein Problem - es wäre tatsächlich unvermeidlich. Ebenso zuverlässig wäre dann das Fortschreiten weniger komplizierter Lebensformen zu komplizierteren, da fortwährend alles nach Vollkommenheit streben und die Verwirklichung höherer Zustände suchen würde.

Die moderne Ansicht von Evolution sieht dieser Darstellung nicht mehr sehr ähnlich. Da viele Naturwissenschaftler Materialisten sind, halten sie zwar an dem grundlegenden Entwurf fest, aber ohne die damit verbundenen transzendenten Begriffsinhalte. Wenn aber die geistlichen Aspekte das System nicht lenken, gibt es keinen Mechanismus, der die Weiterentwicklung der Arten erklären könnte. Befassen wir uns mit Charles Darwin. Er lieferte einen Mechanismus, auf dessen Grundlage Evolution aus einem bloß materiellen Anfang heraus funktionieren sollte, und nannte ihn „natürliche Selektion". Vieles von dem, was Darwin lehrte, wurde inzwischen verworfen und von modernen Evolutionisten überholt, aber die Lehre der natürlichen Selektion konnte sich behaupten.

 **Moderne Naturwissenschaft und Schöpfung**

Die antiken Griechen betrachteten Naturwissenschaft als eine philosophische Angelegenheit. Nicht das Experiment, sondern die Vernunft galt als das Hauptwerkzeug der Wissenschaft. Viel von dieser Einstellung erwuchs aus ihrem Glauben, die Welt sei vollkommen verdorben. Die Welt war ihnen ein nicht erschaffenes, nicht erkennbares und dennoch notwendiges Übel, dem Gott die Ausrichtung gab, das aber nicht wirklich unter seiner Kontrolle stand. Nur, wo eine theistische Ansicht von der Schöpfung überwog, begann die Naturwissenschaft die Welt experimentell zu erforschen. Dahinter stand der Grundgedanke: Gott hatte Materie erschaffen, die es wert war, erforscht zu werden. Aus diesem Blickwinkel war Materie real, gut und erkennbar. Indem Gott als Schöpfer gesehen wurde, der alle Dinge völlig unter Kontrolle hatte, konnte die Naturwissenschaft zu der Annahme kommen, daß das Universum einen Sinn oder Zweck habe. Die meisten der Wissenschaftler, die die Gesetze der modernen Naturwissenschaft formulierten, waren Kreationisten, sie vertraten also die Schöpfungslehre. Ohne diese Grundlage wäre die moderne Naturwissenschaft vermutlich nicht denkbar.

Über den Ursprung des Universums haben die klassischen Evolutionisten gesagt, die Welt habe keine Ursache. Carl Sagan brachte dies in der Feststellung zum Ausdruck: „Der Kosmos ist alles, was ist oder jemals war oder jemals sein wird."[1] Diese Ansicht wird noch immer von jenen gelehrt und vertreten, die sich nicht über die Neuentdeckungen der Kosmologie auf dem laufenden halten. Kosmologie ist die Erforschung des Universums. Evolutionisten lehren auch, das Leben habe als Ergebnis chemischer Reaktionen begonnen in einer Umgebung, die Darwin einen „warmen kleinen Teich" nannte. Die Forschung der letzten dreißig Jahre hat gezeigt, daß es möglich ist, einige der lebensnotwendigen Aminosäuren aus wenigen Gasen, Wasser und mit Hilfe einer elektrischen Ladung zu erzeugen. Dies hat das Denken ermutigt, das Leben sei aus nichtlebendiger Materie entstanden. Neue Lebensformen sollen sich dann durch natürliche Selektion entwickelt haben. Wenn sich die Umfeldbedingungen veränderten, paßten sich die Tiere den neuen Gegebenheiten an, um die neuen Herausforderungen bestehen zu können. Was sich anpaßte, konnte überleben, was sich nicht anpaßte, fiel der Vernichtung anheim. Die große Vielfalt ausgestorbener Tierarten, die als Fossilien gefunden wurden, und ihre Ähnlichkeit mit lebenden Gattungen werden zur Bekräftigung dieser These herangezogen. Wenn sich praktisch alle Wissenschaftler über diese Grundsätze einig sind und wenn ihnen das Material zur Verfügung steht, sie zu beweisen - können wir dann immer noch der Bibel glauben?

DAS GRUNDLEGENDE ARGUMENT GEGEN EVOLUTION

Es soll gleich gesagt werden: Wir brauchen nicht auf religiöser Ebene zu streiten. Wir brauchen nicht auf unserem Standpunkt beharrend fortwährend auszurufen: „Die Bibel sagt es; ich glaube es; damit ist der Fall erledigt!" Diese Haltung mag gut sein, aber es gibt auch gute wissenschaftliche Gründe, die Evolution zu verwerfen und an Schöpfung zu glauben. In der Tat ist es nur auf die Vorstellung von dem gegründet, was Naturwissenschaft eigentlich ist.

Naturwissenschaft gründet sich auf Kausalität: Jedes Ereignis hat eine Ursache. Dinge geschehen nicht „einfach so". Selbst wenn wir nicht ausdrücklich wissen können, welche besondere Ursache ein *gewisses* Ereignis hervorruft, so können wir doch sagen, welche *Art* von Ursachen für Wirkungen verantwortlich sind, die wir heute sehen. Was auch immer in der Vergangenheit eine bestimmte Wirkung hervorbrachte, wird die gleiche Wirkung auch in der Gegenwart verursachen - diese Vorstellung nennt man den Grundsatz der Uniformität. Alle Wissenschaft gründet sich darauf, Ursachen zu finden, indem sie diese beiden Prinzipien anwendet: Kausalität und Uniformität.

Als in der wissenschaftlichen Methode erstmals wissenschaftliche Grundsätze entwickelt wurden, begannen Wissenschaftler wie Francis Bacon, Johannes Kepler, Isaak Newton und William Kelvin eine Unterscheidung zwischen primären und sekundären Ursachen zu machen. Eine primäre Ursache war eine „erste Ursache", die Singularitäten erklärte - Ereignisse, die nur einmal geschahen und keine natürliche Erklärung fanden. Als sekundäre (zweitrangige oder natürliche) Ursachen dachte man sich natürliche Ursachen und Gesetze, die die Art bestimmen, wie die Dinge normalerweise funktionieren. Unglücklicherweise begannen manche Wissenschaftler, übernatürliche Ursachen zur Erklärung natürlicher Unregelmäßigkeiten des Weltlaufs heranzuziehen, etwa für Erdbeben oder Meteore. Als man später die Wahrheit über diese Dinge herausfand, eliminierte die Wissenschaft alle primären Ursachen gänzlich aus ihrer Methode und suchte, alles in Begriffen natürlicher Ursachen zu erklären. Aber geradeso wie es ein Fehler der Supernaturalisten war, zur Erklärung gewöhnlicher Ereignisse primäre Ursachen anzunehmen, ist es ein Fehler der Naturalisten, alle Singularitäten mit natürlichen Ursachen erklären zu wollen.

Der Unterschied zwischen Wirkungs- und Ursprungswissenschaft

Wirkungswissenschaft untersucht die Art, in der Dinge gewöhnlich ablaufen. Sie erforscht, wie die Welt in der Gegenwart üblicherweise funktioniert. Sie studiert Dinge, die sich immer wieder regelmäßig oder wiederholt ereignen. Wirkungswissenschaft sucht nach Antworten, die durch experimentelle Wiederholung immer wieder nachprüfbar und - wenn die angenommene Ursache nicht immer wieder die gleiche Wirkung hervorbringt -, widerlegbar sind. Ihre Schlußfolgerungen sollten die Voraussage der Ergebnisse künftiger Experimente gestatten. Wirkungswissenschaft mag Regelmäßigkeit und Voraussagbarkeit - keine Veränderungen, keine Überraschungen. Sie widersteht energisch der Vorstellung von einem übernatürlichen Wesen, das ihre nach natürlichen Gesetzen ablaufende Welt gelegentlich durcheinanderbringen könnte. Deshalb sucht sie gewöhnlich nach natürlichen sekundären Ursachen für die von ihr untersuchten Ereignisse.

 **Kreationisten, die moderne Wissenschaften begründeten**

Kepler: Astronomie (Sternkunde)
Pascal: Hydrostatik (Mechanik der Flüssigkeiten)
Boyle: Chemie (Lehre von den Stoffen)
Newton: Physik (Lehre von den Bewegungen)
Steno: Stratigraphie (Lehre der Darstellung von Schichtungen)
Faraday: Magnetfeldtheorie (Lehre von den magnetischen Strömungen)
Babbage: Computer (Kybernetik/Informatik)
Agassiz: Ichthiologie (Wissenschaft von den Fischen)
Simpson: Gynäkologie (Frauenheilkunde)
Mendel: Genetik (Fortpflanzungslehre)

Pasteur: Bakteriologie (Lehre von den Bakterien)
Kelvin: Thermodynamik (Wärmelehre)
Lister: Antiseptische Chirurgie
Maxwell: Elektrodynamik (Kunde der elektrischen Energie)
Ramsay: Isotopenchemie (Lehre von den Stoffen mit Sondereigenschaften)

Ursprungswissenschaft	
studiert Vergangenheit	studiert Gegenwart
studiert Singularitäten	studiert Regeln
studiert Unwiederholbares	studiert Wiederholbares
Wiederholung nicht möglich	Wiederholung möglich
wie die Dinge begannen	wie die Dinge funktionieren
kann primäre Ursachen finden	findet sekundäre Ursachen
Schlußfolgerungen nicht widerlegbar	Schlußfolgerungen widerlegbar

Ursprungswissenschaft ist nicht einfach ein neuer Name, der der Schöpfungswissenschaft Beweiskraft zu ihrer Unterstützung verleihen soll. Es ist eine andere Art von Wissenschaft. Ursprungswissenschaft studiert *vergangene Singularitäten* (Einzelereignisse), weniger gegenwärtige Normalitäten (Mehrfachereignisse). Sie untersucht, wie die Dinge *begannen*, und nicht wie sie funktionieren. Sie studiert Ereignisse, die nur einmal geschahen und die ihrem Wesen nach nicht noch einmal geschehen werden. Es ist ein ganz anderer Typ der Untersuchung und erfordert einen ganz anderen Zugang. Es ist weniger eine *empirische* Wissenschaft wie Physik oder Biologie, sondern eine *forensische*, eine „Gerichtswissenschaft". In den USA gab es einmal eine wöchentliche Fernsehserie, in der ein Gerichtsmediziner namens Quincy eine Rolle spielte. Jede Woche versuchte er herauszufinden, was und/oder wer in der Vergangenheit eine Singularität - den Tod eines Menschen - verursacht hatte. Er untersuchte die Wirkung und arbeitete heraus, was sie verursacht haben könnte. Diese Untersuchung ist der Gegenstand der Ursprungswissenschaft.

Naturgemäß arbeitet die Ursprungswissenschaft mit anderen Grundsätzen als die Wirkungswissenschaft. Da die vergangenen Ereignisse, die sie studiert, heute nicht einfach wiederholt werden können, benötigt sie Analogien für die Arten der Beziehungen von Ursache und Wirkung, die wir heute sehen, und für die Arten der Wirkungen, die untersucht werden. Darüber hinaus fordert Ursprungswissenschaft nicht, definitive Antworten zu geben, sondern nur plausible. Es wird nicht das Ursprungsereignis beobachtet, und man kann es auch nicht wiederholen (ebensowenig, wie Quincy den jeweiligen Mörder hätte bitten können, sein Opfer noch einmal zu töten). So müssen das vorliegenden Beweismaterial untersucht und aus dieser Untersuchung Interpretationen entwickelt werden, die mit höchster Wahrscheinlichkeit das Ereignis erklären. Und wie die Wirkungswissenschaft erkennen muß, daß es Ereignisse gibt, die eine intelligente Ursache haben müssen, so räumt auch die Ursprungswissenschaft ein, daß eine intelligente Ursache vorliegt, wenn das Material dies erfordert.

Der erste Schritt in der grundlegenden Argumentation gegen Evolution ist: Sie benutzt wissenschaftlich den falschen Zugang, denn sie wendet die Prinzipien der Wirkungswissenschaft auf die Untersuchung von Singularitäten, von Ursprüngen an. Sie hält Ausschau nach regelmäßigen und wiederholten Ursachen für Ereignisse, die nur einmal geschahen. Sie erwartet von den gegenwärtig in der Welt sichtbaren Wirkungen die Erklärung dafür, wie die Welt entstanden ist. Wenn man dieser Methode folgt, ist die notwendige Schlußfolgerung, daß die Welt in einem Prozeß entstand (oder entsteht?), denn die Wirkungswissenschaft studiert Prozesse. Es ist jedoch absurd anzunehmen, daß einzigartige, nur einmal geschehene Ereignisse, wie der Beginn des Universums oder die Entstehung des Lebens, in Begriffen regelmäßiger und wiederholter Prozesse untersucht werden sollten. Um Ursprünge zu verstehen, muß man Ursprungswissenschaft benutzen, nicht Wirkungswissenschaft.

Beweise für intelligente primäre Ursachen

Diese Diskussion hat aber auch noch einen zweiten Aspekt. Weil die Ursprungswissenschaft nicht auf sekundäre Ursachen beschränkt ist (die natürlichen Gesetze, die das Universum in Gang halten), stößt sie manchmal auf Beweismaterial, das für eine intelligente primäre Ursache spricht. Bei der Fernsehshow, von der wir hörten, hatte Quincy zu beurteilen, wonach er suchen mußte: nach einer natürlichen Todesursache oder nach einem Mörder - eine intelligente Ursache. Was für ein Indiz würde anzeigen, daß ein intelligentes Wesen in die Geschehnisse eingegriffen hatte? Carl Sagan hat gesagt, eine einzige Botschaft aus den Tiefen des Weltraums würde seinen Glauben bestätigen, daß es außerirdisches Leben gibt. Mit anderen Worten, manche normalen Ereignisse, wie etwa Verständigung, setzen eine intelligente Ursache voraus. Dies ist eine Art von Ordnung, die die Wissenschaftler als *specified complexity* bezeichnen - ein System, Dinge oder Erscheinungen einer zuvor bestimmten Kategorie zuzuweisen; eine *zweckbestimmte Ordnung*.

 Drei Arten von Ordnung

1. Geordnet (sich wiederholend) und spezifisch
NETZ NETZ NETZ NETZ
Beispiel: Kristall, Nylon

2. Komplex (sich nicht wiederholend) und nicht spezifisch
TGELDHT TBWMHQC PUQXHBT
Beispiel: polymere Riesenmoleküle

> 3. Komplex (sich nicht wiederholend) und spezifisch
> DIESE SEQUENZ TRÄGT EINE BOTSCHAFT
> Beispiel: DNS

Das ist mehr als bloßes Muster oder einfache Ordnung. Es ist Ordnung komplexer Natur mit eindeutiger, spezifischer Funktion. Die Kristalle in einem Klumpen Quarz folgen einer natürlichen Ordnung, die sich jedoch immer wieder selbst wiederholt wie die Botschaft: EIS EIS EIS EIS EIS EIS. Eine Kette von zufällig aneinandergereihten Polymeren (ein sogenanntes Polypeptid) ist komplex, aber sie trägt keine spezifische Funktion oder Botschaft. Sie würde in dieses Bild passen: DLAKI CHNAOR NVKOEN. Aber *spezified complexity* folgt einer zweckbestimmten Ordnung, die sich nicht einfach immer wiederholt und dennoch eine deutliche Botschaft oder eindeutige Funktion trägt: DIESER SATZ TRANSPORTIERT EINE BOTSCHAFT.

Nun ist eines dieser Muster das Werk intelligenten Eingreifens, und ich denke es ist klar, welches das ist. Es ist offensichtlich: Wo immer wir eine klare, deutliche Botschaft erkennen - ein komplexes Muster mit spezifischer Aufgabe -, wurde es in irgendeiner Weise durch intelligentes Eingreifen verursacht. Die Grenzen des natürlichen Ablaufs, der das komplexe, spezifische Muster nicht aus sich selbst hervorbringen könnte, wurden von außen überschritten. Es gibt natürliche Phänomene, die Regelmaß haben und ehrfurchtgebietend sind, die aber eindeutig von natürlichen Kräften verursacht wurden. Man erkennt, daß der Grand Canyon und die Niagarafälle nicht von Intelligenz geformt wurden, sondern durch die Kräfte von Wind und Wasser. Das kann man von den Präsidentenportraits am Mount Rushmore oder von einem Wasserkraftwerk nicht sagen. Sie zeigen eindeutig eine vorgegebene Botschaft oder erfüllen eine vorhergeplante Funktion. Daran erkennen wir, daß eine Intelligenz am Werk gewesen sein muß. Ob wir eine Skulptur sehen, einen in den Sand geschriebenen Namen oder ein Rauchsignal - wir erkennen augenblicklich, daß es einige

Intelligenz erforderte - es entstand nicht einfach von selbst. Und all unsere Erfahrung bestätigt uns dies. Das gilt allgemein für alles, was wir heute in der Welt vorfinden. Daher ist es nur vernünftig, anzunehmen, es sei zu jeder Zeit so gewesen.

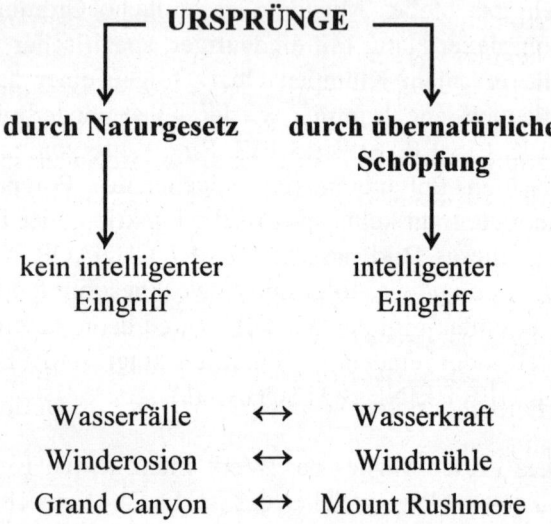

Ergebnis der Grundsatzdiskussion

Unsere Grundsatzdiskussion hat jetzt zwei Kernpunkte deutlich gemacht. Zum ersten ist es wissenschaftlich zulässig, nach intelligenten primären Ursachen für Ereignisse zu suchen, die Anzeichen intelligenten Eingreifens aufweisen. Archäologen tun es fortwährend. Sobald sie Keramik finden oder Pfeilspitzen, schließen sie zu Recht, daß sie von einem intelligenten Wesen hergestellt wurden. Wirkungswissenschaft ist ausschließlich mit sekundären natürlichen Ursachen beschäftigt, Ursprungswissenschaft aber ist nicht so eingeschränkt und daher die geeignete Methode zur Untersuchung einzigartiger, vergangener Ereignisse. Zweitens zeigt uns die gegenwärtige Erfahrung, daß überall da, wo wir eine zweckbestimmte Ordnung vorfinden, nach einer intelligenten Ursache zu suchen ist. So haben wir ein Kriterium zu zeigen, wann eine intelligente Ursache vorliegt und wann nicht. Wenn es also wissenschaftlich zulässig ist, nach primären Ursachen zu forschen, und wenn es möglich ist, sie zu erkennen, dann lautet die grundsätzliche Beweisführung für Schöpfung so:

I. Zur Erforschung von Ursprüngen sollte Ursprungswissenschaft benutzt werden.
   A. Es gibt zwei Arten von Wissenschaft: Wirkungswissenschaft und Ursprungswissenschaft. Zur Erforschung von Usprüngen müssen wir die eine oder die andere benutzen.
   B. Wirkungswissenschaft sollte nicht verwendet werden, um einzigartige, unwiederholbare vergangene Ereignisse zu erforschen, weil sie für die Untersuchung der gewöhnlichen Vorgänge der Gegenwart bestimmt ist.
   C. Deshalb ist Ursprungswissenschaft die geeignete Methode, Ursprünge zu erforschen, weil sie einzigartige, unwiederholbare Ereignisse untersucht, die per Definition Ursprünge sind.
II. Ursprungswissenschaft räumt die Möglichkeit primärer intelligenter Ursachen ein.
III. Primäre intelligente Ursachen liegen vor, wenn Beweise für eine zweckbestimmte Ordnung vorliegen.
IV. Folglich sollte die Ursprungswissenschaft überall da, wo es Beweise für eine zweckbestimmte Ordnung gibt, eine primäre intelligente Ursache postulieren.

Wir können jetzt diese Art von Beweisführung auf die drei Bereiche von Ursprüngen anwenden: den Ursprung des Universums, den Ursprung des Lebens und die Entstehung neuer Lebensformen.

DER URSPRUNG DES UNIVERSUMS

Es gibt zwei Ansichten über Ursprünge. Die eine vertritt, alles sei aus natürlichen Ursachen entstanden; die andere sucht nach einer übernatürlichen Ursache. Betrachten wir diesen Zwiespalt im

Hinblick auf das Universum. Entweder hatte es einen Anfang, oder es hatte keinen Anfang. Wenn es einen Anfang hatte, dann war der entweder verursacht oder nicht verursacht. War er verursacht, was für eine Ursache könnte dann verantwortlich dafür sein, alles ins Dasein zu bringen?

Evolutionistische Wissenschaftler sagen uns, das Universum sei entweder durch nichts aus nichts entstanden oder es sei immer dagewesen. Eine dieser Theorien nennt man die *steady state*-(Dauerzustands-)-Theorie, sie geht davon aus, daß das Universum fortlaufend Wasserstoff-Atome aus dem Nichts erzeugt. In jedem Fall fordert solcher Glaube dem Wissenschaftler einen hohen Preis ab, denn beide Theorien verletzen ein fundamentales Gesetz der Wissenschaft: das Gesetz der Kausalität. Beide Theorien setzen voraus, daß der Wissenschaftler an Wirkungen ohne Ursachen glaubt. Sogar der berühmte Skeptiker David Hume sagte: „Ich habe nie eine so absurde Behauptung verteidigt wie die, daß irgend etwas ohne eine Ursache entstehen könnte."[2] Aber diese „absurde Behauptung" wird von Männern anerkannt, die ihr Leben vom Gesetz der Kausalität abhängig machen. Wenn es keine Ursache für das ganze Universum gibt - warum sollten wir glauben, daß seine Teile verursacht sind? Wenn es aber Ursachen für die Teile gibt - welches Beweismittel sollte dann den Schluß herausfordern, es gebe keine Ursache für das Ganze? Nichts im Prinzip der Kausalität unterstützt diese Schlußfolgerung. Die Beweiskraft ist einfach nicht da.

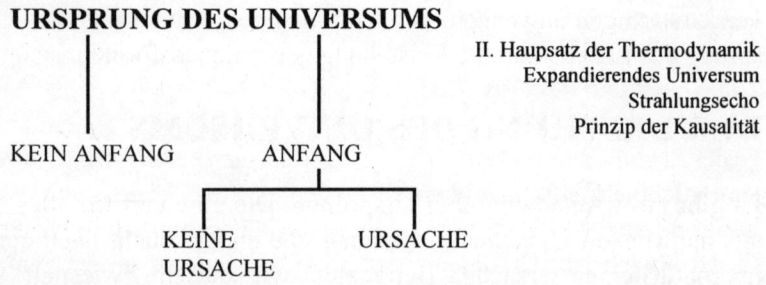

URSPRUNG DES UNIVERSUMS

II. Haupsatz der Thermodynamik
Expandierendes Universum
Strahlungsecho
Prinzip der Kausalität

KEIN ANFANG   ANFANG

KEINE URSACHE   URSACHE

Vielmehr spricht jetzt umfangreiches Beweismaterial dafür, daß
das Universum einen Anfang hatte. Robert Jastrow, Gründer und
ehemaliger Direktor des Goddard-Instituts für Weltraumstudien
der NASA, hat das Beweismaterial in seinem Buch *Gott und die
Astronomen* zusammengefaßt: „Drei Beweislinien - die Bewegungen der Galaxien, die Gesetze der Thermodynamik und die Le-
bensgeschichte der Sterne - führen jetzt zu einer Schlußfolgerung:
Alles deutet darauf hin, daß das Universum einmal begonnen
hat."[3] Wenn wir nun über einen Beginn des Universums sprechen
- einen Wandel von Nichtmaterie zu Materie -, dann sind wir un-
zweideutig im Bereich unwiederholbarer Ereignisse, der von der
Ursprungswissenschaft erforscht wird.

Die Gesetze der Thermodynamik

Der Erste Hauptsatz der Thermodynamik sagt aus, daß die im
Universum vorhandene Energiemenge konstant bleibt -, sie verändert sich nicht. Der Zweite Hauptsatz der Thermodynamik stellt
fest, daß die Menge an nutzbarer Energie in irgendeinem ge-
schlossenen System (das ganze Universum ist ein solches) ab-
nimmt. Alles darin wendet sich zur Unordnung, und das Universum erschöpft sich. Wenn also der Gesamtbetrag der Energie
gleich bleibt, unsere nutzbaren Energievorräte aber zur Neige gehen, dann können wir nicht mit einer unbegrenzten Menge begonnen haben. Eine unbegrenzte Menge kann nie zu Ende gehen. Das
bedeutet: Das Universum ist und war stets endlich. Es kann nicht
in aller Vergangenheit existiert haben und wird nicht in alle Zukunft bestehen. Folglich muß es einen Anfang gehabt haben.

Die Bewegung der Galaxien

Nach Argumentation der Naturwissenschaftler besteht das Universum nicht einfach in einem festgelegten Muster, dessen Bewe-
gungsabläufe von Ewigkeit zu Ewigkeit aufrechterhalten bleiben.
Es dehnt sich aus. Es scheint, daß alle Galaxien von einem zentralen Punkt des Ursprungs weg auseinanderstrebten und daß sich in

der Vergangenheit alles schneller ausgedehnt habe als jetzt. Denken wir daran, daß wir in die Vergangenheit zurückblicken, wenn wir in den Weltraum hinausschauen. Denn da sehen wir die Dinge nicht so, wie sie jetzt sind: Wir sehen sie, wie sie waren, als das Licht viele Jahre vor seiner Ankunft bei uns ausgestrahlt wurde. So zeigt uns das Licht eines Sterns in sieben Millionen Lichtjahren Entfernung die Verhältnisse dieses Himmelskörpers vor sieben Millionen Jahren.

„Die diesbezüglich umfassendste Studie wurde von Allan Sandage am 50-Meter-Teleskop durchgeführt. Er sammelte Information über 42 Galaxien und griff dabei bis sechs Milliarden Lichtjahre weit in den Weltraum hinaus. Seine Messungen zeigen an, daß sich das Universum in der Vergangenheit schneller ausdehnte als heute. Dieses Resultat verleiht dem Glauben weitere Unterstützung, daß das Universum explosiv ins Dasein trat.“[4]

Diese Explosion, die einmal „Big Bang" oder „Urknall" genannt wurde, war ein Anfangspunkt, von dem aus das ganze Universum geworden ist. Verfolgt man ein expandierendes Universum in seiner Geschichte zurück, so führt das schließlich zu dem Punkt, an dem das Universum kleiner und kleiner wird, bis es endlich im Nichts verschwindet. So kam das Universum an irgendeinem Punkt in der entfernten Vergangenheit aus dem Nichts ins Dasein.

Die Hintergrundstrahlung

Eine dritte Beweiskette für einen Beginn des Universums ist die „Hintergrundstrahlung", die von überallher zu kommen scheint. Als man sie zuerst bemerkte, glaubte man an eine Funktionsstörung oder statische Aufladung der Instrumente. Man stellte jedoch bald fest, daß die Störung allgegenwärtig war. Das Universum selbst ist erfüllt vom Strahlungsecho einer Vergangenheitskatastrophe, scheinbar einer riesigen Explosion.

„Keine Erklärung als nur der Urknall konnte für die Explosionsstrahlung gefunden werden. Ein entscheidendes Argument hat beinahe auch den letzten ungläubigen Thomas überzeugt: Die von Panzias und Wilson entdeckte Strahlung hat genau das Wellenlängen-Muster, das man von dem Licht und der Hitze erwarten muß, die in einer großen Explosion erzeugt werden. Vertreter der Steady State-Theorie haben verzweifelt nach einer Alternativerklärung gesucht, aber sie sind gescheitert."[5]

Noch einmal: Dieses Beweismaterial muß zu dem Schluß führen, daß das Universum einen Anfang hatte.

Das Gesetz der Kausalität fordert, daß alles, was auch immer geschieht, eine Ursache hat. Was also verursachte den Beginn des Universums? Es ist denkbar, daß der Urknall einfach die letzte einer Reihe von Explosionen war, die alle Beweise für Vorhergegangenes zerstörte. Aber wenn man so argumentiert, führt das nur ein paar Schritte zurück zu der neuen Frage: „Was verursachte die erste Explosion?" Es ist genauso denkbar, daß die Steady State-Theorie richtig ist - daß das Universum keinen Anfang hatte und Wasserstoff aus dem Nichts produziert, um seinen Energiehaushalt zu bewahren, ohne sich zu entleeren. Aber diese Erklärung widerspricht dem Beweismaterial und dem Gesetz der Kausalität. Beide Antworten sind also denkbar, aber keine ist plausibel.

Es ist logisch: Wenn wir nach einer Ursache suchen, die vor der Gesamtheit der Natur - also vor dem Universum - existierte, erwarten wir eine übernatürliche Ursache. Sogar Jastrow, ein standhafter Agnostiker, hat gesagt: „Daß es etwas gibt, was ich oder irgend jemand sonst 'übernatürliche Kräfte am Werk' nennen würde, ist - denke ich - eine jetzt wissenschaftlich bewiesene Tatsache."[6] Da er vom Standpunkt der Wirkungswissenschaft aus spricht, gibt es seiner Ansicht nach wahrscheinlich keine sekundäre Ursache, die den Ursprung des Universums erklären kann. Mit der Erkenntnis der Ursprungswissenschaft aber können wir eine übernatürliche, primäre Ursache postulieren, die die plausibelste

Antwort auf die Frage zu sein scheint. Jastrow schließt sein Buch
Gott und die Astronomen mit den folgenden Worten:

> „Für den Wissenschaftler, der in dem Glauben an die Macht der
> Vernunft lebte, endet die Geschichte wie ein böser Traum. Er
> hat die Berge der Ignoranz erklommen; er ist dabei, den höch-
> sten Gipfel zu erobern; als er sich über den letzten Felsen her-
> aufzieht, erwartet ihn eine Bande von Theologen, die da schon
> seit Jahrhunderten sitzen."[7]

DER URSPRUNG DES LEBENS

Es gibt zwei Ansichten über Ursprünge. Die eine vertritt, alles sei
aus natürlichen Ursachen entstanden; die andere sucht nach einer
übernatürlichen Ursache. Das gilt auch für den Ursprung des Lebens. Entweder entstand es durch spontane chemische Reaktion
ohne intelligentes Eingreifen, oder es entstand durch das Eingreifen eines intelligenten Wesens - durch Schöpfung.

Evolutionisten glauben, das Leben begann mit einer spontanen
Reaktion aus nicht lebenden Chemikalien durch rein natürliche
Prozesse. Bald nachdem die Erde ausreichend abgekühlt war, den
Prozeß zuzulassen, reagierte ihrer Ansicht nach die Kombination
einfacher Gase (Wasserstoff, Stickstoff, Ammoniak und Kohlendioxyd) miteinander und formte elementare Aminosäuren, aus denen sich mit der Zeit DNS-Ketten und schließlich Zellen bildeten.
Natürlich dauerte dies einige Millionen Jahre, und Sonnenenergie,
vulkanische Aktivität, elektrische Entladungen (Blitze) sowie
kosmische Strahlung mußten den Prozeß in Gang halten. Stanley
Miller und Harold Urey versuchten, in Experimenten diese Bedingungen zu rekonstruieren. Sie produzierten dabei erfolgreich einige lebenswichtige Aminosäuren. Ein Großteil der Wissenschaftler
schloß daraus, das Leben habe durch spontane chemische Reaktion in einer präbiotischen Suppe begonnen.

URSPRUNG
DES LEBENS

SPONTANE ENTSTEHUNG (ohne intelligentes Eingreifen)		BESONDERE SCHÖPFUNG (intelligentes Eingreifen)
	DNS-Code Einförmigkeit	

Es gibt jedoch einige gute Gründe, diese Ansicht zu verwerfen. Erstens sind die Bedingungen, unter denen auf der jungen Erde Leben hätte entstehen können, so geartet, daß sie es mit gleicher Wahrscheinlichkeit zerstört hätten. Das Experiment hat gezeigt, daß kein Sauerstoff vorhanden sein kann, um die Reaktion ablaufen zu lassen. Auch sind die von Sonne und kosmischer Strahlung benötigten Energien schädlich für die eben erzeugten Substanzen. Unter den Bedingungen, die für die spontane Entstehung von Leben erforderlich sind, würden die Elemente schneller zerstört als erzeugt. Und selbst wenn die richtigen Chemikalien in ausreichender Menge erzeugt würden, gibt es keine zufriedenstellende Antwort auf die Frage, auf welche Weise sie sich hätten ordnen und in eine Zellwand einhüllen können. Das würde ein weiteres Paket fraglicher Bedingungen erfordern.

Zweitens unterstützt auch der geologische Bericht diese Ansicht nicht. Evolutionisten datieren den Ursprung des Lebens ungefähr 3,5 Milliarden Jahre zurück, aber Zellen aus südafrikanischem Fels, die zur Photosynthese fähig sind, werden mehr als 3,1 Milliarden Jahre zurück datiert, und für fünf verschiedene Zellarten aus australischem Fels wurde ein Alter von 3,5 Milliarden Jahren angegeben. Auch im Grönlandfels wurden lebende Zellen gefunden - sie sollen 3,8 Milliarden Jahre alt sein. Im geologischen Bericht gibt es keine Anzeichen für präzellulares Leben. Wenn aber das Alter der Erde ungefähr 4,6 Milliarden Jahre beträgt und bereits vor 3,5 Milliarden Jahren reichliches, komplexes und mannigfaltiges Leben beobachtet werden kann, blieben nur rund 170 Millionen Jahre übrig, in denen sich die Erde abkühlen und die Evolution hätte ereignen können. Das ist erheblich weniger als die zwei Milliarden Jahre, die dafür ursprünglich vorausgesetzt wurden. Um die Angelegenheit weiter zu komplizieren: Es gibt zunehmend Anzeichen dafür, daß die junge Erde reich an Sauerstoff und arm an Stickstoff war - gerade das Gegenteil von dem, was Evolution braucht.

Drittens sind die Experimente, die die Entstehung lebendiger Materie aus nicht lebenden Chemikalien unterstützen, beeinträchtigt durch das Eingreifen des intelligenten Wissenschaftlers, der das Experiment durchführt. Diese Experimente kopieren nicht wirklich die Bedingungen der jungen Erde. Es gab keine Vorrichtungen, die die erzeugten Aminosäuren gesammelt hätten. Die erforderlichen Chemikalien waren nicht so konzentriert und nicht handverlesen, um eine bessere Reaktion zu erzielen. Es gab viele, nicht immer miteinander harmonierende Energiequellen, die gleichzeitig auf die Chemikalien einwirkten. Und Energiefluß und Wellenlängen des Lichts wurden nicht überwacht. Mit anderen Worten, mit diesen Experimenten täuschen die Wissenschaftler sich selbst, wenn sie denken, sie beobachteten einen natürlichen Vorgang. Sie haben den Prozeß durch ihr eigenes Eingreifen manipuliert.

Und endlich haben Evolutionisten niemals irgendeinen Mechanismus gezeigt, der die Energie umsetzen kann, um Aminosäuren auszuwählen und zu sortieren, die dann die Gene bilden sollen, um einen lebenden Organismus zu entwickeln. Es nützt nichts, eine Schublade voller Batterien zu haben, wenn es keine Taschenlampe (ein Mechanismus zur Umsetzung von Energie) gibt, um sie einzusetzen. Das DNS-Molekül ist sehr komplex. Es hat tatsächlich die *specified complexity*, die zweckbestimmte Ordnung, von der schon die Rede war. Das deutsche Alphabet hat sechsundzwanzig Buchstaben, das griechische vierundzwanzig und das genetische Alphabet nur vier, aber die Methode der Mitteilung durch die Buchstabenfolge ist in allen drei Fällen die gleiche. Der Informatiker Hubert P. Yockey besteht darauf: „Es ist wichtig zu verstehen, daß wir nicht durch Analogie schließen. Die Sequenzhypothese

wird unmittelbar auf das Protein und den genetischen Code angewandt - genauso wie auf eine geschriebene Sprache. Deshalb ist
das Verfahren mathematisch identisch."[8] Es drückt aus, daß eine
einzelne Faser von DNS die gleiche Menge an Information trägt
wie ein Band einer Enzyklopädie. Angenommen, es wäre ausreichend Energie für die Erfüllung der Aufgaben vorhanden gewesen
- die einzigen uns bekannten Systeme zur Umsetzung dieser
Energie in die erforderliche Arbeit sind entweder lebendig (aber
diese waren nicht verfügbar, ehe das Leben begann) oder intelligent. Es ist einfach, eine Menge Energie in ein System zu pum-
pen, wenn man es lediglich erhitzen will. Aber wenn man es or-
ganisieren will - d. h., ihm eine Ordnung zu geben und die dazu erforderliche Information zu erschaffen -, erfordert das Intelligenz.

Was könnte das plötzliche Auftreten des Lebens erklären und
gleichzeitig für die informelle Organisation lebender Materie sorgen? Wenn wir auf diese Frage den Grundsatz der Uniformität
(Analogie) anwenden, dann sehen wir: Der einzige uns bekannte
Verursacher, der diese Arbeit in der Gegenwart routinemäßig aus-
führt, ist Intelligenz. Es ist nur vernünftig, anzunehmen, daß die-
selbe Arbeit in der Vergangenheit ebenso Intelligenz erforderte.
Dies zeigt uns die gleichförmige Erfahrung, und Hume sagte: „Da
eine gleichförmige Erfahrung als Beweis zählt, so gibt es hier einen direkten, vollen Beweis in der Natur der Sache", daß die dem
Lebendigen innewohnende Information eine intelligente Ursache
erforderte. Da es in unserem Fall nicht möglich ist, von menschlicher Intelligenz oder von lebenden Wesen im natürlichen Sinn zu
reden, mußte es eine übernatürliche Intelligenz sein. Diese Unterbrechung im Verlauf der Natur irritiert die meisten Naturwissenschaftler. Ist jedoch einmal zugegeben, daß am Beginn des Universums ein radikaler Sprung vom Nichts zum Etwas steht, kann
es wenig Widerspruch gegen ein Eingreifen von außen geben,
wenn das Beweismaterial klar darauf hinweist.

Andere Theorien sind erweitert worden, um die Entstehung des
Lebens auf der Erde zu erklären. Eine fordert, daß neue Natur-

gesetze entdeckt werden müssen, aber die Wissenschaftler können nur die Notwendigkeit zeigen, jedoch nicht erklären, wie die Organisationsarbeit geleistet werden konnte. Andere haben zu bedenken gegeben, das Leben könnte aus dem Universum auf die Erde gekommen sein - auf einem Meteorit oder mit einem uralten Raumschiff. Aber beide Lösungsvorschläge schieben die Frage nur um eine Ebene zurück: Woher kam das Leben? Wieder andere entlehnen Gedankengut beim Pantheismus und denken, daß ein kosmischer Verstand für den Ursprung des Lebens verantwortlich sei. Heiße Quellen am Meeresgrund und Lehmablagerungen wurden als mögliche Brutstätten für den Beginn des Lebens untersucht, aber keine dieser Theorien legt wirklich Rechenschaft ab über eine Methode, die vorhandene Energie entsprechend zu nutzen, um zweckbestimmte Organisation möglich zu machen. Die wahrscheinlichste Ursache ist eine übernatürliche Intelligenz.

URSPRUNG
NEUER
LEBENSFORMEN

EVOLUTION (ohne intelligenten Eingriff)		**SCHÖPFUNG** (intelligenter Eingriff)

fehlende Über-
gangsfossilien
DNS-Information
Uniformitätsprinzip

ENTSTEHUNG NEUER LEBENSFORMEN

Es gibt zwei Ansichten über Ursprünge. Die eine vertritt, alles sei aus natürlichen Ursachen entstanden; die andere sucht nach einer übernatürlichen Ursache. Das gilt auch für die Entstehung neuer Lebensformen. Sie entstanden entweder durch einen evolutionären Prozeß natürlicher Selektion ohne ein Eingreifen von außen oder durch das Handeln eines intelligenten Schöpfers.

NATÜRLICHE SELEKTION UND INTELLIGENTE SELEKTION

	Künstliche Selektion	*Natürliche Selektion*
Endpunkt	Ziel (Abschluß) im Blick	Kein Ziel (Abschluß) im Blick
Ablauf	intelligent gelenkter Ablauf	blinder Ablauf
Auswahl	intelligente Zuchtwahl	keine intelligente Zuchtwahl
Schutz	Zuchten bewahrt vor destruktiven Kräften	Zuchten ungeschützt vor destruktiven Prozessen
Abweichungen	schützt erwünschte Abweichungen	eliminiert die meisten Abweichungen
Unterbrechungen	Fortgesetzte Unterbrechungen zur Erreichung eines gewünschten Zieles	keine fortgesetzten Unterbrechungen, um irgendein Ziel zu erreichen
Überleben	Bevorzugtes Überleben	Unbevorzugtes Überleben

Zusammenfassung: In den entscheidenden Aspekten sind natürliche und künstliche Selektion nicht Analogien, sondern genaue Gegensätze.

Darwin schrieb einen seiner größten Beiträge zur Theorie der Evolution über die Analogie von der Auswahl durch den Züchter mit der Auswahl in der Natur. Dieser Grundsatz natürlicher Selektion wurde der Garantiestempel der Evolution, weil sie eine Systematik bereitstellte, die die Neuentwicklung von Lebensformen ohne Zuhilfenahme einer übernatürlichen Ursache gestattete. Als Hauptbeweismittel zur Unterstützung dieser Analogie legte er den Fossilienbericht vor. Seither bilden grundlegende Biologiebücher nach seiner Schau diesen allmählichen Übergang von einfachen zu komplexen Lebensformen ab.

Darwin erkannte selbst, daß es ernste Probleme mit der Analogie zwischen Züchter und Natur gab. Aber er hoffte, was Menschen in ein paar Generationen vermögen, könnte die Natur in einigen hundert Generationen vollbringen. Zeit ist jedoch nicht der einzige Faktor, der die Analogie schwächt. E.S. Russell schrieb:

„Es ist unglückselig, daß Darwin jemals den Begriff 'natürliche Selektion' eingeführt hat, denn er hat viele falsche Gedanken aufkommen lassen. Er tat es natürlich, weil er durch das Studium der von Menschen ausgeübten Selektion und ihrer Wirkungen bei der Zucht von Haustieren und Nutzpflanzen zu seiner Theorie fand. Hier ist der Gebrauch des Wortes auch völlig legitim. *Aber das Handeln des Menschen bei der Zuchtwahl entspricht nicht dem Ablauf der 'natürlichen Selektion', sondern ist beinahe das direkte Gegenteil* ... Der Mensch hat ein Ziel oder ein Ende im Blick; 'natürliche Selektion' kann nichts derartiges haben. Der Mensch pickt sich die Einzelindividuen heraus, die er zu kreuzen wünscht, und erwählt sie dabei nach den Charakteristika, die er festigen oder erweitern möchte. Er beschützt sie und ihr Modell mit allem, was in seiner Macht steht, und behütet sie so vor der Wirkung der natürlichen Selektion, die viele Außenseiter schnell beseitigen würde. Er setzt seine aktive, zielbewußte Auswahl von Generation zu Generation fort, bis er, wenn möglich, sein Ziel erreicht. Nichts dieser Art passiert oder kann passieren durch den blinden Prozeß unterschiedlicher Beseitigung und unterschiedlichen Überlebens, den wir fälschlich 'natürliche Selektion' nennen."[9]

Dieser Einwand ist noch immer ein Hauptproblem der Evolution. Es läuft auf die gleiche Frage hinaus, der wir schon bei der Untersuchung des Lebensursprungs begegneten. Die Analogie als Beweis dafür heranzuziehen, daß alles durch natürliche Vorgänge vollbracht wurde, enthält einen hohen Anteil intelligenten Eingreifens, der in der Theorie übersehen wird. Züchter manipulieren nach einem intelligenten Plan, um spezifische Entwicklungen zu erzeugen. Das heißt, von einem gewissen Organisationsstandard des DNS-Codes zu einem höheren zu gelangen, zu einem noch spezifischeren Zustand der Komplexität. Es ist, als wechsle man von dem Satz: „Sie hatte braunes Haar" zu der komplexeren Feststellung: „Ihre Flechten waren kastanienbraun und glänzten in der Sonne". Diese Steigerung des Gehalts der in der DNS verschlüsselten Information erfordert ebenso gewiß Intelligenz wie die ursprüngliche Verschlüsselung, durch die das Leben selbst erzeugt wurde. Wenn Darwins Analogie überhaupt etwas beweist, dann die Notwendigkeit eines intelligenten Eingreifens bei der Entstehung neuer Lebensformen. Wieder führt uns der Grundsatz der Uniformität zu dieser Schlußfolgerung, sobald klar ist, daß wir uns in Ursprungswissenschaft bewegen und nicht in Wirkungswissenschaft.

Aber was hat es mit dem Fossilienbeweis auf sich, der so weithin proklamiert wurde? Darwin erkannte das selbst als ein Problem und schrieb in *'Der Ursprung der Arten'*: „Warum ist nicht jede geologische Formation und jede Schicht voll von solchen Zwischengliedern? Die Geologie offenbart nicht sicher irgendeine fein gegliederte organische Kette, und vielleicht ist dies der offensichtlichste und ernsteste Einwand, der gegen meine Theorie aufgebracht werden kann."[10] In den 130 Jahren seit Darwins Veröffentlichung hat sich die Situation für seine Theorie nur verschlechtert. Der bekannte Harvard-Paläontologe Stephen Jay Gould hat geschrieben: „Die außergewöhnliche Seltenheit von Übergangsformen im Fossilienbericht bleibt das Branchengeheimnis der Paläontologie. Die evolutionären Bäume, die unsere Lehrbücher zieren, haben nur Daten an den Zweigspitzen und den Knoten ihrer

Äste. Der Rest ist Schlußfolgerung - verstandesgemäß, nicht durch
Fossilienbeweis."[11] Eldredge und Tattersall stimmen ihm zu. Sie
sagen:

> „Erwartung färbte die Wahrnehmung in einem Ausmaß, *daß die
> offensichtlichste Einzeltatsache über biologische Evolution -
> Nicht-Veränderung* - selten - wenn überhaupt - in irgend je-
> mandes wissenschaftliche Aufzeichnungen darüber einbezogen
> wurde, wie sich Leben tatsächlich entwickelt. Wenn es jemals
> einen Mythos gab, dann den, Evolution sei ein Prozeß ständiger
> Veränderung."[12]

Was legt der Fossilienbericht nahe? Evolutionisten wie Gould
unterstützen jetzt, was Kreationisten wie Agassiz, Gish und andere
schon immer sagten.

Die Geschichte der meisten fossilen Gattungen schließt zwei
Merkmale ein, die mit einem langsamen Fortschreiten nicht vereinbar sind:
1. *Stasis.* Die meisten Spezies zeigen keinen Richtungswechsel
   während ihrem Verbleiben auf der Erde. Sie erscheinen im
   Fossilienbericht in gleicher Form wie bei ihrem Verschwinden; morphologische Veränderungen sind gewöhnlich begrenzt und richtungslos.
2. *Plötzliches Auftreten.* In irgendeinem örtlichen Bereich entsteht eine Spezies nicht allmählich durch stetige Umwand-
   lung der Vorfahren: Sie erscheint ganz plötzlich und „völlig
   ausgebildet".[13]

Das fossile Beweismaterial gibt ein klares Bild reifer, völlig funk-
tionierender Kreaturen, die plötzlich auftreten und weitgehend
gleich bleiben. Es gibt keinen wirklichen Hinweis darauf, daß eine
Lebensform sich in eine völlig andere verändert. Diese beiden
Merkmale scheinen zwar die klassische Evolution zu verneinen,
sind aber für die Kreationisten ebenso ein wenig problematisch.

Einige Kreationisten sagen, der Fossilienbericht reflektiere die Trümmer der Sintflut: entweder, weil einige Tiere besser dem Wasser entkommen konnten, oder durch hydrodynamische Sortierung, als sich die Reste niederließen. Diese Wissenschaftler gehen von einer jungen Erde aus; sie glauben an eine wörtlich sechs Tage zu je 24 Stunden währende Schöpfungsperiode und nehmen daher keine größeren Lücken in den frühen Genealogien von 1. Mose an. Andere, bekannt als „Alte-Erde-Kreationisten", gehen davon aus, daß die Erde nicht nur ein paar tausend Jahre alt sein muß. Ihrer Ansicht nach zeigt der Fossilienbericht, daß die Schöpfung in einer Reihe von Stufen vollbracht wurde, wobei jede Neuerscheinung in einer geologischen Schicht nachgezeichnet wurde - Augenblicke direkter Schöpfung. Die Wirbellosen erschienen zuerst, gefolgt von einem langen Zeitraum, in dem die Natur ihr Gleichgewicht zurückgewann vor dem nächsten Schöpfungsaufbruch. Als nächstes erschienen die Fische, dann die Amphibien usw., bis der Mensch erschaffen wurde. Diese letztere Ansicht stimmt mit dem Fossilienbericht überein, aber es gibt keinen Konsens unter den Kreationisten über das Alter der Erde. Es wird heiß debattiert. Aber ungeachtet dessen, welcher Weg verfolgt wird, stimmen beide darin überein, daß das vorhandene fossile Beweismaterial mehr für Schöpfung spricht als für Evolution.

Einige Evolutionisten haben versucht, mit dem fossilen Beweismaterial in Einklang zu kommen, indem sie die Vorstellung eines unterbrochenen Gleichgewichts einführten. Diese Wissenschaftler sagen, daß die Sprünge im Fossilienbericht evolutionäre Sprünge reflektieren, die grundsätzliche Veränderungen in kürzester Zeit hervorbrachten. Infolgedessen geschehe Evolution nicht allmählich, sondern sei unterbrochen von plötzlichen Aufbrüchen von einer Stufe zur nächsten. Diese Theorie wurde kritisiert, weil die Evolutionisten für keinen Mechanismus sekundärer Ursachen den Beweis führen können, der diese plötzlichen Vormärsche möglich machen würde. Ihre Theorie scheint also nur auf die Abwesenheit von Übergangsformen im Fossilienbericht gegründet zu sein. Darwin schließlich verstand Plötzlichkeit als einen Beweis für

Schöpfung. Wenn das stimmt, dann unterstützt es, was die Kreationisten schon immer gesagt haben: Das plötzliche Auftreten
völlig ausgebildeter Tiere ist der Beweis für Schöpfung.

 **Wann fing alles an?**

Ob man dem Modell einer jungen oder dem einer alten Erde
folgt, bestimmt, wie man das meiste Beweismaterial inter-
pretieren wird, besonders die Fossilien. Der zentrale Beweg-
grund, der hinter der Ansicht einer jungen Erde steht, ist der
Glaube, daß die Bibel dies lehre. Wenn das erste Kapitel des
ersten Buches Mose auf wörtliche 24-Stunden-Tage verweist
und wenn die Genealogien in den Kapiteln fünf und zehn als
geschlossen verstanden werden, dann müßte sich die Schöpfung um 4000 v. Chr. ereignet haben. In der Tat sind nur
wenige Vertreter einer jungen Erde besorgt, ein Datum wie
dieses festzulegen. Sie wollen zeigen, daß die langen, für
Evolution erforderlichen Zeiträume für Evolution nicht hilfreich und ohne Voraussetzung sind.

Es gibt natürlich viele Kreationisten, die für eine alte Erde argumentieren. Biblisch betrachtet bedeutet diese Position, daß
das Wort Tag auch in 1. Mose 2 - 4 für mehr als 24 Stunden
gebraucht wird: die Ereignisse des sechsten Tages hätten sicherlich mehr als 24 Stunden benötigt, und Hebräer 4,4-5 be-
sagte ja, daß Gott noch immer in seiner Ruhe des siebten Tages sei. Wenn der siebente Tag lang sein kann, dann könnten
auch die anderen lang sein. Wissenschaftlich erfordert diese
Ansicht keine neuen Theorien, um das Beweismaterial zu erklären. Eines der größten Probleme für die Ansicht von einer
jungen Erde liegt in der Astronomie. Wir können Licht von
Sternen sehen, das 15 Milliarden Jahre brauchte, um zu uns zu
kommen. Zu sagen, Gott habe sie mit der Erscheinung des

Alters erschaffen, beantwortet nicht befriedigend die Frage, wie ihr Licht uns erreichte. Wir haben Sternexplosionen beobachtet, die sich vor Milliarden von Jahren ereigneten. Wenn aber das Universum nicht Milliarden von Jahren alt ist, dann sehen wir Licht von Sternen, die niemals existierten - sie würden „gestorben" sein, bevor sie geschaffen waren. Warum sollte uns Gott mit dem Beweismaterial täuschen? Dieses Beweismaterial scheint zu einer alten Erde zu passen und weniger Probleme mit der Bibel zu verursachen.

Kreationisten schließen, daß es reale Schranken für genetische Veränderungen gibt und daß dies auf einen speziellen Schöpfungsakt für jede Hauptlebensform hinweist. Jede neue Lebensform kam durch einen Akt intelligenten Handelns ins Dasein, durch den ihre genetische Information für ihre besondere Aufgabe spezifiziert wurde. Geradeso, wie verschiedene Buchstabenfolgen verschiedene Worte formen, variieren und erzeugen verschiedene DNS-Codes verschiedene Spezies. Wenn es Intelligenz erfordert, das Drama *König Lear* zu schaffen, indem man die benötigten Wörter aus einem Wörterbuch aussucht und entsprechend sortiert, dann erfordert es ebenso Intelligenz, genetische Information auszuwählen und zu sortieren, um eine Vielfalt von Spezies zu erzeugen, die zusammen als ein System in der Natur funktionieren. Das plötzliche Auftreten dieser Lebensformen stärkt nur unsere Annahme, daß eine übernatürliche Intelligenz am Werk war, um diese Gesamtausgabe zu vollbringen. Angesichts des Prinzips der Uniformität ist dies die plausibelste Lösung des Problems.

ZUSAMMENFASSUNG

Jetzt, da wir Beweismaterial über das Wesen des Universums haben, die in DNS-Molekülen gespeicherte Information und weitere fossile Bestätigung, hallen die Worte von Louis Agassiz noch lauter wider, als zu dem Zeitpunkt, wo sie geschrieben wurden (1860): „[Darwin] hat das auffallendste Merkmal aus den Augen verloren und das eine, das das Ganze durchdringt, nämlich, daß die ganze Natur von einem unfehlbaren Beweis des Denkens durchdrungen ist - entsprechend den geistigen Tätigkeiten unseres eigenen Verstandes -, und von daher verständlich für uns als denkende Wesen, und nicht unerklärlich auf irgendeiner anderen Grundlage, als daß sie ihre Existenz dem Wirken der Intelligenz verdankt. Und keine Theorie, die dieses Element übersieht, kann gegenüber der Natur wahr sein."[14]

Es gibt zwei Ansichten über Ursprünge. Die eine vertritt, alles sei aus natürlichen Ursachen entstanden; die andere sucht nach einer übernatürlichen Ursache. Das überwältigende Beweismaterial unterstützt die Ansicht der Kreationisten.

Anmerkungen

[1] Carl Sagan: *Cosmos* (New York: Random House, 1980), S. 4.

[2] David Hume: *Letters*, Hrsg. J.Y.T. Greig (Oxford: Clarendon, 1932), vol. 1, S. 187.

[3] Robert Jastrow: *God and the Astronomers* (New York: Warner Books, 1978), S. 111.

[4] Ebd., S. 95.

[5] Ebd., S. 5.

[6] Ebd., S. 15, 18.

7 Ebd., S. 105-106.

8 Hubert P. Yockey: *Self-Organization, Origin of Life Scenarios, and Information Theory*; in: Journal of Theoretical Biology, 1981, S. 16.

9 E.S. Russell: *The Diversity of Animals* ([1915] 1962), S. 124. Zitiert in James R. Moore: *The Post-Darwinian Controversis* (New York: Oxford University Press, 1979).

10 Darwin: *On the Origin of Species* (London: John Murray, 1859), S. 280.

11 Stephen Jay Gould: *Evolutions Erratic Pace*; in: Natural History, Mai 1977, S. 14.

12 Niles Eldredge and Ian Tattersall: *The Myths of Human Evolution* (New York: Columbia University Press, 1982), S. 8.

13 Gould, a.a.O. S. 13-14.

14 Louis Agassiz: *Contribution to the Natural History of the United States*; in: American Journal of Science, 1860.

Kapitel 11

DAS LEBEN NACH DEM TOD

„Wenn du beim erstenmal keinen Erfolg hast, so versuche es und versuche es wieder." Kein schlechter Rat, um in den Herausforderungen zu bestehen, aber gilt das auch für das Leben nach dem Tod? Manche Leute denken so. Sie glauben, eine Lebenszeit sei nicht genug, um endgültig das Seelenheil zu erringen, so versuchen wir es wieder und wieder, bis wir es richtig hinbekommen. Diese Lehre heißt Reinkarnation, und sie erwächst schnell zu einem Haupthindernis für die Menschen, das Evangelium zu verstehen.

WAS IST REINKARNATION?

Das Wort ist selbsterklärend, wenn man Latein gelernt hat. Chili *con carne* ist ein Gericht aus Chili mit Fleisch, nicht wahr? Dieses Wort wird auch gebraucht, um den Begriff Inkarnation zu bilden, was im wesentlichen bedeutet „im Fleisch". Wir sprechen oft von Christi Inkarnation, denn er kam im Fleisch. Nun, Reinkarnation heißt einfach, daß es immer wieder geschieht. Man glaubt, zurück ins Fleisch zu kommen - in andere Körper - aber die Seele oder der Geist bleiben dieselben. Das mag der Art unseres Denkens ziemlich fremd erscheinen; deshalb wollen wir untersuchen, wie es funktioniert und danach, weshalb Menschen es glauben könnten. Für jetzt wollen wir es bei der Definition bewenden lassen. Reinkarnation ist der Glaube, daß die Seele nach dem Tod in einen anderen Körper übergeht.

Wer glaubt daran?

Gemäß einer Erhebung des Gallup-Instituts im Jahr 1982 glauben 23 Prozent oder nahezu einer von vier Amerikanern an Reinkarnation. Unter den Leuten im College-Alter (18-24 Jahre) nimmt das bis auf 30 Prozent zu. Das Erschreckende daran ist, daß neun von zehn Amerikanern christlichen Glauben für sich reklamieren. In der Tat ändern sich diese Zahlen bei bekennenden Christen nicht wesentlich: 21 Prozent der Protestanten und 25 Prozent der Katholiken in diesem Land gehören dazu. Reinkarnation ist die Sache, Reinkarnation ist „in".

Parallel zu diesen Statistiken der Gesamtbevölkerung haben verschiedene Persönlichkeiten des öffentlichen Lebens ihren Glauben an Reinkarnation bekannt. Die lauteste von ihnen war die Filmschauspielerin Shirley MacLaine. Ihre drei Bücher über den geistlichen Bereich und ihre Seminare sind im Rahmen dieses Marktes durchweg erfolgreich. *Out on a Limb* („In einer gefährlichen Situation"), das erste Buch der Trilogie, beschreibt sie als eine „Suche nach dem Selbst" - dieses Selbst, das so viele Reinkarnationen überdauert hat. „'Ich weiß, daß ich viele verschiedene Menschen in vielen verschiedenen Zeiten gewesen sein muß ... Eine ehemalige Dirne, die Tochter meiner eigenen Tochter und ein männlicher Hofnarr, den Ludwig XV. von Frankreich enthaupten ließ' - lauter vergangene Inkarnationen, die sie mit Hilfe von Medien, Meditation und Akupunktur (in wenigstens einem Fall) wiederentdeckt zu haben glaubt."[1] Die New Age-Bewegung, der Frau MacLaine angehört, lehrt diese Doktrin als Teil des Weges zu Gott.

 **Reinkarnation im New Age**

Wie legt die New Age-Bewegung die Auferstehung Jesu aus? Ganz einfach - er erreichte *moksha*, die Rettung von der kör-

perlichen Existenz. In dem von Levi Dowling verfaßten *Wassermann-Evangelium* heißt es: „Jesus schlief nicht im Grab.
Der Leib ist die Manifestation der Seele; aber die Seele ist
Seele ohne ihre Manifestation." Daher kündigt Jesus, wenn
er in seinem entkörperlichten Zustand die verborgenen Meister grüßt, an: „Meine Brüder der stillen Bruderschaft - Friede, Friede auf Erden; Wohlwollen den Menschen!"
„Das Problem der Zeitalter wurde gelöst; ein Sohn des Menschen ist auferstanden aus den Toten; er hat gezeigt, daß
menschliches Fleisch verwandelt werden kann in göttliches
Fleisch."
„Vor der Menschen Augen wurde dieses Fleisch, in dem ich
zu euch kam, aus menschlichem Fleisch mit Lichtgeschwin-
digkeit verwandelt. Und so bin ich die Botschaft, die ich
euch bringe. Zu euch komme ich, der erste der ganzen Rasse,
verwandelt in das Bild des 'Ich bin'."
„Was ich getan habe, werden alle Menschen tun; und was ich
bin, werden alle Menschen sein." [*The Aquarian Gospel of
Jesus Christus* („Das Wassermann-Evangelium von Jesus
Christus"), Santa Monica: De Vorss & Co., 1907, 1964;
172,15; 176,26-30]

Mit Frau MacLaine sind einige ebenso berühmte, doch weniger
laut vernehmbare Persönlichkeiten wie Glenn Ford, Anne
Francis (*Honey West*), Sylvester Stallone (*Rocky, Rambo*), Au-
drey Landers (*Dallas*), Paddy Chayevsky (Autor von *Marty,
Das Hospital, Altered States*), General George S. Patton, Hen-
ry Ford, Salvador Dali und Mark Twain. Auch die Musiker
John Denver, Ex-Beatle George Harrison, Ravi Shankar und
Mahavishnu John McLaughlin waren hingebungsvoll bemüht,
die Botschaft von ihrem Glauben an eine zweite Chance aus-
zustreuen. Sogar einige Comic-Serien gehen auf die Sache ein.
Camelot 3000, Ronin und *Dr. Strange* handeln vom Thema der
Reinkarnation.

Die ursprüngliche Quelle der Lehre sind die Hindu-Veden (die
heiligen Schriften der Hindus). Die buddhistische, jainistische und
sikhistische Form scheinen sich ebenso daraus entwickelt zu ha-
ben wie die Lehre von der transzendentalen Meditation und die
der Hare Krishnas. Im Westen dürften manche Formen ohne
Kenntnis der Hindu-Lehren entstanden sein, wie etwa die Lehre
Platos. Der Psychologe Edgar Cayce und Theosophen wie Helena
Blavatsky lehrten ebenso mehrfache Leben. Einige christliche
Theologen haben versucht, Reinkarnation mit dem Christentum in
Einklang zu bringen, unter ihnen Geddes MacGregor und John
Hick.

Wie funktioniert Reinkarnation?

Philosophisch ist Reinkarnation eingehüllt in östliche Religionen
wie Hinduismus, Buddhismus oder Taoismus (nicht Islam; Mos-
lems glauben an einen richtenden Gott). Aber Reinkarnation ist
nicht begrenzt auf den Osten. Auch einige der frühen westlichen
Philosophen glaubten, daß die Seele in verschiedenen Formen
wieder aufleben werde. Pythagoras, Plato und Plotin glaubten daß
der Geist oder die Seele ewig sei und nicht zerstört werden könne.

Plato lehrte, daß die unvergängliche Seele einen Leib nur als
Strafe für irgendeine Sünde annehme, für die er zehnfach leiden
werde. Infolgedessen ist die Seele gezwungen, das Reich der
Vollkommenheit zu verlassen und in die materielle Welt einzutreten. In einem Abschnitt spricht er von zwei Türen in Himmel:
Eine, durch die die Seele eintritt, und eine, durch die sie ihn
verläßt.[2] Jeder muß, bevor er in ein neues Leben eingeht, den
Fluß des Vergessens überschreiten. „Die Seele, unsterblich und
oftmals wiedergeboren, hat alles gesehen, was in dieser Welt
oder in der jenseitigen existiert, hat nun Kenntnis von alledem ...
für alle Nachfrage und alles Lernen ist jedoch Erinnerung."[3]
Plato lehrte auch, daß Menschen als Tiere zurückkehren könnten.[4]

Das Reinkarnationsmodell des Hinduismus

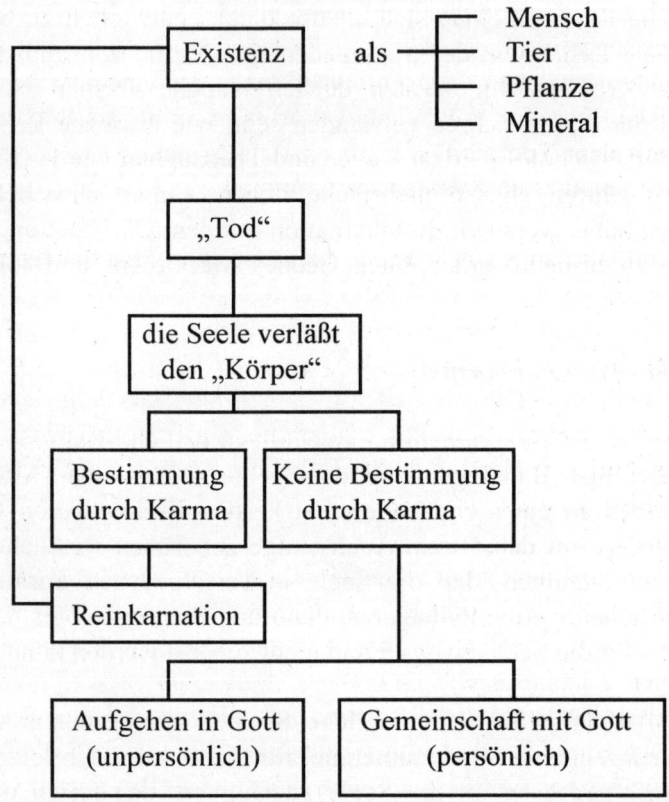

Die Ähnlichkeiten zwischen Plato und der Lehre des Hinduismus sind verblüffend, besonders Ramanujas „persönliches" System. Diese Schule wurde aus der früheren „unpersönlichen" Lehre entwickelt, aber die Schlüsselzutaten sind bei beiden gleich. Die Seele wird *jiva* oder *jivatman* genannt und überlebt den Tod als ein geistiges Wesen, das als Geistleib bezeichnet wird. Dieses Wesen wird in einen neuen Embryo einziehen und mit sich das *karma* all seiner vergangenen Leben bringen. Karma - das sind die Handlungen oder Taten eines Lebens und die ihnen zugeteilten unabänderlichen Konsequenzen. In gewisser Hinsicht bedeutet es, daß „man erntet, was man sät". Wer gute Taten tut, wird geboren in einer „freundlichen Gebärmutter". Wer Böses tut, dessen Schicksal wird dementsprechend weniger edel sein. Man könnte sich dann sogar in einer „schmutzigen, stinkenden Gebärmutter" wiederfinden - in einem Tier, einer Pflanze oder einem Mineral. Der Kreislauf von Tod und Wiedergeburt wird oft als ein Rad dargestellt mit dem Tod als Durchgang zu einem neuen Leben. Das Ziel ist jedoch, diesem Zyklus zu entkommen.

Dieses Entkommen nennt man *moksha*, und hier liegt der Unterschied zwischen der persönlichen und der unpersönlichen Form der Lehre. In der unpersönlichen Version heißt es, daß einmal alle karmische Schuld eliminiert sein wird, die Seele verliert alle Identität und wird einfach eins mit dem Einen; das Selbst verschmilzt mit dem *brahman* (eine göttliche, unpersönliche Kraft). In der persönlichen Version heißt es, daß die Seele einfach befreit ist, sie selbst zu sein, *bhagwan* (dem persönlichen Gott) völlig hingegeben.

Andere Formen der Lehre der Reinkarnation unterscheiden sich darin, was beim Eintritt des Todes passiert und im Wesen des endgültigen Zustandes von *moksha*, aber das allgemeine Muster bleibt erhalten. Buddhisten sagen, daß die unbewußte Seele (*vinnana*) fortbesteht, das Selbst (Intellekt, Emotionen, Bewußtsein usw.) aber bei Eintritt des Todes getilgt wird. Das *karma* verharrt im Zyklus der Wiedergeburt (*samsara*). Es gibt vier Interpretationen des letzten Zustandes (*nirwana*) im Buddhismus; eine von ihnen wird durch die Gnade Buddhas erreicht. Jainismus und Sikhismus folgen dem gleichen Muster des persönlichen beziehungsweise des unpersönlichen Hinduismus.

Die „christlichen" Formen unterscheiden sich ebenfalls nicht in ihrem grundlegenden Konzept, aber andere Faktoren bestimmen die Situation. Der wichtigste ist, daß im Verlauf der menschlichen Existenz eine Entscheidung getroffen werden muß, ob Christus angenommen oder verworfen wird. In der einfachsten Form werden jene, die Christus annehmen, mit Gott vereint, während jene, die ihn verwerfen, so lange reinkarniert werden, bis sie Christus erkennen. Auf diese Weise werden schießlich alle irgendwann gerettet sein. Es gibt nur zwei Beispiele „christlicher" Reinkarnationstheorien, die eine ewige Strafe für Verlorene vorsehen (MacGregor und De Arteaga), und bei einer von ihnen (MacGregor) ist die Strafe Vernichtung.

Christianisiertes Reinkarnationsmodell

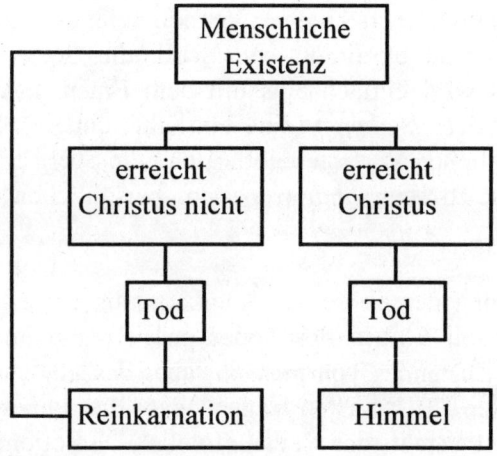

Warum glauben Menschen an Reinkarnation?

Es gibt verschiedene Vernunftgründe für den Glauben an Reinkarnation. Drei der grundlegendsten bestehen in dem Glauben an eine unsterbliche Seele, psychologische Anzeichen vergangener Leben und die Gerechtigkeit von Reinkarnation als System.

Unsterblichkeit der Seele

Platos Hauptgrund, an Seelenwanderung von einem Körper zum nächsten zu glauben, lag darin, daß er den nicht körperlichen Teil des Menschen als unzerstörbar erachtete. Er existiert, bevor wir geboren sind, und besteht fort, nachdem wir gestorben sind - nichts, weder Gutes noch Böses, kann ihn verderben. Wenn das stimmt, ist wahrscheinlich, daß er zu verschiedenen Zeiten in unterschiedlichen Körpern zur Welt kommt. Dies ist Teil seines Vollendungsprozesses. Gleicherweise gehen pantheistische Philosophien davon aus, daß alles ewig und göttlich und auch die Seele gleichermaßen unverderblich sei.

Psychologische Anzeichen vergangener Leben

Ian Stevenson, Parapsychologe und Erforscher von Erinnerungen an vergangene Leben, hat gesagt:

„Die Idee der Reinkarnation kann zu einem besseren Verständnis zahlreicher Erscheinungen beitragen, wie Phobien und Vorlieben in der Kindheit und in der frühen Kindheit nicht erlernte Fertigkeiten; Abnormalitäten der Kind-Eltern-Beziehungen; Blutrache und militanter Nationalismus; kindliche Sexualität und mangelnde geschlechtliche Identifikation; Muttermale, angeborene Mißbildungen und innere Krankheiten; Unterschiede bei eineiigen Zwillingen sowie ungewöhnlicher Appetit während der Schwangerschaft."[5]

Vergangene Leben, unter Hypnose oder anderen veränderten Bewußtseinszuständen in Erinnerung gerufen, halfen manchem Patienten zur Erklärung von Gefühlen, die er nicht rechtfertigen oder überwinden konnte. Stieß man auf Erfahrungen aus früheren Leben, so wurde mancher frei von Empfindungen der Furcht, Depression oder „unerwünscht" zu sein. Obgleich viele Psychologien und Hypnotiseure nicht glauben, daß die Erinnerungen ihrer Patienten an vergangene Leben wirklich sind, benutzen sie sie dennoch, weil es funktioniert. Ein Therapeut brachte es auf den Punkt: „Es ist gleich, ob die Sache real ist oder ob sie der Phantasie entspringt, wenn es nur irgend jemand hilft [!!], seinem Leben Sinn zu geben ... Wenn es doch funktioniert - wen kümmert es?"[6]

Die Gerechtigkeit der Reinkarnation

Die Vorstellung mehrerer Lebenschancen scheint für viele aus mehreren Gründen die gerechteste Lösung zu sein. Erstens: Karma ist gerecht. Tut man Böses, bezahlt man den Preis; tut man Gutes, gibt es eine Belohnung. Die Strafe steht in Relation zum Grad der Schlechtigkeit des Karmas und bedeutet nicht „alles oder nichts". Die Vorstellung, jemanden für eine begrenzte Menge Sünde in eine unendliche Hölle zu verdammen, klingt allzu hart, aber Karma ist gerecht. Zweitens: Leiden in diesem Leben kann gerechtfertigt sein, wenn es wirklich eine Auswirkung unseres Karmas aus vergangenen Leben ist. Diese Erklärung enthebt der Notwendigkeit, Gott in irgendeiner Weise für Leiden verantwortlich zu machen. Alles Leid kann als gerechte Auswirkung böser Taten erklärt werden, die in früheren Inkarnationen vollbracht wurden.

Drittens ist „einer der reizvollsten Aspekte von Reinkarnation, daß sie jede Möglichkeit einer Verdammung zunichte macht", wie Quincy Howe schrieb.[7] Die Doktrin ewiger Strafe für irgend jemand scheint vielen Menschen unvereinbar mit der Liebe Gottes. Reinkarnation bietet Gott einen Weg, Sünde zu bestrafen (durch das Gesetz des Karma), Glaube an Christus zu fordern (während mindestens einer Lebenszeit) und doch am Ende jedermann zu retten. Wer Christus verwirft, bekommt eine zweite Chance und eine dritte und so weiter, bis er glaubt. Das schützt sogar die menschliche Freiheit, denn Gott nötigt niemanden, zu glauben. Er gewährt lediglich mehr Zeit, Freiheit auszuüben. Außerdem können sittlicher Fortschritt und geistliches Wachstum während folgender Leben voranschreiten; sie machen es dem einzelnen möglich, die Liebe Gottes besser zu verstehen. Tatsächlich glauben einige, daß moralische Vollkommenheit ohne Reinkarnation nicht erreicht werden kann.

 **Hölle oder Vernichtung**

Geddes MacGregor nennt die Lehre ewiger Strafe „barbarisch" und kann die Vorstellung nicht tolerieren, „daß auch nur ein Sünder mit ewiger Pein bestraft werden sollte". Stattdessen meint er: „Verständlicher scheint mir zu sein, daß viele Menschen einfach ausgelöscht werden, allmählich aus ihrer Existenz verschwinden. Solche Menschen wollen ihre Existenz auch nicht. Warum sollte ihnen dieses Geschenk dann aufgedrängt werden?" Er lehrt folgerichtig, daß „Hölle" in Wirklichkeit eine Metapher für Vernichtung sei: zerstört werden zur Nichtexistenz. Woher aber weiß er, was andere Menschen wollen? Der Atheist Friedrich Nietzsche sagte, er würde lieber ewig bewußt leiden als nicht zu existieren. Sogar eine schlechte Existenz ist besser als keine Existenz. Und - wäre nicht ein Gott, der Menschen einfach auslöscht, ebenso grausam, wenn nicht noch grausamer als einer, der den Menschen erlaubt, frei ihr eigenes Schicksal zu wählen? Wir können in der Tat das gleiche Argument in Anspruch nehmen: „Solche Menschen wollen nicht [mit Gott leben]. Warum sollte ihnen dieses Geschenk aufgedrängt werden?" [*Reincarnation as a Christian Hope* („Reinkarnation als eine christliche Hoffnung"), Totowa, N.J.: Barnes und Noble Imports, 1982, S. 146.]

Schließlich wird argumentiert, Reinkarnation sei gerecht, weil sie das Seelenheil zu einer persönlichen Angelegenheit zwischen dem Individuum und Gott mache. Anstatt sich mit dem Problem der „Erbsünde" zu beschäftigen oder zu meinen, man sei gerechtfertigt aus Glauben, ist jedermann verantwortlich, für sein eigenes Karma zu sorgen. Howe vertritt die Ansicht, daß die Sühne durch einen Stellvertreter nicht mehr vertretbar sei, und sagt: „Der

Mensch selbst muß seinen Frieden mit Gott machen."[8] MacGregor bringt es auf den Punkt: „Mein Karma gehört mir. Es ist mein Problem, und der Triumph darüber ist mein Triumph."[9] Das macht die Ungerechtigkeit, in irgendeiner Weise für Adams Sünde bestraft zu werden, ebenso überflüssig wie die, daß Christus für Sünden sterben mußte, die er nicht begangen hatte. Stattdessen wird der Tod Jesu unsere Inspiration. Ein „vollkommener Katalysator"[10] zur Erarbeitung unseres Seelenheils, der uns zusichert, „daß man im nie versiegenden Licht von Gottes Liebe steht."[11] Er starb als unser Vorbild, nicht als unser Stellvertreter. Auf diese Weise befriedigt Reinkarnation die Gerechtigkeit.

Was ist falsch an der Reinkarnation?

Man kann diese Frage auf zwei verschiedene Arten angehen. Wir können sagen, daß sie den Lehren der Bibel widerspricht, aber was würde das jemandem nützen, der nicht glaubt, daß die Bibel das Wort Gottes ist? Wir wollen uns diesbezügliche Argumente für die Betrachtung der biblischen Alternative aufheben, der Auferstehung. Jetzt wollen wir uns auf die Aspekte der Logik konzentrieren, die Reinkarnation als falsch erweisen.

Zunächst müssen wir einräumen, daß die Verfechter der Reinkarnation wenigstens die Diskussion über das Leben nach dem Tod anregen. Es ist in christlichen Kreisen schwierig, ein wirklich gutes Buch über diese Angelegenheit zu finden - eins, das die Dinge seriös behandelt. Zweitens versuchen sie, die Liebe, Barmherzigkeit und Gerechtigkeit Gottes angesichts der Existenz des Bösen zu verteidigen. Drittens wahren sie die Würde des Menschen - sie erkennen, daß er ein sittliches Geschöpf mit einem freien Willen ist. Wir müssen diese Inhalte und die Wahrheiten, die sie widerspiegeln, loben. Aber wir müssen nicht das ganze System akzeptieren.

Reinkarnation löst nicht das Problem des Übels

Anstatt das Problem ungerechten Leidens zu lösen, behauptet Reinkarnation einfach, sie sei gerecht. Niemand ist wirklich unschuldig, denn das Karma von jemandes vergangener Leben verursacht sein Leid in diesen. Wenn ein Christ - so behaupten Verfechter der Reinkarnation - in der Situation steht, der bekümmerten Mutter eines sterbenden Babys einen Grund dafür zu nennen, so kann er nur sagen: „Ich weiß es nicht". Aber das Gesetz des Karma bietet ihr eine Lösung: „Dein süßer, unschuldiger Engel stirbt, weil er in einer früheren Inkarnation ein Abschaum war." Würden *Sie* sich nach dieser Erklärung besser fühlen? Das ist keine *Lösung* des Problems, sondern vielmehr eine *Verleugnung*; es *geht* nicht mit der Schwierigkeit *um*, sondern es *umgeht* sie.

Ist Gott wirklich gerecht, wenn er Kinder für die Sünden Erwachsener bestraft? Besonders, wenn sie sich jener Sünden nicht erinnern können? Es scheint moralisch unvertretbar, Gericht über jemand zu halten, der nicht einmal weiß, was er verbrochen hat. Darüber hinaus: Verschiebt man die Schuld um eine Lebenszeit zurück, so setzt man einen unendlichen Rückgriff in Gang auf Verschuldungen vergangener Leben, die niemals eine erste Erklärung finden. Wenn das Leid eines jeden Lebens abhängig ist von den Sünden eines früheren - wie hat es dann alles .angefangen? Wenn es ein erstes Leben gab, woher kam dann die karmische Schuld, die das Leid in diesem Leben erklären könnte? Ist das Böse ein ewiges Prinzip neben Gott? Man kann nicht dauernd „rückwärts gehen", um das Problem des Bösen zu lösen. Auch John Hick erkennt, daß das Gesetz des Karma bei der Lösung des Konflikts versagt: „Es schiebt das Problem nur in frühere Leben zurück, ohne jemals einer Lösung näher zu kommen."[12]

Unendlicher Rückgriff des Übels

Die Erklärung von Leid als Folge des Karmas aus einem vergangenen Leben führt niemals zu einer wirklichen Erklärung.
Für jedes vorhergehende Leben müßte es ein weiteres vor-
hergehendes Leben geben, das Rechenschaft für seine Leiden
gibt. Man könnte das immer so weiterverfolgen, würde aber
niemals zu einem Ende und damit zu einer Lösung kommen.
Das Problem würde nur auf unbestimmte Zeit vertagt.
Es wäre, als wolle man einen ungedeckten Scheck damit bezahlen, daß man einen weiteren solchen Scheck auf eine andere Bank ausstellt, um ihn zu decken, und noch einen weiteren Scheck auf wieder eine andere Bank, um diesen zu dek-
ken, usw. Schließlich würde irgendein Bankangestellter fragen: „Wo ist das Geld?" Und wenn er es tut, dann hätte man
das Geld besser auf dem Konto, auf das der letzte Scheck
ausgestellt war. Es muß irgendwo eine Abrechnung geben.
Reinkarnation hat keine Abrechnung, wenn sie versucht, das
Leid zu erklären. Sie stellt einfach ungedeckte Schecks aus.

Karma ungleich Gesetz

Man bekommt den Eindruck, und manche argumentieren auch so,
Karma sei das gleiche wie das alttestamentliche Gesetz - ein star-
rer, universeller Moralkodex. Aber Karma ist keine moralische
Vorschrift. Es ist nur ein System der Bestrafung; es sagt uns nicht,
wie wir die Dinge, die wir falsch machen, richtig machen können.
Es ist Zwang, aber kein moralisches Gesetz; es ist ein strafrechtli-
ches System ohne Legislative. Es ist unpersönlich, eine sittliche
Verordnung von Beziehungen zwischen dem Handeln und den
daraus sich ergebenden Konsequenzen. Auch Vergleiche mit den
Beziehungen von Handeln und seinen Konsequenzen im bibli-

schen Buch der Sprüche versagen angesichts der Erkenntnis, daß das Alte Testament diese Beziehungen als allgemeingültige Grundsätze herausstellt, nicht als absolute, unumgängliche Sanktionen der Vergeltung. Diesbezüglich war das alttestamentliche Gesetz nicht unabänderlich wie das Karma - es konnte durch ein höheres Gesetz befriedigt werden und in einem Opfer Vergebung gewähren. Der Vergleich funktioniert also nicht.

Woher kommen also die moralischen Grundsätze, die das Karma auferlegt? *Es gibt sie nicht!* Im Pantheismus gibt es keinen endgültigen Unterschied von gut und böse, richtig und falsch, usw. Karma ist kein Moralgesetz. Was die Moral betrifft, ist alles relativ. Allan Watts, ein Fürsprecher des Zen-Buddhismus, schrieb:

„Buddhismus teilt nicht die westliche Ansicht, es gebe ein von Gott oder von der Natur vorgeschriebenes sittliches Gesetz, dem der Mensch Gehorsam schulde. Die Verhaltensrichtlinien der Buddhas - Enthaltung vom Töten; Enthaltung von dem zu nehmen, was nicht gegeben wird; Enthaltung von Leidenschaften, Lügen und Berauschung - sind freiwillig angenommene, zweckmäßige Regeln."[13]

 **Ethik des New Age**

Mark Satins Buch *New Age Politics* enthält ein Kapitel über die ethischen Werte der Bewegung. „In einem geistlichen [z.B. mystischen] Zustand ist Moral unmöglich ... Wenn man etwas für sich selbst wünscht, etwa genaue Richtlinien oder Grundsätze, hat man sich selbst schon getrennt von dem Einen (und außerdem ist alles so, wie es sein sollte)" (S. 98). Er fährt fort mit dem Vorschlag von vier Grundsätzen, die politische und soziale Werte nahelegen. Er gibt Amerikas traditionelle Werte auf, wenn er sagt: „Hier kommt die Welt-

anschauung des Übermateriellen ins Spiel ... Sie setzt eine
ganz neue Art von Menschenbild voraus und eine ganz neue
Kombination von Ethik, Werten, Zielen und Prioritäten." Das
erste davon ist die Ethik der Selbstverwirklichung, die aus
der Reinkarnation geboren wurde. „Mit uns selbst in Berührung zu kommen, würde nicht nur Vergnügen machen
(obgleich auch das möglich ist) und überhaupt keine Selbst-
gefälligkeit bringen, sondern ein Muß für das Überleben, das
in die Struktur des Universums eingebaut ist (vielleicht sogar
ein evolutionäres Muß)" (S. 102-103).

„Zweckmäßigkeit" ist das Kennwort für situationsabhängige
Ethik: Wenn etwas funktioniert, tu es! Jede ethische Handlung,
auch Mord und Grausamkeit, könnte als „zweckmäßig" gerechtfertigt werden. Dieser Relativismus stellt die Reinkarnation vor
wirkliche Probleme. Relativismus ist eine für ethische Haltung
unmögliche Position. Man kann nicht sagen: „Alles ist relativ"
oder sogar: „Relativismus ist besser als Absolutismus", weil beide
Feststellungen eine absolute Position vertreten, die dem Relativismus widerspricht. C. S. Lewis erklärt:

„In dem Augenblick, in dem man sagt, ein Paket von Moral-
vorstellungen sei besser als ein anderes, mißt man sie beide an
einem Maßstab und sagt in Wirklichkeit, das eine von ihnen
entspreche diesem Maßstab besser als das andere. Aber der
Maßstab, an dem man beide Pakete mißt, ist etwas von den beiden zu unterscheidendes. In der Tat vergleicht man beide mit
einer tatsächlichen Moralität. Dadurch räumt man ein, daß es so
etwas wie ein wirkliches Recht gibt - unabhängig davon, was
die Leute denken -, und daß die Vorstellungen einiger Leute
diesem wirklichen Recht näher kommen als die der anderen."[14]

Mit anderen Worten: Um sagen zu können, Relativismus sei richtig, muß man annehmen, daß irgendein absolutes Recht existiert,
was im Relativismus unmöglich ist. Wenn es nichts unbedingt

Richtiges gibt, kann nichts wirklich richtig sein, und wenn nichts richtig (oder falsch) ist, dann gibt es keine Grundlage, auf der Karma irgend jemand für irgend etwas bestrafen könnte.

Reinkarnation ist im Grunde unmenschlich

Haben Sie jemals Bilder von Indien gesehen? Wissen Sie, was es heißt, dort zu leben? Tausende von Armen, Krüppeln, Verstümmelten, Obdachlosen und Hungernden säumen die Straßen, und niemand scheint sie auch nur zu bemerken. Warum ist das so? Das Gesetz des Karma hat es so gemacht. Gemäß dem klassischen Hinduismus würde jemand, der jenen Menschen durch Erleichterung ihrer Leiden helfen wollte, gegen das Gesetz des Karma wirken. Menschen leiden, um ihre karmische Schuld zu tilgen. Wenn man ihnen hilft, würden sie wieder zurückkehren und noch mehr leiden müssen, um die Schuld abzuarbeiten. So wäre es grausam, wenn man sie nicht leiden ließe, und würde darüber hinaus die eigene karmische Schuld erhöhen. Menschen zu helfen, ist einfach keine Frage in einer Gesellschaft, die an Reinkarnation glaubt.

 Desinteresse

Als Gautama Buddha die Sicherheit seines abgeschlossenen Heims verließ und das Böse und das Leid in der Welt entdeckte, mußte er einen ethischen Konflikt lösen. Sollte das Gesetz des Karma wirksam bleiben, oder sollte man gute Taten vollbringen, die es stören würden? Er folgerte, daß man desinteressiert werden muß. Daß man seine Besorgnis um andere ablegen und erkennen muß, daß es erstens keinen wirklichen Unterschied zwischen gut und böse gibt und daß zweitens alle Dinge so sind, wie sie sein müssen. Infolgedessen sollte man alles mit völligem Desinteresse tun - ob man den Leidenden hilft oder ob man sie ignoriert - als sei das eine gleich dem anderen. Welche Richtung man auch immer wählt - sie wird vom Schicksal geführt. Es ist unerheblich, was man tut, so lange man sich nicht darum kümmert, was richtig ist und was falsch.

Reinkarnation garantiert nicht geistlichen Fortschritt

Manchmal ziehen Befürworter der Reinkarnation die Evolution zur Beweisführung dafür heran, daß die Menschen eine fortlaufend besser werdende, ethisch höher steigende und zunehmend geistig orientierte Lebensform seien. Das Problem dabei ist, daß es keinerlei Beweis dafür gibt, daß sich eine solche Evolution im biologischen oder im geistlichen Bereich ereignet hat. Auch nach mehr als hundert Jahre währendem Experimentieren und wissenschaftlichem Forschen seit Darwin hat niemand jemals einen Wandel von einer Hauptlebensform in eine andere nachgewiesen - weder aus dem Fossilienbericht noch aus einem Laborexperiment. Ein Evolutionist räumte ein:

„Durch das Versagen dieser vielen Bemühungen war die Naturwissenschaft in der etwas peinlichen Position, Theorien über die Ursprünge des Lebens zu postulieren, die sie nicht demonstrieren konnte. Hatte sie erst die Theologen für ihr Vertrauen auf Mythen und Wunder gescholten, fand sie sich nun selbst in der wenig beneidenswerten Situation, eine eigene Mythologie erschaffen zu müssen: Die Annahme nämlich, daß sich das, was trotz langer Bemühungen nicht als sich heute ereignend bewiesen werden konnte, wahrhaftig in der urzeitlichen Vergangenheit ereignet hat."[15]

Wenn grundsätzliche evolutionäre Veränderungen im biologischen Sinn nicht stattfanden - gibt es irgendeinen Grund anzunehmen, daß sie sich in geistlichem Sinn ereigneten? Entwickeln wir uns zu einer neuen Art von Wesen mit einem höher entwickelten Gottesbewußtsein? Ein Blick auf die täglichen Nachrichten reicht aus, diese Frage ausdrücklich negativ zu beantworten.

Außerdem gibt es keinen Grund anzunehmen, ethischer Fortschritt müsse allmählich vor sich gehen. Warum kann es keine unmittelbare, radikale Veränderung einer Person geben? Auch Reinkarnisten glauben, daß große Sprünge in der ethischen Entwicklung möglich sind und daß manche dramatische Veränderung zwischen dem Tod und der nächsten Inkarnation auftritt. Ganz gleich, wie viele endliche Lebenszeiten zugebilligt werden, wir können niemals die Ebene Gottes und die seiner unendlichen Güte erreichen. Es wird immer einen unendlichen Unterschied zwischen ihm und uns geben. Der einzige Weg, die Kluft zu überbrücken, wäre eine plötzliche, wunderbare Umformung, die die Notwendigkeit eines langen Prozesses sittlicher Bereicherung überflüssig machen würde. Ein Leben würde ausreichen, wenn es nach einer dramatischen Veränderung mit dem Tod endete. Das aber ist die Lehre der Bibel (2Kor 5,1-5), nicht die der Reinkarnation.

Es gibt auch Grund zu denken, daß hundert oder auch tausend Leben nicht ausreichen würden. Es gibt keine Garantie dafür, daß irgend jemand jemals *moksha* erreichen wird. Ganz gleich, wie viele Körper man bekäme - jeder könnte bei der Begleichung der eigenen karmischen Schuld versagen oder sie sogar noch erhöhen. Wie können wir sicher sein, es jemals zu schaffen? Wenn wir uns diesmal so schlimm beschmutzt haben, was macht uns glauben, wir würden es beim nächsten Mal besser machen? Was die christianisierten Versionen betrifft, nach denen es eine zweite Chance gibt, Christus anzunehmen: Es ist sinnlos zu sagen, es brauche mehr als ein Leben für eine Lebensentscheidung. Wenn ein Leben nicht genügt, gibt es keine Garantie, daß irgendeine Zahl von Reinkarnationen über irgendeine Zeitspanne jemals ausreichen wird.

Bei derart grundsätzlichen Problemen mit der Logik sollte Reinkarnation den damit verbundenen Ärger nicht wert sein. Was aber sagt die Bibel? Was lehrt sie über das Leben nach dem Tod? Was hat sie über Reinkarnation zu sagen? Wir wollen beides untersuchen, die Lehre von der Auferstehung und die Bedeutung dieser Lehre für die Reinkarnation.

WAS IST AUFERSTEHUNG?

Wir sagten, Reinkarnation sei der Glaube, daß die Seele nach dem Tod in einen anderen Leib übergehe. Im Gegensatz dazu ist Auferstehung der Glaube, daß der gleiche physische Leib nach dem Tod unverderblich gemacht wird. Anstatt einer Reihe sterbender Körper macht die Auferstehung für immer den einen Leib lebendig, der starb. Anstatt den Menschen als eine Seele in einem Leib zu betrachten, zeigt die Auferstehung den Menschen als eine Seele-Leib-Einheit. Während Reinkarnation ein auf Vollkommenheit ausgerichteter Prozeß ist, stellt Auferstehung einen vollendeten Zustand dar. Reinkarnation ist ein Zwischenstadium, in dem sich die Seele sehnt, körperlos und von Gott aufgesogen zu werden. Auferstehung aber ist ein endgültiger Zustand, in dem die ganze Person - Leib und Seele - die Güte Gottes genießt. Das ist durchaus ein Unterschied, oder?

Reinkarnation	Auferstehung
pantheistisch	theistisch
Seele-/Leib-Dualismus	Seele-/Leib-Einheit
sterblicher Leib	unsterblicher Leib
vielmaliges Erscheinen	einmaliges Erscheinen
unterschiedliche Zustände	ultimativer Zustand
in Entwicklung	abgeschlossen
gegründet auf Karma	gegründet auf Gnade

Viele Christen sind überrascht zu erfahren, daß wir im Leben nach dem Tod einen richtigen physischen Leib haben werden. Warum sollten wir nicht? Jesus hatte einen! Nach seiner Auferstehung sagte er: „Sehet meine Hände und meine Füße, daß ich es selbst bin; betastet mich und sehet, denn ein Geist hat nicht Fleisch und

Bein, wie ihr sehet, daß ich habe" (Lk 24,39). Er hatte nicht nur Fleisch und Knochen; seine Freunde erkannten es als den gleichen Leib, nicht einfach irgendeinen Leib. Er aß sogar Fisch mit ihnen (Lk 24,41-43)! Würde man das in einem Geistleib wie dem zu tun versuchen, von dem die Reinkarnisten sprechen - es würde sofort durchfallen. Sein Auferstehungsleib war von menschlichem Fleisch wie der Leib, den er in seinem irdischen Leben hatte (Joh 20,11-29; 21,1-23; Apg 1,4-9).

Aber es gab auch Unterschiede. Er konnte nach Belieben erscheinen und verschwinden (Lk 24,31; Joh 20,19.26). Und er stieg auf in die Wolken, ohne eine Düsenmaschine zu benutzen (Apg 1,9-11). Diese Unterschiede zeigen, daß die Auferweckung des Lazarus (Joh 11,1-44) und die des Sohnes der Witwe (Lk 7,11-17) nicht Auferstehungen waren, sondern nur Wiederbelebungen ihrer sterblichen Körper (da sie beide wiederum starben). So war der auferstandene Leib materiell, aber unsterblich. Er war physisch, aber unvergänglich (1Kor 15,50-54).

Paulus spricht nicht in Begriffen einer geistigen Existenz einst im Himmel. Er sagt, wir werden verwandelt. Er nennt Christus den „Erstling der Entschlafenen" (1Kor 15,20) und sieht seine Auferstehung als das Vorbild für jene, die ihm folgen sollen. Der Unterschied den Paulus macht, verweist nicht auf einen entkörperlichten Zustand, sondern auf einen vollendeten Leib. Er sagt: „Wir werden aber alle verwandelt werden, in einem Nu, in einem Augenblick" (15,51-52). Es ist ein Wandel von vergänglich zu unvergänglich, von sterblich zu unsterblich, von Ehrlosigkeit zu Ehre, von Schwäche zu Stärke. Der Leib ist vollendet. Nicht er wird entfernt, entfernt werden seine Unvollkommenheiten. Wenn Paulus sagt, „ausheimisch" aus dem Leib bedeute gegenwärtige Gemeinschaft mit dem Herrn (siehe 2Kor 5,6), so ist leicht zu erkennen, daß er die Abwesenheit aus diesem irdischen Leib meint. In der Auferstehung werden wir mit diesem Leib wiedervereinigt sein, da er zu einem unsterblichen Leib gemacht wurde.

Wann wird die Auferstehung stattfinden? Die Bibel spricht von zwei Auferstehungen: eine zum Leben und die andere zum Gericht (Dan 12,2; Joh 5,29; Hebr 11,35). Der klarste Text ist Offenbarung 20,4-6; er zeigt an, daß sich die erste Auferstehung ereignet, sobald Jesus zurückkehrt. Sie betrifft nur jene, die zum ewigen Leben auferstehen. Die zweite Auferstehung ereignet sich später und betrifft nur jene, die gerichtet werden (V. 11-15). Was passiert mit den Toten zwischen den beiden Auferstehungen? Paulus versichert uns, daß Sterben bedeutet, bei Christus zu sein (2Kor 5,6). „Es ist weit besser" (Phil 1,23) als dieses Leben. Es ist bewußte Seligkeit in Gottes Gegenwart (Offb 6,9).

Wie funktioniert Auferstehung?

Reinkarnation sagt, wie wir wissen, daß wir beim Sterben unseren Leib verlieren, daß aber unsere Seele weiterlebt. Sie erlangt ihre karmische Schuld und erhält neue Körper zu so vielen Leben, wie nötig sind, daß alles Karma verschwinden kann und die Seele (entweder persönlich oder unpersönlich) mit Gott einswerden kann. Auferstehung funktioniert auf ganz andere Weise. Die Unterschiede beginnen bei der Natur des Menschen und reichen bis zum Wesen von Tod, Gericht und letztem Zustand.

Das Wesen des Menschen

Reinkarnation gründet sich auf eine pantheistische Weltanschauung, die die Wirklichkeit der Materie bestreitet. Sogar in den panentheistischen Systemen, wie dem von John Hick, und in den persönlichen Formen des Hinduismus sieht man Materie als etwas böses und als ein Verderbnis der Realität. Mit diesem Ausgangspunkt ist es nicht verwunderlich, daß Befürworter der Reinkarnation Vollkommenheit in der Beseitigung der Materie sehen. Theismus - die Weltanschauung der Bibel - sagt, daß die Materie von Gott erschaffen wurde und daß sie gut ist (1Mo 1,31; 1Tim 4,4). Der Mensch wurde erschaffen durch die Vermengung von Staub und Atem - Leib und Geist (1Mo 2,7) und soll vollendet in Geist,

Seele und Leib sein (1Thes 5,23). Sogar der Name Adam kommt von dem hebräischen Wort für Staub. Ohne seinen Leib ist der Mensch aus biblischer Sicht einfach nicht vollständig.

Das Wesen des Todes

Der berühmte Hindulehrer Swami Radhakrishnan erkannte:

„Es gibt einen grundlegenden Unterschied zwischen Christentum und Hinduismus. Man sagt, er bestehe darin, daß Hindus aller Schulen an eine Aufeinanderfolge von Leben glauben, während der Christ glaubt: Es ist dem Menschen gesetzt, einmal zu sterben, danach aber das Gericht."[16]

Dieser Vers (Hebr 9,27) ist tatsächlich zentral für die biblische Sicht des Todes. Er macht nicht nur klar geltend, daß der Mensch nur ein Leben hat - er verbindet auch Tod mit Gericht. Diese Assoziation macht den Unterschied zwischen den zwei Ansichten sogar noch deutlicher. Anstatt wegen Sünden in einen Leib gesteckt zu werden, richtete Gott Adams Sünde durch die Einführung des Todes - der Trennung von Leib und Seele. Die Vollkommenheit des Leibes kommt, wenn der Fluch weggenommen ist, wenn Sünde und all ihre Auswirkungen mit weggetan sind. Reinkarnation lehrt, das Leben in dieser Welt sei ein Fluch und der Tod sei die Rettung davor, aber Auferstehung behauptet das Gegenteil. Leben ist ein Segen und reiches Geschenk Gottes, und Tod ist die Strafe für Sünde (Röm 6,23).

Das Wesen des Gerichts

Auf welcher Grundlage soll der Mensch gerichtet werden? Die Verfechter der Reinkarnation sagen, daß jeder Mensch sein eigenes Karma erfüllen wird. Das aber entbehrt jeglicher Bedeutung angesichts der Gnade Gottes, die in der Bibel als Grundlage des Gerichts gegeben wird. Die Heilige Schrift spricht von dem Seelenheil als von einem „Geschenk" (Joh 4,10; Röm 3,24; 5,15-17;

6,23; 2Kor 9,15; Eph 2,8; Hebr 6,4), das durch Glauben empfangen wird. Anstatt mit Werken Gottes Gunst zu verdienen, wird dem Gläubigen aus Gnade oder unverdienter Gunst geschenkt, ausgesprochen rechtschaffen zu sein. Christus sagte es sehr einfach:

> „Denn also hat Gott die Welt geliebt, daß er seinen eingeborenen Sohn gab, auf daß jeder, der an ihn glaubt, nicht verloren gehe, sondern ewiges Leben habe. ... Wer an ihn glaubt, wird nicht gerichtet; wer aber nicht glaubt, ist schon gerichtet, weil er nicht geglaubt hat an den Namen des eingeborenen Sohnes Gottes" (Joh 3,16.18).

Die Grundlage des Gerichts ist, ob eine bestimmte Person glaubt oder nicht, daß Jesus Gottes Sohn ist, in die Welt gesandt, sie zu retten.

 **Ist stellvertretende Sühne gerecht?**

Wie kann es gerecht sein, den Unschuldigen für den Schuldigen zu bestrafen? Sicherlich: „Die Gesetzlosigkeit des Gesetzlosen soll auf ihm sein" (Hes 18,20). Die Bibel spricht klar dagegen, daß der Unschuldige leidet, aber es gibt einen anderen, hiermit verbundenen Grundsatz: „Größere Liebe hat niemand, als diese, daß jemand sein Leben läßt für seine Freunde" (Joh 15,13). Welchem dieser Gebote mußte Christus folgen? Wenn er nur dem ersten gehorchte, wie könnte die Menschheit dann gerettet werden? Wenn er aber für die Sünde starb, dann wird das frühere Prinzip der Gerechtigkeit geleugnet. Die Lösung besteht darin, zu sehen, daß einige ethische Grundsätze von größerer Wichtigkeit sind als andere; ebenso wie die Rettung von Leben für die hebräischen Hebammen in Ägypten wichtiger war, als der von Gott eingesetzten Obrigkeit zu gehorchen (2Mo 1,15-21). Hier mit diesem Gebot erhält die Liebe Gottes, demonstiert durch das Bereiten einer Errettung für alle Menschen, größeres Gewicht als die Gerechtigkeit von Hesekiels Spruch. Es ist bedeutender, das Leben aller Menschen zu retten und dennoch ihre Sünde zu bestrafen, als darauf zu bestehen, daß sie ihre eigene Schuld selbst bezahlen. Was zeigt demnach schließlich die größere Liebe?

Aber wo bleibt die Gerechtigkeit Gottes? Es kann nicht gerecht sein von Gott, Sünde ungestraft zu lassen. Hier tritt die Lehre von der Sühne ein. Das Neue Testament lehrt, daß Jesus als Strafe für die Sünden der ganzen Welt den Tod erlitt. Unsere Sünden wurden nicht einfach ignoriert oder unter den Teppich gekehrt. Jesus befriedigte Gottes Forderung nach Gerechtigkeit, indem er als unser Stellvertreter unser aller Schuld trug (Röm 3,25; Hebr 2,17; 1Jo 2,2; 4,10). Von dieser von Christus bezahlten Strafe wird auch als von einem „Lösegeld" (Mk 10,45) gesprochen, von „Versöhnung" (Röm 5,10; 2Kor 5,18-20; Kol 1,22), „Erlösung" (Röm 3,24; 8,23; Eph 1,7.14; Kol 1,14; Hebr 9,12-15) und „Rechtfertigung" (Röm 4,25; 5,1.9.16-18; Gal 2,16-17; Tit 3,7). Von Jesus wird gesprochen als „zur Sünde gemacht" (2Kor 5,21; Hebr 7,26-27; 1Petr 2,24), als leidendem Diener (Apg 3,13; 8,32ff), als „zum Fluch geworden" (Gal 3,13) und als dem Opferlamm (Joh 1,29.36; Apg 8,32; 1Petr 1,19).

SÜHNE

persönlich	stellvertretend
gebracht von der verletzenden Partei	gebracht von der verletzten Partei
gegeben durch den Verbrecher	empfangen von dem Verbrecher
unvereinbar mit Barmherzigkeit	höchste Form von Barmherzigkeit

Es besteht ein wichtiger Unterschied zwischen persönlicher Sühne (die für die eigenen Sünden gebracht wird) und stellvertretender Sühne (mit der die Strafe für die Sünden anderer beglichen wird). Das erstgenannte ist das Gesetz des Karma, das zweite die Herrschaft der Gnade.

Da Christus sündlos war (Hebr 4,15), bedurfte es nicht seines Todes zur Sühnung seiner eigenen Sünden. Vielmehr gab er sein Leben freiwillig (Joh 10,17-18), um die Strafe für die Sünden anderer zu bezahlen. „Den, der Sünde nicht kannte, hat er für uns zur Sünde gemacht, auf daß wir Gottes Gerechtigkeit würden in ihm" (2Kor 5,21). Robert Morey drückte das in der Sprache der Reinkarnation so aus:

> „Das Christentum ersetzt möglicherweise karmische Seelenwanderung durch seine Lehre von der stellvertretenden Sühne Christi, durch die er all unsere 'karmische Schuld' mit seinen Leiden bezahlte. Er hatte kein eigenes Karma, sondern er litt und starb für unsere Sünden."[17]

Das Wesen des Endzustandes

Während Reinkarnisten fast ausschließlich Allversöhner sind (alle werden gerettet), lehrt die Bibel, daß manche auf ewig bestraft werden. Obwohl einige sich beklagen, dies sei nicht vereinbar mit der Liebe Gottes, beruht der Einspruch auf einem Mißverständnis. Pantheismus sieht alle Dinge als notwendige Auswirkungen von Gottes Wesen. Theismus aber erkennt die Freiheit von Gottes Willen, zu handeln, wie es ihm gefällt. Vor diesem Hintergrund ist es natürlich falsch, „das Seelenheil des Menschen nur auf Gottes Attribute zu gründen, auf seine Liebe oder Güte." Seine Liebe ist nicht dem Mandat seines Wesens unterstellt, sie ist seine Wahl. Es sind die Handlungen, durch die Gott seine Liebe zeigt, die hier wirklich zählen.

> „So kann Gottes Liebe in und von sich selbst nicht einen einzigen retten, noch viel weniger die ganze Menschheit. Keines von

Gottes Attributen kann in uns aus sich selbst irgend jemand retten. Es ist die Manifestation von Gottes Liebe in Christus, die Sünder rettet; nicht 'Liebe' als bloßes Gefühl."[18]

Wie hat Gott gewählt, seine Liebe zu demonstrieren? „Gott aber erweist seine Liebe gegen uns darin, daß Christus, da wir noch Sünder waren, für uns gestorben ist" (Röm 5,8). Er hätte uns unser eigenes Karma bezahlen lassen können, aber er tat es nicht.

 Ist die Hölle eine Hypothese?

John Hick sagt, Jesus habe das Konzept der Hölle lediglich als eine Drohung benutzt, obwohl er nicht beabsichtigte, irgend jemand dorthin zu verbannen. Der Philosoph Paul Helm stellt fest: Wenn die Hölle keine wirkliche, sondern nur eine hypothetische Drohung ist, dann muß das entweder bedeuten,

1. daß die Drohungen nicht ausgeführt werden, obwohl sie ausgeführt werden könnten, oder
2. daß Gott auf die menschliche Natur baut, so daß alle gerettet werden und die Drohungen nicht ausgeführt werden müssen.

Wenn die zweite Ansicht wahr ist, dann müssen wir die Integrität Jesu hinterfragen, der gewiß den Eindruck vermittelte, die Drohungen seien wirklich. Außerdem: Weshalb Menschen bedrohen, die doch irgendwie zum Glauben kommen werden? Überdies ist es für die erste Sichtweise unerheblich, ob die Drohungen wirklich sind. Gottes ethische Eigenschaft bleibt die gleiche, ob er nun den Menschen die Möglichkeit gibt, das Böse zu wählen, oder ob sie tatsächlich das Böse wählen. Der Mensch ist verantwortlich für die Wahl von Himmel oder Hölle; Gott will ihnen nur die Optionen verdeutlichen.

Vielleicht gefällt uns die Vorstellung von der Hölle nicht, aber die Bibel läßt keinen Weg offen, der daran vorbeiführt. Die Heilige Schrift lehrt klar, daß die Gläubigen auf der Grundlage ihres Glaubens an Jesus Christus zu einem Leben mit Gott auferstehen werden. Auch die Ungläubigen werden auferstehen und gemäß ihrer Taten gerichtet werden - wie auch viele von ihnen wollen (Offb 20,11-15). Aber keiner, der nicht an Christus glaubt („dessen Name nicht geschrieben ist im Buch des Lebens"), entgeht der Strafe des Feuersees auf der Grundlage der Berichte ihrer Taten (die „Bücher" in V. 12). Jedermann wird einen neuen, unsterblichen Leib bekommen. Die einzige Frage ist, wo dieser Leib die Ewigkeit verbringen wird - mit Gott, seine Güte und Liebe genießend, oder für immer von ihm getrennt in der Hölle.

DAS AUFERSTEHUNGSMODELL

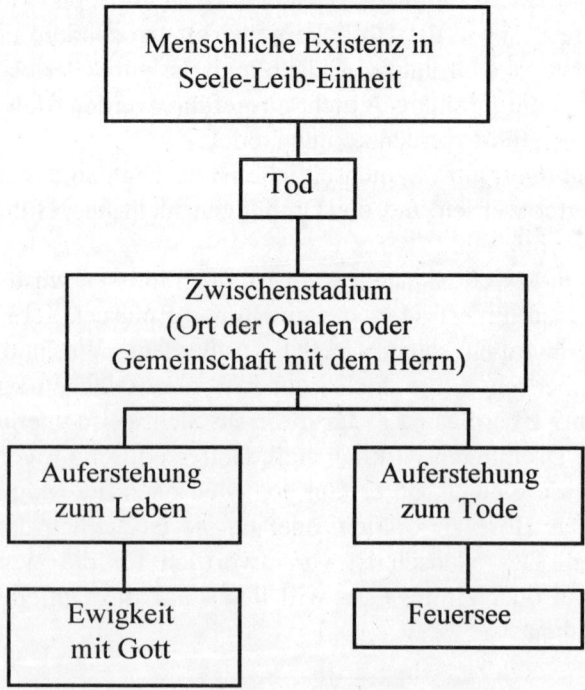

Anmerkungen

1 William A. Henry III: *The Best Year of Her Lives*; Time, 14. Mai 1984, S. 62.

2 Plato: *Republic*, Buch X, 614d.

3 Plato: *Meno* [81b], in: *The Dialogues of Plato*; übers. von Jowett (New York: Random House, 1937), Band I, S. 360.

4 Plato: *Republic*, Buch X, 620.

5 Ian Stevenson: *The Explanatory Value of the Idea or Reincarnation*; in: The Journal of Nervous and Mental Disease; September 1977, S. 305.

6 Jennifer Boeth: *In Search of Past Lives: Looking at Yesterday to Find Answers for Today*; in: Dallas Times Herald, 3. April 1983, H1.

7 Quincy Howe, Jr.: *Reincarnation for the Christian* (Philadelphia: Westminster Press, 1974), S. 51.

8 Ebd., S. 107.

9 Geddes MacGregor: *Reincarnation in Christianity* (Wheaton, Ill.: Theosophical Publishing House, 1975), S. 168.

10 Geddes MacGregor: *The Christening of Karma*; in: *Karma: The Universal Law of Harmony* (Wheaton, Ill.: Theosophical Publishing House, 1975), S. 4.

11 Howe, a.a.O. S. 107.

12 John H. Hick: unbetitelter Aufsatz in: Religion, Herbst 1975, S. 175.

13 Allan Watts: *The Way of Zen* (New York: Vintage Books, 1957), S. 52.

14 C.S. Lewis: *Mere Christianity* (New York: MacMillan Co., 1943), S. 25.

15 Loren Eisley: *The Immense Journey* (New York: Random House, 1957), S. 199.

16 S. Radhakrishnan: *The Principal Upanishads* (London: George Allen & Unwin, 1958), S. 114.

17 Robert A. Morey: *Death and the Afterlife* (Minneapolis: Bethany House, 1984), S. 12.

18 Ebd., S. 233.

Kapitel 12

WAHRHEIT

„Was ist Wahrheit?" Aus Pilatus' Worten schallt der Zynismus eines Mannes, der nach Wahrheit suchte, dabei aber niemals fündig wurde. So folgert er, daß es keine Wahrheit gibt. Damit steht Pilatus nicht allein. Viele sind den gleichen Weg gegangen. So wird heute in den Schulen die gleiche zynische Schlußfolgerung gelehrt: Es gibt keine Wahrheit.

Für Christen ist diese Ansicht indiskutabel. Jesus sagte: „Dein Wort ist Wahrheit" (Joh 17,17), und: „Ich bin ... die Wahrheit" (14:6); was aber charakterisiert Wahrheit? Noch wichtiger: Wie können wir die Wahrheit erkennen?

Haben Sie das schon einmal gehört: „Was immer für dich wahr ist, muß nicht auch für mich wahr sein"? Oder: „Ich bin wirklich froh, daß du etwas gefunden hat, das für dich funktioniert." Was bringt es, jemand von Jesus zu erzählen, wenn er nicht erkennt, was man eigentlich sagt: „Dies ist wahr für jedermann, überall und zu allen Zeiten, und es ist nicht vereinbar mit irgendeiner anderen Glaubenslehre"? Wenn wir in die Welt hinausposaunen, wir hätten die Wahrheit, dann sollten wir besser eine Vorstellung davon haben, was Wahrheit ist. Wie anders sollten wir sie verständlich machen?

IST WAHRHEIT RELATIV ODER ABSOLUT?

Die Behauptung, Wahrheit sei relativ, könnte auf zwei Arten als relativ verstanden werden. Entweder ist Wahrheit relativ in bezug auf Zeit und Raum („Es war einmal wahr, ist es aber jetzt nicht mehr"), oder sie ist relativ in Bezug auf Personen („Es ist wahr für mich, aber nicht für dich"). Andererseits setzt absolute Wahrheit mindestens zweierlei voraus. Erstens: Was zu einer bestimmten Zeit an einem bestimmten Ort wahr ist, ist zu allen Zeiten und an allen Orten wahr. Zweitens: Was für eine bestimmte Person wahr ist, ist für alle Personen wahr. Absolute Wahrheit ist unveränderlich; relative Wahrheit verändert sich von Zeit zu Zeit, von Ort zu Ort und von Person zu Person.

Ein Relativist würde sagen, die Behauptung „Der Bleistift liegt links vom Briefblock" sei relativ, denn sie hänge davon ab, auf welcher Seite des Schreibtisches man steht. Der Ort ist immer relativ zur Perspektive, heißt es. Aber Wahrheit kann auch zeitgebunden sein. Zu einer Zeit war es völlig richtig zu sagen: „Reagan ist Präsident", aber jetzt wird man es kaum sagen können. Zu einer Zeit war es wahr, jetzt ist es nicht wahr. Die Wahrheit einer derartigen Feststellung ist unwiderruflich abhängig von dem Zeitpunkt, an dem sie getroffen wird.

Relativisten behaupten auch, Wahrheit sei abhängig von der Person, die sich äußert. Wenn ein Christ sagt: „Ihr seid Götter" (Joh 10,34), dann bedeutet es, daß wir im Bild Gottes sind und ihn repräsentieren. Sagt es ein Mormone, spricht er von seiner Hoffnung, Gott seines eigenen Planeten zu werden. Kommt die Feststellung von einer Pantheistin, dann meint sie, daß Menschen Gott sind. Die Wahrheit hängt von der Weltanschauung dessen ab, der die Behauptung aufstellt, und von der von ihm beabsichtigten Bedeutung. Auch die Feststellung „Ich fühle mich krank" mag für mich wahr sein, nicht aber für jedermann sonst in der Welt. All diese Meinungsäußerungen sind nur in bezug auf die Person wahr, die sich äußert.

Hier scheint jedoch ein Mißverständnis vorzuliegen. Die Interpretation des Relativisten scheint fehlgeleitet zu sein. Wie Zeit und Ort oder die zeitliche und geistige Perspektive des Sprechers zu

verstehen sind, geht aus der Aussage hervor. Im Jahr 1986 beispielsweise zu sagen: „Reagan ist Präsident", ist wahr und bleibt
wahr. Zu keiner Zeit wird es unwahr werden, daß Reagan 1986
Präsident der Vereinigten Staaten von Amerika ist. Gebraucht jemand im Jahr 1990 die gleichen Worte, dann stellt er eine neue,
eine andere Behauptung auf, denn die Zeitform der Gegenwart ist
dann vier Jahre vom Zusammenhang der ersten Behauptung entfernt. Der räumliche und zeitliche Kontext ist ein unabdingbar in-
newohnender Teil der Aussage in ihrem Zusammenhang. Wenn
aber der Satz „Reagan ist Präsident" - 1986 gesprochen - immer
und überall für jedermann wahr ist, dann ist es eine absolute
Wahrheit. Das gleiche läßt sich über den Bleistift auf dem
Schreibtisch sagen. Die Perspektive des Sprechers ist als Teil des
Zusammenhangs zu verstehen. Es ist eine absolute Wahrheit.

 **„Alle Wahrheit ist perspektivisch"**

Viele werden sagen, alle Wahrheit sei wirklich wahr aus einer gewissen Perspektive oder Weise, Dinge zu sehen. Oft
wird die alte Geschichte von den sechs blinden Männern und
dem Elefanten herangezogen, um diese Position zu veran-
schaulichen oder zu unterstützen. Einer der Blinden ertastete
nur den Rüssel und schloß, es sei eine Schlange. Ein anderer
entdeckte nur das Ohr und meinte, es mit einem Fächer zu
tun zu haben. Ein dritter stieß an den Rumpf und sagte, es sei
eine Mauer. Der vierte schließlich fand ein Bein und hielt es
für einen Baum. Der fünfte hatte den Schwanz entdeckt und
vermeinte einen Strick zu halten, und der letzte Blinde erklärte den ertasteten spitzen Stoßzahn zu einem Spieß. Einige
ziehen aus dieser Geschichte den „Beweis", Wahrheit sei nur
eine Angelegenheit der jeweiligen Perspektive. Es sollte jedoch darauf hingewiesen werden, daß alle sechs blinden
Männer zu einer falschen Aussage kamen. Keine ihrer

Schlußfolgerungen war wahr, so daß diese nette Illustration überhaupt nichts über Wahrheiten aussagt. Da gab es nämlich in der Tat eine objektive Wahrheit, bei deren Entdeckung sie alle scheiterten. Auch die Behauptung „Alle Wahrheit ist perspektivisch", ist entweder eine absolute Feststellung oder eine perspektivische. Ist sie absolut, dann sind nicht alle Wahrheiten perspektivisch. Ist sie aber perspektivisch, dann gibt es keinen Grund anzunehmen, sie sei absolut wahr - sie ist eben nur eine Perspektive. Jede Argumentation, alle Wahrheit sei nur perspektivisch, muß also mißlingen.

Wie steht es aber mit der zweiten Version des Relativismus, Wahrheit sei relativ in bezug auf Personen? Betrachten wir den Fall des Christen, des Mormonen und der Pantheistin, so sehen wir uns mit dem gleichen Problem des Zusammenhangs konfrontiert. Die Verwendung gleicher Worte garantiert nicht gleiche Bedeutung. Wir müssen die eigentliche Behauptung in ihrem Zusammenhang erwägen, bevor wir sagen können, ob sie wahr ist. Wie steht es mit der Bemerkung: „Ich fühle mich krank"? Personalpronomen sind nicht gleichermaßen übertragbar wie die Zeitformen des Verbs. Es ist unerheblich, daß die gleichen Worte gebraucht werden, wenn verschiedene Menschen reden - sie übernehmen verschiedene Bedeutungen. Sind die getroffenen Feststellungen wahr für jedermann? Ja, es ist wahr, daß die in der Ich-Form redende Person sich zu dieser Zeit krank fühlte, und das muß von jedermann als wahr anerkannt werden (auch wenn wir dem Wort des Sprechenden glauben müssen). Gleicherweise spiegeln die den Worten „Ihr seid Götter" zugeteilten Bedeutungen die Ansichten der Leute wider, die sie ausgesprochen haben, und die Aussage wird niemals für irgend jemand irgendwann unwahr sein, daß dies ihre Ansichten waren, als sie sie sprachen. Auch dann nicht, wenn sie ihre Ansichten später ändern.

Jetzt könnte ein Relativist sagen: „Ihr pflichtet mir ja bei. Ihr sagt, daß Wahrheit relativ in bezug auf den Zusammenhang ist." Das geht haarscharf an der Sache vorbei. Wir sagen, daß die Bedeutung der Worte relativ in bezug auf den Zusammenhang ist. Was ihre Wahrheit betrifft, so sagen wir: Ist einmal der Zusammenhang ins Bild gebracht, wird auch die Bedeutung verstanden, und es ist offenbar, daß es sich um absolute Wahrheiten handelt. Wir pflichten also überhaupt nicht bei.

Aber Relativismus birgt noch andere Probleme. Wäre er wahr, dann wäre die Welt voller widersprüchlicher Bedingungen. Der schon erwähnte Bleistift läge an allen Seiten des Schreibblocks gleichzeitig. „Ich" müßte mich krank und gesund, zornig und entzückt, hungrig und satt, aufgeregt und gelassen zugleich fühlen. Wie verwirrend! Solch widersprüchliche Bedingungen sind unmöglich.

Auch kann kein Relativist sagen: „Es ist unbedingt wahr, daß dies oder jenes für mich wahr ist." Wenn Wahrheit nur relativ sein kann, muß sie nur für ihn relativ wahr sein. Aber - Moment mal! Das kann ja gar nicht in irgendeinem absoluten Sinn behauptet werden - es kann nur relativ wahr sein, daß es für ihn relativ wahr ist. Sollten wir fortfahren? Entweder ist die Behauptung, Wahrheit sei relativ, eine absolute Behauptung, dann ist die Position des Relativisten absurd. Oder es ist eine Feststellung, die niemals getroffen werden kann, weil man ihr jedesmal, wenn sie erhoben wird, ein weiteres „relativ" hinzufügen muß. Es ist einfach der Beginn eines unendlichen Rückgriffs, der niemals zu einer wirklichen Aussage führen kann.

 „Das Leben ist nur ein Traum"

Einige könnten sagen, jeder erschaffe sich seine eigene Wirklichkeit. Was für mich wirklich ist, ist nicht wirklich für dich, denn dein Traum ist nicht mein Traum. In Wirklichkeit nimmst du mich in deinem Traum nur wahr, ohne zu wissen, ob ich echt bin oder nicht. Wahrheit ist nicht nur subjektiv, es gibt keine absolute Wirklichkeit, die man kennen könnte. Alle Wirklichkeit ist nichts als wuchernde Phantasie. Wir spüren intuitiv, daß diese Ansicht nicht wahr sein kann. Zum ersten: Aussagen, die ein „nichts als" beinhalten, täuschen ein „mehr als" Wissen vor. Aber wie kann jemand über ein Wissen verfügen, daß außerhalb seines eigenen Traums liegt? Wie also kann man Kenntnisse haben „mehr als" alle Realität? Man müßte allwissend sein, um das von sich sagen zu können. Und weiter: Ist dies eine Feststellung über absolute Realität oder nur über jemandes Traum? Wenn es tatsächlich eine Aussage über „alle Realität" ist im absoluten Sinn, dann kann sie nicht wahr sein - denn wenigstens diese Feststellung ist wahr, ob es jemand glaubt oder nicht. Ist es aber nur eine subjektive Meinungsäußerung über jemandes Traum, dann erhebt sie keinen Anspruch auf Wahrheit und kann mißverstanden werden. Es sollte einen solchen Menschen nicht verletzen können, wenn man ihn daran erinnert, im Schlaf nicht zu reden.

Natürlich bietet der Relativismus einige Vorteile. Es ist sein Wesen, daß man nie etwas Falsches tun kann. Solange es für mich richtig ist, bin ich auf dem richtigen Weg, sogar wenn es der falsche Weg ist! Ist das nicht praktisch? Der Nachteil der Sache ist, daß ich niemals irgend etwas lernen könnte - weil Lernen die Bewegung von einer falschen Ansicht zu einer richtigen ist, das heißt, von einer absolut falschen Meinung zu einer absolut wahren. Möglicherweise sollten wir noch einmal einen Blick auf Absolutismus werfen.

Manche Leute sehen Probleme im Absolutismus. „Muß man nicht absolute Beweise haben, um an die absolute Wahrheit zu glauben?" Nein! Die Wahrheit kann absolut sein - ganz gleich, aus welchen Gründen wir ihr glauben. Wir könnten eine Wahrheit nicht einmal kennen, und sie ist immer noch absolut in sich selbst. Die Wahrheit verändert sich nicht; gerade deshalb lernen wir etwas von ihr.

„Was hat es mit Annäherungswerten auf sich - etwa, was 'warm' bedeutet, oder: wenn nicht rasiert wird, wächst ein Bart - wie können solche Werte absolut sein?" Was für mich ein Annäherungswert ist, ist eine absolute Tatsache für alle Männer, auch wenn es ihnen nicht als Annäherungswert gilt. Außerdem sind die Bedingungen selbst - die reale Temperatur und die exakte Länge des Bartes - objektiv und wirklich. Die Wahrheit verändert sich nicht.

 „Ihr Christen seid so engstirnig"

Offenheit gegenüber allem ist in unserer Gesellschaft zu einer selbstverständlichen Tugend geworden und ein standhafter Sinn zu einem Anzeichen von Ignoranz und Schlechtigkeit. Dieses Denken gründet sich jedoch auf Halbwahrheiten. Es ist sicherlich gut, der Möglichkeit Raum zu geben, man könnte unrecht haben. Es ist auch nie gut, eine Position ungeachtet aller gegenteiligen Beweise aufrechtzuerhalten. Auch sollte man niemals eine Entscheidung treffen, ohne alles Beweismaterial vorurteilsfrei geprüft zu haben. Tut man es nicht, wird man seine Ansicht auf Halbwahrheiten gründen, aber eine Halbwahrheit ist eine ganze Lüge. Müssen wir auch dann noch allem gegenüber offenbleiben, wenn alle Vernunft sagt, es kann nur eine Schlußfolgerung geben? Das ist doch ebenso falsch wie Engstirnigkeit. Genau betrachtet ist unbedingte Offenheit die engstirnigste Position von allen, denn sie verwirft die Möglichkeit, ein Argument könne absolut gültig sein. Was wäre, wenn dieses absolute Argument wahr wäre? Soll die Offenheit selbst nicht absolut gesehen werden? Auf die Dauer kann Offenheit nicht wirklich richtig sein, wenn sie nicht für einige wirklich absolute Dinge offen ist, die als solche nicht bestritten werden können. Offenheit sollte nicht verwechselt werden mit Sinnentleerung (oder Sinnlosigkeit). Man sollte nie für eine zweite Alternative offen sein, wenn es nur eine wahre Antwort geben kann.

„Wenn sich Wahrheit niemals verändert, dann kann es keine neue Wahrheit geben." „Neue Wahrheit" kann zwei verschiedene Bedeutungen haben. Sie könnte „neu für uns" sein, wie etwa eine neue wissenschaftliche Entdeckung. Aber das würde ja nur bedeuten, daß wir eine alte Wahrheit für uns neu entdeckt hätten. Diese Wahrheit war immer da, nur haben wir sie erst jetzt herausgefunden. Die andere Weise, wie wir „neue Wahrheit" verstehen könnten ist, daß irgend etwas neu begonnen hat zu existieren. Für den Absolutismus ist dieser Zwiespalt kein Problem: Wenn der 1. Januar 2022 eintrifft, wird eine neue Wahrheit errichtet, denn es wird wahr zu sagen: „Es ist der 1. Januar 2022." Das kann vorher niemals wahr sein. „Alte" Wahrheiten verändern sich nicht, aber es kann „neue" Wahrheiten geben.

ENTSPRICHT WAHRHEIT DER WIRKLICHKEIT (*Korrespondenztheorie*), ODER IST SIE SYSTEMATISCH FOLGERICHTIG (*Kohärenztheorie*)?

Es gibt zwei grundlegende Ansichten darüber, was Wahrheit ist. Die eine sagt, die Wahrheit entspreche der Wirklichkeit. Die andere vertritt die Ansicht, etwas sei wahr, wenn es systematisch folgerichtig ist oder eine Reihe voneinander abhängiger folgerichtiger Feststellungen bilde. Gemäß der ersteren ist Wahrheit also alles, was der Wirklichkeit entspricht. Wahrheit „sagt es wie es ist". Die zweite vergleicht Wahrheit mit einem im Raum hängenden Netzwerk, das von seinen eigenen Verknüpfungen und

Verbindungen aufrechterhalten wird. Wie bei einer Kette ist jedes einzelne Glied abhängig von allen anderen, um das Ganze zusammenzuhalten.

Das Problem der Kohärenztheorie besteht darin, daß einige Wahrheiten „wahrer" sind als andere, weil sie besser ins Bild passen. Es gibt in dieser Theorie Grade (Abstufungen) von Wahrheit. Eine Feststellung ist nur wahr in dem gleichen Ausmaß, wie sie ins System paßt.

Wenn man sagt, es gebe verschiedene Grade von Wahrheit und alle Wahrheiten seien abhängig, wie es die Anhänger der Kohärenztheorie tun, dann ist das nichts als eine neue Formulierung der Behauptung, alle Wahrheit sei relativ. Wenn alle Feststellungen durch ein System bedingt oder von ihm abhängig sind, dann kann keine Wahrheit absolut sein. Auch das System als Ganzes ist nicht absolut, denn es ist abhängig vom Zusammenhang aller damit verbundenen Teile. Wenn eine Aussage mehr oder weniger wahr sein kann als eine andere, bedeutet das doch, daß ihre Wahrheit relativ ist zur Wahrheit der anderen. Wir haben aber schon gezeigt, daß Wahrheit absolut ist und sein muß. Wenn also die Kohärenztheorie sagt, Wahrheit sei relativ, dann muß diese Theorie falsch sein.

Wie ist Wahrheit zu rechtfertigen?

Ein weiterer Einspruch zur Kohärenztheorie bezieht sich darauf, daß sie Wahrheit abhängig macht von einem unendlichen Rückgriff, der niemals zu irgendeiner letztgültigen Wahrheit gelangt. Wenn jeder Wahrheitsanspruch einen weiteren Anspruch fordert und so fort bis in die Unendlichkeit, dann haben wir einen unendlichen Rückgriff, der uns niemals sicher sein läßt, daß wir wirklich Wahrheit vor uns haben. Für jede Erläuterung, warum unser Glaube wahr ist, müßten wir die Voraussetzungen erklären, und dann die Erläuterung erläutern, und immer so fort. Wir könnten niemals aufhören, irgend etwas zu erklären. Fanden wir eine Erklärung, die keiner weiteren Erläuterung bedurfte, dann sind wir auf eine

Grundlage gestoßen (eine aus sich selbst heraus verständliche Wahrheit oder ein unwiderlegbares erstes Prinzip), und es war falsch, sich mit der Kohärenztheorie einzulassen. C. S. Lewis drückt es so aus:

„Man kann nicht fort und fort wegerklären: Man wird erkennen, daß man die Erklärung selbst wegerklärt hat. Man kann nicht ewig damit fortfahren, Dinge zu 'durchschauen'. Der Punkt, eine Sache zu durchschauen, ist, durch sie hindurch etwas zu sehen. Es ist gut, daß ein Fenster durchsichtig ist, denn die Straße oder der Garten dahinter ist undurchsichtig. Was, wenn man auch durch den Garten hindurchsähe? Es ist nutzlos zu versuchen, erste Prinzipien zu 'durchschauen'. Wenn man durch alles hindurchsieht, dann ist alles durchsichtig. Aber eine völlig transparente Welt ist eine unsichtbare Welt. Alle Dinge zu 'durchschauen', ist dasselbe, wie nicht zu sehen."[1]

Wenn wir hinter jede Erklärung blicken oder jede Erklärung „durchschauen" müssen, dann werden wir niemals irgend etwas finden. Aber - suchen wir nicht nach der Wahrheit, weil wir erwarten, irgend etwas zu finden?

Dieser unendliche Rückgriff macht die Kohärenztheorie unmöglich. Sie ist wirklich ein Kette ungestützter Behauptungen. Eine Kette kann jedoch nicht an sich selbst in der Luft hängen - da muß irgendwo ein Pflock sein, der die ganze Kette hält. Spinnen bauen keine Netze in leeren Raum, sie befestigen sie an den Wänden. Kein System kann bestehen, ohne daß es von irgendeiner absoluten Wahrheit gestützt wird. Darüber hinaus ist das Beste, daß ein Anhänger der Kohärenztheorie bei der Auswertung anderer Glaubenssysteme sagen kann, daß sein System besser zusammenhänge. Er kann niemals sagen, irgendein anderes systematisch zusammenhängendes System sei falsch. Nach der Kohärenztheorie wäre es uns nie möglich, den Pantheismus zu widerlegen - hat man einmal die Logik über Bord geworfen, hängt alles systematisch zusammen.

Die Wahrheit muß sich auf ein festes Fundament selbstverständlicher Wahrheiten oder erster Prinzipien gründen, die der Wirklichkeit entsprechen. Wir wollen später auch selbstverständliche Wahrheiten betrachten, uns aber im Augenblick auf den Teil der Definition konzentrieren, der die Entsprechung betrifft (Korrespondenztheorie). Es gibt verschiedene Gründe, sie als richtig anzunehmen, und zwar sowohl in der Bibel wie auch in der Philosophie.

Die Heilige Schrift verwendet die Korrespondenztheorie der Wahrheit. Das neunte Gebot erfordert sie mit Bestimmtheit. „Du sollst kein falsches Zeugnis ablegen wider deinen Nächsten" (2Mo 20,16) setzt voraus, daß Wahrheit oder Irrtum von einer Aussage darauf geprüft werden kann, ob sie mit den Tatsachen übereinstimmt. Daß Satan sagte: „Mitnichten werden ihr sterben", wird als Lüge bezeichnet, denn es entspricht nicht dem, was Gott wirklich sagte.

Auch Joseph benutzte die Korrespondenztheorie als er zu seinen Brüdern sprach: „Sendet einen von euch hin, daß er euren Bruder hole ... eure Worte sollen geprüft werden, ob Wahrheit bei euch ist" (2Mo 42,16). Mose sagte, ein Prophet solle daran geprüft werden, ob seine Weissagungen tatsächlichen Ereignissen entsprechen (5Mo 18,22). Als Salomo den Tempel bauen wollte, betete er: „Mögen sich doch deine Worte bewähren, die du zu deinem Knechte David, meinem Vater, geredet hast" (1Kö 8,26). Was nicht dem Gesetz Gottes entspricht, wird als falsch erachtet (Ps 119,163). Im Neuen Testament erklärt Jesus, daß seine Ansprüche durch Johannes den Täufer bestätigt werden können: „Ihr habt zu Johannes gesandt, und er hat der Wahrheit Zeugnis gegeben." Auch die Juden erzählten dem Statthalter, er könne durch Untersuchung der Tatsachen die Wahrheit der Beschuldigungen erkennen, die sie gegen Paulus vorbrachten (Apg 24,8.11).

Jack Rogers' Sicht der Wahrheit

Jack Rogers, Professor am Theologischen Fuller-Seminar, hat eine eigene Erklärung für Wahrheit gegeben. Sie wird jetzt herangezogen, um zu sagen, die Bibel sei zwar unfehlbar in ihrem Vorhaben (Ziel), aber nicht fehlerlos in ihren Beteuerungen. Er sagt: „'Fehler' im Sinne von technischer Exaktheit mit dem biblischen Fehlerbegriff als vorsätzliche Täuschung zu verwechseln, lenkt von der ernsten Absicht der Heiligen Schrift ab." Er verwirft die Vorstellung, daß Wahrheit mit „technischer Genauigkeit" der Wirklichkeit entsprechen muß. Vielmehr behauptet er, der „biblische Fehlerbegriff" beinhalte wissentliche Lügen. Die Wahrheit liege vielmehr in der Absicht des Verfassers als in dem, was er eigentlich sage. Er befestigt diese Ansicht, wenn er sagt, Irrtumslosigkeit ziehe uns nicht von der Botschaft der Schrift ab, sondern von ihrer „Absicht". So lange Jünger und Propheten nichts Besseres zu tun hatten, als unwissenschaftliche Feststellungen zu machen, kann man sie keines Fehlers zeihen, denn es gab keine vorsätzliche Täuschung. Obgleich Jesus es besser gewußt haben mag, wählte er die Anpassung an volkstümliche Ansichten, so daß Menschen nicht von seiner eigentlichen Botschaft abgezogen würden, dem Evangelium. Wer an dieser Ansicht festhält, ist aufrichtig, aber er ist aufrichtig auf dem falschen Weg.

Philosophisch ist es unmöglich zu lügen, ohne daß dabei eine Wechselwirkung zur Realität besteht. Wenn unsere Worte nicht den Tatsachen entsprechen müssen, dann können sie nie sachlich falsch sein. Ohne eine Wechselwirkung mit der Wahrheit kann es kein „richtig" oder „falsch" geben. Es gäbe keinen wirklichen Unterschied in der Genauigkeit, mit der ein System eine gegebene Tatsache beschreibt, denn wir könnten uns nicht an die Tatsache als

Selbstverständlichkeit wenden. Feststellungen könnten nicht als wahr oder falsch beurteilt werden, sondern nur als mehr oder weniger passend. Es muß ein echter Unterschied gemacht werden zwischen unseren Gedanken über Dinge und den Dingen selbst, um uns zu zeigen, ob etwas wahr oder falsch ist. Außerdem würde alle sachliche Verständigung zusammenbrechen. Feststellungen, die uns über etwas informieren, müssen den Tatsachen darüber entsprechen, worüber sie zu informieren vorgeben. Wenn aber jene Tatsachen bei der Auswertung der Feststellung nicht herangezogen werden, dann habe ich wirklich nichts mitgeteilt. Ich habe bloß etwas gestammelt, daß man danach erwägen sollte, ob es für das eigene Denksystem erheblich ist. Das kann sehr gefährlich werden, wenn jemand die Straße überquert und meine Feststellung sollte ihn darüber informieren, daß ein riesiger Lastwagen herannahe. Wie lange sollte man das prüfen und hinterfragen, ob dies ins eigene Glaubens-Netzwerk hineinpaßt? (Transportiert das Evangelium nicht eine Dringlichkeit gleicher Art?) Die Entsprechung mit der Realität ist eine philosophische Voraussetzung für Wahrheit und wahre Verständigung.

ZWEI ANSICHTEN VON WAHRHEIT

	Entsprechung	Nicht-Entsprechung
Grundlage:	sachlich	praktisch
Beschaffenheit:	verhältnismäßig	persönlich
Referent:	Wirklichkeit	Ergebnisse
Medium:	Sprache	Leben
Örtlichkeit:	Affirmation (Zustimmung)	Vorsatz
Wesen der	Unwahrheit	Lüge
Fehler:	Irrtum	Betrug
Folgerung:	alle Fehler sind Fehler	nicht alle Fehler sind Fehler

Ist Wahrheit abhängig von Absichten oder von Personen?

Ein andere Theorie geht davon aus, daß Wahrheit nicht von der entsprechenden Behauptung abhängig sei, sondern von der damit verbundenen Absicht. Die Fürsprecher dieser Theorie sagen, irgendeine Behauptung lüge nicht in dem, was sie über die Wirklichkeit aussagt, sondern in dem, was der Behauptende mit seiner Aussage beabsichtigt. Eine Behauptung wird als wahr erachtet, wenn sie ihr beabsichtigtes Ziel erreicht, und nur dann als falsch, wenn beabsichtigt war, mit ihr jemand irrezuführen. Infolgedessen kann man Behauptungen aufstellen, die zwar nicht den Tatsachen entsprechen, aber dennoch keine Fehler oder Lügen sind: Man hatte ja nicht die Absicht zu täuschen und meinte, die Wahrheit zu sagen. Diese Ansicht hat besondere Bedeutung in der Debatte darüber erlangt, ob es in der Bibel Fehler gibt, die dennoch den Anspruch rechtfertigen, die Bibel sei trotz sachlicher Widersprüche die unfehlbare Heilige Schrift. Man behauptet, sie erreiche unfehlbar ihr Ziel, Menschen zu Christus zu führen, und die Verfasser hätten niemals vorsätzlich jemand täuschen wollen.

Die Korrespondenztheorie sagt, die Wahrheit liege in den Behauptungen. Wahrheit bedeute, die Absichten des Autors zu enthüllen. Die können aber nur durch Untersuchung dessen aufgedeckt werden, was er tatsächlich sagte. Da man nicht die Absichten eines Verfassers nachlesen kann, wenn man nach der tatsächlichen Bedeutung einer Feststellung sucht, betrachtet man die Feststellung selbst. Nur dann, wenn man die richtigen Beziehungen aller Worte im Satz und aller Sätze im Abschnitt zueinander betrachtet, kann man die ganze Bedeutung der Aussage verstehen. Dann kann man durch Vergleich mit der Wirklichkeit kontrollieren, ob sie wahr oder falsch ist.

Liegt Wahrheit eher in einer Person als in einer Behauptung? Nur an einer der etwa hundert Stellen im Neuen Testament, in denen das Wort „Wahrheit" verwendet wird, ist unbestreitbar eine Person gemeint (Joh 14,6). Andere Textstellen sprechen von Wahrheit in einer Person (Joh 1,14.17; 8,44; 1Jo 2,4) oder davon, daß je-

mand „in Wahrheit wandle" (2Jo 4). Der Textzusammenhang all
dieser Stellen erklärt jedoch, daß diese Wahrheit anhand der Übereinstimmung des Wandels dieser Person mit den Geboten Gottes
geprüft worden ist. Dies sind Behauptungen. So ist Wahrheit auch
hier eine Entsprechung der Wirklichkeit. Personen, ihr Charakter
und ihr Wandel können der Wirklichkeit genauso entsprechen wie
Behauptungen. Die Betonung des biblischen Textes ist gewiß eine
wahrheitsgemäße Behauptung. Und Passagen, in denen „Wahrheit"
von einer Person gebraucht wird, dürfen im Zusammenhang der
Wahrhaftigkeit der Worte oder Werke dieser Person verstanden
werden: Entweder entsprechen sie Gottes Wirklichkeit oder nicht.

Auch wenn einige Passagen Wahrheit als eine persönliche Qualität benutzen, kann doch nur die Korrespondenztheorie beide Interpretationen zusammenführen. Die personelle Sichtweise erklärt,
daß Wahrheit nicht in den Absichten begründet sei, aber eine mit
der Wirklichkeit korrespondierende Sichtweise zeigt, daß die
fraglichen Personen oder Handlungen Gottes Erwartungen entsprechen müssen. Und in den Passagen, in denen Wahrheit klar als
beabsichtigt und der Wirklichkeit entsprechend gesehen wird,
kann nicht alles in einer nicht der Wirklichkeit entsprechenden
Weise erklärt werden.

Um es auf die Spitze zu treiben: Wenn jemand zu leugnen versucht,
daß sich Wahrheit in der Absicht ausdrücken kann, widerspricht er
sich selbst. Denn er erhebt eine wahre Behauptung, die sich in seiner Absicht deutlich macht. So muß die Korrespondenztheorie der
Wahrheit für beides gelten: Wahrheit kann sowohl in einer Person
wie auch in einer Absicht begründet sein.

IST WAHRHEIT ERKENNBAR?

Sogar unter Christen gibt es zahlreiche verschiedene Ansichten
darüber, ob und wieviel wir über Wahrheit erkennen können,
insbesondere von der Wahrheit über Gott. Wenn das, was wir

sagten, soweit wahr ist, dann hat nur eine dieser Positionen eine wirkliche Existenzberechtigung.

Agnostizismus und Skeptizismus

Es gibt einen wirklichen Unterschied zwischen Agnostizismus und Skeptizismus, aber die Antwort auf beide ist nahezu identisch. Der Agnostizismus geht davon aus, daß nichts wirklich erkennbar ist, während der Skeptizismus nur festhält, wir müßten bezweifeln, ob irgend etwas wirklich erkannt werden kann. Der Skeptizismus war zuerst da. Aber als Immanuel Kant David Humes Zweifel über absolutes Wissen las, entschied er sich, einen Schritt weiter zu gehen, und dementierte alles Wissen über die Wirklichkeit. In der Tat sind beide Betrachtungsweisen sinn- wie zwecklos. Wenn man doch weiß, daß man nichts wissen kann, so weiß man doch zumindest dies genau. Dann aber hat man positives Wissen über eine Sache und kann nicht mehr Agnostiker sein. Genauso kann man zwar sagen, daß alles bezweifelt werden sollte - *dies* aber bezweifelt man nicht. Mit anderen Worten: Man bezweifelt keineswegs, daß man alles bezweifeln sollte. Wenn es aber eine Sache gibt, worüber man sicher sein kann (das gilt für den Skeptiker), oder eine Sache, die man wissen oder erkennen kann (das gilt für den Agnostiker), dann kann es auch andere Dinge geben, die man wissen oder derer man sich sicher sein kann, und beider Positionen haben sich selbst als falsch erwiesen.

 Umgang mit Skeptikern

Ein großer Philosoph hatte eine wirkungsvolle Art, mit Skeptizismus umzugehen. Begegnete er Menschen, die behaupteten, alles zu bezweifeln, fragte er sie: „Bezweifeln Sie Ihre eigene Existenz?" Wenn sie die Frage bejahten, zeigte er ihnen, daß sie zuerst existieren müssen, um bezweifeln zu können - dies sollte gewiß ihre Zweifel beseitigen. Verneinten sie, so konnte er ihnen zeigen, daß es zumindest einiges gibt, das zweifellos existiert. Um diesem Angriff auf ihre Doktrin zu begegnen, blieben die Skeptiker meistens einfach stumm, um nicht in der Falle gefangen zu werden. Der Philosph ließ sich auch davon nicht beirren. An diesem Punkt sagte er einfach: „Ich vermute, es gibt hier überhaupt niemanden. Da kann ich genausogut gehen und mit jemand reden, der existiert!" Und er ging weg.

Rationalismus

Der Rationalismus ist nicht nur eine Weltanschauung, die sagt, daß wir die Wahrheit mit unserem Verstand prüfen. Er sagt sogar, daß wir alle Wahrheit durch Logik *festlegen* können. Er behauptet, daß wir verunftmäßig Existenz und Wesen Gottes prüfen könnten. Für einen Rationalisten kann keine Vorlage von Beweismaterial eine logische Demonstration umstoßen. Spinoza bewies sich zu seiner eigenen Zufriedenheit, daß alle Wirklichkeit in absolutem Sein vereinigt war. Deshalb leugnete er, daß irgend etwas in der Welt außerhalb Gott existieren könne oder daß es auf irgendeine Weise einen freien Willen gebe. Deshalb hielt Leibniz die existierende für die beste aller möglichen Welten - ganz gleich, wie übel sie sich auch entwickeln werde. Er war durch Rationalismus überzeugt, daß nur das größtmögliche Gute existieren könne. Für einen Rationalisten ist alle Wahrheit logischerweise notwendig.

 Irrationaler Rationalismus

Es ist sonderbar: Die hartnäckigsten Rationalisten der Welt sind Pantheisten, die nicht an die Vernunft glauben. Schon von den frühesten pantheistischen Anfängen in der westlichen

Kultur an haben die Pantheisten mit einem Grundsatz begonnen und alle weiteren von ihm abgeleitet: Alles ist eins. Wenn das stimmt, so sagen sie, muß alles, was mehr als eins zu sein scheint, Illusion sein. Infolgedessen gibt es keine Materie, kein Übel, kein „richtig" und „falsch" usw. All dies folgt aus dem einen Grundsatz und ist durch eine rationalistische Methode bestimmt, die keinen Widerspruch zuläßt. Was am erstaunlichsten ist: Der Rationalismus führt sie dahin, die Vernunft zu verwerfen. Wenn einmal die Unterscheidung zwischen richtig und falsch zurückgewiesen ist, dann erfordert der Rationalismus, die Logik zu widerrufen. Sind sie soweit gekommen, müssen sie die Vernunft wegen der einschränkenden Natur ihres ursprünglichen Grundsatzes über Bord werfen. So wird der Rationalismus der Feind der Vernunft.

Das große Problem des Rationalismus: Es ist ein Luftschloß ohne Bindeglied zur Wirklichkeit. Er nimmt an, das vernunftmäßig Unausweichliche sei das Wirkliche, beweist es aber nicht. In der Tat beweist er bei all seiner logischen Rationalisierung nie, daß *irgend etwas* auch wirklich existiert. Der einzige Weg, auf dem der Rationalismus diese Schwäche überwinden kann, ist, sich selbst als Rationalismus aufzugeben und mit der Annahme empirischer Beweise zu beginnen. Auch meine eigene Existenz *kann in der Tat nicht geleugnet werden*, aber sie ist nicht *logischerweise notwendig*. Es gibt nichts in meiner Existenz, das nahelegt, daß ich oder irgend etwas sonst existieren muß. Dennoch sagt der Rationalismus - wiederum ohne soliden Beweis - daß dies logischerweise notwendig sei. Wenn der Rationalismus schließlich versucht, seine eigenen Prinzipien zu beweisen, um eine Rechtfertigung für sich selbst zu bieten, scheitert er doppelt. Der Versuch ist vergeblich, denn jeder von Aristoteles bis zur Gegenwart hat zugegeben, daß erste Prinzipien nicht bewiesen werden können - sie müssen selbstverständlich wahr sein und keiner weiteren Erklärung bedürfen. Ansonsten müßte man mit dem Erklären immer weiter fortfahren. Aber Rationalisten versagen auch darin, daß sie sich nicht über die ersten Prinzipien des Rationalismus einig sind. Einige enden im Pantheismus, einige im Theismus, einige hängen endlichen, begrenzten Göttern an. Aber keiner wird auf der Basis der verstandesmäßigen Notwendigkeit, die sie beanspruchen, seinen Glauben rechtfertigen.

Fideismus

Der Fideismus geht davon aus, daß der einzige Weg, irgend etwas über Gott zu wissen, der des Glaubens sei. Wahrheit sei subjektiv und unpersönlich, so daß man ihr glauben, sie aber nicht beweisen könne. Es gebe keine vernünftigen Beweise und kein empirisches Beweismaterial, daß uns zu einer Kenntnis Gottes führen könne. Wir müßten einfach glauben, daß das, was er in seinem Wort gesagt und in unserem Leben getan hat, wahr sei. Wie es das alte Lied sagt: „Du fragst mich, wie ich weiß, daß er lebt; er lebt in meinem Herzen." Sören Kierkegaard ist ein Sprecher dieser Weltsicht.

 **„Wahrheit ist Subjektivität"**

Sören Kierkegaard, der Vater des Existentialismus, schrieb einen Aufsatz mit diesem Titel. Er war darüber betroffen, daß ein nur als Paket von Behauptungen akzeptiertes Christentum niemals zu einer Beziehung mit Gott führen würde. Infolgedessen konzentrierte er sich nicht auf die sachliche Wahrheit des Glaubens. Er betonte vielmehr, der Glaube müsse für das Individuum wahr sein, oder er sei überhaupt nicht wahr. Der Glaube, „daß" irgend etwas wahr sei, überwog den Glauben „an" etwas.

„Aber die oben gegebene Erklärung für Wahrheit ist ein entsprechender Ausdruck für Glaube. Ohne Risiko gibt es keinen Glauben. Glaube ist genau der Widerspruch zwischen der unendlichen Leidenschaft der Innerlichkeit eines Individuums und der sachlichen Ungewißtheit. Wenn ich in der Lage bin, Gott objektiv zu begreifen, glaube ich nicht - nur wenn ich das nicht tun kann, muß ich glauben. Will ich mich im Glauben bewahren, muß ich entschlossen sein, die sachliche Ungewißheit festzuhalten, um so außerhalb über der Tiefe von siebzig Faden Wassers zu bleiben und meinen Glauben zu behaupten." [*Kierkegaards Concluding Unscientific Postscript*, übers. von David F. Swenson (Princeton: Princeton University Press, 1963), S. 182.]

Nun, wir wollen gewiß nicht die Bedeutung des Glaubens herabsetzen. In der Tat zitieren wir oft das Wort des Augustinus: „Ich glaube an eine Ordnung, die ich verstehen kann." Auch sind logische Argumente sicher keine Basis für religiöses Engagement. Fideismus liefert jedoch die richtigen Antworten für die falschen Gründe. Wir können nicht mit der Annahme beginnen, daß Gott existiert und sich selbst in der Bibel und im Leben seines Volkes geoffenbart hat. Das sind ja gerade die Dinge, nach denen der Ungläubige fragt.

Das Hauptproblem ist, daß der Fideismus nicht den Unterschied zwischen „Glaube *an*" und „Glaube, *daß*" akzeptiert. Empirisches Beweismaterial und logische Beweisführung können uns zum Glauben verhelfen, *daß* Gott existiert, daß die Bibel sein Wort ist usw. Aber sie können uns nicht dazu bringen, unser Leben jenen Wahrheiten anzuvertrauen. Fideisten sehen nur das letztere und übersehen die Notwendigkeit des ersteren. Deshalb machen sie keinen Unterschied zwischen der *Grundlage* des Glaubens an Gott (die Wahrheit seines Wortes) und der Unterstützung oder *Garantie* dieses Glaubens. Sie fordern Menschen auf, an Gott zu glauben, ohne ihnen zuvor deutlich zu machen, *daß* es wirklich einen Gott gibt, *an* den geglaubt werden kann (siehe Hebr 11,6).

Außerdem: Wenn Glaube allein der einzige Weg ist, die Wahrheit zu erkennen, warum sollte man dann nicht an den Koran oder an das Buch Mormon glauben? Fideismus versucht nicht wirklich, irgendeinen Glauben zu rechtfertigen; also könnte man einfach irgend etwas glauben, das man wünscht. Das Ergebnis: Der Fideismus erhebt keinerlei Wahrheitsanspruch. Er muß irgendeine Möglichkeit bieten, die Wahrheit zu prüfen, bevor er Wahrheit für etwas reklamieren kann. Da er keinerlei Prüfungsmethode für Wahrheit hat, kann er in Wirklichkeit keinerlei Wahrheitsanspruch erheben. Er ist sogar nicht einmal aktiv, seine Ansprüche als wahr darzustellen. Wenn aber jemand mit einer Erklärung oder Abwehr beginnt, warum er ein Fideist sei, hat er aufgehört, einer zu sein. In dem Augenblick, wo er irgend etwas anderes als die Forderung „glaube es" als Unterstützung seiner Position heranzieht, hört er auf, ein Fideist zu sein, und hat begonnen, Glauben zu rechtfertigen. Entweder der Fideismus erhebt keinen Wahrheitsanspruch, oder aber er ist sinn- und zwecklos. Auf keinen Fall kann er die Frage beantworten, wie man etwas von Gott wissen kann.

Realismus

Die letzte Ansicht geht davon aus, daß wir manches über Gott wissen können. Die anderen Anschauungen sind entweder widersprüchlich oder führen sich selbst ad absurdum. Das steht fest. Wir können nicht alles wissen (Rationalismus), denn es gibt keinen Weg für einen endlichen Verstand, alles über ein unendliches Wesen zu begreifen. Wenn wir aber etwas wissen, dann ist Agnostizismus sinnlos. Das ist eine vernünftige und realistische Ansicht. Bleibt die Frage, wie wir das, was wir von Gott wissen, erkennen. Und das ist die letzte Frage, die wir zu erwägen haben.

Kann man die Wahrheit erkennen?

Agnostizismus:	Sinnlos - woher wissen Agnostiker, daß wir nichts wissen können?
Skeptizismus:	Sinnlos - bezweifeln die Skeptiker auch den Skeptizismus?
Rationalismus:	Widersprüchlich - Rationalisten können nicht beweisen, daß etwas verstandesmäßig unausweichlich ist.
Fideismus:	Sinnlos - Fideisten haben entweder einen ungerechtfertigten Glauben, oder sie sind keine Fideisten.
Realismus:	Man kann etwas wissen.

IST WAHRHEIT LOGISCH?

Wir können das, was wir von Gott wissen, erkennen, weil das Denken die Wirklichkeit reflektiert. In diesem Zusammenhang ist Erkenntnis möglich. Wenn Denken sich nicht an der Wirklichkeit orientiert, können wir nichts wissen. Logik ist eine notwendige Voraussetzung allen Denkens. Ohne Logik (die Gesetze des Denkens) können wir überhaupt nicht denken. Aber - ist es einfach eine Voraussetzung? Woher wissen wir, daß Logik sich an der Realität orientiert? Wir wissen es, weil es nicht geleugnet werden kann.

Dies führt uns zurück zu jenen selbstverständlichen ersten Prinzipien, von denen wir bereits sprachen. Laß dich davon nicht beeindrucken. Du kannst *Winnie-the-Pooh* (ein Teddybär aus einem Kinderbuch) verstehen, oder nicht? Nun, *Pooh* hatte ein Abenteuer, das veranschaulicht, wie erste Prinzipien funktionieren. Er ging einmal durch den Wald und kam zum Bau des Kaninchens.

Er beugte sich hinab, steckte seinen Kopf in das Schlupfloch und rief: „Ist jemand zu Hause?"

Aus dem Loch drang ein unvermitteltes, schlurfendes Geräusch, dann war Stille.

„Ich sagte: 'Ist jemand zu Hause?'" rief *Pooh* sehr laut.

„Nein!", sagte eine Stimme und fügte hinzu: „Du brauchst nicht so laut zu schreien. Ich hörte dich ganz gut beim erstenmal."

„Ärgerlich!" Sagte *Pooh*. „Ist überhaupt niemand da?"

„Niemand."

Winnie-the-Pooh nahm seinen Kopf aus dem Loch, dachte eine Weile nach. Dann sagte er zu sich selbst: „Es muß jemand da sein, denn irgend jemand muß *gesagt* haben: 'Niemand'."[2]

Schauen Sie, es ist einfach. Wir haben es miteinander durch das ganze Buch hindurch getan. Ein selbstverständliches Prinzip ist ein solches, das nicht geleugnet werden kann, ohne daß man für den Vorgang der Verleugnung seine Wahrheit annehmen muß. Die Behauptung des Kaninchens ist in der Tat das Gegenteil davon. Sie ist sinnlos - wir haben das Wort in diesem Kapitel schon einige Male angetroffen. Wenn man annehmen muß, daß eine Behauptung wahr ist, um sie verleugnen zu können, ist sie tatsächlich unleugbar. Erste Prinzipien, der Beginn allen Denkens, sind Feststellungen von dieser Art.

Wendet man Logik auf die Wirklichkeit an, erhält man ein Schlüsselbeispiel. Jetzt kann alle Logik auf das eine Axiom oder erste Prinzip reduziert werden: das Gesetz der Widerspruchslosigkeit. Dieses Gesetz sagt, daß keine zwei entgegengesetzten Behauptungen zur gleichen Zeit im gleichen Sinn wahr sein können. Logiker vereinfachen das gewöhnlich auf die Formel „A ist nicht Kein-A". Wenn wir versuchen, das zu leugnen, kommen wir zu dem Schluß: „Zwei widersprüchliche Behauptungen können wahr sein" oder „A ist nicht [nicht Kein-A]". Beide Behauptungen werfen ein Problem auf: Sie nehmen an, was sie zu leugnen versuchen. In der ersten wird vorausgesetzt, daß es Wahrheit ohne das Gesetz der Widerspruchslosigkeit geben kann. Können aber Gegenteile wahr sein, so gibt es keinen Unterschied zwischen „richtig" und „falsch". Folglich kann diese Behauptung nicht wahr sein, wie sie vorgibt. Die symbolische Form versucht das gleiche durch Anlehnung an die Vorstellung, daß A immer noch von irgend etwas sonst unterscheidbar ist. Das Gesetz der Widerspruchslosigkeit kann nicht bestritten werden, denn seine Verleugnung setzt voraus, daß Gegenteile nicht wahr sein können, und genau das wird bestritten. Man sieht, die Grundlage der Logik ist ein unleugbares erstes Prinzip.

Aber die Behauptung „Logik orientiert sich an der Wirklichkeit" ist ebenso unleugbar. Um sagen zu können, Logik habe für die Wirklichkeit keine Geltung, muß man eine logische Aussage darüber machen. Wenn es aber eine logische Aussage erfordert, um die Logik zu leugnen, dann zerstört der Weg das Ziel der Worte. Logik muß auf jeden Fall für die Wirklichkeit gelten. Und wenn Logik für die Wirklichkeit gilt, dann können wir sie benutzen, um die Wahrheit von Behauptungen über die Wirklichkeit zu prüfen.

Wiederholen wir noch einmal. Warum muß es irgendwelche selbstverständliche, unleugbare erste Prinzipien geben? Wie wir schon sagten - Agnostizismus ist sinnlos. Wir wissen etwas. Und wir wissen, daß es unmöglich ist, daß jede Wahrheit wieder von einer anderen Wahrheit abhängig ist, so daß ein unendlicher Rückgriff entsteht. Deshalb muß es irgendwelche Wahrheiten geben, die für sich selbst stehen und keiner weiteren Rechtfertigung bedürfen. Man kann sie nicht hinterfragen oder durchschauen, um herauszufinden, warum sie so sind. Deshalb nennt man sie erste Prinzipien (griechisch: Axiome) - es gibt keine anderen Prinzipien vor ihnen. Es ist nicht so, daß sie keine Rechtfertigung hätten. Vielmehr rechtfertigen sie sich selbst dadurch, daß sie unleugbar sind.

In der Tat kann man diese Vorstellungen intuitiv als selbstverständlich erkennen, ohne sie durch den Versuch der Verleugnung geprüft zu haben. Manchmal aber verstehen wir nicht, was sie wirklich bedeuten, und die Verleugnungsprobe erhellt uns dies. Mit anderen Worten: Manches Mal sind sie zwar selbstverständlich in sich selbst, aber nicht für uns, da wir sie nicht gut genug verstehen. Das erklärt, weshalb diese Wahrheiten nicht allgemein akzeptiert werden und weshalb wir sie manchmal prüfen müssen, um zu erkennen, daß sie nicht geleugnet werden können.

Was sind einige selbstverständliche Wahrheiten? Wir finden Beispiele in jedem Bereich des Denkens. Sie alle wurden mindestens einmal in diesem Buch genannt. Überprüfen Sie, ob Sie sich erinnern, sie in diesem Buch gefunden zu haben.

I. Selbstverständliche Grundsätze über Logik
   A. Gesetz der Widerspruchslosigkeit (A ist nicht Kein-A).
   B. Gesetz der Identität (A ist A).
   C. Gesetz des ausgeschlossenen Mittels (entweder A oder Kein-A).
   D. Gesetze der gültigen Schlußfolgerung.
II. Selbstverständliche Grundsätze über Erkenntnis
   A. Etwas kann erkannt werden.
   B. Gegenteile können nicht beide wahr sein.
   C. Alles kann nicht falsch sein.
III. Selbstverständliche Grundsätze über Existenz
   A. Etwas existiert (z. B. ich selbst).
   B. *Nichts* kann nicht *etwas* hervorbringen.
   C. Alles, was ist, ist verursacht.

Diese Grundsätze sind Grundlage aller Erkenntnis. Von diesem Ausgangspunkt können Logik und Beweise bestätigen, daß Gott existiert und daß Christus sein Sohn ist. Wahrheit hat ein absolutes Fundament in unleugbaren ersten Prinzipien und kann durch logische Hilfsmittel geprüft werden, weil sie schließlich der Wirklichkeit entspricht. Christentum behauptet, wahr zu sein, und bietet allen an, einzutreten und an der Tafel der Wahrheit zu speisen.

Anmerkungen

[1] C.S. Lewis: *The Abolition of Man* (New York: MacMillan Co., 1947), S. 91.

[2] A.A. Milne: *Winnie-the-Pooh* (New York: Dutton, 1961), S. 24.

Kapitel 13

ETHISCH-MORALISCHE WERTE

Abtreibung ... Homosexualität ... Sexualerziehung ... Drogenmißbrauch ... Pornographie ... all das sind Themen, betreffs derer
Christen einen klaren Standpunkt einnehmen - sie sind im Grunde
eine Angelegenheit moralischer Wertung. Um es deutlicher zu sagen: Die Außenwelt ist bei der Kritisierung unserer Ansichten
rauher geworden. Man kann einfach nicht begreifen, wie wir dazu
kommen, unseren Standpunkt für richtig zu halten. Woher kommen diese Werte? Aus irgendeinem antiken Buch, das auf hunder-
terlei Art interpretiert werden kann und von Männern geschrieben
wurde, die niemals auch nur erahnen konnten, wie die neuzeitliche
Welt sein würde? Und wie können wir ernsthaft glauben, daß solche Gebote unbedingt und für immer richtig sind? Christliche Moral erscheint so sehr schwarz-weiß. Gibt es keine Grautöne?

Hier liegt ein Fehlen von Information vor. Während unser Blick
für die Tugend geschärft zu werden scheint, gleitet der Rest der
Welt offenbar umso schneller in Verblendung und scheut das
Licht. Wie Allan Bloom sagt:

„Die Gefahr, die sie am Absolutismus zu fürchten gelehrt wurden, ist nicht Irrtum, sondern Intoleranz. Offenheit erfordert Relativismus, und das ist die Tugend, die einzige Tugend, deren
Einimpfung alle grundlegende Bildung seit mehr als fünfzig Jahren gewidmet war. Offenheit - und der Relativismus, der sie zum
einzigen plausiblen Standpunkt angesichts unterschiedlicher
Wahrheitsansprüche und unterschiedlicher menschlicher Le-

bensauffassungen und Lebensweisen macht - ist das große Verständnis unserer Zeit. Die wirkliche Gefahr ist der echte Gläubige."[1]

Im Licht dieser Gesinnung muß der Gläubige bereit sein, die Grundlagen seiner ethischen Prinzipien zu verteidigen. Gibt es einen guten Grund zu glauben, Moral sei etwas Absolutes? Kann man verständlich machen, weshalb wir nicht offen sind, wenn es um ethisch-moralische Werte geht? Wie können wir Ungläubigen diese Dinge erklären? Man muß nicht jedes Gebot Gottes verteidigen, und hier ist auch nicht Raum, daß wir uns mit speziellen Einzelheiten befassen. Man muß nur zeigen, daß der Glaube an absolute ethisch-moralische Werte vernünftig ist. Dies kann man tun, indem man zeigt, daß Werte absolut sind und eine absolute Grundlage haben. Es könnte erforderlich werden, darüber hinauszugehen und auf den üblichen Einwand zu antworten, daß absolute Werte manchmal widerstreiten, so daß man nicht beiden gleichzeitig gehorchen könne.

GIBT ES ABSOLUTE WERTE?

Relativismus ist nichts Neues. Der antike griechische Philosoph Heraklit sagte: „Niemand schreitet jemals zweimal in denselben Fluß, denn es ist immer neues Wasser darin." Das zeigt die stetige Veränderung an, die unsere Existenz durchdringt. Aber wenn alles im Fluß, im Wandel ist, dann bleibt nichts unverändert. Alles ist relativ zum Zustand der Dinge im Augenblick. Wie kann da irgendein Wert absolut sein?

Seit Heraklits Tagen haben die verschiedensten ethisch-moralischen Theorien die absolute Natur moralischer Zwänge herausgefordert. Einige haben den Standpunkt aufgestellt, es gebe keine starren Gesetze. Kierkegaard erklärte, alle ethischen Gebote seien den religiösen Pflichten untergeordnet - gerade so, wie Abraham alle Ethik überschreiten mußte, um Isaak in „loderndem Glauben" zu opfern. A. J. Ayer vertrat die Ansicht, alle Wertbegriffe seien wortwörtlich Unsinn, weil sie nicht durch Erfahrung bestätigt werden könnten. Es wurde auch der Standpunkt vertreten, Ethik und Moral seien in der Tat nur allgemeine Grundsätze zum Zweck des Aufbaus der Gesellschaft. Jeremy Bentham und John Stuart Mill räumten zwar ein, daß die allgemeinen gesellschaftlichen Bedingungen beobachtet werden sollten, damit der Mensch glücklich leben könne, aber sie seien nicht ultimativ verbindlich. Manche, wie Joseph Fletcher, meinen, alle Normen müßten in jeder Situation durch die betroffene Person beurteilt werden.

 Situationsethik

Joseph Fletchers Buch *Situationsethik* enthielt keine neuen Vorstellungen, als es 1966 erschien, aber es machte die Position deutlich und popularisierte sie. Fletcher erklärte, seine Voraussetzungen seien Pragmatismus (der Zweck heiligt die Mittel), Relativismus (nur Liebe ist absolut, alle anderen Werte sind relativ), Positivismus (moralische Grundsätze werden geglaubt, nicht bewiesen) und Personalismus (Menschen sind wichtiger als Dinge). Über die Bibel sagt er: „Billige Melancholie oder äußerste Frustration wird die Folge sein, wenn wir die Bibel zu einem Gesetzbuch verbiegen. Wir vergessen, daß es eine redaktionelle Sammlung verstreuter Reden, wie etwa der Bergpredigt, ist, die uns höchstens einige Beispiele oder Anregungen bietet" (S. 77). Er verteidigt den Pragmatismus mit der Frage: „Wenn nicht der Zweck die Mittel heiligt, was dann?" (S. 120). Wenigstens ist er folgerichtig darin, daß er zugibt, die Ziele müßten auch gerechtfertigt sein. Liebe sei das einzige Ziel, das sich selbst rechtfertige (S. 129). Da erhebt sich folgende Frage: Wenn Liebe sich selbst rechtfertigen kann, aus welchem Grund sollten andere Werte nicht in sich selbst gut sein? Träfe dies zu, dann wären sie nicht länger Hilfsmittel, sondern Ziele in sich selbst.

Joseph Fletchers Situationsethik gründet sich auf die Vorstellung daß „unsere Pflicht von der Situation abhängig ist."[2] Er sagt, Liebe sei das einzige Absolute, alle anderen ethisch-moralischen Werte verhielten sich dazu relativ. Der einzige Weg, richtig und falsch zu beurteilen, sei der Blick auf die Resultate. Was „funktioniert" oder „befriedigt", ist richtig. Danach sind Werte weder von Gott gegeben noch von der Gesellschaft gemacht; der einzelne muß entscheiden, was für ihn in einer gegebenen Situation richtig ist. Fragt man Fletcher: „Ist Ehebruch falsch?", so antwortet er: „Man kann nur antworten: 'Ich weiß es nicht. Vielleicht. Gib mir ein Beispiel. Beschreibe eine wirkliche Situation.'"[3] Das merzt, so glaubt er, die Grausamkeit der Paragraphenreiterei dadurch aus, daß man sich mehr auf Personen als auf Gebote konzentriert.

Die Unmöglichkeit, absolute Werte zu leugnen

So vernünftig diese Behauptungen auch klingen, sie kranken an einer grundlegenden Folgewidrigkeit: Um absolute Werte leugnen zu können, muß man voraussetzen, daß es im Prozeß der Verleugnung absolute Werte gibt. Um absolute Werte zu leugnen, muß man sie absolut verleugnen. Es ist geradeso, als sage man: „Sage niemals nie!" und tat es soeben. Oder: „Es ist immer falsch, immer zu sagen" - man muß es aussprechen, um die Verleugnung auszusprechen. Wie kann man absolut sicher sein, daß nichts absolut ist?

Außerdem müßte es, wenn alles relativ wäre, doch irgend etwas geben, zu dem alle Dinge relativ sind, das aber selbst nicht relativ ist. Mit anderen Worten, es muß zuerst etwas Absolutes geben, bevor wir sehen können, das alles andere dazu relativ ist. Das ist die Natur von Beziehungen: Sie bestehen zwischen zwei oder mehr Dingen. Nichts kann aus sich selbst heraus relativ sein, und wenn alles relativ ist, ist keine andere Beziehung wirklich. Es muß irgend etwas geben, das sich nicht verändert und an dem wir die Veränderung alles anderen messen können. Auch Einstein erkannte dies und bezeichnete absoluten Geist als das, zu dem alles andere relativ sei. John Dewey erhob in seinem Fortschrittsglauben (Progressivismus) den Fortschritt zum Absoluten, und Heraklit hatte einen absoluten Logos, an dem sein „Strom" des Wandels gemessen wurde.

Die Bejahung absoluter Werte

Wenn man nur zeigt, daß Relativismus falsch ist, hat man noch nicht bewiesen, daß christliche Werte richtig sind. Der Relativist sagt: „Es gibt absolute Werte? Nennen Sie mir einen." C. S. Lewis führte einige in seinen Schriften auf. Er zeigte, daß viele Dinge allgemein als falsch anerkannt sind: Zum Beispiel Grausamkeit gegenüber Kindern, Vergewaltigung, Mord ohne Ursache usw. Er bemerkte außerdem (im Anhang zu *Abolition of Man*), daß sich Werte von einer Kultur zur anderen nicht sehr verändern, sondern sich vielmehr sehr ähnlich sind. Aber wir sind herausgefordert, einfach einen absoluten Wert zu nennen.

Manche Denker haben versucht, alle sittlichen Grundsätze auf einen zentralen absoluten Grundsatz zu reduzieren. Immanuel Kant erfand den „kategorischen Imperativ", dem unter allen Umständen zu folgen sei. Er kann in jeder Situation durch die Frage erkannt werden: „Will ich, daß diese Handlung eine allgemeine Gewohnheit aller Menschen wird?" Muß man mit Nein antworten, sollte man es nicht tun. Willst du nicht von allen Menschen belogen werden? Dann lüge nicht. Willst du nicht, daß alle Menschen Mörder werden? Dann morde nicht. Tue nur das, wozu du alle Menschen fähig sehen möchtest.

 Der Kern der Sache

Will man zum Kern der Sache vordringen und herausfinden, was jemand wirklich über Werte denkt, so muß man herausfinden, wo seine Erwartungen liegen. Es ist leicht für jemand zu sagen, ein Mensch hätte keinen größeren Wert als eine Sache, aber er wird protestieren, wenn man auf ihn tritt wie auf eine Zigarettenkippe. Er erwartet nämlich dennoch, als eine Person von Wert behandelt zu werden - auch wenn er diesen Wert mit seinen Worten bestreitet. Auch einer, der behauptet, es gebe keine Werte, schätzt nach wie vor das Recht auf seine Meinung und erwartet von dir gleiches. Diese Tatsache hilft uns sehr, absolute Werte zu bejahen, denn es macht sie tatsächlich unleugbar. Wann immer jemand absolute Werte bestreitet, erwartet er, als Person von absolutem Wert behandelt zu werden.

Martin Buber sagte, das wichtigste moralische Prinzip sei, Menschen als Personen zu behandeln, nicht als Sachen. Er erklärte, wir könnten durch das Leben gehen und alles sonst als ein „Es" sehen, oder wir könnten erkennen, daß gewisse Dinge Ähnlichkeit mit uns selbst haben und „Du" genannt werden sollten. Für Buber ist es die „Ich-Du"-Beziehung, die dem Leben Bedeutung gibt und Grundlage aller Werte ist. Menschen sollten als Zweck in sich selbst, nicht als Mittel zum Zweck behandelt werden. Menschen sollten geliebt werden, nicht gebraucht.

Man erkennt leicht, daß Buber und Kant mit Jesus über den wichtigsten einzelnen Wert übereinstimmen. Jesus sagte: „Alles nun, was immer ihr wollt, daß euch die Menschen tun sollen, also tut auch ihr ihnen" (Mt 7,12). Fragte man Jesus, was das wichtigste Gesetz des Alten Testaments war, so antwortete er: „Du sollst den Herrn, deinen Gott, lieben mit deinem ganzen Herzen und mit deiner ganzen Seele und mit deinem ganzen Verstande. Dieses ist das große und erste Gebot. Das zweite aber, ihm gleiche, ist: Du sollst deinen Nächsten lieben wie dich selbst. An diesen zwei Geboten hängt das ganze Gesetz und die Propheten" (Mt 22,37-40). Was ist Kants kategorischer Imperativ, wenn nicht eine neue Formulierung der goldenen Regel Christi? Und was ist das größte

Gebot, wenn nicht eine unbedingt aufrechtzuerhaltende „Ich-Du"-Beziehung mit allen Personen, besonders dem ultimativen Du? Auf dieses eine Prinzip gründen sich alle anderen ethisch-moralischen Normen: die christliche Ethik der Liebe.

Ich und Du

Martin Buber (1878-1965), der berühmte jüdische Existenzialist, untersuchte das Reich der Beziehungen in einem Buch mit dem Titel *Ich und Du*. Er gebraucht dabei das vertraute „Du" als Ausdruck der Intimität. Mit dem Hinweis darauf, daß wir das Leben in drei Ebenen erfahren, sagt er: „Ins Unendliche ausgedehnt, schneiden sich die Linien von Beziehungen im ewigen Du" (S. 123). Er definiert Liebe: „Liebe ist die Verantwortung eines Ich für ein Du: Darin besteht, was nicht in Gefühlen bestehen kann - die Gleichheit aller Liebenden vom kleinsten bis zum größten. Und das der glückseligen Sicheren, deren Leben umschrieben ist vom Leben eines liebenden Menschen, lebenslänglich auf das Kreuz der Welt genagelt und fähig, das Ungeheure zu tun - mutig genug es zu wagen: den Menschen zu lieben!" [Martin Buber: *I and Thou* („Ich und Du"), New York: Charles Scribner's Sons, 1970, S. 66-67].

Es ist allgemein anerkannt: Liebe ist ein absoluter Wert. Sogar Bertrand Russell, berühmt für seinen Aufsatz *Weshalb ich kein Christ bin*, sagte: „Was die Welt braucht, ist christliche Liebe oder Mitleid." Der Humanist und Psychologe Erich Fromm erklärte, alle psychologischen Probleme kämen aus einem Mangel an Liebe. Konfuzius hatte die gleiche Vorstellung, aber er formulierte es negativ: „Tu anderen nicht an, was du nicht willst, das sie dir tun." Wer wollte gegen Liebe argumentieren?

Im Zentrum von Kants Testfrage steht der Gedanke: „Wie will ich, daß die Menschen mich behandeln?" Sicher wünschen wir alle, geliebt zu werden. Wenn wir geliebt sein wollen, sollten wir andere lieben. Andere nicht zu lieben, bedeutet, ihre Persönlichkeit zu leugnen, denn wir lieben Personen als solche. Ist das nicht so, daß wir erwarten, geliebt zu werden - weil wir Personen sind und Personen geliebt werden sollten? Wenn wir geliebt werden sollten, dann sollten alle Personen geliebt werden. Jeder andere Schluß wäre inkonsequent und willkürlich. Liebe ist ein absoluter moralisch-ethischer Wert, der allgemein anerkannt ist und von allen Menschen erwartet wird.

WOHER KOMMEN WERTE?

Die Quelle der Liebe

Menschen verleihen der Liebe Ausdruck und erwarten Liebe, aber sie sind nicht Liebe von Natur. Die Liebe der Menschen wandelt sich und ist begrenzt. Liebe ist etwas, das die Menschen haben, nicht etwas, das sie sind. Wenn aber Liebe ein Absolutes ist, dann muß es irgendwo eine unveränderliche, unendliche Liebe geben, die die Quelle aller anderen Liebe ist. Alle moralisch-ethischen Absoluta müssen ein absolutes Vorbild haben, und Menschen sind nicht absolut. Woher also kommt die Liebe? Die christliche Antwort lautet, daß alle Liebe von Gott kommt. Tatsächlich sagt die Bibel: „Gott ist Liebe" (1Jo 4,16). Da Gott von Natur aus Liebe ist, kann er seinen Geschöpfen Liebe geben. Wir *haben* Liebe; er *ist* Liebe. Das Wesen Gottes ist der Ursprung aller Liebe, und sie wird im Menschen reflektiert, den er in seinem Bild geschaffen hat. Keine bedeutsame Liebesethik kommt ohne den Gott der Liebe aus.

 Gott ist Liebe

Das klingt großartig! Es ist so voller Gefühl und tut uns so wohl, aber bedeutet es wirklich etwas? Ist Gott ein großarti-

---

ger großer Ball voller guter Gefühle für - jedermann? Der
Schlüssel zur christlichen Liebeslehre liegt in der Trinität.
Gott hat ein Wesen, aber dieses Wesen offenbart sich in
drei Personen (anders als ein Wesen = eine Person bei uns).
Der Vater ist der Liebende. Der Sohn ist der Geliebte, und
der Heilige Geist ist der Geist der Liebe, der aus ihnen
fließt. Liebe selbst ist eine Trinität. Jeder hat vollkommene
Gemeinschaft mit den beiden anderen Personen. Sie lieben
sich gegenseitig. Daher ist Liebe das Wesen Gottes. Wäre
Gott nur eine Person, wäre dies nicht möglich. Schöpfung
ist daher der Ruf der Gottheit: „Öffnen wir unsere Gemeinschaft, so daß sich mehr unserer Liebe erfreuen mögen."
Als der Mensch sündigte, schlossen sich die Tore der Gemeinschaft; aber im Tod Christi zerriß der Vorhang, der
den Menschen von Gott trennte (Lk 23,45; Hebr 10,19-20).
Und wiederum erklang die Aufforderung: „Öffnen wir unsere Gemeinschaft, so daß alle sich unserer Liebe erfreuen
mögen."

Wenn wir aber lieben müssen, dann müssen wir auch wissen, was
Liebe bedeutet. Und wenn Gott Liebe ist, dann ist der Befehl zu
lieben gleichzeitig der Befehl, zuerst Gott zu kennen, damit wir
das Wesen der Liebe kennen. „Ignoranz gegenüber dem Wesen
Gottes bedeutet Ignoranz gegenüber dem Wesen absoluter Liebe.
Kurz, die christliche Liebesethik ist nicht sicherer als ihre Quelle
und für das Leben nicht geeigneter als unser Wissen von dieser
Quelle."[4] Wie können wir also von Liebe wissen? Auf die gleiche
Weise, wie wir etwas von Gott wissen.

Es gibt zwei Wege, Gott zu erkennen: durch allgemeine Offenbarung (in der Natur, Ps 19,1-6) und durch seine besondere Offenbarung (in der Bibel, Ps 19,7ff). Letztere ist gewiß umfassender,
aber Erfahrung ist besser zugänglich. Jeder kann und sollte wissen, daß Gott Liebe ist - einfach durch Nachdenken über allgemeine Offenbarung.

Paulus erklärte den Heiden zu Lystra, daß Gott „sich doch nicht unbezeugt gelassen hat, indem er Gutes tat und euch vom Himmel Regen und fruchtbare Zeiten gab, eure Herzen mit Speise und Fröhlichkeit erfüllend" (Apg 14,17). Zeigen uns diese einfachen Segnungen nicht, daß es einen Gott gibt, der sich um uns kümmert? „Du tust deine Hand auf und sättigst alles Lebendige nach Begehr" (Ps 145,16). Gerade die Tatsache, daß wir Freude haben, sollte uns deutlich machen, daß Gott gut ist und uns liebt. Paulus erzählte den Philosophen auf dem Areopag zu Athen aber auch, daß Gott für grundlegendere Geschenke sorgt, „da er selbst allen Leben und Odem und alles gibt" (Apg 17,25). So hat Gott ein Zeugnis seiner Besorgnis um uns hinterlassen in der Welt, in der wir leben, und das hilft uns, seine Liebe zu erkennen.

Aber wir können Gottes Liebe auch durch die Menschen erfahren, die er geschaffen hat. „Die Liebe ist aus Gott; und jeder, der liebt, ist aus Gott geboren und erkennt Gott" (1Jo 4,7). Wann immer wir lieben, reflektieren wir die Liebe, die von Gott kommt. Diese Liebe zeigt in sich selbst, daß wir etwas von Gott wissen, und demonstriert Gottes Liebe zu anderen. Wie gesagt, die endliche und wechselhafte Liebe der Menschen muß eine absolute Quelle haben, wenn sie absolut beurteilt werden soll. Menschen, in Gottes Bild geschaffen, lieben im Bild seiner Liebe.

Das ausführlichste Wissen über Gottes Liebe kommt aus der Heiligen Schrift. Im Alten Testament wurde Gottes Liebe gerade darin erkannt, daß er das Gesetz gab - er, der „Güte erweist, auf Tausende hin" (2Mo 20,6). Jona beschwerte sich, Gott sei allzu liebevoll gewesen, als er Ninive vor der Vernichtung rettete. Er sagte: „Ich wußte, daß du ein gnädiger und barmherziger Gott bist, langsam zum Zorn und groß an Güte" (Jon 4,2). Der oft wiederholte Vers in Psalm 136 lautet: „Denn seine Güte währt ewiglich". Im Neuen Testament offenbart sich Gottes Liebe in Jesus Christus. „Denn also hat Gott die Welt geliebt, daß er seinen eingeborenen Sohn gab" (Joh 3,16). „Größere Liebe hat niemand, als diese, daß jemand sein Leben läßt für seine Freunde" (Joh 15,13). „Gott aber erweist seine Liebe gegen uns darin, daß Christus, da wir noch Sünder waren, für uns gestorben ist" (Röm 5,8). Hier wird Gottes Liebe vor unseren Augen enthüllt.

Die Merkmale der Liebe

Liebe zu erklären, ist nicht leicht. In 1. Korinther 13,4-7 gibt Paulus eine Beschreibung der Liebe, aber keine Erklärung. Er gibt uns eine Schlüsseleigenschaft der Liebe: *Die Liebe sucht (und tut) das Beste für den anderen.* So wie Gott wünscht, allen Geschöpfen Gutes zu tun, indem er ihre Existenz sichert und für ihre Bedürfnisse sorgt, so müssen die, die lieben wollen, ihm nacheifern - indem sie nicht „das Ihrige" suchen, sondern anderen Gutes tun wollen. Jesus hätte ewig bei Gott bleiben können und niemals den Tod erleiden müssen, aber er war daran interessiert, uns Gutes zu tun.

Ein andere Eigenschaft der Liebe ist, daß sie *gibt, ohne Gegenleistung zu erwarten.* Es gibt drei Arten der Liebe unter Menschen. Zum ersten: Liebe, die empfängt, aber nicht gibt (egoistisch); zum zweiten: Liebe, die gibt, aber eine Gegengabe erwartet (auf Gegenseitigkeit); und zum dritten: Liebe, die gibt, ohne irgend etwas zu erwarten (selbstlos, uneigennützig). Die Griechen hatten für jede dieser Arten eine eigene Bezeichnung: *eros, philia und agape.* Erotische Liebe sucht per definitionem das Eigene; sie ist nur mit ihren eigenen Wünschen beschäftigt. *Philia* ist brüderliche Liebe oder Freundschaft, in der es eine Beziehung des Gebens und Nehmens gibt. Die Gegengabe macht das zuvor gebrachte Opfer lohnend. *Agape* aber ist völlig bedingungslos. Sie gibt und gibt und gibt, verlangt aber niemals, irgend etwas zu bekommen. Jesus gab alles - seine Zeit und seine Energie - um Menschen zu helfen, die ihm nichts zurückgeben konnten. Dann gab er sein Leben, ohne zu erwarten, daß jemals irgend jemand an ihn glauben werde. Das ist die Art der Liebe Gottes. Das ist die Art, die wir nachahmen sollten.

Es gibt noch eine Eigenschaft der Liebe, und die Bibel will nicht, daß wir sie ignorieren. Liebe ist *widerstandsfähig.* Über die Seinen sagt er: „Wen der Herr liebt, den züchtigt er; er geißelt aber jeden Sohn, den er aufnimmt" (Hebr 12,6). Der einzige Liebesdienst, den man für jemand tun kann, der der Korrektur bedarf, ist, ihn zu zurechtzuweisen. Gottes Liebe ist stark genug, unseren hartnäckigen Willen zu beugen, ohne unsere Freiheit einzuschränken. Liebe kann auch einen Standpunkt vertreten. Jesus war kein Muttersöhnchen: Er machte sich eine Geißel, um all die Händler aus dem Tempel zu jagen (Joh 2,12-16). Er wechselte keine gezierten Worte mit den religiösen Führern. Er nannte sie Heuchler, Toren, blinde Blindenführer, weißgetünchte Gräber und Otternbrut (Mt 23). Liebe ist nicht nur Gefühl, sondern eine Verpflichtung zu tun, was für einen anderen gut ist, sogar dann, wenn es harte Liebe sein muß. Jesus entschied sich nicht aus Überschwang, an das Kreuz zu gehen. Ebensowenig machte sich Gott die Entscheidung leicht, die Wünsche derer zu respektieren, die es ablehnen, auf seine Liebe zu antworten.

> „Wenn Gott zulassen würde, daß ein Ungläubiger in den Himmel kommt, es wäre für jenen schlimmer als die Hölle. Wie sollten jene, die Gebet und Gotteslob verabscheuen, es ertragen, sich ewig an einem Ort aufzuhalten, wo dies dauernd geschieht? Wenn sie sich bereits unbehaglich fühlen, dies nur eine Stunde lang in der Gemeinde zu tun: Bedenke das ewige Unbehagen, dies ewig tun zu müssen. Um es noch deutlicher zu sagen: Der Himmel ist ein Ort, wo sich die Menschen in Anbetung Gottes niederbeugen werden. Wie könnte Gottes Liebe Menschen zwingen, dorthin zu gehen, wenn sie Gott nicht anbeten wollen, sondern ihn hassen? Es scheint mit dem Wesen der göttlichen Liebe nicht vereinbar, Menschen zu zwingen, ihn gegen ihren Willen zu lieben."[5]

Ganz sicher *wünscht* sich niemand, zur Hölle zu gehen, aber ganz gewiß *werden* es einige tun. Gott lehnt es ab, irgend jemand zu nötigen, ihn zu lieben, denn erzwungene Liebe ist Vergewaltigung. Aber er erzeigt eine widerstandsfähige Liebe, die es den Menschen erlaubt, ihren eigenen Weg zu gehen. Wenn Gottes vollkommene, unentwegte Liebe versagt hat, sie zu gewinnen - was könnte dann noch ihre Gemüter verändern? Die Hölle ist einfach der Ort, wo der Ungläubige nicht mehr von Gottes Liebe belästigt wird.

WAS GESCHIEHT, WENN ABSOLUTE ETHISCH-MORALISCHE WERTE SICH WIDERSPRECHEN?

Wenn wir sagen, daß wir absolute Werte haben, können wir in Schwierigkeiten geraten. Im Himmel ist vollkommene Harmonie zwischen dem Liebenden, dem geliebten Sohn und dem Geist der Liebe. Wenn aber die Liebe auf die Erde kommt, können einige ihrer Pflichten miteinander kollidieren - sie überschneiden sich, und wir werden zwischen ihnen hin- und hergeworfen. Manchmal scheint keine von ihnen dem Liebesdienst ähnlich, der zu tun ist.

Abraham mußte eine solche Wahl treffen. Sollte er Isaak als Opfer darbringen, oder sollte er Gott mißachten (1Mo 22)? Die hebräischen Hebammen in Ägypten hatten zu entscheiden, ob sie Pharaos Anordnungen gehorchen oder das Leben der israelitischen Säuglinge retten sollten (2Mo 1). Die Bibel befiehlt, daß wir unseren Eltern gehorchen. Was aber, wenn unsere Eltern uns davon abhalten wollen, Gott zu dienen (Mt 10,37)? Oder - wenn ein Mann um die Sicherheit seiner Frau fürchtet - sollte er lügen, um sie zu schützen (2Mo 20,16)?

Christen haben dieses Problem auf drei verschiedene Arten beantwortet. Jede von ihnen hat einige gute Gründe für sich, aber es gibt Probleme mit einigen von ihnen. Wir wollen alle drei untersuchen und jede auswerten.

Es gibt keine Konflikte

Der erste Lösungsweg läuft darauf hinaus, daß es in Wirklichkeit gar keinen Konflikt gibt. Es könne so scheinen, als ob sich absolute Werte überschneiden, aber in Wirklichkeit sei es nicht so. Konflikte seien nur scheinbar. Tatsächlich gebe es nur eine absolute Pflicht: zu lieben. Alle anderen Gebote seien nur allgemeine Grundsätze der Liebe. Sie seien normalerweise richtig, aber manchmal müßten wir einfach die Liebe vorgehen lassen. Sicher könne in Fällen, wo der anstehende Liebesdienst in Lügen oder Ehebruch bestehe, der allgemeine Grundsatz gebrochen werden. Diese Ansicht bestätigt das absolute Wesen der Liebe, sie ist einfach, und sie beschuldigt niemanden, der in einer schwierigen Situation das Beste tat, was er tun konnte.

 **Lieben auf zwei Ebenen**

Jesus gab zwei große Gebote: Liebe Gott und liebe den Menschen! Das stellt Liebe auf zwei verschiedene Ebenen. Senkrecht betrachtet sollen wir mit unserem ganzen Selbst Gott lieben, horizontal betrachtet, Menschen wie uns selbst. Gleicherweise verteilte Mose das Gesetz auf zwei Tafeln. Auf der ersten standen unsere Pflichten gegenüber Gott, die zweite erklärte unsere Pflichten gegenüber den Menschen. Man beachte die Hierarchie: Das „erste und größte Gebot" und das „zweite". Wir müssen zuerst Gott lieben und dann die Menschen. Gott sollte höchstgeliebt sein, mit allem, was wir sind und haben; die Menschen aber sollten wir entsprechend unserer eigenen Menschlichkeit lieben. Liebe auf zwei Ebenen setzt eine dritte Ebene voraus, die der Dinge. Sie sind keine Personen und haben keinen Wert in sich selbst. Sie sollen gebraucht werden, nicht geliebt. Was passiert aber, wenn unsere Pflichten gegenüber verschiedenen Ebenen miteinander kollidieren? Gott zu lieben bedeutet manchmal, Menschen zu lieben (Mt 25,40; 1Jo 4,20). Aber in anderen Fällen müssen wir Gott mehr lieben als Menschen (Lk 14,26).

Diese Ansicht hat jedoch auch ihre Probleme. Erstens gibt es nicht
nur eine Pflicht zur Liebe - da sind mindestens zwei Ebenen: Liebe Gott, und liebe deinen Nächsten. Manchmal erwächst daraus
doch ein wirklicher Konflikt. Betrachten wir Isaak und Abraham.
Würde Sie die Liebe nicht veranlaßt haben, Isaak vorzuenthalten?
Beide dieser Ebenen der Liebe kommen aus Gottes Wesen und dürfen nicht übersehen werden. Auch das Buch der Sprüche scheint eine allgemeine Regelsammlung zu sein, aber sind die Zehn Gebote
wirklich einfach die zehn Empfehlungen? Jesus schien nicht anzunehmen, daß Liebe von dem spezifischen Gebot getrennt werden
könnte, denn er sagte: „Wenn ihr mich liebet, so haltet meine Gebote" (Joh 14,15). Drittens: Wie wird Liebe definiert? Woher weiß
man, welcher Liebesdienst zu tun ist? Einfach zu sagen: „Liebe!" ist
genauso, als sage man jemand: „Tue X!" oder „Kreise!" Was bedeutet das? Wenn Liebe nicht durch besondere Gebote erklärt wird,
kann man nicht wissen, was Lieben wirklich bedeutet.

Eine Variation dieser Betrachtungsweise fußt darauf, daß es keine
wirklichen Konflikte gibt und daß der gehorsame Gläubige diesbezüglich nichts zu befürchten brauche: es gebe immer eine dritte
Alternative. Dies zeigt 1. Korinther 10,13, wo es heißt, Gott werde
immer „mit der Versuchung auch den Ausgang schaffen". Sie sehen Abrahams Bereitschaft, Isaak zu opfern, und erkennen, daß
Gott eine dritte Möglichkeit eröffnet. Es gibt keine wirklichen
Konflikte, es wird immer einen Ausweg geben. Wer den Ausweg
nicht in Anspruch nimmt (sagen wir, er wartete nicht lange genug
auf Gottes Zeitpunkt), ist des Gesetzes schuldig, das er brach,
denn die Gesetze sind absolut. Wenn irgendein Gesetz jemals gebrochen wird, muß Gott das als Sünde bestrafen. Diese Sicht geht
davon aus, daß ethisch-moralische Gebote absolut sind, sie ist in
bezug auf Konflikte zwischen moralischen Pflichten realistischer.
Sie unterstützt außerdem die Prüfung aller Möglichkeiten, bevor
eine Entscheidung getroffen wird.

Das Problem bei dieser Antwort ist, daß sie die Konflikte nicht
wirklich löst. Erst zieht sie den Hut vor ihnen, dann ignoriert sie

sie. Denn - es gibt nicht immer eine dritte Alternative. Richtig: Abraham mußte Isaak nicht töten, aber ganz gewiß mußte er *beabsichtigen*, es zu tun. Hebräer 11,19 berichtet uns, daß er nicht nach einem Ausweg suchte, sondern erwartete, Isaak töten zu müssen und von Gott aus den Toten auferwecken zu lassen. Jesus hat auf den tatsächlichen Konflikt hingewiesen, der zwischen dem Gehorsam gegenüber den Eltern und dem Gehorsam gegenüber Gott besteht, aber seine Lösung war wohl kaum eine dritte Alternative. Er sagte dazu, sein Jünger muß „seinen Vater und seine Mutter und sein Weib und seine Kinder und seine Brüder und Schwestern" hassen (Lk 14,26). Anstatt zwischen die Hörner des Dilemmas zu treten, nimmt dies das Dilemma bei den Hörnern.

Auch gibt es unter denen, die diesen Lösungsweg bevorzugen, solche, die ihren Ausweg finden, indem sie die Spielregeln neu definieren. Einer von ihnen schrieb, es sei eine „trügerische Annahme, daß man wahrhaftig *unter allen Umständen* in Begriffen des Bekannten sprechen und handeln müsse, das ins Blickfeld anderer gerät, die mit unserem Sprechen und Handeln zu tun haben oder davon beeinflußt werden könnten."[6] Macht das aber nicht die absoluten Gebote weniger absolut? Sollen wirklich die Umstände bestimmen, was ein Gebot bedeutet? Wenn das richtig ist, dann macht diese Ansicht Ehtik situationsabhängig.

Ein dritter Einwand könnte sein, man verlasse sich zu sehr auf Gottes Eingreifen. Es ist nicht so, daß Gott nicht eingreifen könnte, um uns zu helfen. Es erscheint aber vermessen zu meinen, er müsse eingreifen. Was wäre denn, wenn er einfach einmal nichts tun würde und wir gezwungen wären, eines der beiden konkurrierenden Gebote zu befolgen? Sind wir dann verantwortlich dafür, nicht beiden Vorschriften gehorcht zu haben? Oder ist Gott verantwortlich, da er uns „im Stich ließ"?

Eine letzte Kritik besteht darin, daß diese Ansicht allzuoft das Gesetz betont und die Liebe vergißt. Sie neigt dazu, eher dem Gesetz genügen zu wollen, als Mitleid mit der Person zu haben, die in dem anstehenden Konflikt gefangen ist. Kant sagte, er würde nicht lügen, um ein Leben zu retten, denn er wolle nicht, daß Lügen zu einer allgemeinen Praxis werde. Aber - würde er nicht wollen, daß alle zu Lebensrettern würden? Manchmal betont die vorliegende Ansicht, es gebe gar keinen Konflikt, den Vorrang weniger wichtiger Gesetze, ohne den nötigen Hinweis auf das höhere Gesetz der Barmherzigkeit zu geben. Außerdem erklärt sie eine Person für schuldig, die ihr Bestes tat, als Gott keinen Ausweg bot. Kann eine Frau wirklich dafür verantwortlich gemacht werden, wenn sie das Haus verläßt, damit sie und ihre Kinder nicht von ihrem betrunkenen Ehemann geschlagen werden?

 **Sind alle Absoluta gleichwertig?**

Christen sagen oft, „kleine Sünden" und „große Sünden" seien in den Augen Gottes gleich. Es ist wahr - Sünde ist Sünde, aber Jesus gab eine differenzierte Lehre. Er sagte, Gerechtigkeit und Barmherzigkeit seien „wichtiger", als den Zehnten zu geben, obgleich das Gesetz beides verlangte (Mt 23,23). Er lehrte, es sei von geringerer Wichtigkeit, den Sabbat zu halten, als einem Menschen in Not zu helfen (Mt 12,5; Mk 2,27). Auf dieser Grundlage heilte er nicht nur am Sabbat, sondern erlaubte auch seinen Jüngern, sich durch „Abzupfen der Ähren" zu sättigen. Er erklärte dies für „rechtmäßig", „ohne Schuld" und „gut" (Mt 12,7.12), nicht zu „kleineren Übeln". Christus sprach sogar von dem „geringsten Gebot" (Mt 5,19). Strafen für Sünden werden als kleiner und größer betrachtet (Mt 11,24; Joh 19,11; Offb 20,12) und Belohnung für Gutestun ebenso (Offb 3,11; 1Kor 3,12-13). Verbindet man das mit der Tatsache, daß wir Gott mehr lieben müssen als Menschen (Mt 22,38-39), und daß Absoluta sich manchmal widersprechen, müssen wir zugeben, daß einige von ihnen wichtiger sind als andere.

Das wirft eine ganz neue Frage auf: Sind alle Absoluta gleich? Oder sind einige wichtiger als andere? Die vorliegende Ansicht behandelt alle Absoluta als gleichwertig. Aber haben nicht manche Beziehungen Vorrang vor anderen? Wir wissen, daß es wenigstens zwei Ebenen der Liebe gibt - hat die eine der beiden Vorrang vor der anderen? Die nächsten beiden Sichtweisen gehen davon aus, daß es solche Ebenen gibt und daß einige Gesetze wichtiger sind als andere.

Das kleinere von zwei Übeln

Hierbei geht es darum, daß es wirklich Konflikte und manchmal keinen Ausweg gibt. In einem solchen Fall ist es unsere Pflicht, das kleinere Übel zu tun. Das heißt, wir müssen die weniger lieblose Handlung ausführen. Wenn es unmöglich ist, beide Vorschriften zu halten, dann sollten wir jene brechen, die den geringeren Schaden verursacht. Man tut sozusagen das kleinere von zwei Übeln. Sicherlich bricht man ein Gebot und ist nach wie vor dafür verantwortlich. Auch wenn Sünde unvermeidlich war, bleibt man immer noch schuldig. Aber durch das Wählen des kleineren Übels ist man weniger schuldig als sonst. Das bestätigt die absoluten Werte, gesteht ein, daß es wirkliche Konflikte gibt und macht nicht Gott für einen Ausweg verantwortlich oder definiert einfach die Spielregeln neu. Außerdem führt es eine neue Vorstellung ein mit der Erkenntnis, daß einige Gebote größeres Gewicht haben und über die kleineren zu stellen sind.

Aber - wie kann ein Mensch für das verantwortlich gemacht werden, was unvermeidlich war? Wenn ein Mensch der Sünde nicht ausweichen konnte - ist es fair, ihn schuldig zu sprechen? Moralische Schuld setzt doch voraus, daß es eine Wahl gab, das Falsche zu tun. Wenn es aber keine Wahl gab - wie kann er schuldig sein? Das bringt uns in noch größere Probleme, sobald wir Christus betrachten, „der in allem versucht worden ist in gleicher Weise wie wir, ausgenommen die Sünde" (Hebr 4,15). Entweder müssen wir sagen, Christus sei niemals mit einem Konflikt zwischen absoluten Gesetzen konfrontiert worden, in welchem Fall er nicht gleicherweise wie wir versucht wurde. Andernfalls kam Christus in solche Konflikte und sündigte. Wenn Sünde unvermeidlich ist, gibt es keinen Weg, dieser Schlußfolgerung auszuweichen. Dennoch müssen wir beide Antworten verwerfen. Es muß einen Weg für Christus gegeben haben, mit wirklichen moralischen Konflikten konfrontiert zu sein und dennoch die Sünde zu vermeiden. Darüber hinaus ist es unlogisch zu sagen, es sei eine moralische Verpflichtung, das weniger Unmoralische zu tun. Niemand kann verpflichtet sein, Böses zu tun. Güte ist die einzige Basis für moralische Pflichten. Niemand kann eine moralische Verantwortung haben, Böses zu tun.

Das größtmögliche Gute

Viele Menschen haben diese Ansicht mit der vorhergehenden verwechselt und dachten, es bestehe nur ein sprachlicher Unterschied. Aber sie sind tatsächlich sehr verschieden. Bei der vorhergehenden Betrachtungsweise sollte jemand das kleinere von zwei Übeln tun, wobei er schuldig wurde. Hier aber liegt die Betonung darauf, das Beste, das größtmögliche Gute zu tun, und am Gutestun kann man nicht schuldig werden. Im vorigen wird der Mensch dafür verurteilt, das Unvermeidliche zu tun; hier wird er dafür gelobt, sein Bestes zu tun.

Manchmal als abgestufter Absolutismus oder als Hierarchikalismus bezeichnet, vertritt diese Ansicht, daß die betroffene Person im Falle eines Konflikts nur verpflichtet ist, dem höheren Befehl Gottes zu gehorchen: dem größtmöglichen Guten. Was aber ist mit dem geringeren Befehl? Er ist vorübergehend ausgesetzt, solange man dem höheren gehorcht. Jedes Gebot in der Bibel ist ausnahmslos absolut. Wenn sich aber ein Konflikt ergibt, besteht die Pflicht, das höhere Gesetz zu erfüllen. Tut man das Bessere, so ist man davon befreit, das geringere Gute zu tun. Das Niedrigere wird von dem Höheren übertroffen.

Woher wissen wir jedoch, was das größere Gute ist? Die ganze Bibel ist voller Anhaltspunkte, die uns beim Aufbau einer absoluten Hierarchie der Wichtigkeit von Geboten behilflich sind. *Erstens: Die Liebe zu Gott steht immer über der Liebe zu Menschen.* Abrahams Liebe zu Gott hatte Vorrang vor der Liebe zu seinem Sohn (1Mo 22). Jesus forderte seine Anhänger auf, alle Familienbande zu zerreißen, wenn das nötig war, um Gott zu gehorchen (Mt 10,37). Gott steht immer an erster Stelle. *Zweitens: Personen sind wichtiger als Dinge.* Jesus lehrte: „Sammelt euch nicht Schätze auf der Erde ... Ihr könnt nicht Gott dienen und dem Mammon" (Mt 6,19-24). Und Dinge sind schließlich nicht so wichtig wie Personen: „Denn was wird es einem Menschen nützen, wenn er die ganze Welt gewönne und seine Seele einbüßte" (Mk 8,36)? Paulus sagte sogar: „Die Geldliebe ist eine Wurzel alles Bösen" (1Tim 6,10). Menschen sollen geliebt, Dinge gebraucht werden. Obwohl sie unvollständig ist, zeigt diese Liste, daß das Höhere und das Niedrigere nicht eine Angelegenheit subjektiver Gefühle ist. Gott hat eine reale und absolute Hierarchie von Werten eingeführt.

 **Gott oder Obrigkeit?**

Es besteht kein Zweifel: Gott will, daß wir der Obrigkeit gehorchen. Römer 13,1ff., Titus 3,1 und 1. Petrus 2,13-14 machen das eindeutig klar. Was aber, wenn die Gesetze der Obrigkeit den Geboten Gottes widersprechen? Wir haben verschiedene derartige Beispiele in der Bibel. Daniel wurde aufgefordert, unreine Lebensmittel zu sich zu nehmen (Dan 1,8) und dem Gebet zu entsagen (Dan 6,7ff), aber in jedem Fall wählte er den Gehorsam gegenüber der höheren Autorität. Petrus und Johannes wurden ermahnt, das Evangelium nicht länger zu predigen, aber sie antworteten: „Man muß Gott mehr gehorchen als Menschen" (Apg 5,29). Sie fragten sich

> nicht, welchem absoluten Befehl sie gehorchen sollten. Die
> Liebe zu Gott überwiegt immer unsere Pflicht gegenüber der
> Obrigkeit.

Wann immer ein Konflikt zwischen zwei Ebenen der Liebe unvermeidlich ist, hat die höhere Vorrang vor der niedrigeren. Natürlich ist
ein solcher Konflikt manchmal komplizierter als ein Konflikt zwischen Personen. Sollen wir unserem Nachbarn seine Flinte zurückgeben, wenn er seine Frau damit töten will? Nein! Unsere Pflicht, das
Leben einer unschuldigen Person zu schützen ist größer als die, einem
möglichen Mörder sein Eigentum zurückzugeben.

Es gibt eine Wertepyramide, die folgendermaßen dargestellt werden kann:

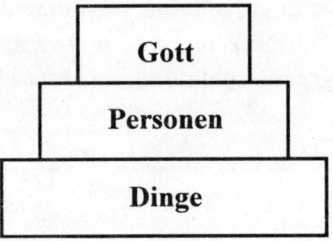

Diese Betrachtungsweise unterscheidet sich von allen anderen, die
wir betrachtet haben. Sie unterscheidet sich von der Ansicht, es
gebe „keinen Konflikt", indem sie erkennt, daß es zwischen absoluten Geboten wirkliche Konflikte geben kann. Sie sagt, daß es oft
keine dritte Alternative gibt und daß der Konflikt frontal angegan-
gen werden muß. Während die Position, „das kleinere von zwei
Übeln" zu tun, eine ähnliche Gradeinteilung absoluter Werte erkennt, spricht die zuletzt betrachtete eine Person nicht moralisch
schuldig dafür, wenn sie das größtmögliche Gute tut.

„Ist abgestufter Absolutismus nicht in Wirklichkeit nur verkleide-
ter Relativismus?" Nein, er ist Absolutismus in dreierlei Weise.
Erstens geht er davon aus, daß alle Werte im absoluten Wesen

Gottes begründet sind. Moralität kann sich ebensowenig verändern wie Gott selbst. Zweitens ist jedes Gebot als solches absolut, und es sollte ihm unbedingt gehorcht werden. Normalerweise steht es außer Frage, daß wir verpflichtet sind zu tun, was das moralische Gesetz verlangt. Nur, wenn es einen Konflikt zwischen Absoluta gibt, brauchen wir die Hierarchie, um zu entscheiden, welches den Vorrang haben muß. Drittens sind die Wertstufen selbst absolut. Konflikte werden nicht subjektiv, sondern von einer absoluten Wertestruktur der Wichtigkeit aus gelöst. Diese Struktur hat ihre Wurzeln wiederum im Wesen Gottes, der die Welt so geschaffen hat, daß Personen größeren Wert haben als Dinge und daß Gott selbst über allem steht.

So können die absoluten Werte christlicher Weltanschauung bejaht, verteidigt und erklärt werden. Wir müssen sie bejahen, denn sie sind unleugbar. Jene, die alle Werte leugnen, bejahen den Wert ihrer Verleugnung. Wir können die Werte verteidigen, denn sie kommen aus dem wahrhaftigen Wesen Gottes, der Liebe ist. Wir können sie erklären, denn dieser Gott hat sich selbst geoffenbart - in der Natur und in der Heiligen Schrift.

Ethische Alternativen

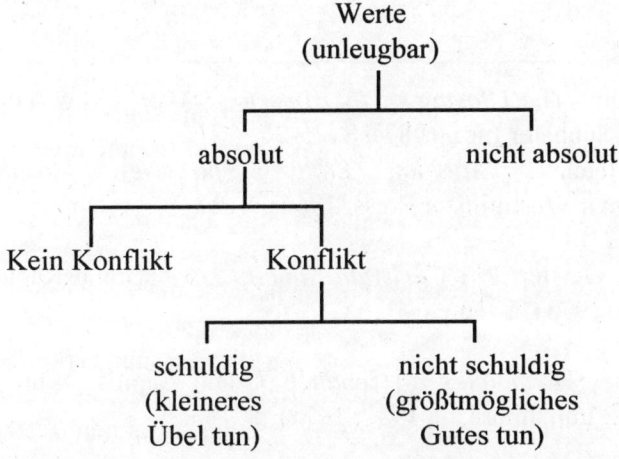

Anmerkungen

[1] Allan Bloom: *The Closing of the American Mind* (New York: Simon and Schuster Inc., 1987), S. 25-26.

[2] Joseph Fletcher: *Situation Ethics: The New Morality* (Philadelphia: Westminster Press, 1966), S. 27.

[3] Ebd., S. 142-143.

[4] Norman L. Geisler: *The Christian Ethic of Love* (Grand Rapids: Zondervan, 1973), S. 16.

[5] Ebd., S. 22.

[6] John Murray: *Principles of Conduct* (Grand Rapids: Wm. B. Eerdman's Publishing Co., 1957, 1971), S. 145.

ANHANG

VOM NULLPUNKT ZUM CHRISTLICHEN GLAUBEN

1. Es gibt selbstverständliche Wahrheiten, z. B.: „ich bin", „Logik bürgt für Wirklichkeit".
2. Wahrheit entspricht der Wirklichkeit.
3. Wahrheit ist erkennbar. Jede andere Ansicht ist sinn- und zwecklos (Kapitel 12).
4. Man kann von selbstverständlichen Wahrheiten auf die Existenz Gottes schließen.
   a. Der Beweis der Schöpfung; auf der Grundlage von „ich bin".
   b. Der Beweis der Ethik; auf der Grundlage von „Werte sind unleugbar".
   c. Der Beweis des Plans; auf der Grundlage von „Plan setzt einen Planer voraus".
5. Gott ist ein notwendiges Wesen; Beweis des Seins (Kapitel 2).
6. Meine Existenz ist nicht notwendig; einleuchtend von der Definition eines notwendigen Wesens her.
7. Deshalb ist Theismus wahr: Es gibt ein notwendiges Wesen über der Welt, das die Dinge in der Welt erschaffen hat und in der Welt handelnd eingreift (Kapitel 3).
   a. Der Widerspruch des Problems des Bösen ist lösbar (Kapitel 4).
   b. Der Widerspruch gegen Wunder ist lösbar (Kapitel 5).
8. Die Bibel ist ein historisch zuverlässiges Dokument.
   a. Geschichte ist ein objektives Studium der Vergangenheit.
   b. Es gibt umfangreiches historisches, archäologisches und wissenschaftliches Beweismaterial, die Zuverlässigkeit der Bibel zu bestätigen (Kapitel 9-10).
   (logische Folge) Die Bibel gibt einen zuverlässigen Bericht der Lehre von Jesus Christus.
9. Jesus beanspruchte, beides zu sein: völliger Mensch und völliger Gott.
10. Er lieferte Beweismaterial, diesen Anspruch zu stützen.
    a. Die Erfüllung der Weissagungen.
    b. Sein wunderbares und sündloses Leben.
    c. Seine Auferstehung (Kapitel 6).
11. Deshalb ist Jesus beides: völliger Mensch und völliger Gott.
12. Was auch immer Gott lehrt, ist wahr.
13. Jesus (Gott) lehrte: Das Alte Testament war das inspirierte Wort Gottes. Er kündigte das Neue Testament an.
14. Deshalb sind beide, das Alte und das Neue Testament, das inspirierte Wort Gottes (Kapitel 7).

WEITERFÜHRENDE LITERATUR

Zu Kapitel 1
Edward J. Carnell: *An Introduction to Christian Apologetics* (Grand Rapids 1950; Eerdmans)
William Lane Craig: *Apologetics: An Introduction* (Chicago 1984; Moody Press)
Fredrick Howe: *Challenge and Response: A Handbook of Christian Apologetics* (Grand Rapids 1982; Zondervan Publishing House)

Zu Kapitel 2
Reginald Garrigou-Lagrange: *God: His Existence and His Nature* (St. Louis 1934; B. Herder Book Co.)
Norman L. Geisler: *Philosophy of Religion* (Grand Rapids 1974; Zondervan Publishing House), Teil 2
Stuart Hackett: *The Resurrection of Theism* (Chicago 1957; Moody Press)
C. S. Lewis: *Mere Christianity* (New York 1957; Macmillan)
C. S. Lewis: *God in the Dock* (Grand Rapids 1970; Eerdmans)
Eric Mascal: *He Who Is* (New York 1943; Longmans, Green)
J. P. Moreland: *Scaling the Secular City* (Grand Rapids 1987; Baker Book House) Kapitel 1-4
R. C. Sproul: *Classical Apologetics* (Grand Rapids 1984; Zondervan Publishing House)

Zu Kapitel 3
Norman L. Geisler und William D. Watkins: *Worlds Apart: A Handbook on World Views* (Grand Rapids 1989; Baker Book House)
James W. Sire: *The Universe Next Door: A Basic World View Catalog* (Downers Grove, Ill., 1976; InterVarsity Press)

Zu Kapitel 4
Norman L. Geisler: *The Roots of Evil* (Grand Rapids 1978; Zondervan Publishing House)
C. S. Lewis: *The Problem of Pain* (London 1942; G. Bles)
C. S. Lewis: *A Grief Observed* (London 1964; Faber & Faber)
Phillip Yancey: *Where is God When it Hurts?* (Grand Rapids 1977; Zondervan Publishing House)

Zu Kapitel 5
Augustinus: *City of God* (New York 1950; Random House), Buch X
Norman L. Geisler: *Miracles and Modern Thought* (Grand Rapids 1982; Zondervan Publishing House)
C. S. Lewis: *Miracles* (New York 1966; Macmillan)
Danny Korem: *The Fakers* (Grand Rapids 1980; Baker Book House)
Danny Korem: *Powers: Testing The Psychic and Supernatural* (Downers Grove, Ill., 1988; InterVarsity Press)

Zu Kapitel 6
William Lane Craig: *The Son Rises* (Chicago 1981; Moody Press)
Norman L. Geisler: *Christian Apologetics* (Grand Rapids 1976; Baker Book House), Kapitel 17
Peter Kreeft: *Socrates Meets Jesus* (Downers Grove, Ill., 1987; InterVarsity Press)
Josh McDowell: *Evidence that Demands a Verdict* (San Bernardino 1972; Here's Life Publishers Inc.), Sektion 2
Josh McDowell: *More Than a Carpenter* (Wheaton, Ill., 1977; Tyndale)
Frank Morrison: *Who Moved the Stone?* (London 1958; Faber & Faber)
J. P. Moreland: *Scaling the Secular City* (Grand Rapids 1987; Baker Book House), Kapitel 5-6
John Warwick Montgomery: *Christianity and History* (Downers Grove, Ill., 1964; InterVarsity Press)

Zu Kapitel 7
Gleason L. Archer: *A Survey of Old Testament Introduction* (Chicago 1964; Moody Press)
Norman L. Geisler und William E. Nix: *A General Introduction to the Bible* (Chicago 1968; Moody Press)
Norman L. Geisler (Herausgeber): *Inerrancy* (Grand Rapids 1979; Zondervan Publishing House)
Josh McDowell: *Evidence that Demands a Verdict* (San Bernardino 1972; Hers's Life Publishers Inc.), Sektion 1
John D. Woodbridge: *Biblical Authority: A Response to the Rogers/McKim Proposal* (Grand Rapids 1982; Zondervan Publishing House)

Zu Kapitel 8
Gleason L. Archer: *Encyclopedia of Bible Difficulties* (Grand Rapids 1982; Zondervan Publishing House)
J. W. Haley: *Alleged Discrepancies of the Bible* (Nashville 1951; Goodpasture)

Zu Kapitel 9
Gleason L. Archer: *A Survey of Old Testament Introduction* (Chicago 1964; Moody Press)
F. F. Bruce: *The New Testament Documents: Are They Reliable?* (Grand Rapids 1960; Eerdmans)
Gary Habermas: *The Verdict of History* (Nashville 1988; Thomas Nelson)
Clifford A. Wilson: *Rocks, Relics and Biblical Reliability* (Grand Rapids 1977; Zondervan Publishing House)
Merrill Unger: *Archaeology and the Old Testament* (Grand Rapids 1954; Zondervan Publishing House)

Zu Kapitel 10
Norman L. Geisler und J. Kerby Anderson: *Origin Science: A Proposal for the Creation-Evolution Controversy* (Grand Rapids 1987; Baker Book House)
Duane T. Gish: *Evolution? The Fossils Say No!* (San Diego 1973; Creation Life Publishers)

Robert Jastrow: *God and the Astronomers* (New York 1978; Norton)
J. P. Moreland: *Christianity and the Nature of Science* (Grand Rapids 1989; Baker Book House)
Charles B. Thaxton, Walter L. Bradley und Roger L. Olsen: *The Mystery of Life's Origin* (New York 1984; Philosophical Library)

Zu Kapitel 11
J. Kerby Anderson: *Life, Death and Beyond* (Grand Rapids 1980; Zondervan Publishing House)
Norman L. Geisler und J. Yutaka Amano: *The Reincarnation Sensation* (Wheaton, Ill., 1986; Tyndale House Publishers)
Stuart Hackett: *Oriental Philosophy: A Westerner's Guide to Eastern Thought* (Madison 1979; University of Wisconsin Press)
Robert A. Morey: *Death and the Afterlife* (Minneapolis 1984; Bethany House)
Stephen H. Travis: *Christian Hope and the Afterlife* (Gowners Grove, Ill., 1980; InterVarsity Press)

Zu Kapitel 12
Norman L. Geisler: *Christian Apologetics* (Grand Rapids 1976; Baker Book House), Teil 1

Zu Kapitel 13
Norman L. Geisler: *Ethics: Alternatives and Issues* (Grand Rapids 1971; Zondervan Publishing House)
Erwin Lutzer: *Necessity of Ethical Absolutes* (Grand Rapids 1981; Zondervan Publishing House)
J. P. Moreland: *Scaling the Secular City* (Grand Rapids 1987; Baker Book House), Kapitel 4

BEGRIFFSERKLÄRUNGEN

abstrakt
(lateinisch „abgezogen") vom lebendigen Ganzen gelöst; begrifflich, nicht dinggebunden; existiert eher im Verstand als in der Erfahrungswelt, in der es als Gegensatz zum Objektiven begriffen wird. Das Allgemeine im Gegensatz zum Besonderen.

absurd
(lateinisch „ungereimt", „verworren") Widerspruch in der Logik, z. B.: ein rundes Quadrat; im Existentialismus die Unmöglichkeit einer objektiven oder ultimativen Bedeutung.

Agnostizismus
(von griechisch *agnosein* „nicht wissen") philosophische Lehre, wonach das wahre Sein, die Dinge an sich, nicht erkennbar ist. Daraus folgt der Glaube, daß die Wirklichkeit und besonders Gott nicht erkannt werden. Seine Anhänger nennt man Agnostiker.

Analogie
(von griechisch *analogos* „entsprechend") Übereinstimmung in kennzeichnenden Merkmalen, Entsprechung bei sonstiger Unterschiedlichkeit. Anwendung eines Grundsatzes auf einen vergleichbaren Tatbestand.

Apologetik
(von griechisch *apologeomai* „rechtfertige mich") literarische und rhetorische Verteidigung des Christentums gegen heidnische Philosophie; die Lehre seiner Rechtfertigung und Verteidigung.

a posteriori
(lateinisch „vom späteren", „im Nachhinein") nach Kant: Erkenntnis aus der Erfahrung. Gegensatz: „a priori".

a priori
(lateinisch „vom früheren", „von vornherein") bezeichnet Erkenntnisvoraussetzungen, Begriffe, Grundsätze, die nicht aus der Erfahrung stammen, die auch unabhängig von ihr einsichtig oder gültig sind.

Atheismus
(von griechisch *atheos* „gottlos") Weltanschauung, die die Existenz Gottes leugnet; es gibt nur das erfahrbare Weltall.

axiologisch
(von griechisch *axios* „wert, würdig") werttheoretisch.

Bedingung, hinreichende
nach Leibniz: Grundsatz, daß es für alles eine rationale Erklärung oder Ursache geben muß.

Bedingung, notwendige
was sein muß oder nicht anders sein kann, als es ist.

Befreiungstheologie
eine panentheistische Sicht Gottes, die marxistische Revolution und Empörung rechtfertigen soll.

Begrenztheitslehre
Weltanschauung, die die Existenz eines Gottes bejaht, der aber in seiner Macht und/oder Liebe begrenzt ist (vgl. Theismus).

bipolar
(von griechisch *polos* „Wirbel", „Achse") im Panentheismus die zwei Grundpfeiler von Gottes Wesen (vgl. Yin/Yang).

Brahman
(Altindisch/Sanskrit) im Hinduismus die Haupt- und grundlegende Wirklichkeit, die identisch ist mit allem, was existiert (vgl. Pantheismus).

Christliche Wissenschaft
neuzeitlicher, von Mary Baker Eddy gegründeter pantheistischer Kult; bestreitet die Realität von Sünde, Krankheit und Tod ebenso wie die einzigartige Göttlichkeit Jesu Christi.

Deduktion
(von lateinisch *deductio* „Herleitung") Gewinnung einer besonderen Erkenntnis aus einer allgemeinen durch Ableiten; logische Beweisführung, deren Schlußfolgerung notwendigerweise auf einer oder mehreren Prämissen beruht. Gegensatz: Induktion.

Deismus
(von lateinisch *deus* „Gott") Vernunftreligion der Aufklärung: Gott als Urheber, aber nicht als Erhalter der Welt; bestreitet, daß Gott in der Welt gegenwärtig ist, besonders in irgendeiner übernatürlichen Weise.

Demiurg,
(nach dem griechischen *demiourgos* „Handwerker") nach Plato: der göttliche Weltbaumeister; Begriff eines begrenzten Schöpfers oder Gottes, der die Welt aus dem Chaos heraus geformt hat: der „unbewegte Beweger" als „Welt-Ursache".

Determinismus
(von lateinisch *determinans* „bestimmend") philosophische Meinung, daß alles in der Welt einschließlich der menschlichen Handlungen durchgängig bestimmt sei; leugnet die menschliche Willensfreiheit.

Doketismus
(von griechisch *doxein* „scheinen") häretische gnostische Lehre, daß die sichtbare Erscheinung Christi nur Schein ist: danach erschien er zwar als ein Mensch, war jedoch in Wirklichkeit nur ein Geistwesen.

Dualismus
(von lateinisch *duo* „zwei") philosophische Lehre von einer doppelten und gegensätzlichen Weltgrundlage; Wettstreit zweier grundlegender Realitäten, wie Gott und Satan, gut und böse, Geist und Materie.

endlich
bestimmt durch festgelegte Einschränkungen oder Grenzen.

Emanation
(nach lateinisch *amanatio* „Ausfluß") im Pantheismus (nach dem Neuplatoniker Plotin) das (stufenweise) Hervorgehen des Unvollkommenen (Welt) aus dem Vollkommenen (Gott), im gnostischen Denken etwa so, wie die Lichtstrahlen aus der Sonne fließen oder die Radien vom Mittelpunkt eines Kreises zu seinem Umfang strömen.

Empirismus
(von griechisch *empeiria* „Erfahrung") philosophischer Standpunkt, nach dem die einzige Quelle von Wissen und Erkenntnis die Erfahrung (mittels der Sinne) ist; methodisches Prinzip des Ausgehens von Erfahrungen.

Entbehrung
Mangel irgendeiner guten Eigenschaft, die einem Gegenstand oder einer Person innewohnen sollte, z. B. Augenlicht bei einem Menschen.

Epistemologie
(von griechisch *episteme* „Wissen") Erkenntnislehre; Lehre darüber, wie Wissen entsteht.

Erster Grundsatz/Erstes Prinzip
grundlegendes Axiom oder logische, aus sich selbst heraus verständliche Annahme.

Essentialismus, ethischer
(von lateinisch *essentia* „Wesenheit") ethische Sicht, daß ethische Regeln von Gott bestimmt und daher richtig sind, und daß diese Regeln aus seinem Wesen oder seiner Person hervorgehen (vgl. Voluntarismus).

Essenz
(von lateinisch „Wesenheit") notwendige Eigenschaften oder Attribute einer Sache; ihr Wesen, ihre Natur.

Ethik
(von griechisch *ethos* „Sitte") Wissenschaft vom Wesen und von den Grundlagen des Sittlichen; Lehre vom richtigen und falschen sittlichen Verhalten, von gutem und bösem Handeln.

ewig
Existenz ohne Anfang, Ende oder Veränderung; nicht einfach endlose Dauer, sondern die Abwesenheit von Zeit.

Existentialismus
(von lateinisch *existere* „vorhanden sein") philosophische Bewegung, die argumentiert, daß die reine Existenz von etwas oder jemand über dessen Wesen zu stellen ist; das Konkrete oder Individuelle stehe über dem Universalen und Abstrakten.

ex nihilo
(lateinisch „aus nichts") christlicher Glaube, daß Gott die Welt aus dem Nichts erschaffen hat.

Fideismus
(von lateinisch *fides* „Treue", „Glauben") Höchstschätzung des Glaubens, Betonung des Eigenrechts des Glaubens gegenüber dem Wissen; Sicht, daß es keine rationalen Möglichkeiten gibt, Glauben zu beurteilen: Nur Glaube ist nötig zur Errettung.

Fundamentalismus
(von lateinisch *fundamentum* „Grundlage") in der Epistemologie (Erkenntnistheorie) die Annahme, daß Kenntnis aus ersten Grundsätzen oder unmittelbar rechtfertigendem Glauben erlangt wird. Nach allgemeiner Anschauung steht „Fundamentalismus" auch für orthodoxe Glaubensrichtungen gleich welcher Religion oder Konfession, die sich gegen das Eindringen kritischer Theologie oder moderner Naturwissenschaft in die Gemeindekörperschaft wenden, sofern diese gegen die Grundlehren der jeweils heiligen Schriften - Bibel, Koran, Veden etc. - stehen.

Gnostizismus
(von griechisch *gnosis* „Erkenntnis") zunächst jede Lehre, die das Verhältnis des Menschen zu Gott von spekulativen Erkenntnissen abhängig macht. Im besonderen ein früher Kult („Gnosis") mit vor allem folgenden Glaubensinhalten: Gott ist gut, Materie ist böse; der Mensch wird errettet durch Kenntnis (Gnosis) besonderer verborgener Wahrheiten.

Gottesbeweis, kosmologischer
(von griechisch *kosmos* „Ordnung") Beweis der Existenz Gottes aus der Beschaffenheit des Weltalls.

Gottesbeweis, ontologischer
(von griechisch *on, ontos* „seiend") von Anselm aufgestellte Beweisführung für die Existenz Gottes aus unserer Vorstellung vom Wesen Gottes.

Gottesbeweis, teleologischer
(von griechisch *telos* „Ziel", „Ende") Beweis der Existenz Gottes aus der Zweckbestimmtheit und Planfülle der Schöpfung: Wo ein Plan ist, muß auch ein Planer sein.

Grundmuster
Vorbild oder Blaupause, nach der etwas gemacht ist.

Hedonismus
(von griechisch *hedone* „Freude") Lebensauffassung, die den Sinn des Lebens im Genießen sieht; ethische Lehre, für die Motiv und Kriterium des sittlichen Handelns die Lust ist: Vergnügen ist das höchste Gut.

Hellsehen
okkulte Praxis oder Fähigkeit, außerhalb des körperlichen Sehvermögens befindliche Gegenstände oder Personen auf parapsychologischer Ebene wahrzunehmen.

Humanismus
(von lateinisch *humanus* „menschlich", „edel", „menschenfreundlich", „menschenwürdig") Glaube, daß der Mensch den höchsten Wert im Weltall darstellt.

Hyksos
Gruppe ausländischer Eindringlinge, die Altägypten für eine gewisse Zeit dominierte. Velikowsky glaubt, in ihnen die Amalekiter zu erkennen.

Hypnotherapie
(von griechisch *hypnos* „Schlaf" und *therapeia* „Bedienung") psychologische Heiltherapie, die die Anwendung von Hypnose erfordert.

hypnotischer Regreß
(von griechisch *hypnos* „Schlaf" und lateinisch *regressus* „Rückzug") Prozeß, bei dem jemand durch Hypnose in die Lage versetzt werden soll, Erinnerungen aus einem vergangenen Leben hervorzurufen.

Idealismus
(nach griechisch *idea* „Bild", „Gestalt") philosophische Lehre von der Ursprünglichkeit und Wesentlichkeit der Vernunftbegriffe, vom rein geistigen Sein, das dem stofflichen übergeordnet ist: Realität ist nicht in der Materie, sondern in Vorstellungen und Ideen zu finden. „Idealismus" steht auch für eine Lebensauffassung, die durch Ideale bestimmt ist und ihnen uneigennützig dient - ein Glaube an die Macht der Ideen.

Identitätsprinzip
(von lateinisch *idem* „dasselbe") Gesetz der Logik: Eine Sache ist sich selbst gleich, z. B.: „A" ist „A".

immanent
(von lateinisch *immanens* „darinbleibend") in der Philosophie zur Welt gehörig, in ihr enthalten, darin einbegriffen. Immanenz Gottes bedeutet seine Anwesenheit im Weltall (vgl. transzendent).

Indeterminismus
(von lateinisch *determinans* „bestimmend") philosophische Lehre, daß es ein Geschehen ohne Ursache geben kann; daraus folgert die Anschauung von der völligen Willensfreiheit des Menschen.

Induktion
(von lateinisch *induktio* „Einführung") der logische Schluß vom Besonderen auf das Allgemeine in der Annahme, daß die Eigenschaften einer Reihe gleichgearteter Dinge allen gleichgearteten eigen sind.

Intuitionismus
(von lateinisch *intuitio* „inneres geistiges Schauen") philosophische Lehre, die der Intuition den Vorrang vor dem Intellekt gibt; ethische Lehre von der ursprünglichen, angeborenen Wertgewißheit.

Irrtum
logischer Fehler bei Schlußfolgerung, Zusammenfassung oder Herstellung einer Beziehung.

Irrtumslosigkeit
der Ausdruck wird gebraucht, um die Bibel in allen Aussagen ihrer ursprünglichen Manuskripte als absolut fehlerfrei darzustellen.

Jiva, Jivatman
(Altindisch/Sanskrit) entspricht in der östlichen Philosophie und Religion dem, was in unserem westlichen Denken unter dem Begriff „Seele" zu verstehen ist; jenes Individuelle, das nach östlicher Vorstellung jemandes Reinkarnationen (er-)trägt.

Karma
(Altindisch/Sanskrit) im buddhistischen Denken das Handeln des Menschen, das sein Wesen und Schicksal im Leben und nach dem Tode bestimmt. Auf jede Handlung in diesem Leben gibt es eine Reaktion im nächsten: Was wir in diesem Leben säen, werden wir im nächsten ernten.

Kausalität, Gesetz der
(von lateinisch *causa* „Ursache") Ursächlichkeit; Zusammenhang von Ursache und Wirkung. Grundlegendes Gesetz in Logik und Wissenschaft: Jedes Ereignis hat eine Ursache.

Kirche Jesu Christi der Heiligen der letzten Tage (Mormonen)
religiöser Kult, 1830 von Joseph Smith jr. gegründet. Die Mormonen bestreiten die biblische Autorität und Doktrin; sie unterstützen den Polytheismus.

Kohärenztheorie der Rechtfertigung
(von lateinisch *cohaerere* „zusammenhängen") in der Epistemologie (Erkenntnislehre) die Theorie, daß es keinen unmittelbar rechtfertigenden Glauben gibt; Rechtfertigung ist danach eine Beziehung zwischen Annahmen, von denen keine epistemologisch (erkenntnistheoretisch) bevorrechtigt ist.

Kohärenztheorie der Wahrheit
(von lateinisch *cohaerere* „zusammenhängen") Definition für Wahrheit als etwas, das systematisch folgerichtig ist.

kontingent
(von lateinisch *contingit* „es trifft sich") zufällig; in Existenz oder Funktion von anderem abhängig.

Korrespondenztheorie der Wahrheit
(von lateinisch *respondere* „antworten") Übereinstimmung; Definition für Wahrheit als etwas, das mit der Wirklichkeit übereinstimmt.

kosmologisch
(von griechisch *kosmos* „Ordnung") die Ordnung des Weltalls, die Schöpfungsordnung betreffend.

Logik
(von griechisch *logike* „richtig denken") Fähigkeit, folgerichtig zu denken und Beweis zu führen.

Materialismus
(von lateinisch *materia* „Stoff") Weltanschauung, die die wahre Wirklichkeit ausschließlich im Stofflich-Materiellen sieht: Es existiert kein geistliches Wesen, etwa die Seele oder Gott.

Metaphysik
(von griechisch *meta* „mit", „nach", „zwischen" und *physike* „Naturlehre") Lehre von dem, was über die sinnlich erfaßbare Natur hinausgeht.

Metempsychose
(von griechisch *metempsychosis* „Seelenwanderung") Reinkarnation.

Moksha
(Altindisch/Sanskrit) Endstadium der Befreiung vom lästigen Zyklus der Reinkarnation.

Monismus
(von griechisch *monem* „allein") Weltanschauung, die als Grund der Wirk-

lichkeit nur ein einziges absolutes Prinzip annimmt; Streben nach einem einheitlichen Weltbild; Lehre, daß die Welt von einheitlicher Art und daß alle Wirklichkeit eins ist.

Mystizismus

(von griechisch *mystikos* „geheimnisvoll") Neigung zur Mystik, zum Geheimnisvollen; schwärmerischer Glaube, es gebe Zustände des Gemüts oder der Wirklichkeit jenseits von Erfahrung oder Vernunft.

Naturgesetz

in der Ethik die Anschauung, daß es angeborene oder natürliche moralische Gesetze gebe, die allen Menschen bekannt seien. In der Physik die Grundsätze, die den normalen Ablauf des Weltalls beschreiben.

Naturalismus

(von lateinisch *natura* „das Gewordene") Weltanschauung, die alles auf die Natur zurückzuführen sucht; Glaube, daß das Weltall alles ist, was es gibt: alles darin funktioniert aufgrund von Naturgesetzen, ohne Wunder.

Nirwana

(Altindisch/Sanskrit) wörtlich „Stillstand" oder „Vernichtung"; im Buddhismus das Erlöschen allen Eigenwillens und zugleich das ewige Nichts, in welches das Ich eingeht.

Noumenon

(griechisch: „das Gedachte") nach Kant das „Ding an sich" oder die wirkliche Welt im Gegensatz zu der Welt der Erscheinungen (vgl. Phänomene); das mit der Vernunft, dem Geist zu Erkennende.

Objektivismus

(von lateinisch *obiectum* „das Entgegengeworfene") Anerkennung objektiver Wahrheiten und Absehen von den subjektiven Bedingungen; Glaube, daß es äußerliche Dinge außerhalb bloßer Bewußtseinszustände gibt.

Ontologie

(von griechisch *on, ontos* „seiend") Lehre vom Sein und dem Seienden als solchem.

ontologisch

(von griechisch *on, ontos* „seiend") die Lehre vom Sein und dem Seienden als solchem betreffend.

Panentheismus

(von griechisch *pan* „all", „ganz", *en* „in" und *theos* „Gott") philosophische Lehre, daß das ganze All in Gott ist, ohne in ihm aufzugehen: Gott verhält sich zur Welt wie die Seele zum Leib.

Pantheismus
(von griechisch *pan* „all", „ganz" und *theos* „Gott") philosophische Anschauung, daß Gott und Welt eins seien. Sie bestreitet Gottes Erhabenheit
und setzt seine Person mit seinem Innewohnen im Weltall gleich.

Parapsychologie
(von griechisch *para* „bei", „neben", „entgegen" und *psyche* „Seele") Lehre
von den seelischen Erscheinungen, die außerhalb der Forschung der normalen Psychologie liegen; Feld wissenschaftlicher Studien, das Phänomene zu
untersuchen behauptet, die die konventionelle Psychologie nicht erklären
kann.

Phänomenalismus
(von griechisch *phainomenon* „das Erscheinende") philosophische Lehre, daß
dem Erkennen nur die Erscheinung, nicht das Ding an sich zugänglich sei.

Phänomene
(von griechisch *phainomenon* „das Erscheinende") nach Kant die Welt der
Erscheinung im Gegensatz zur Wirklichkeit (vgl. Noumenon).

Phänomenologie
(von griechisch *phainomenon* „das Erscheinende") Lehre von den Erscheinungen, ihrer Form, ihrem Aufbau als Gegenstände des Bewußtseins. Eine
philosophische Bewegung, die versucht, alle Voraussetzungen zu vermeiden
und nur vom Bewußtsein auszugehen.

Pluralismus
(von lateinisch *plus* „mehr") Annahme einer Mehrheit von letzten, unableit-
baren Weltprinzipien oder Urelementen; metaphysische Sicht, daß es viele
Wirklichkeiten gibt (vgl. Monismus).

Polytheismus
(von griechisch *polus* „viel" und *theos* „Gott") Glaube an viele Götter.

Positivismus
(von lateinisch *positio* „Stellung", „Lage", „Zustand") Tendenz, nur wissenschaftlich Gesichertes gelten zu lassen; Denkrichtung, die sich auf reine
Feststellung wissenschaftlich erfahrbarer Tatsachen beschränkt; Philosophie,
die Metaphysik ablehnt und ein ausschließlich wissenschaftliches Verständnis der Welt sucht.

Positivismus, logischer
(von lateinisch *positio* „Stellung", „Lage", „Zustand" und griechisch *logos*
„sinnvolle Rede") Philosophie, die behauptet, alle metaphysischen und theologischen Aussagen seien bedeutungslos, es sei denn, sie sind empirisch
nachweisbar.

Pragmatismus
(von griechisch *pragmatikos* „geschäftig") Behauptung des prinzipiellen Vor-
rangs des Handelns gegenüber Denken und Erkenntnis; Philosophie, nach der
praktische Konsequenzen des Handelns das Kriterium für Wahrheit sind.

Proposition
(von lateinisch *propositio* „Vorschlag") Bedeutung, die durch einen Satz
transportiert wird. Manche Philosophen behaupten, daß die Bedeutung mit
dem Satz identisch sei.

Rationalismus
(von lateinisch *ratio* „Vernunft") philosophische Richtung, die als Erkennt-
nisquelle nur die Vernunft bzw. das Denken anerkennt; Denkweise und Lebensführung mit einseitiger Voranstellung des Verstandes und des Zweckwil-
lens; epistemologische Anschauung, die Vernunft als determinativen Grundsatz benutzt, manchmal im Gegensatz zu empirischen Daten.

Reinkarnation
(von lateinisch *caro, carnis* „Fleisch") Glaube, daß die Seele nach dem Tod
in einen anderen Leib hinübergeht.

Relativismus
(von lateinisch *relatio* „Gegenüberstellung") philosophische Ansicht, daß nur
die Erkenntnis der Beziehungen, nicht aber des Wesens der Dinge möglich ist
und daß wahr und falsch, gut und böse relative, durch die Umstände bedingte
Begriffe sind. Danach gibt es nichts Absolutes; Wahrheit und Wert einer Annahme sind relativ zu denen anderer Annahmen.

Samsara
(Altindisch/Sanskrit) in der indischen Philosophie der Kreislauf des Werdens
durch Geburt und Tod zur Wiedergeburt.

Skeptizismus
(von griechisch *skepsis* „Vorwand") philosophische Lehre, die grundsätzlich
die Wahrheit von Überlieferungen oder Glaubenslehren wie auch im besonderen die Möglichkeit der Erkenntnis des wahren Wesens der Dinge in Zweifel zieht.

Solipsismus
(von lateinisch *solus* „allein" und ipse „selbst") philosophische Lehre von der
alleinigen Wirklichkeit des eigenen Ich; alles andere ist nur Vorstellung dieses Ichs. Praktisch-ethischer Egoismus, der nur die eigenen Lebensansprüche
anerkennt.

Subjektivismus
(von lateinisch *subiectum* „das Untergelegte") philosophische Lehre, daß alles Erkennen subjektiv ist, daß alle Werte subjektiv sind, daß die Welt selbst

in ihrem Sein nur subjektive Vorstellung ist und daß es keine objektiven, universellen Grundsätze des Verhaltens geben kann. In der Epistemologie (Erkenntnislehre) die Anschauung, daß eine Behauptung nur wahr ist, wenn das Individuum sie als wahr erachtet. Allgemeine Tendenz, das Subjekt zum Maßstab aller Dinge zu machen.

Substanz

(von lateinisch *substantia* „Wesen", „Beschaffenheit") Wesen, Kern einer Sache, der Stoff; nach Aristoteles das hinter der Erscheinung bleibend Wirkliche.

Syllogismus

(von griechisch *syllogismos* „Zusammenrechnung") Schluß vom Allgemeinen aufs Besondere; ein knapper deduktiver Beweis aus zwei Prämissen und einer Schlußfolgerung.

Synkretismus

(von lateinisch *cretio* „das Wachsen") Verbindung einander entgegengesetzter Lehren und Meinungen; in der Religionswissenschaft die Vereinigung einander widersprechender Kulte, Religionen oder Glaubensrichtungen miteinander.

Tautologie

(von griechisch *tauta* „dasselbe") Aussage desselben Sachverhalts mit verschiedenen Worten, die für sich selbst den Anspruch der Wahrheit erheben. Beispiele: Alle Greise sind alt; alle Schimmel sind weiß; alle Dreiecke haben drei Seiten. Die unnötige Wiederholung oder Doppelaussage ist infolgedessen eine leere Behauptung, die nichts über die wirkliche Welt aussagt.

Teleologie

(von griechisch *telos* „Ziel") Lehre von den Zwecken und Zielen; Bestimmtheit der Naturwirklichkeit durch Endzwecke. Ethische Anschauung, die das Ziel, das Ergebnis oder die Konsequenzen unserer Handlungen betont.

teleologisch

(von griechisch *telos* „Ziel") die Lehre von den Zwecken und Zielen betreffend.

Theismus

(von griechisch *theos* „Gott") Weltanschauung, die die Existenz eines persönlichen, unendlichen Weltschöpfers bejaht, der dieser Welt innewohnt und dessen Macht und Liebe unbegrenzt sind.

Transmigration

(von lateinisch *migrare* „wandern") Bewegung der Seele von einem Leib zu einem anderen; oft verwendet, um auf Reinkarnation in anderen Lebensformen zu verweisen, z. B. bei Tieren, Pflanzen oder im mineralischen Bereich ebenso wie im menschlichen.

transzendent
(von lateinisch *transzendere* „überschreiten") die Grenzen der Erfahrung, des
Bewußtseins überschreitend; jenseits von Welt und Wirklichkeit liegend;
übersinnlich, überweltlich, übernatürlich. Theisten sagen: Gott ist transzendent, weil er jenseits oder außerhalb unserer Natur ist (vgl. immanent).

Unbestreitbarkeit
Grundsatz, nachdem manche Behauptungen nicht bestritten werden können,
weil im Prozeß der Verleugnung ihre Wahrheit notwendig angenommen werden muß.

unendlich
ohne Grenzen oder Beschränkungen.

unendlicher Regreß
(von lateinisch *regressus* „Rückzug") Glaube, daß Ursachen in unbegrenzter
Abhängigkeit von abhängigen Ursachen stehen: Es ist unmöglich, ein erstes
Prinzip oder eine erste Ursache zu finden.

unfehlbar
der Ausdruck wird benutzt, um die Bibel als einen zuverlässigen Führer ausschließlich in Glaubens- und Praxisdingen, nicht aber in Fragen der Wissenschaft oder Geschichte darzustellen.

Uniformität
(von lateinisch *uniformis* „einförmig") Gleichförmigkeit; wissenschaftlicher
Grundsatz, daß jene Ursachen, die in der Gegenwart eine gewisse Wirkung
hervorrufen, die gleiche Wirkung auch in der Vergangenheit hervorgerufen
hätten.

universal
(von lateinisch *universalis* „allgemein") auf das Ganze gerichtet; das Ganze,
insbesondere das Weltganze umfassend; was zu allen Zeiten an allen Orten
wahr ist. Allgemeiner Begriff oder Vorstellung von einer Sache im Gegensatz
zum speziellen Beispiel.

Unsterblichkeit
Doktrin, daß der Mensch ewig leben wird.

Ursache
notwendige und hinreichende Bedingung für eine Wirkung.

Ursache, formale
Struktur oder Form, durch die etwas bestimmt wird.

Ursache, materielle
Stoff oder Materie, aus der etwas gemacht ist.

Ursache, wirkende
Mittel, durch das eine Wirkung erzeugt wird.

Ursache, zweckbestimmende
Plan oder Ziel, nach dem oder auf das hin gehandelt wird; der endgültige Grund.

Utilitarismus
(von französisch *utiliser* „benutzen") Nützlichkeitsstandpunkt; Erhebung der Nützlichkeit zum Prinzip. In der Ethik die Forderung zu handeln, um das Erstrebenswerteste für die größte Zahl von Menschen zu erzielen.

Vinnana
(Altindisch/Sanskrit) im Bhuddismus die „unbewußte Vorbestimmung" der reinkarnierten Verstorbenen im Gegensatz zu bewußtem Selbst, Seele oder Verstand.

Voluntarismus, ethischer
(von lateinisch *voluntarius* „den Willen bezeichnend") Lehre vom Willen als Grundlage des ganzen Seelenlebens; ethische Anschauung, daß alle moralischen Grundsätze nach Gottes Willen sind: Etwas ist richtig, weil Gott es will (vgl. Essentialismus).

Wesen
das eigentlich Seiende oder Existierende; das eigentlich Wirkliche.

Wesen, notwendiges
ein Wesen, dessen Nichtexistenz unmöglich ist, dessen wirkliches Wesen „Existenz" ist.

Widerspruchslosigkeit, Gesetz der
wissenschaftliches Gesetz, daß eine Behauptung nicht zugleich wahr und falsch sein kann.

Yin/Yang
(chinesisch) buddhistisches Konzept der grundlegenden Einheit aller Dinge, besonders der Gegenteile, z. B. Licht und Dunkel, gut und böse.

zufällig
in der Metaphysik Eigenschaft von etwas, das nicht für die Sache notwendig ist.

Zweideutigkeit
Gebrauch des gleichen Ausdrucks für zwei verschiedene Bedeutungen.

STICHWORTREGISTER

Ist es wissenschaftlich zulässig, nach grundlegenden Vernunftsgründen zu suchen? *286*

Ketzerei
Wo spricht die Bibel von Ketzerei? *119*

Kommunikation mit Geistern
Was sagt die Bibel über den Umgang mit Geistern? *119*

Koran
Was sagt der Koran über Jesu Tod am Kreuz? *158*

kosmologischer Gottesbeweis
(siehe unter Gott, Argumente für)

Kreuz Jesu Christi
Warum sollte Gott seinem Sohn erlauben, am Kreuz zu sterben? *89*

Kreuzigung
Was waren die Instrumente der Kreuzigung? *273*
 Wem war das Kreuz zu vergleichen, an dem Jesus gekreuzigt wurde? *274*
 Wem waren die Nägel zu vergleichen, die bei der Kreuzigung Jesu gebraucht wurden? *274*
 Was war das Crucifragium, das bei der Kreuzigung gebraucht wurde? *273*

Leben nach dem Tode
(siehe unter Auferweckung)

Legalismus
Was sagt die Bibel über Legalismus und Selbsterlösung? *119*

Liebe
Welche Beziehung besteht zwischen Liebe und Freiheit? *90-91*
Was ist die Quelle der Liebe? *367*
Was bedeutet es zu sagen, Gott sei Liebe? *367*
Was ist der Charakter der erotischen Liebe (*eros*)? *370*
Was ist der Charakter der empfindenden Liebe (*philia*)? *370*
Was ist der Charakter der göttlichen Liebe (*agape*)? *370*

Logik
Welche Rolle spielt die Logik für die Entdeckung der Wahrheit? *18*
Kann uns Logik etwas über Gott sagen? *18-19*
Was bedeutet es zu sagen, etwas sei logischerweise unmöglich? *42*

Lukas, Evangelium des
(siehe unter Neues Testament, Archäologie)

PERSONENREGISTER

BIBELSTELLENVERZEICHNIS